Minerva Library〈社会学〉1

グローバル化時代の日本都市理論

鈴木栄太郎『都市社会学原理』を読み直す

大谷信介／山下祐介／笹森秀雄［編著］

Minerva Library
SOCIOLOGY

Minerva Shobo Librairie

ミネルヴァ書房

グローバル化時代の日本都市理論——鈴木栄太郎『都市社会学原理』を読み直す　目次

第Ⅱ部 グローバル社会における鈴木都市理論

大谷信介

第Ⅲ部　二一世紀の村落・都市・国民社会論にむけて

山下祐介

序章　社会学研究の再構築にむけて

大谷信介

1　今なぜ鈴木栄太郎『都市社会学原理』なのか

本書は、絶版となっていた鈴木栄太郎『都市社会学原理』を再発掘し、いろいろな観点から再吟味することを通して都市社会学研究と一般社会学研究のあり方を考察し、さらにグローバル化する世界社会の都市現実についての社会学的課題を明らかにしようとするものである。まず、なぜ今鈴木栄太郎に、そして多くの著作がある中で『都市社会学原理』に注目するのかについて、その問題意識を整理してみたい。

結論を先取りしていうならば、鈴木栄太郎の『都市社会学原理』は、「都市の本質」を実証的に解明した著作というだけでなく、「社会学という学問とはどのような学問であり、社会学者はどのような研究を積み重ねていかなければならないか」を再認識させてくれる著作であると考えているからである。「社会生活の基本的な構造と変化を究めるのが社会学の本領」と一言で「社会学」を語る鈴木栄太郎の著作から、われわれ後続の社会学者が学ぶべきことが数多くあるというのが、本書を上梓する根本的な問題意識なのである。

鈴木栄太郎の人となりについては、第Ⅰ部第1章に詳細に記述されているが、ここでは鈴木栄太郎の略歴と彼が生きた時代背景を簡単に整理してみたい。

一八九四（明治二七）年　長崎県壱岐郡郷ノ浦に生まれる
一九二二（大正一一）年　東京帝国大学文学部卒業・京都帝国大学院に進学
一九二四（大正一三）年　岐阜高等農林学校に赴任
一九四〇（昭和一五）年　『農村社会学原理』を公刊（四六歳）
一九四二（昭和一七）年　京城帝国大学に赴任
一九四七（昭和二二）年　北海道大学文学部に赴任
一九五七（昭和三二）年　『都市社会学原理』を公刊（六三歳）
一九五九（昭和三四）年　北海道大学定年・東洋大学へ赴任
一九六六（昭和四一）年　死去（七二歳）
一九七五（昭和五〇）年　『国民社会学原理ノート』（遺稿）鈴木栄太郎著作集第Ⅷ巻として刊行

鈴木栄太郎は、明治二七年から昭和四一年までの七二年の生涯で、明治維新以降に構築された新しい社会制度の実態、大正デモクラシー、第二次世界大戦へと向かっていった政治経済状況、敗戦後の復興過程、高度経済成長と都市化の進展する日本社会といった、激動の明治・大正・昭和の社会現実を見ながら、農村・都市・国民社会についての社会学理論を構築しようとした社会学者である。

日本社会は、江戸時代の幕藩体制から一八六八年の明治維新を経て、新しい社会制度を構築してきた。その制度改革はある意味では成功し、日清・日露・第一次世界大戦を経て国際社会の中でも注目される存在となっていった。しかし、明治維新後七〇年を経た日本社会は、あらゆる領域で制度疲労を起こし、一九三七年の日中戦争から第二次世界大戦の敗戦に至ってしまったのが歴史的事実である。その後日本は、戦後復興とともに新しい社会の制度設計を進め、世界情勢の幸運なめぐりあわせにも恵まれ高度経済成長を経て、比較的民主的な社会を形成してきたといえる。しかし、戦後七〇年が経過した現在、あらゆる領域で制度疲労が露呈してきているのが実情といえるだろう[(1)]。新しい社会制度が設計後七〇年を経て制度疲労を露呈してきているという事実は、明治維新七〇年後の経験とある種共通しており、とても不気味な一致と位置づけることも可能である。

鈴木栄太郎は、明治維新後の日本農村の特質を、詳細な調査研究に基づいて分析し、一九四〇年に『農村社会学原理』を著わしている。この本によって、戦後一九四六年に文学博士の学位が授与されただけでなく、社会学界でも、その名著は多くの研究者に高く評価されてきた。このようにすでに農村社会学の権威として畏敬されていた鈴木栄太郎が、戦後病魔と闘いながら理論構築しようとしたのが『都市社会学原理』であり、その後構想していたのが未完の『国民社会学原理』であったのである。戦前に『農村社会学原理』という大著を仕上げた権威が、戦後に「都市」や「国民社会」に関する社会学理論をさらに構想しようとした発想の中には、戦後七〇年を経て、現代社会や社会制度を再構築していくうえでのヒントが存在するのではないかということも本書の背景にある問題意識である。

鈴木栄太郎が、どのような状況で都市社会学や国民社会学を構想しようとしたのかについては、当時の社会学者たちが鈴木栄太郎の思い出を綴った文章からも読み取れる。

本田喜代治「思い出断片」:「わたしが彼に最後に会ったのは、今次敗戦の直後、今となっては、もう二十年近くも前、彼が外地から引上げて来て、札幌で北大の教授をしていた頃である。当時からだの調子がすぐれないでいるということをかねて聞いていたので、ちょうど道南地方に講演旅行にいった機会をとらえ、彼のところを訪問した。自然気胸をやったとかで弱っており、大学へもあまり出ていないようだった。しかし、それでも、研究の熱意は相変らず旺盛で、農村社会学はどうしても都市社会学に発展しなければならない、それで今後は北海道で方々の調査に従事したい、などと語っていた。都市社会からやがて国民社会へ、が彼のアンビシオンであったらしいことは、その後に彼の書き残した断片によっても察しられる(2)」

有賀喜左衛門「先駆者鈴木栄太郎」:「鈴木さんに最後にお会いしたのは、柳田国男先生のお葬式の時だった。鈴木さんは北海道大学を退職して、東洋大学に移っていた。(中略)その時の話は柳田先生の思い出話がおもであったが、最後に鈴木さんは、国民社会学を構想しているという印象的な話をした。その内容はどういうものかはわからなかったが、早く農村社会学原理を創成し、次いで都市社会学原理を大成したのだから、それを総合したものとして国民社会学原理を作り出そうとしていることがいかにも当然のことであるように私には思われた。このようにして次から次へと処女地に鍬を入れていく鈴木さんの気魄とその人となりは見事だという気がした(3)」

本書のもう一つの大きな目的は、鈴木栄太郎が都市社会学理論の構築に打ち込んでいた姿を間近で見てこられた笹森秀雄先生が『都市社会学原理』をどのように評価しているのかを原稿として残していただくことであった。『都市社会学原理』序文は、次の文章で締めくくられている。「私の二人の助手笹森秀雄君と富川盛道君が私の手となり足となり、私自身が試みるよりももっと活発に正確に調査してくれなかったら、この研究はとても成就できなかったものである」

たしかに鈴木栄太郎も述べているように、笹森先生たちの尽力がなかったならば『都市社会学原理』は存在しなかったともいえる。そのような立場から、原稿を書いていただくことはとても貴重なことである。

本書の構想が始まったのは、二〇〇三年札幌で笹森先生に、関西学院大学大谷ゼミの学生に鈴木栄太郎についての講演をしていただいた時であった。調査実習で鈴木栄太郎の「札幌市調査」の再調査を実施してきた学生に対して話してくださった先生の講演内容は、とても充実したものであり、若い学生たちをひきつけるものであった。講演後、鈴木栄太郎を再発掘する本を今後ぜひ出版にこぎつけたいと笹森先生と話し合ったのが本書の発端である。その後笹森先生には、調査実習で実施した「恩根内再調査」「青森県西目屋村大秋再調査」にも同行いただき、二〇〇九年三月には出版社も交えて本書の編集計画が動き出したのである。笹森先生ご自身の原稿は二〇一〇年時点では完成していたが、二〇一一年に発生した東日本大震災や私のヨーロッパへの一年間の在外研究等の諸事情で執筆計画が大幅に遅れてしまい、残念ながら本書が上梓されることを見ないまま二〇一四年六月一三日に、先生が他界されてしまった。先生の生前に本書を刊行できなかったことは、痛恨の極みである。本書の章別構成やリーディングの内容については、二〇〇九年以降笹森先生を含めた三人の執筆者によって編集されてきたものであるが、先生に『都市社会学原理』が構築された過程を詳細にまとめていただくということは、本書の大きな目的として当初から決定されていたことである。

2 『都市社会学原理』の評価をめぐって

それでは、鈴木栄太郎の『都市社会学原理』はこれまで、どのような評価がなされてきたのであろうか。

一九六九年に鈴木栄太郎著作集第Ⅵ巻として再出版された『都市社会学原理』の巻末に書かれた近江哲男の解説論文は、次の文章で締めくくられていた[4]。

「シカゴ学派の人間生態学を、単に批判するだけでなく、それに代わる優れた理論を提起している一事をみても、博士の業績が全く独創的なものであることを推察するに十分であろう。都市社会学上のいくつかの難点を解決して、都市の社会と生活に関する基本的な機能と構造を明らかにした功績については、以上に述べたとおりである。本書は、発行されてまだ間のないものであるが、すでに都市社会学上の古典として、学会の共有財産となっている。本書は先著『農村社会学原理』とともに、聚落社会ないし地域社会の研究に志す学徒を永く導くことだろう」

近江哲男は、「アメリカの都市社会学においては、社会構造に関する理論が弱体であった」中で、「鈴木博士の論文には、たしかに本格的な社会構造が、きわめて社会学的に取り扱われている」点と、「無限に複雑な都市社会の中から諸要素の大部分を捨象してその骨格のみをとりあげていこうとする、大胆なアプローチのしかた」を高く評価したのである。特に後者のアプローチについては、「社会病理学への志向性を強く持ちつつ発展したシカゴ学派の学風からは、思いも及ばぬことであった」し、「盲点をつかれたような思いがした」と述べていた。[5]

こうした鈴木都市理論への高い評価は、都市社会学第二世代においても同様に引き継がれていった。[6] 鈴木広は一九八四年の『都市社会学』の中で、『都市社会学原理』を日本都市社会学の出発点と位置づけ次のように述べている。

「世界の都市社会学が、ほぼシカゴ学派を軸として展開してきたことは以上に見てきたとおりであるが、日本の都市社会学は、社会学がそうであったように、大づかみにいえばそのような世界的動向に従属する存在であった。先進国の理論・概念・方法を消化することがまず先決問題であった。それが昭和三〇年代に至って、しだいに方法的に従属変数から独立変数的存在に転身する勢いを示したが、その中心的業績は鈴木栄太郎『都市社会学原理』である。都市社会学はここから始まるといってよい」

鈴木広は、「鈴木栄太郎の貢献は、方法論的には、(1)都市の概念を社会的交流の結節機関の存在によって規定し、(2)都市の社会学的研究を正常人口の正常生活のあり方を基準として遂行するという方針の定立にもとめることができる」と位置づけた。そして都市の定義に関しては、「社会的交流」の概念によってシカゴ学派に欠けていた個別都市の体制的位置づけを可能にした点で、正常生活からのアプローチも、シカゴ学派を中心に逸脱・解体・病理＝異常生活におかれていた関心の焦点を常態の生理学に引き戻すという正当な機能を果たした点で高く評価したのである。そのうえで『都市社会学原理』については、「シカゴ学派＝生態学的・病理的アプローチに対する長期的かつ多岐にわたった社会構造論的および比較体制論的視角からの批判が、事実上、コンパクトに総括されている観がある」として、「精読すべき基本文献」と位置づけたのである。[7]

一九八四年のこの評価は、シカゴ学派の都市理論の輸入が中心的潮流を占めていた学問的環境下で、「鈴木栄太郎が日本独自の都市理論を提起した点」を高く評価した見解と位置づけることが可能である。鈴木広は翌年、『リーディングス日本の社会学　都市』の序論で、日本都市社会学研究の研究類型を提起し、鈴木栄太郎の都市理論を「方法としてのナショナリズム」と位置づけた。この研究類型に含まれるとされた有賀喜左衛門の「伝統的構造としての同族からのアプローチ」とも共通するように、鈴木栄太郎の都市理論は、「一種の方法論的土着主義」として位置づけられたのである。

有賀喜左衛門の『都市社会学の課題』（一九四九）では、日本社会の基礎構造たる同族や組などの家連合を、農村と同じように都市においても構造分析の起点として重視する一方、都市においては家連合を離れた社会関係がはるかに多くそれが都市生活によっていかに規定されているかを都市社会学の課題としている。「いわば都市研究における民族派の宣言であって、この立場は、やや姿を変えて鈴木栄太郎の中に再現することになる」「鈴木栄太郎は中小の普通の消費都市を主対象とし、有賀と同じく「家と村」の研究に基づく日常的生活者の視点から、民族派の方法によって接近し、独自の「構造」説を打ち出すにいたった[8]」

こうした鈴木栄太郎を民族派の方法と位置づけた鈴木広の整理に対して、富永健一は、有賀喜左衛門とは対照的な存在として「鈴木栄太郎の一般理論家としての側面」を強調する見解を提起している[9]。

「第二次大戦前から戦後初期にかけてまだ黎明期にあった日本社会学を、一般理論の構築においてリードしたのが高田保馬であったのに対して、中範囲理論の構築においてリードしたのは鈴木栄太郎であったということができるであろう。私はこれまで高田保馬に関してはいくつか研究論文を書く機会があったが、鈴木栄太郎については、その機会がなかった――外からそういう機会が与えられなかったのは、私の専攻領域から考えて鈴木栄太郎と私のあいだには学問的つながりは別にないとごく自然に考えられたであろうことの、いわば当然な結果であったと思う。しかしじつをいうと、私自身は、「社会学理論家としての鈴木栄太郎」、すなわちこれまであまり強調されてこなかった鈴木栄太郎の一般理論家としての側面について、機会があれば論じてみたいと考え、そのことを自分にとっての宿題の一つのように思ってきたのであった」

「鈴木栄太郎は、農村社会学でも都市社会学でも、方法的にファースト・ハンドの社会調査に依拠し、そして社会調査においては、個別化的関心を優位させた。しかるに、その産物としてつくられた彼の農村社会学においては、「相対的」という限定詞つきで普遍化を目標とするということが強調された。さらに彼の農村社会学は、みずからの研究対象を日本の農村に限定しながらも、たえずアメリカの農村のラーバン・コミュニティに注意をむけ、農村の社会変動の方向性を見定めるさいには「日本的特性」という視点を超えようとした。彼の都市社会学および「国民社会学」においては、後者の傾向がもっと一層いちじるしい。これらのことは、鈴木が意識的に、方向のあい反する二つの指向のあいだでいつも微妙なバランスをとろうとしたことを物語っている。この微妙なバランスのもとで定式化された鈴木栄太郎の社会学理論の性質を表現するのに適した語を、社会学者が従来用いてきた語彙の中に求めるとすれば、「中範囲理論」という語に思いいたる。そこでさしあたり、鈴木栄太郎の社会学理論の出発点は中範囲理論にあった、と規定しよう」

この富永の指摘は、鈴木栄太郎の方法は、「日本の社会と文化が、西洋のそれとは根本的に異なっているというわゆる日本的特殊性テーゼ」を主張したものではなく、「もう一段高い一般化」としての「地域社会学原理」を目指したものであり、「一般理論家としての鈴木栄太郎」という側面が特に強調されていたのである。社会学理論を専門とする富永健一をして「社会学理論家としての鈴木栄太郎」と言わしめたことは、鈴木栄太郎の評価としては特に注目される事実といえるだろう。本書の立場も、鈴木栄太郎の方法は、単に「民族派の方法」にとどまるものではなく、世界に通じる普遍的社会学理論を目指すことが可能な方法論を提示したものとして位置づけ、考察が展開されている。

3　社会調査の積み重ねによる都市理論の構築

鈴木栄太郎の『都市社会学原理』が高く評価されてきたのは、シカゴ学派とは異なる日本独自の都市理論を展開したというだけでなく、その理論構築が、丹念な社会調査の積み重ねによって実践されていたという点も大きな理由であった。

私自身社会学研究を始めた大学院時代は、鈴木栄太郎の都市理論を否定的に捉えていた。私が鈴木栄太郎の『都市社会学原理』を高く評価するようになるのは、大学教員として「社会調査論」や「社会調査実習」の科目をくり返し担当するようになってからのことである。ここでは私自身の鈴木栄太郎に対する評価がどのように変遷してきたかについて言及してみたい。それは、その変遷自体に、本書が出版されるにいたった経緯が、象徴的に示されていると考えられるからである。

私は大学院入学後、住民運動と住民参加の問題をテーマとして、横浜市を対象として調査研究を進めていた。そのことを知った当時横浜市立大学の故越智昇教授から横浜市内のボランタリーアソシエーションの実態調査をする共同研究へのお誘いを受けた。その共同研究は、鈴木栄太郎が都市の社会集団の中で否定的に位置づけていた「生活拡充集団」を積極的評価するという問題意識から、実態調査を実施する調査研究であった⑽。

鈴木栄太郎の社会集団論では、世帯と職域が重視され、「生業の余暇に、生活拡充のために同志が相寄って形成する社会的活動を意味するもの」とされる「生活拡充集団」については、「階層秩序を重視する農村での平等原理に立つ講としてこそ存在理由はあったが、平等原理があたりまえである都市においては、生活と社会的基盤を持たない余暇集団にすぎず、夜空に輝くネオンサイン程度のもので研究対象に値しないもの」として、『都市社会学原理』では全く否定的な評価がなされていたのである⑾。

共同研究では、一九八〇年から八一年にかけて、横浜市の地区センター・町内会館等の公的施設を利用する市民の自主活動団体を踏査的にリストアップした「横浜市文化団体調査」によって、横浜市内に五一六六団体（球技四九・八％、趣味の会二〇・三％、球技以外のスポーツ七・〇％、地域活動六・七％、文化教養四・六％、その他一〇・八％）の自主的活動団体が存在することを明らかにした。さらに一九八二年にはその調査によって得られた横浜市緑区内の三七六団体の代表者への面接調査を実施し、多様な自主活動団体の性格と活力の類型を実証的に明らかにした（「自主活動団体の実態に関する調査」）。そうした一連の調査研究によって、生活拡充集団（ボランタリーアソシエーション）が、公認アソシエーション（町内会等の既存組織）の硬直化した構造を変容させたり、メンバー間の文化摩擦によって地域住民の自我の組み換えに貢献したりする等、都市型社会において多様な下位文化形成機能を持っているという積極的側面を実証的に明らかにしたのである。[12]

すなわち、鈴木栄太郎が「研究に値しない」と位置づけた「生活拡充集団」が、都市型社会ではむしろ積極的な意義を持っているという正反対の問題提起をしたのである。その後の私自身の研究関心も、やはり鈴木栄太郎が重視した「社会集団論」を否定的に捉え、それとは異なる「ネットワーク論」を問題提起する研究方向へと進展していった。それは鈴木栄太郎やこれまでの日本社会学が伝統的に継承してきた〈集団を媒介とした〉〈社会関係〉を〈分断的・個別的に〉捉えるという研究視点から、〈個人を中心とした〉〈人間関係〉を〈横断的・総合的に〉分析しようとする研究に変換していかなければならないことを問題提起する方向性であった。

研究の方向性は異なるものの、社会調査の丹念な積み重ねによって理論構築をするという鈴木栄太郎の実証的研究方法は、常に私の研究の模範となってきたことは間違いない事実であった。その研究成果が『現代都市住民のパーソナル・ネットワーク』という私の博士論文につながったのである。[13] この論文は、アメリカシカゴ学派の流れを継承するフィッシャー（C. S. Fischer）がネオアーバニズム論として提起した下位文化理論が、日本の都市現実に適用できないことを日本都市の調査研究の積み重ねによって検証しようとしたものであった。[14] その後は、〈都市的なるもの〉とはいったい何なのかという問題を、やはり調査研究の積み重ねによって明らかにしようとし、『〈都市的なるもの〉の社会学』という研究成果としてまとめてきたというのが私の都市社会学研究の変遷である。[15]

特に調査研究は、鈴木栄太郎もそうであったように一人でできるわけではなく、大学での社会調査教育の一環として学生たちと共同で実施することも多い。私の場合、大学の授業科目の社会調査実習という場を通して、学生と共同して調査研究を進めてきた。その教育過程では、学生に社会調査の基礎知識を伝える努力とともに、模範的な調査研究を提示して見せることが必要であった。[16]そのような視点から過去の社会学者の実証研究を振り返ってみたときに、最も模範として提示できる文献が『都市社会学原理』だったのである。特に事実の調査を重視し理論構築につながる社会調査方法を具体的に提示している部分については、調査設計段階で参照するように教育することが多かったのである。このことに関しては、第Ⅱ部第4章で詳細にふれることにしたい。

鈴木栄太郎が『都市社会学原理』の中で展開した社会調査が、聚落社会の実態を把握する普遍的方法を提示していたという事実は、本書が生み出される重要な契機ともなった「青森県西目屋村大秋《たいあき》地区」再調査の時にも、再認識させられたことであった。

二〇〇六年八月二三日弘前大学で、笹森秀雄先生に「結節機関説と五〇年前の大秋調査」というテーマで、弘前大学と関西学院大学の学生を対象として講演していただいた。その講演の次の日に、笹森先生に五〇年前の当時の様子を教えていただきながら、弘前大学准教授であった山下祐介氏と私、および両大学の学生によって大秋聚落の再調査を実施した。[17]その再調査を実施してみて判明したことは、次の二点であった。①鈴木栄太郎が企画した住民の生活行動や買い物行動および生活圏に関する調査方法は、五〇年後の現代社会にあっても全く同じ調査をすることが可能であり普遍性を持った調査方法であったということ、②普遍的な方法で調査を実施することによって、五〇年前と現代社会との社会状況の違いを浮き彫りにすることが可能となる、という二つの事実であった。詳細については第Ⅱ部第5章を参照されたいが、この再調査を本書の執筆者三人が実施したことを契機として、「戦後七〇年の社会状況の変化を鑑みながら鈴木栄太郎の実証的調査研究を積み重ねていくことによって、より普遍性を持つ都市理論が再構築されていくのではないか」という本書の基本的問題意識が形成されたといえるのである。

4　戦後七〇年の社会状況の激変と鈴木都市理論の再検討

本書では大秋聚落調査だけでなく、『都市社会学原理』の中で理論構築のために実施された複数の調査の再調査を実施している。第Ⅱ部第5章では、北海道美深町の「恩根内市街地調査」、札幌市・琴似町の「買い物行動調査」、第Ⅲ部第9章では、「弘前駅前来訪者調査」、第10章では、「青森県内結節機関調査」が五〇年前の実態と比較可能な形で実施されたのである。それらの再調査を実施してみて判明してきたことは、車の普及によって都市現実が大きく変化してきたという事実であった。「恩根内の林業で、馬の利用からトラックに変化したことが、恩根内市街の衰退につながったこと」「車の普及が、大秋聚落における住民の通勤や買い物行動を一変させ、バス乗客構成も全く変えてしまった」ことはその象徴的な発見事項であった。またモータリゼーションだけでなく、「薬局ではなくドラッグストアで薬を購入」「郊外の大型スーパーでまとめて日常的買い物」「家庭風呂が普及し、浴場が消滅」「都心に複数あった映画館が郊外のシネコンに変化」といったように買い物行動や生活スタイル自体も大きく変化してきたことが判明した。これらの変化は、人の移動の実態、商店の仕入れ関係や機関の上下関係にもさまざまな影響を与えており、その背景には県外資本の全国規模のフランチャイズ店の地方への進出も影響していたのである。この点については第Ⅲ部第9・10章にて詳しくふれられているが、重要な点は次のように整理できるだろう。

住民の通勤や買い物の行動の実態を調査することによって、生活地区や生活圏を把握し、農村と都市の関係や都市の機能に関する理論構築をおこなっていこうとする鈴木栄太郎の実証的研究方法は、たしかに現在でも有効な研究方法である。しかし、五〇年前と現代社会の都市現実は劇的に変化してきており、その原因となってきたモータリゼーションや資本主義経済の構造変化等を考慮に入れて、具体的調査方法だけでなく結節機関説等の都市理論自体も再構築していく必要があるということである。

たしかに戦後七〇年で日本社会をめぐる社会・経済状況は激変してきた。データとして比較できる一九五〇年と二〇一〇年の国勢調査等の指標を比較することによって、その激変の内容を概観してみよう。

まず指摘できるのは、少子高齢化である。一九五〇年に三五・四％であった年少人口比率は、二〇一〇年には一三・二％に減少している。逆に老齢人口比率（高齢化率）は、四・九％から二三・〇％に激増しているのである。日本の高齢化率を先進諸国と比較してみると、一九八〇年代までは下位、九〇年代にはほぼ中位であったが、二〇〇五年には最も高い水準となり、世界のどの国もこれまで経験したことのない高齢社会を迎えているのが実態である。特に二〇一五年には、戦後ベビーブーム（一九四七～四九年）に生まれたいわゆる団塊の世代のすべてが、年金全額給付の六五歳以上となるという、いわゆる「二〇一五年問題」に直面しているのである。こうした状況は、日本国民の平均寿命が劇的に延びてきたことにも起因している。一九五〇年に男性五八・〇歳、女性六一・五歳であった数字は、二〇一〇年には、男性七九・六歳、女性八六・三歳と、男性で二一・六歳、女性で二四・八歳も寿命が延びてきたのである。鈴木栄太郎が『都市社会学原理』を書いていた当時の男性の平均寿命が五八歳であったことを考えると、生業・職域が重視され生活拡充集団が研究に値しないという社会集団論が理論構築されてきたことも理解できるといえるだろう。現代社会において社会集団の骨格を考察しようとする場合には、定年後一五年以上も生活している高齢者が劇的に増加している事実を念頭において過去の社会集団論を再検討しなければならないのである。

戦後の社会経済状況の激変は、少子高齢化だけにとどまらず、産業構造の激変、都市化、グローバル化の進展とさまざまな領域にわたっている。一九五〇年に第一次産業＝四八・六％、第二次産業＝二一・八％、第三次産業＝二九・七％であった産業別就業者割合は、二〇一〇年には、第一次産業＝四・二％、第二次産業＝二五・二％、第三次産業＝七〇・六％へと変化してきている。これらは、高度経済成長に伴う工業化、企業のグローバル化の進展、農家の就業形態の変化等、さまざまな要因と関連した結果ではあるが、産業構造が激変してきたことは確かな事実である。そのこととも関連する都市化の進展という事実も、正確におさえておく必要があるだろう。一九五〇年に市部人口＝三七・三％、郡部人口＝六二・七％であった市に住んでいる人口は、二〇一〇年には市部人口＝九〇・七％、郡部人口＝九・三％と、国民の九割以上に達するまでになっている。これらは次節でふれる市町村合併とも密接に関連しているが、高度経済成長に伴う地方から大都市圏への人口移動と、その後の東京への一極集中の進展によってもたらされてきたものである。

以上は、国勢調査等の指標の過去との比較で象徴的に現われていた経済・社会状況の変化であるが、そのほかにもモータリゼーションの進展といったテクノロジー面でも大きな変化が出現してきている。新幹線・高速道路網・空港整備等の高速交通網の進展、ＦＡＸ・インターネット・携帯電話の急速な普及による高度情報化の進展はその象徴的なものといえるだろう。こうした戦後七〇年の経済・社会状況およびテクノロジーの激変は、現代社会の都市現実に多大な影響を与えており、五〇年前に立論された鈴木栄太郎の都市理論は再構築される必要があると考えられるのである。本書の第Ⅱ部以降では、グローバル化した現代社会の激変を踏まえ、どのような変化が都市の基本構造と関連しているかを分析することによって、鈴木栄太郎の都市理論を再検討することにしたい。

5　社会学はいかに都市政策に問題提起すべきなのか

『都市社会学原理』から学ぶべき点として最後に指摘できるのは、鈴木栄太郎が国の進める政策に対して、社会学者として的確に問題提起していたという事実である。

前節で市部人口が二〇一〇年に九〇・七％となったことを指摘したが、これは都市化が進んだこともあるが、市町村合併政策によって町村が市となっていったことが背景に存在している。地方自治法第八条第一項では、市となる要件を人口五万という基準を含めて五点で定めている。その法律は変わっていないが、人口基準を三万に変更するといった特例法によって、国は一貫して行財政改革を念頭に置き、町村合併政策を推進してきたのである。

鈴木栄太郎は、一九五三（昭和二八）年に制定された町村合併促進法（昭和の大合併）によって出現した「新市」について、『都市社会学原理』の最終章で問題として取り上げている。

「町村合併連合体としての新市は、今後どんな発展を辿っていくのだろうか。今発生したばかりであるから、全く予想できないが、新市における地域的統一を都市と呼びうるか否かははなはだ問題である。それは、すべて郡制の存していたころの郡という行政地域に最も近いもので、そこに都市の性格を認めることは甚だ困難である」

新市の問題性の詳細については、第Ⅱ部第６章で詳細に分析するが、ここでは、鈴木栄太郎がどのような観点から、国の政策について問題提起をしていたのかについて注目してみたい。

「私がここで新市を取り上げて問題とした理由は、新市の発生が我々の現前における都市関係の制度上の大きな変革であるからではない。また、新市の発生が、明治以降の日本の地方制度の必然的な発展であるかないかを論ずる為でもない。まして、この制度改革が期待されたように経費の節減に役立つか否かを論ずることや、保守勢力と改新勢力の何れに有利な改革であるかを論ずる為でもない。私は、ただ、新市の発生と共に都市の意味が変わるであろう事を問題としたかったのである[18]」

この記述で注目されるのは、鈴木栄太郎が一九五三年の市町村合併政策について、社会学者として問題提起したことは、行財政の節減の問題でも、政治的な立場性でもなく、「都市の本質に関する議論」を重視する視点だったのである。

「長い間、市はそのまま都市と同義に用いられてきた。新市ができるまでは、自然都市も行政都市も事実上大差がなかったのであるが、新市ができてからは、行政都市の中に自然都市が二つ以上存し、さらに自然村落が二つ以上存する場合が多い。自然都市と行政都市を峻別しておかないと、種々の思い違いを生じる事が充分に予想される」

鈴木栄太郎が重視していたのは、住民の生活行動によって規定されている自然村や自然都市であり、行財政の効率化を念頭に置いた行政都市とは異なる視点だったのである。

町村合併政策は、その時だけではなく一九六五（昭和四〇）年の市町村合併特例法、一九九五（平成七）年の市町村合併特例法の改正とその後も継続され、「都市の本質」とは無関係に、行財政改革の視点が優先され、市町村合併が続けられてきたのである。その結果一九五三年一〇月に二八六あった市の数、九八六八あった市町村数は、二〇〇五（平成一七）年四月には、七三九市に増加するとともに市町村数は二三九五に減少したのである。しかし、平成の大合併が終了した二〇〇五（平成一七）年一〇月の国勢調査時点の集計では、特例法の市の要件である人口三万人に満たない市が六八市、地方自治法の基準である人口五万に満たない市はさらに一八二も存在していたのが実態である。また、大都市の象徴と考えられてきた政令指定都市も一九五六年の発足当時、大阪・名古屋・京都・横浜・神戸市の五都市だけだったものが、二〇一二年時点では、合併によって水源地相模湖が市内に存在することになった相模原市を含む全国二〇市にまで膨れ上がったのである。[19] 誰もが大都市と呼べない政令指定都市が出現してきたという事態は、まさに五〇年前に鈴木栄太郎が憂えていたことであり、あまりに都市の本質を無視した政策であったといえるだろう。

戦後一貫して行財政の視点のみを重視して推進されてきた市町村政策は、成功してきたといえるのだろうか。実際のところは、地方の衰退、限界聚落といわれるように大きな問題を抱えてきたというのが実情であろう。そうした中で二〇一四年には、「二〇四〇年までに全国の八九六の市町村は消滅する」とした日本創成会議の「増田レポート」が発表されている。[20] そこでの打開策として提起されているのは、「すべての町は救えない」として「選択と集中」を図ろうとするものであり、「自由競争を是として地域の淘汰はやむなし」という発想だったのである。

こうした経済を優先する市町村政策に対して、社会学の視点から問題提起する動きが出てきている。「選択と集中」という論理に対して「多様性の共生」という論理から問題提起した山下祐介の『地方消滅の罠』は、本書の第Ⅲ部の中で展開された論理から「増田レポート」を批判したものと位置づけられるだろう。[21]

鈴木栄太郎が五〇年前に指摘していた市町村合併政策への問題点は、その後の日本の市町村の実態を鑑みるならば、当時もっと強く政策提言しておくべきであったと考えられる。それは、その後の市町村政策や地方自治制度をめぐる政策論議の中で、社会学的視点がまったく軽視されてきたと思われるからである。[22]今後は、国民の生活行動に基づく自然都市という視点から、行政区域や地方自治のあり方に関する政策論議を積極的に展開していくとともに、さまざまな領域で社会学的視点から政策提言をしていくことが重要となるだろう。[23]

6　本書の構成

第Ⅰ部「鈴木栄太郎『都市社会学理論』の真髄」は、鈴木栄太郎の愛弟子で、『都市社会学原理』で使用されている実際の調査研究を実施し、鈴木栄太郎の執筆過程を間近で見てこられた笹森秀雄先生自身が書き記された原稿である。

第1章「鈴木栄太郎の人となり」は、原稿の最初に「没後四三年」と記述されているように、二〇〇九年に本書に掲載するために書き下ろされた原稿である。この原稿は、単に鈴木栄太郎の経歴がまとめられているだけではなく、これまでにあまり発表されてこなかったエピソード、ご家族から聞いた話とご自分の記憶とを照合させてわかってきた事実、鈴木栄太郎の特技や秘めた思いなども記述されており、鈴木栄太郎の人物像を浮き彫りにする貴重な原稿である。

第2章「結節機関説立論の経緯と背景――結節機関説はどのように誕生したのか」という原稿は、笹森秀雄先生が一九九二年に『北海道社会学会ニュース』に寄稿された原稿をベースに、笹森先生自身が本書のために再編集されたものである。(24) この論文では、鈴木栄太郎が結節機関説を完成させるまでに五年から六年の歳月を要したことが明らかにされている。そして鈴木栄太郎の北海道大学での講義ノートおよび北海道大学『文学部紀要』六に掲載された論文の文章と、『都市社会学原理』に記載されている文章とを克明に比較分析することによって、立論の経緯を探った論文である。この論文の内容については、笹森先生自身が社会調査協会の機関誌『社会と調査』に寄稿された「調査の達人――鈴木栄太郎」というコラム原稿においても、鈴木都市社会学理論の神髄や形成過程を知るうえできわめて重要な意味を持つ内容と位置づけている。(25)

第3章「鈴木都市社会学の理論的支柱と二元的実証性」という論文は、笹森先生の遺稿となった論文である。この論文の序章に「出版後五二年」という記述があるように、笹森先生が二〇〇九年に書いておられた原稿であった。この論文の草稿を、私が初めて見せていただいたのは、二〇〇九年三月九日に札幌で出版社を交えて行われた本書の出版企画会議の数日後に、笹森先生が私のもとに郵送してくださった時であった。その手書きの草稿に添えられた手紙には、「笹森による未完の原稿、目下休筆中。成稿の暁には、どこかの雑誌に投稿したいと思っております」と書かれていた。とても興味深い内容であり、ぜひ本書に収録すべく執筆を進めていただいた原稿であった。しかし、その後に病気に倒れ静養を続けられていたそうだったが「最近やっと学術書を読んでも従来通り理解できるまで回復いたしました」という手紙を一年後にいただいた。本書に収録されている第5節の部分は、二〇一〇年三月一二日に私が札幌の笹森先生のご自宅を訪問し、直接聞き取った文言を私が記述して完成稿としたものである。

第Ⅱ部以降は、第Ⅰ部第3章の「鈴木都市社会学の理論的支柱と二元的実証性」の笹森論文を踏まえて、都市社会学第三世代の二人の社会学者が、『都市社会学原理』をどのように解読するかという視点から、論文を執筆したものである。

第Ⅱ部の大谷論文は、まず第4章で、『都市社会学原理』を、世界に誇れる「実証的社会学研究法」を提示した著作という観点から解読する。すなわち都市の基本構造を社会調査の積み重ねによって解明し、都市社会学理論を構築するという実証的研究方法は、現代社会においても有効であることが問題提起される。第5章では、五〇年前に実施された調査の再調査を通して、その方法は高く評価されるものではあるが、鈴木栄太郎が提起した都市理論は、〈テクノロジー〉の発展や、高齢化、グローバル化の進展によって修正していく必要があることが指摘される。第6章では、五〇年前に鈴木が憂いていた国の市町村合併政策がその後どのように変遷してきたかが検証されるとともに、社会学の視点からの政策提言の重要性が問題提起される。第7章では、鈴木栄太郎の結節機関説、特に都市格位説が、ヨーロッパの都市に妥当しないということが分析される。その一方で、住民の生活行動や生活圏に関する実証的研究方法はなお有効性を持っていることが指摘され、世界の都市現実を鑑みたうえで新しい都市理論を構築していく可能性が検討されている。

第Ⅲ部の山下論文では、欧米理論の論理構造に対する、日本文化論的視覚からの強い問題提起という点から鈴木栄太郎都市理論を解読している。すなわち、シカゴ学派にも、またマルクス主義にも共通する、ダーウィニズムの影響を強く受けた、人と人との間に現れる競争・対立・淘汰を念頭においた社会理論・近代化論に対する反発である。鈴木栄太郎の論理は、こうした西洋理論に対して、協調・共同・協力を基礎においた、社会の安定や循環、持続可能性を問う社会理論を追求していると整理されるのである。第8章では、聚落社会論、国民社会学の射程から『都市社会学原理』を解読し、正常人口の正常生活の理論を、持続可能性を問う社会理論という視点から把握しようとする。第9章では、「弘前駅前調査」の五〇年後の再調査を展開する中で、モータリゼーションが都市のあり方を変容させている実態が検討される。第10章では、五〇年前と現在の青森県内にある結節機関の詳細な比較分析を展開し、都市の機能の変化や結節機関説の再構築が試みられている。

巻末資料の「リーディングス　鈴木栄太郎『都市社会学原理』」は、絶版となっている名著を多くの方に読んでもらいたいと願い掲載することにしたものである。どの部分をエッセンスとして抽出するかという編集作業は、笹森先生がおこなった。この編集は、笹森先生の遺稿ともなった「鈴木都市社会学の理論的支柱と二元的実証性」が念頭に置かれて抽出されたものであり、本書第Ⅰ部第3章と合わせて読んでいただけるとより理解が深まると思われる。

以上本書は、日本都市社会学第一世代の鈴木栄太郎『都市社会学原理』を題材として、愛弟子でもある第二世代の笹森先生、第三世代となる大谷信介と山下祐介の三人が、それをどのように解読したのかという点が中心テーマとなっている。そこでの共通認識は、五〇年以上前の著作ではあるが、現代社会の都市理論、世界の都市現実を考えていくうえで、きわめて重要な研究視座を提供している「重要な都市社会学の古典」であるという認識である。

本書で展開されている論文は、新たな都市理論を提示できているものではなく、研究方向について新たに気づいた点をまとめたものであり、発展途上の段階にとどまっている論文にすぎない。ただ、今後本書を契機として、鈴木栄太郎都市社会学理論の換骨奪胎、世界の都市に適用可能な都市理論の創造、現代社会の都市問題を解明できる新たな社会学研究法が構築されていくことを、執筆者一同願っている。

注

(1) 制度疲労という言葉は、「金属疲労」からの造語といわれているが、現在では「ある制度が、現実とそぐわないものになること（『大辞林』）」「制度が運用されているうちに社会状況が変化し、制度の目的と実情がずれてしまい、うまく動かなくなった状況をいう（『大辞泉』）」として国語辞典にも載る言葉となっている。

(2) 本田喜代治「思い出断片」『鈴木栄太郎著作集　第Ⅰ巻月報1』未來社、一九六八年、八頁。

(3) 有賀喜左衛門「先駆者鈴木栄太郎」『鈴木栄太郎著作集　第Ⅰ巻月報1』未來社、一九六八年、一頁。

(4) 近江哲男「都市社会学における鈴木理論の独自性」『鈴木栄太郎著作集　第Ⅵ巻』未來社、一九六九年、五五九～五八一頁。

(5) 鈴木栄太郎の社会構造論に関しては、さまざまな議論が展開されてきた。マルクス主義の視点から社会構造論と対比した文献としては、倉沢進・似田貝香門「都市社会構造論——概念枠組をめぐる若干の検討」『社会学評論』二二（二）、一九七〇年、一三〜二五頁を参照されたい。

(6) 倉沢進は、鈴木栄太郎・奥井復太郎・磯村栄一を日本都市社会学第一世代、鈴木広・倉沢進・奥田道大・高橋勇悦・越智昇・笹森秀雄を第二世代、金子勇・吉原直樹・町村敬志・松本康・藤田弘夫・有末健・大谷信介を第三世代と位置づけた。この世代区分は、第三世代という表現として書評論文で使われたのが最初であった。第一世代と第二世代の区分については、後日倉沢先生に直接聞き取ったものである。倉沢進「〈都市的なるもの〉とパーソナル・ネットワーク——大谷信介著『現代都市住民のパーソナル・ネットワーク』によせて」『都市社会学年報　一五』日本都市社会学会、一九九七年、一四九〜一六一頁。

(7) 鈴木広「都市社会学の問題意識」鈴木広・倉沢進編著『都市社会学』アカデミア出版、一九八四年、二一、二九頁。

(8) 鈴木広「概説　日本の社会学　都市」鈴木広・高橋勇悦・篠原隆弘編『リーディングス日本の社会学七　都市』東京大学出版会、一九八五年、三〜一六頁。

(9) 富永健一「鈴木栄太郎の社会学理論」『現代社会学研究』第二号、北海道社会学会、一九八九年、一頁、七〜八頁。

(10) 越智昇編「都市における自発的市民活動」『社会学評論』三七—三（一四七）、一九八六年、二〜二二頁。

(11) 鈴木栄太郎『都市社会学原理』有斐閣、一九五七年、二一七〜二二二頁。

(12) 大谷信介「ボランタリーアソシエーションの組織と性格」越智昇編『都市化とボランタリーアソシエーション』横浜市立大学市民文化センター、一九八六年、五九〜一〇六頁。

(13) 大谷信介『現代都市住民のパーソナル・ネットワーク——北米都市理論の日本的解読』ミネルヴァ書房、一九九五年。

(14) 下位文化理論に関しては、Fischer, Claude S., 1975, "Toward a Subcultural Theory of Urbanism." *American Journal of Sociology*, 80 (May): 1319-41.（「アーバニズムの下位文化理論に向けて」奥田道大・広田康生編訳『都市の理論のために——現代都市社会学の再検討』多賀出版、一九八三年、五〇〜九四頁）および Fischer, Claude S., 1982, *To Dwell Among Friends: Personal Networks in Town and City.* Chicago: The University of Chicago Press.（松本康・前田尚子訳『友人のあいだで暮らす』未來社、二〇〇二年）を参照。

(15) 大谷信介『〈都市的なるもの〉の社会学』ミネルヴァ書房、二〇〇七年。アメリカの実態については、Fischer, Claude

S., 1976 (1984), *The Urban Experience.* (Second edition) San Diego : Harcourt Brace Javanovich.（松本康・前田尚子訳『都市的体験』未來社、一九九六年）を参照。

(16) 学生への社会調査の基礎知識を提示する目的で、大谷信介・木下栄二・後藤範章・小松洋・永野武編著『社会調査へのアプローチ』ミネルヴァ書房、一九九九年（改訂版二〇〇五年）、大谷信介・木下栄二・後藤範章・小松洋編著『新・社会調査へのアプローチ――論理と方法』ミネルヴァ書房、二〇一三年を作成した。

(17) 講演会・調査実習の内容については、大谷信介編『〈ポスト都市化社会〉における都市現象』関西学院大学社会学部大谷研究室、二〇〇八年、一一八〜一二二頁を参照。

(18) 鈴木栄太郎『都市社会学原理』有斐閣、一九五七年、四一八、四三六頁。

(19) 北村亘『政令指定都市――一〇〇万都市から都構想へ』中公新書、二〇一三年。

(20) 増田寛也編著『地方消滅――東京一極集中が招く人口急減』中公新書、二〇一四年。

(21) 山下祐介『地方消滅の罠――「増田レポート」と人口減少社会の正体』ちくま新書、二〇一四年。

(22) 二〇一五年五月一七日には、大阪市を廃止し五つの特別区に再編するといういわゆる「大阪都構想」の住民投票が実施された。それは、橋下徹大阪市長によって二重行政の解消を目指し大阪市の権限の一部を大阪府に移そうとするものであった。結果は、賛成六九万四八四四、反対七〇万五五八五の僅差で否決された。その住民投票の過程では、行政権限や財源問題、住民サービスの問題については議論が展開されたが、新たに設置される特別区の区域設定については、議会で否決された大阪維新の会の案がそのまま協定書案として住民投票にかけられたのが実態であった。そのことについては、新聞報道でも有識者の議論の中でも全く触れられなかったのが現実である。特別区の設定にあたっては、住民の生活行動や歴史的経緯も含め十分議論がなされる必要があった。また、大阪府の権限を強めることが妥当なのかについても、関西都市圏の住民の生活行動や生活圏を考慮して十分議論が深められる必要があったといえるだろう。

(23) 社会学会でも国の政策形成への問題提起を積極的に図っていく方向性が打ち出されている。太郎丸博・大谷信介「特集『社会学は政策形成にいかに貢献しうるか』に寄せて」一六六〜一七一頁、大谷信介「政府・地方自治体の政策立案過程における〈社会調査〉の役割――統計行政を踏まえた社会学からの問題提起」『社会学評論』六六―二（二六二）、二〇一五年、二七八〜二九四頁。

(24)　笹森秀雄「鈴木栄太郎先生を偲んで」『北海道社会学会ニュース』No. 18 April, No. 20 November, 一九九二年。

(25)　笹森秀雄「調査の達人――鈴木栄太郎」『社会と調査』第五号、社会調査協会：有斐閣、二〇一〇年、一〇五頁。笹森先生自身の社会調査に対する論考としては、笹森秀雄「実証主義の伝統――二〇世紀後半（一九四七年～一九九七年）の北大文学部社会学研究室の場合――第一部　社会調査を通じてみた社会調査観」『社会情報』（札幌学院大学社会情報学部）一六巻一号、二〇〇六年、三五～五三頁。

第Ⅰ部　鈴木栄太郎「都市社会学理論」の真髄

笹森秀雄

第1章　鈴木栄太郎の人となり

鈴木栄太郎が東京狛江の自宅で亡くなったのは一九六六年九月二〇日、満七二歳の誕生日を迎えたその三日後のことである。したがってこの九月で満四三年になる。一〇年一昔というからもう四昔も前のことになる。しかし直接教えを受けた者にとってはその印象と思い出はきわめて強烈で、すべてがみな昨日のように思えてならない。学生諸君はもちろん、研究者の中にも若い方々が大勢いると思われるので、ここではもっぱら鈴木栄太郎の「人となり」について述べることにする。

1　鈴木栄太郎の生い立ち

鈴木栄太郎は一八九四年九月一七日、長崎県壱岐国壱岐郡郷ノ浦町に生まれた。生家は「今西」といい郷ノ浦町の旧家であった。当時壱岐には中学校がなかったので、鈴木は幼少の時から母君と一緒に向の島の対馬国下県郡厳原町に移住した。つまり鈴木は物心ついてからの少年時代を対馬で過ごしたわけである。鈴木の故郷をよく対馬だという人がいるが、これは以上のような理由によるものと思われる。

ところで鈴木には今西信太郎という長兄がいた。大変弟思いの兄君だったようである。詳しいことはいま記憶していないが、確か現在の一橋大学の前身東京商科大学の出身で、鈴木が農村社会学の研究に没頭していた頃は三井物産ニューヨーク支店長で、よくアメリカ農村社会学関係の雑誌や本を送ってくれたという。鈴木が旧著『日本農村社会学原理』の凡例のなかに、あえて「本著の題簽《だいせん》は舎兄今西信太郎の揮毫である」と特記しているのは、おそらくはこの長兄に対する精一杯の感謝のしるしだったのではないかと思われる。

私は郷里が道南の奥尻島なので、よく島の話をした。それが刺激となったわけではなかろうが、鈴木もまたたび壱岐の話をし、その都度壱岐を大変懐かしんでいた。しかし鈴木の壱岐に対する感情には特別のものがあるように思えた。もちろんそれは自分が多感な少年時代をあの厳しい国境の風土の中で過ごしたのだという充実感と、また自分はその防人の後裔《こうえい》であるということへの誇りが強くそうさせたのであろうが、しかし私にはいま一つひょっとすると、鈴木の「手の指」に対する思い出がそれと深くかかわっているのではないかと思われた。鈴木に直接聞いたわけではないが、鈴木は幼時にひどい火傷を負い、右手の五指を損傷していた。そのため幼時から少なからず心を痛めて成長したようである。親友の本田喜代治は、「思い出断片」（鈴木栄太郎著作集・月報一）のなかで次のように述べている。「そのため彼は雨も降っていないのにレインコートを着て、右手をポケットに突っ込んで歩くことが多かった」鈴木にとって指の損傷は大変な苦い経験だったと思うが、そのことが逆に鈴木をして生涯壱岐を忘れえぬ故郷とさせた大きな理由ではなかったのかと思う。

鈴木は中学を卒業した後、恩師と長兄の勧めにより一高を受験して合格し、一九一九（大正八）年七月一日第一高等学校一部乙類を卒業した。当時一高は一部は英法、独法、仏法および文科、二部は工科、理科、農科、三部は医科に分かれていたようであるが、鈴木は一部文科（乙類）に入り、そこを卒業したのである。いつか鈴木は、「自分の一期下（?）に川端康成君がいましてね」と話したことがあったが、一高では長く人生の友とされた伊豆山善太郎、弁護士でのちに某大学の学長になった小岩井浄、京大経済学部に進み後に某銀行の重役になった小暮和夫、クラスメートで奥様の兄君に当たる肥田精一郎氏などが、その類の方々だったようである。

鈴木は一高を卒業した二カ月後、つまり一九一九（大正八）年九月一〇日に東京大学文学部に入学し、建部遯吾の下で社会学を専攻した。しかし卒業まぢかになって急に倫理学専攻にかわり、一九二二（大正一一）年三月三一日に東京帝国大学文学部倫理学科を卒業している。鈴木はこのあと（同年五月一二日）京都帝国大学大学院に入学し、三年間米田庄太郎と藤井健治郎の両教授に師事することになるが、この間の事情を本田喜代治は次のように述べている（前掲「思い出断片」）。「わたくしは、必要の最小限度以上には社会学の講義に出なかったし、研究室へもあまり出入りしなかったので、東大在学中は鈴木との交渉がほとんどなかったように記憶する。彼に関して最初に印象に残っていることは、卒業もまぢかいある日、江ノ島の岩本楼とかいうところで「恩師」に対する謝恩会と称するものが催され、鈴木が幹事役であったらしいのだが、その席でその「恩師」である建部遯吾教授がその日の会場のことについて何かケチをつけた、あるいはケチをつけられたと思ったのか、どちらだかよくは知らないが、鈴木が怒ってビールびんを左手に握り（右手は不自由だったので）建部先生をなぐりに行こうとした、というちょっとした事件があった。たぶんそれが原因で彼は東大倫理学科を卒業ということになって、京大に行き米田庄太郎教授、藤井健治郎教授のところで大学院を修了したのではなかろうか？」私はこれとほぼ同じ内容のことを、鈴木とごく親しい社会学の某教授から聞いたことがある。それは助手になって初めて出席した学会の席だったと記憶している。しばらくたって、私はその真偽を鈴木に尋ねたことがある。しかしその時鈴木は、「イエス」とも「ノー」とも答えるわけではなく、ただ微笑しながら、一言「若さの至りでしてね」といっただけであった。私はその夜鈴木が『日本農村社会学原理』の序文の中に、次のように書いていたことを思い出した。「私はいま本書を公にするに際して私が従来学恩を蒙った諸恩師先輩に対して謝恩の意を表したいと思う。私は東京と京都の両帝国大学に私淑した恩師を持っていることを幸に思っている。建部遯吾先生と米田庄太郎先生は、我が国における社会学の建設者として不朽にその足跡を残さるべき偉大な学者であることを何人も認むるところであるが、この二人の先生におのおの何年かずつ師事しえた者は私の外にはいないようである」私はそれ以後、二度とこの事件について鈴木に尋ねることをしなかった。鈴木の心情がよくわかったからである。

いま私の手元に鈴木直筆の履歴書（但しコピー）が二部ある。共に毛筆によるものであるが、うち一部はＢ４の半紙に書かれたものであり、他の一部はやはりＢ４で二つ折り目のところに「北海道帝国大学」と印刷されている用紙に書かれたものである。両者を比較してみると、どうも前者は北大に採用される前に書かれたものであり、後者は着任直前に書かれたもののように考えられる。

ところでこの履歴書において興味あるのは、記入上において両者に若干の違いが認められるという点である。どんな意図からそうしたのかいまは知るよしもないが、とにかく前者は記入においてやや詳しく、後者は逆にいたって簡潔である。しかし後者において注目されるのは、鈴木栄太郎なる氏名の右上に「愛知県士族戸主」と書かれている点である。このことについては後に詳しく触れるところがある。

2　岐阜時代

ところで、鈴木が京都大学での三年間の大学院生活を終え、岐阜高等農林学校教授として赴任したのは一九二六（大正一五）年四月二八日であった。同校の開学は一九二三（大正一二）年四月とされているから、鈴木が同校に赴任したのは開校三年後ということになる。そしてそれから数えて一五年後に、不朽の名著『日本農村社会学原理』がこのキャンパスから誕生することになるのである。鈴木の親しい友人蔵内数太は、「若き日の鈴木栄太郎」（月報四）のなかで、岐阜高等農林学校に赴任するに至った経緯を次のように述べている。

「岐阜に高等農林学校が設けられることになり、その文科系の教授選考について相談を受けていたのは当時文部省の督学官であった先輩の山内雄太郎であった。その頃大学で社会学などやった者が教育界に就職できる機会は誠に心細いものであったが、山内氏はこのことで実によく後輩の世話をした人である。鈴木君はこの山内氏の推薦で岐阜に赴任したのである」

岐阜は鈴木の生涯のなかで最も夢多い地の一つであったように思われる。岐阜に赴任した後は、一教師として倫理学とドイツ語を教えたようであるが、他方研究者としては周知のように農村社会学に強い関心を示した。鈴木がわが国における農村社会学研究のパイオニアの一人とみなされるようになった背後には、当時の学校長草場栄喜の助言が与って力あったようであり、私はそのことをしばしば鈴木の口から聞いたことがある。事実鈴木はそのことを、『日本農村社会学原理』の「序」のなかで述べているし、またその一年前の一九三九（昭和一四）年一二月に刊行された『岐阜農高創立十五周年記念・農学科史』のなかの「私の農村社会学の揺籃期」なる論稿のなかでも次のように述べている。

「一九二五年は今から丁度一四年前であるが、この年をさかいとして米国の農村社会学は、にわかにその科学説を整備してきた。然し其傾向は一九二〇年頃から少しずつ現われてはいた。当時私は文化科学一般の中に占める農村社会学の見すぼらしい位置やその不充分な科学性を冷笑しつつも、少しずつ農村社会学に関する文献を読み始めた。農村社会学に対する当時の私の幾分でもの関心はただ漫然と自分が農村に関係のある学校に奉職しているという事情に結びついて生じたに過ぎない。しかし私のこの関心に非常な激励鞭韃を絶えず与えてくれた人があった。それは草場栄喜先生である。先生が余り督励されるので、内心少しくすぐったく思った事もある。おそらく草場先生の鞭韃が無かったら、私はその後一五年間もこの領域の研究に専念する程の関心の深さには決して至らなかったであろう。その意味で草場先生は私の農村社会学の育ての親である。草場先生自身が農村社会学にどれ程の理解があるかは私は余り知らないのであるが、先生が学問に対する熱心さと農村に対する同情を人一倍持っておられる事は先生を知る何人も疑わないところであるから、そんな点から考えて見れば先生が私に農村社会学をしきりにすすめられた理由も充分理解出来るようである。当時私が農村社会学に関する拙い論文を公にするたびに先生は私の為にどんなに喜んでくれた事であるか」

岐阜は鈴木にとって、文字通り「学問研究の道場」ともいえる環境にあったようである。晩年鈴木は、よく草場先生をはじめ奥田彧先生（後日、台湾大学に転出）、岡村精次先生（間もなく文部省学官となり、後に鳥取高等農林学校校長になられた）、栃内吉彦先生（後日、北大の宮部金吾先生の後継者となられた）、樋浦誠先生（元北海道酪農大学学長）など、岐阜時代の同僚の方々の名前を口にし、専門分野は異なるが相互に切磋琢磨し合った当時の生活を懐かしんでいた。不朽の名著『日本農村社会学原理』誕生の背後に、このような方々との出会いおよび交流のあったことを忘れてはならないであろう。

3　京城帝国大学へ

鈴木が京城帝国大学文学部助教授に任ぜられたのは一九四二（昭和一七）年三月三一日であり、着任したのは同年四月二日、満四七歳の時であった。では鈴木はどんな事情から京城帝国大学に行くことになったのであろうか。先にも触れた蔵内数太は、その経緯を次のように述べている。「昭和一七年鈴木君は京城帝国大学の助教授に転じたが、夏のある日、当時福岡にいた私の家に秋葉君がやってきて、このたび社会学の助教授が採用できることになったので、人選について話を聞いて欲しいという。話をしている間に数名の人の名前があがったが、彼はつぎに岐阜に立ち寄って鈴木君の話を聞くのだといって出ていった。その後帰任の途中であったか、また私のところに来ていうには、岐阜で鈴木君と話していると、突然同君より〝秋葉さん私を採用しませんか〟と言い出したので、余り話が旨すぎてちょっと不審な気持ちがしたが、ほんとうの意向であり、そこで願ってもない結果になったという。秋葉君にしてみれば当時すでに農村社会学の大家であった鈴木君を京城まで一助教授として招くことは不可能であるとの前提で話をしていたので、驚くやら嬉しいやらで、即座に鈴木君を迎えることにしたというのである。形は自薦であるが、そのときの鈴木君の心境も私には分かりすぎる位よく分かった。これを伝えるときの秋葉君の得意な口調は、福岡南郊の夏のさわやかな風とともに、いまも私の脳裡に鮮やかによみがえるのである」

私はその後、蔵内の言葉に疑問を持つようになり、ひょっとすると、「鈴木が京城に行かれることを決断したのは、別の理由があってのことではないか」と考えるようになった。その理由は恩師鈴木のプライバシーに関することなので、最後まで私の心のなかに閉じておき公表しまいと思ったのであるが、ここでは先生に許しを乞いながら以下に記しておきたいと思う。しかしこれはあくまでも私個人の解釈であるということを付言しておく。

私は一九八九（平成元）年の夏、きわめて短い時間であったが、ご子息鈴木勁介さん夫妻と札幌グランドホテルで会食する機会をもった。その時私は勁介さんの口からまったく意外な事実を知らされたのである。それはおよそ次のようなことであった。「私の祖父すなわち栄太郎の父は、実は桑名藩の出で鈴木某といい、明治維新の際に会津藩に加担して敗れた落ち武者でした。祖父は帰国後、ある人の口添えで私の実家、つまり壱岐国壱岐郡郷ノ浦町の今西家に養子に迎えられました。祖母との間に三人の子が出来ましたが、父・栄太郎は末子でした。しかし父はじつは祖父（父の父）の顔を知らないのです。といいますのは、祖父は父・栄太郎が生まれる数ヶ月前に、一旗挙げてくると称して韓国に渡ったのですが、その後全く消息を断ち、ついに帰国することがありませんでした。つまり今はやりの言葉でいいますと「祖父は蒸発した」ということになります。したがって父・栄太郎は、自分の父親の顔を一度も見ることなくこの世を去ったのです」

私はこの話を聞いて言い知れぬ悲しみを覚えた。とともに、以前読んだ蔵内の一文を思い出さずにはいられなかった。そしてその時私の心に浮かんだのは、もちろん今は知るよしもないが、蔵内が述べているように鈴木が進んで京城行きを志願したのは、「ひょっとすると、韓国におれば見ぬ父親に逢えるかも知れない、たとえ逢えないとしても、父の消息をあるいは耳にすることが出来るかもしれない」という淡い夢ないし期待があったからではないか、ということであった。この解釈は全く私の独断によるものであるが、私は今もそう信じているのである。鈴木は一高に入学した時は今西栄太郎と名乗っていたが、卒業直前に「鈴木」姓に変っている。見ぬ父の実家「鈴木家」に後継ぎがなかったため、養子として入籍されたためである。鈴木の本籍が愛知県海部郡津島町大字津島となっており、また先にも触れたように「愛知県士族戸主」となっているのもそのためであると思われる。

4　天賦の詩才と残された和歌

鈴木にとって岐阜と札幌は、社会学の二つの領域すなわち農村社会学と都市社会学の領域においてそれぞれ特色ある独自の体系を完成させた土地であるという意味で、ともに忘れられない土地となったようである。しかしどちらかといえば、札幌に対してはそれが都市社会学樹立という一点において、終始自分の生命と壮絶な闘いを繰り広げたいわば「万死一生」の地であったという点で、岐阜とはまた違う特別の感情を持たれたようであった。「鈴木都市社会学」の理論的支柱については後に詳しく触れる予定でいるので、ここではとりあえず私の手元にある幾つかの詩篇を通じて、鈴木の札幌での一〇年間の生活のいくつかの断面をみてみたいと思う。

教え子の多くは周知の事柄であるが、鈴木には天賦の詩才があったように思う。岐阜時代に長い間鈴木の仕事を手伝った松原功績は、月報七の「鈴木先生と私」と題した随想の中で、この点について以下のように述懐している。

「先生は和歌を好まれ、色紙に書きとどめておかれたのを、私がお訪ねすると必ず静かに音読されます。そして歌の心を反芻しながらいかにも楽しそうでありました。又俳句も好まれ、学生たちの同好会〝冬の芽句会〟を指導しておられました。句集〝冬草〟はその人たちのものであったと記憶しています。また先生は随筆をよくお書きになりました。岐阜高農時代〝各務時報〟が出るたびに〝芒亭書屋叢談〟と題して必ずお書きになりました」

鈴木は雅号（俳号）を「芒亭」と称していたが、色紙にはだいたい「芒亭」「芒」「栄太郎」の三種が用いられていたように思う。今私の手元に「都市社会調査法打ち合わせ項目」（昭和三四年四月九～一二日）と「都市社会調査法」と書いた二冊のノート（これは鈴木と共著で『都市社会調査法』を出版すべく折を見て話し合った際のメモ）が残っている。このうち前者の中にいつ転記したか定かではないが芒亭作『札幌を去る日の近くなりて』と題したものと、『札幌落ち穂集』と題したものが集録されている。前者には七篇、後者には一〇数行にわたる小序のほか、一一篇の詩歌が転記されている。いずれもみな研究と闘病の迫間にあって日々苦悶に苦悶を重ねていた頃の鈴木、ようやく稿なって『都市社会学原理』の版本を手にされた時の鈴木、こうしたその時々の鈴木の姿や心が手に取るように詠まれている。したがって私は当時の鈴木の生活を他人の文章で知るよりは、ぜひこれらの詩篇を通じて直に理解していただきたいと思うのである。以下、前述の順序でその一部を紹介することにする。

『札幌を去る日の近くなりて』

・札幌に住みて十年そのうちの
　幾年を健やかに起居したりけん

・喀血の日自然気胸の日心臓の日
　冬あり春あり秋もありけり

・十年に百人の青年の友となりぬ
　この地に残すよろこびはそれ

・一巻の苦心の著書を成しとげし
　その思い出もここに残これり

・其著書の版本を初めて手にせしも
　病院の病床においてであった

・読み返す力はなく胸の上に
　はこびあげる力さへなく
　　布団の内で愛撫せしかな

・札幌の師走であった
　五階の一室で嗅ぎし新著の匂い
　　今も忘れず

鈴木は「狛江新居にて認む」として以下のように述べている。

「十年あまり札幌に居住せし間にノートのなかや反古に書き残したる歌らしきものを拾い集めて此一帖に認む。もとよりすでに浄書《じょうしょ》したる歌集にはのせてなきものばかりなり。そのおほかたは記憶になきものなり。見つけ出し次第にこの一帖に認めんとするなり。

今日書架を整理中鉛筆にて詩と表紙に書きたるノートを見出したるにそのなかには十首ばかりの短歌らしきものあり。読み反す中に昭和二十五、六年頃の生活が憶い出され切々と心に迫るものあり。よりてこの一帖に浄書しこの類の詩歌の歌集の巻頭に収めたり（昭和三四年二月二七日　栄太郎識）

忘れていた歌帖に次の十首ばかりのものが認めてある。歌の意味から察すれば昭和二十六年頃の作とは思はれる。記憶たしかでない」。ここでは半分の五首のみを記すにとどめる。

『札幌落ち穂集』

・脈をはかりつヽふと思ふ
　とまりし刹那誰を呼ばんか

・札幌に住みて四とせぞ
　アカシヤの街路樹を見ず

・月白の今日は鮮明なれば
　心おごりて茶うまし

・療養三年
　妻も勤めに出よと云う

・鏡を見て舌の白きに心くもりて
　我呼ぶ子等にふりむきもせず

ところで鈴木はこのあと、「次の詩は『札幌を去る日の近くなりて』のなかに記入すべきはずのもの。それを怠りたるはこの詩を作りたる直後に心臓の発作がありたるものならんか」と述べ、下記の詩を追記している。

はしたなれど一組の論理
歳月を重ね病苦の中にも積み上げしこの論理よ
その一ふし毎に思い出のあるこの論理よ
愛撫すれば涙したたゝる
わがみいとしく湧き出し涙ぞ
ふと想い浮かぶ
もしこの論理にして誤謬あることを知らば如何と
愕然として色を失ふ如し
この論理にして誤謬あらば
もし誤謬あらば
そは考え得べき事にあらず
されどもし誤謬あらば
然らば第一歩より改めて築かんのみ
余は既に還暦をすぎ
病患を重ね
五体には生気乏しく
四肢は枯木に似たり

されど第一歩より築かんのみ

（昭和三三年九月三日作）

この詩は、昭和三三年九月三日の作となっているので、おそらくこれは昭和三三年一二月刊行の『都市社会学原理』についての数々の批判に対する強烈な反応であるとみてよかろう。昭和三一年一二月一四日、すなわち『都市社会学原理』の原稿すべてを書店に送り出した日に詠んだという一首、「明日よりは　よき父とならん拙なくとも一組の論理今日ぞ成りけり」と比較してみると、その心の動き、つまり学者鈴木栄太郎と人間鈴木栄太郎の二面性が手にとるように判るのである。

私の記憶では、在札一〇年間に鈴木が実際に調査に出掛けられたのは、僅か二回だけだったと思う。しかもそれは、健康がやや回復し体力にも自信のもたれた一九五四（昭和二九）年一年間だけであったと思う。第一回は、鈴木自身が『原理』のなかでも述べているように、一九五四（昭和二九）年八月、北海道大学社会学教室において、当時札幌市に隣接していた琴似町（現在は札幌市）の住民について彼らの「聚落社会への帰属関係」（三七四頁）について調査を試みた時であり、いま一回は、同年八月末の日曜日に私と二人で空知郡浦臼に調査に出掛けたときである。浦臼の調査は、鈴木にとっては来道後はじめての遠出であり、したがって外の風景がたいへん珍らしく、終始窓から外を見どおしであった。そのため目的地直前で三半規管の異常を訴えられ、一時気分がすぐれない様子であった。ようやく役場にたどりつき、日直の職員からお茶を丁戴してようやく気分が休まったようだったが、この時ほど驚きかつ心配したことはなかった。その時写した写真と後になって丁戴した色紙（その右側に「昭和二十九年八月笹森君と空知郡浦臼に調査旅行して詠める」と記してある）は私の生涯においてまたとない思い出となったもので、わが家の家宝として大事に保存しているものの一つである。

昭和二十九年八月笹森君と空知郡浦臼に調査旅行して詠める

久しくも　夢に画がきし石狩の
大河の雄姿　今日ぞ見にけり
昭和三十一年冬　芒

先にも述べたように、札幌での鈴木の生活の大部分は闘病生活であったから、詩歌にもそれに関するものが多い。この闘病生活については、『原理』の「小序」のなかにもその一端が示されている。すなわち、「私は北大にきて以来、ほとんどずっと闘病しなければならなかった」「私の病気は生死を往来するような重態を繰り返していた。都市の社会構造に関する見解ができたときからにわかに視角が開けたように、研究は気持ちよく進んだ。けれども、健康は思うようにまかせず、床に臥す日が多かった」「よくもこの病気に堪え、よくもこの一書が完成したものだと、我ながら不思議に思っている。この本は、もし出版されるのなら、当然に遺稿から出版されるに違いないから、誤読されまいようにとて、ノートの乱雑な行文を誰にも読み易くする事にいつも心を配っていた事も、今ではほほえましい思い出である」

大著『都市社会学原理』は鈴木みずからが述べているように、闘病一〇年の歳月のなかから生まれた最後の果実といえるものであった。しかしこの果実をわれわれに与えるや否や、鈴木は休む間もなくすでに新たな峰への挑戦を決意していたのである。

学業の　一つの峰を今越えぬ　行手に見ゆる　峰は数なし

鈴木の一首（これは昭和三一年一二月一四日、都市社会学原理の稿成ったその日に詠んだもの）は、まさにこのことの証左であるといえよう。そしてこのなかの最後のほうの「峰」とは、いうまでもなく残念ながら遺稿とならざるをえなかった「国民社会学」そのものを指すに他ならなかったのである。

第2章　結節機関説立論の経緯と背景

——結節機関説はどのように誕生したのか——

1　北大講義ノートと都市社会学

私は、国の内外の都市社会学理論を読んで、鈴木都市社会学理論は現在もなおその体系化と組織化において、他の追随を許さない傑出した理論であると思っている。そして私自身は、とくに先生が亡くなられた直後から、機会があれば、これまであまり触れることのなかった鈴木先生の都市社会学理論の形成過程ないしは展開過程について、一つでも二つでも明らかにすることが弟子としての私個人にとっての課題の一つではないのかと思ってきた。

私が北大法文学部の第三期生（旧制）として入学したのは昭和二四年四月であった。しかしこの時先生はすでに北大付属病院山田内科に入院されており、二年間講義はなかった。先生が赴任された昭和二二年には、「社会学概論」の講義[1]を一〇月一〇日から一一月二八日まで一〇回行ったようであるが、その後はお体を害され、翌年五月まで札幌郊外にあった月寒官舎（旧陸軍の下士官官舎であったところ）でずっと病床に臥されていた。この間の事情を関清秀先生は鈴木栄太郎著作集「月報七」のなかで次のように述べている。

「昭和二三年五月、まだ東京にいた私は、先生が札幌郊外で病床に臥しておられるとの知らせをうけ、出産後まもない家族をつれて、急遽出発する。前年九月下旬、先生がご赴任のときは、先に札幌へ出掛けていた私が駅頭にお迎えした。北海道らしいよく晴れた日で、先生は長女のせい子さんを伴われ、長途のご旅行にもかかわらず、あまりお疲れの様子にも見えなかった。あらかじめ手配しておいた宿舎は歩いてもさほどの距離ではなかったが、客待ちの幌馬車に目を止められてすっかりお喜びになり、「ぜひあれで行こう。いい記念になるから乗りましょう」とシャンシャンと大きな鈴の鳴る馬車を雇って三人で旅館へ乗りつけたものである。あんなにもお元気であった先生が倒れられたとは……。

月寒の官舎は手狭なところであった。大学から遠く、治療にも不便である。しかし、先生は入院を肯じられない。私は独断で、主治医の内科教授に依頼して北大病院の特別室をあけてもらい、大学本部の自動車を出して、先生を拉致するように、お宅から運び出してしまった。これから一〇年に余る先生の闘病生活が始まるのである……」

つまり私が入学した昭和二四年四月は、先生が入院されてちょうど一年後のことだったのである。したがって当時の研究室は、助教授の関清秀先生が中心で、助手の江沢繁先生（元 北海道教育大学札幌校教授）と東谷清次先生（元 北海学園北見大学教授）のお二人が関先生を支えておられた。われわれ新入生は、鈴木先生の病状を案じながら、講義の再開を一日千秋の思いで待ち望んだものであった。

ところで鈴木先生は、『都市社会学原理』の「序」を次のような言葉で書き始めている。

「昭和二二年、北大にきて以来、私の研究はずっと都市社会学に集中している。私の社会学特殊講義は、毎年、都市社会学という同一の題の下に次々に新しい問題を取り扱ってきたが、ついに昭和三一年度の講義で私の都市社会学の体系をなす全一〇章を一応終える事ができた。ここに公にする本書は、右の講義案に少しばかり推敲を加えたものである」

いま私の手元に先生の特殊講義、つまり都市社会学に関する講義ノートが、学生時代のもの、助手時代のものを含め四冊、社会学演習に関するもの一冊の計五冊が残っている。このうち最も古いノートによると、特殊講義のテーマは「都市と農村（都市社会学）」で、入学二年後の昭和二六年九月二一日に最初の講義がなされたことになっている。

講義の内容は、「第一章聚落社会の意義」となっており、以下「第二章都市と村落の区別」「第三章村落及び都市の社会構造素描」と続き、待ちに待った先生の初年度（昭和二六年度）および昭和二七年度の講義が終わっている。二冊目のノートは私が助手になってからのもので、昭和二八年度から昭和三一年度までの四年間のものである。講義内容は、いわゆる鈴木都市社会学理論の特徴を顕著に示すものとなっている。昭和二八年度の講義内容は、「第一章都市社会学の体系」「第二章都市の外部構造（国民社会における都市）」「第三章都市の内部的社会構造」となっている。昭和二九年度の講義内容は、「都市の社会的統一性　昭和三〇年度続き」。そして三一年度は「行政都市論」となっている。四冊目のノートはやはり昭和三二年度の社会学特殊講義のもので、表題は「都市社会学における基本的理論」となっている。その内容は、「第一章社会的交流の結節としての都市（都市の機能）」「第二章都市の社会構造」「第三章都市の生活構造」「第四章機関論」となっており、五月一四日に講義を始め一〇月二五日で終わっている。先生は前年の昭和三一年一二月一四日に都市社会学原理の原稿を全部書店に送り出しているので、この昭和三二年度の講義はいわば都市社会学原理のエキスの部分の講義であるとともに、先生の最後の講義でもあったのである。なぜならば先生は昭和三三年三月三一日をもって北海道大学を定年退官されたからである。講義が一〇月二五日で終わっているのは、その後先生は再び体調を害され、一二月早々に白石の国立病院に再入院することになったからである。昭和三一年度および三二年度の特殊講義は、学部学生、大学院学生共通のものであった。なお五冊目のノートは、昭和二五年度・二六年度の学部学生の演習における口述に係わるもので、二五年度は「日本における Rurban community について」、二六年度は「調査の方法と社会学的処理」と題するものである。

以上の叙述からも知られるように、先生が都市社会学について御自身の理論を展開し始めたのは、肉体が病魔に侵され、まだ完治を見ない昭和二六年の九月二一日からであり、したがって講義の途中で胸をおさえられ、「気分が悪いのでちょっと休ませていただきたい」といって教壇にもたれかかるシーンが何回あったことか。そのつど、受講生の全員は、一瞬何ともいえぬ不安におそわれるとともに、新鮮な先生の理論とその完成を目指してやむことない先生の情熱に、感謝と尊敬の念を捧げずにはおかぬといったムードが漂っていた。

しかし、鈴木都市社会学理論は、決して順調に展開されたものではなかった。先生は「都市の社会構造に関する見解が出来たときからにわかに視界が開けたように、研究は気持ちよく進んだ」（原理・小序四頁）と述べられているが、そこに到達するまでにはわれわれの理解することの出来ない大いなる悩み、ないしは紆余曲折があったように思われる。昭和三二年度の特殊講義の内容は、いわば鈴木都市社会学理論の基軸ともいえるものであるが、その基軸の発見までにはいろいろな曲折があったことを、手元のノートは物語っている。鈴木先生がどんな動機から都市社会学の研究に入っていかれたのか、そしていわゆる鈴木理論の形成までにどんな紆余曲折があったのだろうか。

2　都市社会学研究への動機

鈴木先生が北大に赴任されて、すぐに研究の鋒先を農村社会から都市社会へと一変させたが、このことは、当時都市を精力的に研究していた若い研究者たちに、たいへん大きなショックを与えたようである。今は亡き近江哲男先生（早稲田大学教授）は、当時の様子を次のように語っている。

「鈴木先生が都市社会学の研究に没頭していることを、はじめ在京者は知らなかった。博士の命をうけて資料収集のために上京した門下生のかたからそのことを聞いたのは、少し後になってからであった。大著『日本農村社会学原理』（昭和一五年）により、かねてから農村社会学の権威として畏敬されていた博士が、都市を取り扱うということは、当然のことのようにも思われ、また何か場違いのような気もした。場違いというのは、専ら巨大都市の先端的現象に関心を寄せていた当時の我々の感覚において、そう感じたのである。しかし、いずれにしても、鈴木先生の都市社会学が独特のものであることは間違いないと予想された。博士がどのように都市をとらえ、どんな論理を展開するのか、在京の若い研究者にとって、それはたいそう興味のある問題であった」（鈴木栄太郎著作集Ⅵ、解題論文「都市社会における鈴木理論の独自性」五六〇頁）

近江先生の以上の述懐から推察すると、鈴木先生の変身に対し、当時の都市研究者達の心のなかには、少なくとも二つの矛盾した感情、すなわち、一つにはいまさら農村社会学者に何ができるものか、という一種の軽蔑とも受け取られるような感情と、いま一つには、かの有名な「自然村の理論」の構築者のことであるから、あるいはひょっとするとまた……、という期待ないしは恐怖に似た感情が共存していたように思えるのである。

鈴木先生の都市社会学原理の全貌、つまり集大成としての『都市社会学原理』（有斐閣）が刊行されたのは、北大に赴任されてから一〇年後の、昭和三二年一二月のことであった。しかし先生は、『原理』の刊行以前に、御自身の理論の片鱗を三つの論文を通して研究者の前に披露していた。第一は昭和二八年一〇月に『都市問題』（第四四巻第一〇号）に掲載された「近代化と市民組織」、第二は昭和二九年五月に同じく『都市問題』（第四五巻第五号）に掲載された「都市社会調査方法論序説」、そして第三は昭和三二年三月に北大『文学部紀要』六に掲載された「聚落社会の概念及び都市の概念」である。このうち第三の論文は、『原理』の第二章に収められたものである。私は鈴木先生の都市社会学理論とその形成過程を見る上で、この第三の論文のもつ意義はきわめて大きいと思っているが、この論文の発表時期と『原理』の刊行時期がきわめて近かったこともあって、『原理』の刊行まえにこの論文に触れた方は皆無であった。多くの研究者たちは、もっぱら最初の論文「近代化と市民組織」（昭和二八年一〇月）に関心が注がれたようである。近江先生の場合も例外ではなく、この論文を読んだときの感懐を次のように述べている。

「この論文は表記の主題についての論説をもとめられて執筆したものであるが、しかしその中に都市、特に日本の都市の社会構造に関する理論が、簡略な形で述べられていた。その概要は次のとおりである。……（略）

この都市の社会構造論は、何の奇もない地味な内容であるにもかかわらず、われわれに鮮烈な印象を与えた。従来、アメリカの都市社会学においては、社会構造に関する理論が弱体であった。アーバン・ソシオロジーないしはそれに類する題名をつけた概説書の場合でも、社会構造の章を欠くものが少なくなかった。この章を設けているものでも、その内容は生態学的な地域構造であるか、あるいは人口構造、階級及び階層の構造など都市社会の一側面に関するものであり、また、社会構造というよりも社会構成と呼ぶにふさわしいものであった。しかるに、鈴木博士の論文には、たしかに本格的な社会構造が、きわめて社会学的に取り扱われているように思われた。これが、この論文がわれわれを驚かせた第一の点である。もう一つの点は、無限に複雑な都市社会のなかから諸要素の大部分を捨象してその骨格のみをとり上げていこうとする、大胆なアプローチのしかたであった。これは、社会病理学への指向性を強くもちつつ発展したシカゴ学派の学風からは、思いも及ばぬことであった。われわれは博士の論文に接して、盲点をつかれたような思いがしたのである」（近江前掲論文、五六〇〜五六一頁）

近江先生のこの一文からも知られるように、鈴木先生の都市社会学への転身について多くの研究者たちが抱いていた疑念は、この論文の発表を契機に完全に払拭されたといってよい。否むしろ、都市の社会構造に初めて関説したこの第一論文によって、鈴木先生は『原理』の刊行まえに、すでにわが国における第一級の都市社会学者として認められるようになっていたのである。では先生は、どんな動機から都市社会学者への道を歩まれるようになったのであろうか。

鈴木先生は『都市社会学原理』の刊行に先立つこと一七年まえ、つまり昭和一五年に刊行された『日本農村社会学原理』の序において、御自身の研究上の立場を次のように述べている。

「日本の農村社会学は主として村落社会学であるが、それ以外の領域も含んでいる。しかしそこでもっとも重要な問題は明らかに村落共同体の問題である、日本人の過去久しい間の社会生活の基本的構造図式ともいうべきものは、家族共同体と村落共同体と国家共同体の三つの共同体にその骨組みを現わしている。私はこの三つの共同体の研究によって一つの日本社会学を組み立てて見たいという念願を持っている」（三頁）

この言葉をそのまま信じた人々は、鈴木先生は都市共同体にはそれほど強い関心を持っていないのだと当然考えたであろう。また、ことによると、将来先生は国家（民）社会学に着手するかもしれないが、しかし都市社会学への転身は全く想像もつかぬ、ありえぬことがらであると考えたに違いない。近江先生をして「場違い」といわしめたのも無理からぬことと思われる。

もちろん鈴木先生は『日本農村社会学原理』において、すでに都市を研究の視野に入れ、随所でそれに関説している（特に第1章第2節、第3節、第6章、第8章）。しかしそれは、あくまでも村落共同体の特性を闡明《せんめい》にするために対象化したものであり、決して都市を対象化したものではなかったように思えるのである。このことは、たとえば「都市は国家や民族の港町である。その雑踏の中にはエキゾティックな色々の旋律が含まれている。最も乱されない日本人の心は、農村の家や村のなかにひそんでいる不文の生活原理にこそ、その最も正しい姿を見出しうるはずである。いわゆる日本学がもし日本人の心の学であるならば、日本農村社会学は日本学の最も基礎的な領域をそのなかに含んでいると言いうるであろう」（『日本農村社会学原理』序三頁）という一文からも理解されるのである。

しかし、これはわれわれの勝手な解釈であって、後にも触れるように、先生御自身は農村社会学と最近縁の分野にある都市社会学の研究にはもとから常に関心を持っておられたようである。そしてその関心が急速に高まり、いてもたってもいられぬ心境になられたのは、先生が京城から引揚げて東京のＣＩＥにお勤めになってからのことのようである。この間の事情を、先生は次のように述べている。

「私が都市社会学の研究に志したのは、終戦直後、私が東京でＣＩＥの世論調査課において、アメリカの社会学者、心理学者、人類学者達から、アメリカの学界の現状についていろいろ話を聞いていた頃の事である。アメリカではたくさんの社会学者がたくさんの分野に分かれて、みな希望と自信をもち、忙しく立ち働いて研究に従事しているように思われた。農村社会学、都市社会学、教育社会学、犯罪社会学、産業社会学、政治社会学、世論調査研究等、分野ははなはだ多数で、それ等の分野ごとにみなある程度の業績が積まれている。社会に関する全般的な理論は貧弱であるが、それぞれの分野で少なくとも常識を整理しただけの理論は構成されており、事実に関する調査研究は次々に活発に積まれている、というのである」（『原理』小序一頁）

「私は、日本の都市に関して、若い日本の社会学者達がもっと活発に積極的な調査研究をするようになればよいという事を、かなり前から希《こいねが》っていたが、しきりにその希望が強くなった。そこで、その頃よく話す機会のあった若い諸君に都市社会学を勉強する事をすすめてみたが、みなすでに没頭している研究があるから都合が悪いということであった。その時、私はもう五十を越していたが、それなら私自身が初めからやって見ようと心に決した。日本の社会学の発展のためには、この分野にも一人でも多くの一兵卒が参加する事が望ましいように思われたからである。日暮れて道遠く、行き着くまでには斃《たお》れるかも知れぬとは当然に思った事である」（『原理』小序三頁）

「本来、都市社会学の研究には、アメリカにも日本にも多数の学者の業績がすでに現われている。私はこの歳をして、この分野の研究に今更新しく加入して邪魔になる必要はないのであるけれども、私には村落の研究に従事した二〇年の経験がある。その経験で学び得た村落に関する知識は、アメリカの都市社会学者にも日本都市社会学者にも全く生きていない。けれども、都市の構成原理が無関係である筈がないという予想が私の頭を去らず、もしかしたら私は都市を理解するのにはなはだ恵まれた経歴をもっているのかも知れぬという虫のよい考えさえおこり、その事が私をして都市社会学の研究に敢然と近づけた最も根強い原因であった」（『原理』四頁）

引用が少し長くなったが、とにかく以上の三つのフレーズから、われわれは、第一に、鈴木先生がどんな理由から都市社会学の研究に入られるようになったか、第二に、その際に先生が抱いたところの不退転の決意とはどんなものであったか、そして第三に、先生が、自分自身こそが都市社会学研究のむしろ最適任者であると自らにいい聞かせたところのものが何であったか、といった点が手にとるようにわかるのである。つまり、二〇年の研究を通して確立した農村社会学者としての自負心と、新分野としての都市社会学の開拓に対する不退転の決意とが、一〇年間にわたるあの闘病生活にもかかわらず、大著『都市社会学原理』を完成させた最大の原因ではなかったのかと思うのである。

3　聚落社会の概念に関する立論の経緯

鈴木先生が病魔と闘いながらも、われわれ学生に対して社会学特講として「都市社会学」の講義を始められたのは、北大に赴任してから五年目の秋を迎えられた昭和二六年九月二一日からであった。それはわれわれ三期生にとって、鈴木先生から聞く文字どおり最初の講義であり、入学してから三年目の秋のことであった。「おそらく今年も講義は無いだろう」と半ば諦めかけていた学生にとっては、開講は正に夢のような出来事であり、朝から緊張と興奮とそして一抹の不安をもちながら、その瞬間を待ち続けたことを、今でもはっきりと覚えている。「今年こそは」また「今年こそは」と待ち続けながら、遂に先生の特殊講義を聞くことなく大学を終えていった一期生・二期生に比べると、三期生は確かに果報者であったといってよかろう。特に私は、卒業と同時に助手に採用され、引き続いて先生の講筵《こうえん》に列するという好運に恵まれたので、果報者の中でも特段に果報者であったと思っている。

私のノートをみると、先生は講義を始めるにあたり、まず講義内容について、ほぼ次のように話されたということがメモ的に書かれている。

「都市の社会構造が不明確であるということが、都市の社会学的研究を遅延せしめている大きな原因であると考える。都市の社会構造と村落の社会構造とは大いに異なるものであるから、全く新しい見解を新たに打ち建てなければならないと思っている。この講義の中心は、都市の社会構造についての見解の披瀝である。

日本の社会学の中で活発な運びをみせている職業社会学は、今後の日本社会学に大きな役割を果たすであろう。私の都市社会学もこの職業社会学と密接な関係を持つが、それとは大いにその趣を異にすると思う。もちろんこの講義は都市の社会構造を中心とするが、それを村落（農村）と対比することがそのなかに出てくるであろう」

この後先生は、持参した風呂敷包みのなかから小学生用と思われるノート一冊を取り出し、おもむろにそれを左手で（右手が不自由だったので）開かれ、「第一章　聚落社会の意義」と申され、しばらく時間を置かれた。学生がノートをとることへの配慮であったと思われる。ふと先生のノートに目をやると、講義原稿は縦書きで、しかも驚いたことに大変大きな字で書かれていた。それも鉛筆で、一頁にせいぜい七～八行ぐらいのようであった。やがて先生は、そのノートを見ながら、静かに、しかし自信をもった言葉で述べ始めた。

「社会という現象の存在する場は人の心のうちであるが、この現象が比較的固定し反復する場合には、この現象に伴って種々の固定的な具象的存在が見出される。人の生活は比較的一定の地域内に限定されているために、人の社会的接触も事実上多くは地域的制約を受けている。そのために、社会という現象から生み出されるさまざまの具象的存在も、地域的に固定している場合が多い。しかしてそれらの具象的存在が土地に固定していることは、逆に人を支配し人を土地に結びつける結果を生んでいる。特に家族の集団生活はそれに伴って居住を設定するのが常であり、居住は土地に固定しているのが一般であるから、人の生活はそのためにも比較的土地に固定的となる。故に社会という現象は、その座するところの人が一般に家族生活を営み、家族生活のためには一般に居住が必要とされ、居住が土地に固定しているのが常であるとするなら、社会の現象自体も土地の上に一般に固定されているのが原則である。家族生活以外の生活においても同様のことがいえる。社会の現象が反復される場合は、関係という形に置き換えて考えることが便宜である。しからば、土地の上に比較的固定した社会関係があるといいうるのみならず、社会関係は原則的に土地の上に固定的に存するといえる。

かくの如く、土地に比較的固定した人と人との関係が地上に影を投じている如く具象化して考えることは、理解を容易ならしめるだろう。社会関係の地上への投影が一定の地域の上に累積して一つの独立体の形態を現わすように考える場合には、そこに社会的統一が予想される。それは社会の地域的統一である。居住の空間的近接による統一に名づけて聚落という語を地理学者が用いているが、聚落には必ずしも社会的統一はない。しかし、聚落の基盤の上に形成される社会的統一がある。それが聚落社会である。一聚落社会必ずしも一聚落と外縁を等しくするものではない。一聚落に二聚落社会存し、また一聚落社会が二つの聚落に及ぶ場合もある」

以上が待ちに待った第一回目の講義内容であった。第二回目の講義は、一週間後の九月二八日に行われた。先生はこの日も、前回同様に紫の風呂敷包を開かれ、「では……」といわれてから、前回の講義に続く部分について以下のように説き始めた。

「一般に社会学者は地縁社会と血縁社会を自然的基礎的社会とみなし、さまざまの機能的社会を人為的派生的社会といっている。これは主として結合の性質故に社会成立の条件に基づく社会分類であって、その意味の地縁社会とは結合紐帯が主として地縁によるもので、国家、地方自治体等がそのうちに考えられている。従来社会学で地縁が結合紐帯として特に重要なる働きをなしている点を認めている学者は少くない。特に原始社会の研究者において然りである。しかし、従来の社会学者では地縁社会に関する全般的組織的研究は未だ充分とはいえない。特に近代社会における地縁の意義はほとんど闡明《せんめい》にされていない。

地縁社会のうちで国家についての研究はやや周到であるが、その他の地縁社会については社会学者の研究ははなはだ乏しい。経済史、法政史、地理学、農政史等には村落についてやや見るべき研究がある。都市に関する歴史学の研究にも相当立派な業績がある。社会学史家は大抵地理学派なる一学派を認めている。しかしそれらの学者は多くは社会学以外の人であって、居住の立地的条件が人の生活の型に及ぼす影響を強く認めている人達である。社会学者というよりむしろ人文地理学の人々である。大概地縁によって成立していると思われる社会的統一にはさまざまな形式が考えられるが、そのなかにはいまだ社会を形成するに至らない社会圏と呼ばれるものも多数存在し、しかもかくのごとき地域的社会圏は重要な意義をもつものである。さらにまた、現に存する地域的社会的統一のうちには、地縁による結合が必ずしもその統一の主要部分ではないと考えられるものも少くはない。少くともその主要なる結合紐帯が何であるか容易に断定し難き地域的社会的統一も少なくはない。本来地縁社会なる語は結合の地縁なる特性に基づいて、すなわち社会成立の特性によって作られた概念であるが、これに対して結合の紐帯がいかなる種類のものであるにせよ、結果において、その社会的統一が一定の土地の上に限定されていると思われる社会的統一のあらゆるものをそのなかに含めている概念もまた必要である。むしろ、この概念が科学的処理には有用である。しからば社会成立の特性を意味する地縁社会という語は無用ではないが、一般に事実存在する地域的社会的統一をただそれだけとして意味する語が他にあることが望ましい。事実存在する地域的社会的統一を意味するだけならば、社会地区または地区社会という語もありうるだろう。

従来私はしばしば社会地区なる言葉を用いてきた。社会地区とは土地の上に限定されているあらゆる種類の社会的統一の地区またはかくのごとき統一そのものを意味するものである。国家、地方団体、都市、村落のごとき組織的地域的集団を含むとともに、地域的社会圏ともいうべきものをも含むものである。例えば文化圏、通婚圏、商圏、その他各種の共同関心圏もそのなかに含まれている。それらのものには、そこに統一的組織として見るべきものは何も存在しないけれども、しかしその範囲内には何らかの生活の一要素を暗示するものであって、社会的統一の組織の基盤をなし得るものである。それは社会的接触の地域的限界を意味する場合も多いであろう。

例：第一社会地区……………近隣
第二社会地区……………自然村

第三社会地区……………行政村
第四社会地区…………Rurban Community
第五社会地区…………郡、県

最近、地域社会という言葉が教育者の用語としてしばしば用いられているが、その意味するところは今から二〇年ほど前に一時盛んに唱道された郷土教育における郷土と同じ意味をもつものである。ともに生活を共同に体験する地域的共同社会が意味されているようである。すなわち、共同生活圏を意味する村とか都市であったりする。しかし、地域社会なる語は、戦後アメリカより輸入された教育技術的言葉とあいまって用いられているが、日本における Local Community は、具体的に何を意味するかなお研究の余地を多分に残しているようである」

一〇月五日の第三回目の講義は、第一章の「まとめ」の部分に当たるもので、以下のごとく講義された。
「およそ今日の国民社会の内部において、近接して居住する者の間に形成され得ると思われる定型的なる地域的社会的統一には、次のごときものが考えられる。

1．近隣　　6．関心共同圏
2．村落　　7．都市生活圏
3．都市　　8．通婚圏
4．政治地区　　9．伝承共同圏
5．Rurban Community

右のごときさまざまな地域的社会統一のうち、特に聚落の基礎の上に形成されている社会的統一を聚落社会という。聚落社会をその他の社会的地域的統一より区別するゆえんは、私の意味する聚落社会が、他のあらゆる地域的社会的統一の基本をなしている基礎的事実に基づくとともに、多くの社会学者が地縁社会の範疇の中に国家のほかに都市と村落を含めて考えつつも、事実において、彼らの意味するものは単なる行政的地域社会にすぎない過誤が今なお見受けられるからである。さらにまた、聚落の空間的統一は容易に認知しうるものであるから、かくのごとき聚落の基盤の上に形成された社会的統一は、何人にも理解が容易である。しかるに、その他の地域的社会的統一はかくのごとき空間統一がなく、これを認知することは多くは社会的分析の結果において初めて可能である。ゆえに、聚落という具体的事実の上にその客観性を現わしていることを原則とする社会的統一の型を特に聚落社会と呼び、その他の地域的社会的統一より区別せんとするものである。

しかし、すでに述べたるがごとく、一つの聚落が二つの聚落社会に分かれている場合があり、二つ以上の聚落が一つの聚落社会を形成する場合がある。しかし、それらの稀なる例はありうるとしても、それらの場合においてすら、聚落社会が聚落を基盤としているという原則には変りがない。それらの特殊な事例は、それを分析してみると、聚落の基礎の上に生じた社会的統一が、なんらかの特殊の条件のために、その正常なる形態が湾曲せしめられているためにすぎないことを知るのである。

私は聚落社会としては村落と都市を挙げるにとどめる。他のすべての地域的社会的統一はみな村落または都市を基本として構成されているものである。すなわち、近隣は都市あるいは村落の部分あるいは細胞をなすものであり、その他に地域的社会的統一は、わが国では都市または村落を単位としている。それは居住形式がわが国では一般に集村型であるのが原則であることに主として帰因するものである。この点において北海道は、やや内地と事情を異にしているようである。

政治的地区、商圏、関心共同圏、都市生活圏は、いずれも都市を中心とし、その周辺の若干の村落をその傘下に収めている関係である。都市を中心とする関係は、個々の農家ではなく、個々の村落あるいは部落が単位である。アメリカにおける場合は、いわゆる Center を中心とする Rurban Community 内の周辺のものは、村落ではなく個々の Farm である。相隣接する Farm が Center に連がる。それは日本では聚落の形態が集村的で、そのために、またその他の理由のために、村落の結束がはなはだしく強く、行動の一致がいちじるしく存するからである。ゆえに、特にわが国においては特に重要である。集村的聚落が村落および都市の基盤をなし、村落および都市がその住民等の行動をいちじるしく制約していると思われるのであるから、聚落社会の概念はわが国においては特に重要である。しかし、それはわが国だけではなく、おそらくアメリカとフランスの一部分を除いては、世界中みなしかりであると思われる。伝承共同圏のみは都市を中心とするものではないが、大体に村落を単位としていることには変りがない。通婚圏は、調査結果の見るべき例がいまだ少ないから一般的傾向を推断するに至らないが、明治初期には村落内婚が多く外部に対しても村落を単位とする傾向が存していたように思われるが、明治以後には村落の枠は明らかに弛緩しているが、大体の地域が存するもののようである。

日本の国民は、大体にみな都市か村落かに住んでいる。都市と村落は国民の生活の巣である。国民の一人一人の郷土がそこにある。それが聚落社会である」

以上が「聚落社会の意義」と題する第一章の講義内容である。もちろん上記部分以外に、若干の用語について解説や図解を行った部分が、［注］という形でノートには残っている。しかし、それをここに記すのはいささか煩雑になるので、ここではその紹介を割愛することにする。ただ、聚落社会の二類型としての都市と村落について、当時先生がどのように考えられていたかを知る意味では、これに続く「都市と村落を区別するもの」と題する第二章の講義内容を、少し紙幅は増えるがここに記しておくことは適切な措置であろう。

「第二章　都市と村落を区別するもの」と題する講義（第四回目）は、一〇月一二日におこなわれたが、その内容は以下のごときものであった。

「聚落社会として私は前章において都市と村落を挙げたのであるが、両者を区別するものは何であるか。ある歴史家（今井登志喜「都市発達史研究」）は都市と呼べるべきものは各時代各国家において一様ではないが、その時代その国家において事実都市と呼ばれるものを都市として取り扱うことを最も適当と思われると言っている。

一応理由ある主張である。人口五〇〇〇をもって都市として扱うベルギー、二五〇〇以上を都市とするアメリカ、一万五〇〇〇以上のエジプト、わずか五〇〇以上のウクライナ、その他都市はいろいろの人口規模によって国家を異にするごとに異なっている。しからば国ごとに都市の意味するものが異なるのは客観的に都市を立証するにたる根拠がないためなのか。ある都市の本位的要素というべきものが無いのであるか。あるいはまたかくのごときは根拠または本質は存在するけれど、また人口は正しくそれを認めてはいるのであるけれど、それを客観的に指示することが困難であるから、人口規模によるがごとき便宜的方法によるに過ぎないものであるか。思うにかくのごとき困難はひとり都市についての問題であるばかりでなく、日常の用語として用いる場合つねに起こる困難のひとつである。

思うに一般に用いられている都市という語の意味するものは、異なる社会的事実以上である。ゆえに、その本質的要素というべきものも社会的事実以外の点に存するものであるかもしれぬ。私が都市と村落を社会学的に取り扱う場合には、社会事実としての都市と村落をその限りにおいてのみ理解せんとするものである。ゆえに、私の社会学的処理において都市と村落の別を明らかにせんとする場合には、社会的事実における両者の別を明らかにすることが出来るだけである。しこうして社会的事実における両者の特性は、さまざまな点において現われているが、特にその社会構造の上に存すると思われる。社会構造における両者の特性の相違は、両者の社会的事実における一切の相違の根元的要素をなしているように思われる。しかし、従来この点に関して組織的論説を試みた者を聞かない。

従来都市と村落の相違を明らかにした学者のうち、ソローキン（P. A. Sorokin）の社会学的学説が最も包括的であると考えられる。同氏は次の諸点における相違を認めている。1．職業　2．環境　3．聚落社会の大きさ　4．人口密度　5．住民の異質性・等質性　6．社会分化および成層　7．流動性　8．相互作用の組織。木内信蔵氏の『都市地理学研究』のなかの都市の定義は次のごとし。地理学の定義であるが、地理学より一部分逸脱しているように思われるので、特に社会学的な所を引用すれば、〝都市の居住者は、血縁的関係よりも職業身分により結合される。それが複雑にからみ合って異質的都市社会を構成する。離れた地方の出身者が血縁的に結成され全体として統一ある地域社会を結成するが、その内部には絶えず地域的社会的移動がはげしくおこなわれる。青年層を多く吸収し、出生は少いが人口増加率は高い。人為的物的に巨大なる消費地を形成するのが大都市である〟〝その大小に応じて地方、国土ないしは世界の機関として政治、交易制度の役割を果たしている〟

以上は社会学的観点に立つものと思われるが、しかしこれが氏の都市の定義の重要な部分である。この定義では、むしろ定義というよりも従来の研究の要約とも言うべきものである。この定義のうち、私が最も興味を感ずるのは、〝職業身分等により結合され複雑にからみ合って異質的都市社会を構成する〟という一節である。これは明らかに都市の社会構造の特有な一面を物語るものである。この複雑にからみ合っている都市構造を分析して構造を明らかにして、はじめて都市のさまざまな社会現象がその正しい意味を理解されうるのではないかと思う。複雑にからみ合ったものという表現の使用と、都市の定義の社会的事実について、さまざまな特性を断片的に表現したこととは関連していたのである。社会構造が明らかになれば、定義はもっと簡単なもので充実するのではないかと思われる。しかし、すでに、聚落の基盤の上に形成された聚落社会の意味を明らかにした私の論理においては、村落および都市の概念規定ははなはだ簡単である。

聚落社会は都市か村落かであり、ただこの二種だけであるから、都市と村落を区別するただ一つの標識さえあれば両者を識別するに充分である。かくのごとき標識として、私は何よりも生業における相違を明らかにする。理念型的村落における生業は広義における農業である。理念型的都市における生業は多種多様な非農業的生業である。しからば村落および都市の定義は、前者は農業人口によって形成されている聚落社会であり、後者は多種の非農業的人口によって形成されている聚落社会である。農業人口の聚落社会がいかに活動的異質的であっても、都市であることはない。それは農業人口の聚落社会は、農業人口なるがゆえに都市たりえないのでなく、農業人口の聚落社会は都市的社会構造を形成することができないので、都市たることができないことを意味する。

村落と都市を区別する社会的特性は、何よりもその社会構造における特性である。さまざまな社会現象における両者の相違は、かくのごとき社会構造における相違より結果するものと思われる。何人も経験により都市と村落を区別する標準を持っているのであるが、それを正確に把握し表現することができないだけである。複雑にからみ合っていった社会存在的表現は、都市の本質的相違を指示しているようである。私が日常の経験において都市を都市たらしめ、村落を村落たらしめているのは、実にその社会構造における特性であろうと思われる。いずれ章を改めて都市および村落の社会構造について述べるだろう」

先生がこの二章の最後の部分で、「いずれ章を改めて都市および村落の社会構造について述べるであろう」といわれたその約束は、実は一週間後の一〇月一九日から三回にわたっておこなわれた講義、すなわち「第三章　村落および都市の社会構造素描」によって実現された。しかしこの第三章の講義内容は、二年後の昭和二八年度の講義において全面的に再考・整理されて、そのままの形で「原理」「第四章　都市の社会構造」のなかに組み入れられるに至った。この間の推敲過程については後日稿を改めて触れることにしたい。したがって以下ここでは、講義案の第一章および第二章と、それを基に作成されたと思われる北大文学部の紀要論文、「聚落社会の概念及び都市の概念」(これは後に「都市社会学原理」の第二章として再録)との関係に視点を極限して、いささか私見を述べてみたいと思う。

4　紀要論文と講義案内容の比較分析

『原理』の「第二章　聚落社会の概念及び都市の概念」は、上述したように、昭和二三年三月末に刊行された北

表2-1　紀要論文と講義案内容の比較分析

紀要論文の構成	講義案・その他との関連
第一節　地域社会的統一 ＊原理では「地域的社会的統一」となる。	これは，昭和26年度の講義案の第一章「聚落社会の意義」を改題したもので，講義案の大半がそのままの形で再録されている。
第二節　古代都市の成立に関する史論	講義案にはない。したがって全く新しく執筆したものと思われる。
第三節　共同防衛の機能	昭和31年度の講義「都市における生活構造」の第三節「共同防衛の機能」が殆どそのままの形で再録されている。
第四節　都市の村落起源説	講義案にはない。したがって全く新しく執筆したものと思われる。
第五節　生活協力の機能	昭和31年度の講義「都市における生活構造」の第四節　結論（聚落社会の概念及び都市の概念）の論述に先立ち，聚落社会の特性として共同防衛の外に今１つ生活協力の機能を認め得ると注釈しているが，それについての論述はなかった。 したがって講義案としては用意していたと思うが，全く新しく執筆したものとみなしてよい。
第六節　都市と村落の区別の具体的基準	表題からみると，昭和26年度の講義案の第二章「都市と村落を区別するもの」がこれに相当するように思われるが，内容は全く異なる。新しく執筆したものと考えてよい。
第七節　恩根内市街地	全く新しく執筆したもの。
第八節　聚落社会の概念及び都市の概念	これは昭和31年の講義「都市における生活構造」の第四節　結論をそのままの形で再録している。
第九節　都市の概念の妥当範域 A　ブラジル開拓地の都市 B　衛星都市計画者の考えた都市 C　嘉永年間の青森町	全く新しく執筆したもの。ただCについては昭和31年度の大学院の特殊講義「行政都市論について」でほんの少し関説している。

海道大学『文学部紀要』六に掲載された同一題名の論文を再録したものである（但し『原理』への再録に際し、文章表現や句読点において若干の修正が行われた）。

ところでこの紀要論文は、鈴木先生自身がその「前書」のなかで、「この一篇は近く公にしたいと思っている都市社会学に関する拙著の緒論となる様な一章に用いたいと思っているもので、私が都市社会学の問題として論ずる、あらゆる理論の出発点をなすと共に結論をなすものである」と明言されていることからも知られるように、鈴木都市社会学理論の神髄を知る上でも、またその理論の形成過程を知る上でも、きわめて重要な意味をもつものである。そこで私は、まず紀要論文に集約された鈴木先生の聚落社会の概念に関する一連の立論が、いかなる時期に形成されたものであるかを知るために、紀要論文の内容と各年次に試みた講義案の内容を比較検討してみた。前頁に示した表2－1はその関連表である。

ところで、私は以上に触れた先生の紀要論文、したがってまた著書「原理」の第二章は、鈴木都市社会学を知るうえでいくつかの特色ある立論を示しているが、それを私なりにまとめると以下の三点に集約しうるのではないかと考えている。

まず第一に、鈴木先生は都市と村落を考える前に、両者の共通項として全く新たに「聚落社会」なる概念を打ち立てたということである。周知のように、先生の研究の起点は、つねに現在の日本における足下の社会的事実の観察にあるが、先生が聚落社会の概念を措定したのも、現在の日本における村落と都市と、また急激に進行している都市化の過程とを観察しているうちに、自然に達したものであろうと思っている。

そして第二に、先生は歴史的合理性からして、都市は常に村落より発展するということ、また村落と都市とは共同防衛と生活協力という二つの共通の基本的機能をもつものであるということ、を主張したことである。

第三に、当初（昭和二六年頃）先生は、村落と都市を区別する標識は生業の相違（農業的生業と非農業的生業）にある（前掲講義案第二章参照）と考えていたが、その後（おそらく昭和三〇年前後）、北海道の農村市街地や苫小牧市等の調査を通じて、村落に「何か」が加わることによって村落はその分だけ都市的性格を帯びるようになると考えるようになった。だが、その「何か」が何であるかを決断するまでには相当の日時を要したようである。しかし、最終的に、その何かが「国民社会における社会的交流の結節的機関である」という立論に達し、そして鈴木都市社会学の神髄ともいえるいわゆる「結節機関論」を提起したのである。

未知の人との社会関係の増加が、村落社会を都市的社会に向かわしむる社会的要因であるということや、感情的社会関係のうえに合理打算的な社会関係が増加していく過程が都市化の過程に他ならぬといった立論に到達したのは、よほど後になってからのことと思われる。

すでに述べたように、当初先生が一般に常識的見解と見られるものに従って、非農的生業者の集まっている聚落を都市と考えたのであるが、その非農的生業がみな社会的交流の結節の機能を果たしているというとの見解に達したことは、一つの大いなる躍進であったとともに、全く新しい見解であって、私は、そこに鈴木先生の鈴木先生らしい独自さがあると思っている。鈴木先生が昭和三二年三月に刊行された「文学部紀要」の第八節「聚落社会の概念及び都市の概念」において、「都市とは国民的社会に於ける社会的交流の結節的機関をその内に蔵していることによって村落と異なっている聚落社会である」そして聚落社会の定義は「共同防衛の機能と生活協力の機能を有する為にあらゆる社会文化の母体となってきた地域的社会的統一であって村落と都市の二種が含まれている」と述べたこの定義は、今や学会の共有財産となっているが、しかしこの立論に達するまで、実に少なくとも五年から六年の歳月を要したことを私の手元のノートは教えているのである。しかもこの五年ないし六年の歳月は、鈴木先生にとっては病魔との闘いの歳月でもあったわけであるから、われわれとしては学問に対する先生の執念の強さに、ただただ感嘆せずにはおられないのである。

＊　本章は、笹森先生が一九九二年に書かれた原稿（笹森秀雄「鈴木先生を偲んで」(5)・(6)『北海道社会学会ニュース』〔No 18 April, No 20 November, 1992〕）を本書に掲載するために、再編したものである。

注

（1）　鈴木先生のこの時の「社会学概論」の講義内容は、第一回の卒業生斎藤兵市先生（元　酪農大学教授）によって整理されていたものを、一九八一年に私が借り受けて、二〇部ほどコピーして製本し、それを希望者に配布した。その後このことを知った日本都市社会学会会長の倉沢進先生が、特別の御配慮をしてくださり、それを『日本都市社会学会年報七』（一九八九）に掲載して下さった。

第3章　鈴木都市社会学の理論的支柱と二元的実証性

鈴木栄太郎が名著『日本農村社会学原理』（一九四〇）の姉妹編ともいうべき『都市社会学原理』を初めて世に問うたのは、一九五七（昭和三二）年一二月のことである。したがって今年は出版後五二年、すでに半世紀以上の歳月が経過したことになる。この間に、『都市社会学原理』に対する評価ないし批判は驚くべき数に達しており、今仮にそれらのものを総て一つに集録するとするならば、優に一冊の大著が出来上ると思われるほどである。しかしそれらのなかには、鈴木の理論を誤解したり曲解したりしているものが少なからず見受けられる。

私は鈴木の『都市社会学原理』は、前著『日本農村社会学原理』もそうであったが、第一にその理論の独自性つまりユニークさにおいて、第二にその理論の配列の整然たる点において、そして第三にそれら理論を支えているその地道な実証性において、何といっても一代の碩学の著述であり、それは単にわが国の社会学界における金字塔の一つであるのみならず、世界の社会学界においても優に誇り得る業績の一つであると思っている。

本章は、過去一世紀近い歴史をもつ日本都市社会学史のなかにあって、鈴木栄太郎が果たした役割とは一体いかなるものなのか、特に鈴木都市社会学の理論的支柱と見なされるものは何なのか、またその理論を支えている実証性とはいかなるものなのかなど、いわゆる鈴木都市社会学の基本的問題についていささか私見を述べてみようとするものである。

1　農村研究から都市研究への転換

鈴木栄太郎が、将来における自己の社会学的研究構想ともいえるものに初めて言及したのは、『日本農村社会学原理』の「序」においてであった。そこには、以下のように記されている。

「日本人の過去久しい間の社会生活の基本的構造図式ともいうべきものは、家族共同体と村落協同体と国家協同体の三つの協同体にその骨組みを現わしている。私はこの三つの協同体の研究によって一つの日本社会学を組み立てて見たいという念願を持っている(1)」

ところでこの一文を読んではなはだ奇異に感ずるのは、なぜ鈴木が村落協同体と密接不可分の関係にある都市協同体を、あえて社会生活の基本的構造図式から、さらにはまた自己の研究構想から除外したのかという点である。もちろん今はその理由を知る由もないが、しかし私は当時のわが国における社会事情、つまり国粋主義的・軍国主義的社会事情が、あえて鈴木をして都市協同体をその構想から排除させた最大の理由ではなかったのかと考えている。そしてそれは、鈴木の次の一文から容易に推察されうるのではないかと思っている。

「都市は国家や民族の港町である。その雑踏の中にはエキゾティックな色々の旋律が含まれている。最も乱されない日本人の心は、農村の家や村のなかにひそんでいる不文の生活原理にこそ、その最も正しい姿を見出しうるはずである。いわゆる日本学がもし日本人の心の学であるならば、日本農村社会学は日本学の最も基礎的な領域をそのなかに含んでいるといいうるであろう(2)」

つまり当該時代の鈴木にとっては、「都市」は好ましい研究対象であるというよりは、むしろ邪魔者的存在であったとすら見受けられる。しかしわが国が戦後の復興期を経て急速に民主主義的・産業主義的国家——へと変貌していく過程で、鈴木の学問的関心もまた一挙に農村社会から都市社会へと急転回していったように思われる。この間の事情を、鈴木自身以下のように述べている。鈴木都市社会学の形成過程を知るうえできわめて重要な意味をもっていると思われるので、以下多少長くはなるが、鈴木自身の口から研究課題転換の理由を聞くことにしたいと思う。

「私が都市社会学の研究に志したのは、終戦直後、私が東京でＣＩＥの世論調査課において、アメリカの社会学者、心理学者、人類学者達から、アメリカの学界の現状についていろいろ話を聞いていた頃の事である。アメリカではたくさんの社会学者がたくさんの分野に分かれて、みな希望と自信をもち、忙しく立ち働いて研究に従事しているように思われた。農村社会学、都市社会学、教育社会学、犯罪社会学、産業社会学、政治社会学、世論調査研究等、分野ははなはだ多数で、それ等の分野ごとにみなある程度の業績が積まれている(3)」

「私は、日本の都市に関して、若い日本の社会学者達がもっと活発に積極的な調査研究をするようになればよいという事を、かなり前から希《こいねが》っていたが、その頃、しきりにその希望が強くなった。そこで、その頃よく話す機会のあった若い諸君に都市社会学を勉強する事をすすめてみたが、みなすでに没頭している研究があるから都合が悪いということであった。その時、私はもう五十を越していたが、それなら私自身が初めからやって見ようと心に決した。日本の社会学の発展のためには、この分野にも一人でも多くの一兵卒が参加する事が望ましいように思われたからである。日暮れて道遠く、行き着くまでには斃《たお》れるかも知れぬとは当然に思った事である(4)」

鈴木がＣＩＥを辞して新設の北大文学部に赴任したのは、その直後の一九四七年九月であり、同学を定年退官したのが一九五八年三月である。この一〇年間における鈴木の生活は、ほとんどが入院と自宅静養の日々であったが、この間、静穏の日を選んでおこなった講義の素案に若干手を加えて刊行されたのが、他ならぬ『都市社会学原理』である。

2　前哨戦としての三つの論文

鈴木は、『都市社会学原理』出版前に、すでに三つの論文を発表していた。

1.「近代化と市民組織」(『都市問題』第四四巻一〇号、一九五三年)
2.「都市社会調査法論序説」(『都市問題』第四五巻五号、一九五四年)
3.「聚落社会の概念及び都市の概念」(『北大文学部紀要』六、一九五四年)

この三篇は、いずれも鈴木都市社会学理論の重要な一翼を担うものであるが、なかでも特に第一論文「近代化と市民組織」は、分量としてはわずか一〇ページにも充たないものであったが、しかしそれが若い研究者達に与えた影響には誠に甚大なものがあった。

この論文は、前記主題について論説を求められて執筆したものであるが、しかしその行論には都市、とくに日本の都市の社会構造に関する理論がきわめて簡略な形で述べられていた。その内容は、およそ次のようなものであった。すなわち、都市の正常人口の正常生活における基本的集団は、世帯と職域(これに準ずるものとして学校が挙げられる)であり、他の多種多様な集団は、この二つの集団の基礎の上に構築されているいわば第二次的集団である。そしてこれらの第二次的集団には、世帯を単位として地区的に構成されている地区集団と、個人の任意な加入によってつくられている生活拡充集団とがある。都市は、世帯と職域集団が中軸をなし、第二次的集団として生活拡充集団と地区集団が附着して集団複合体をなしている。この集団複合体の結束を、定型的社会関係や社会圏が糸や糊のように補強している――これが、鈴木のいうところの生活協同体としての都市の構造である。

ところでこの都市の社会構造論は、かつてないほど大きな反響を呼んだ。その頃、わが国において若い都市社会学者の一人と目されていた近江哲男は、当時を回顧して、次のように述べている。

「この都市社会構造論は、何の奇もない地味な内容であるにもかかわらず、われわれに鮮烈な印象を与えた。従来、アメリカの社会学においては、社会構造に関する理論が弱体であった。アーバン・ソシオロジーないしはそれに類する題名をつけた概説書の場合でも、社会構造の章を欠くものが少なくなかった。この章を設けているものでも、その内容は生態学的な地域構造であるか、あるいは人口構造、階級および階層の構造など都市社会の一側面に関するものであり、また社会構造というよりも社会構成と呼ぶにふさわしいものであった。しかるに、鈴木博士の論文には、たしかに本格的な社会構造が、きわめて社会学的に取り扱われているように思われた。この論文がわれわれを驚かせた第一の点である。もう一つの点は、無限に複雑な都市社会のなかから諸要素の大部分を捨象してその骨格のみを取り上げていこうとする、大胆なアプローチのしかたであった。これは、社会病理学への指向性を強くもちつつ発展したシカゴ学派の学風からは、思いも及ばぬことであった。われわれは博士の論文に接して、盲点をつかれたような思いがしたのである(5)」

近江のこの一文からも知られるように、鈴木の都市社会学への転身について多くの研究者達が抱いていた疑念は、この論文の発表を契機に完全に払拭されたといってよい。否むしろ、都市の社会構造に初めて関説したこの第一論文によって、鈴木は『原理』の出版前にすでにわが国における第一級の都市社会学者として認められるようになっていたのである。

3　『原理』に対する学界の反応

待望久しかった鈴木の『都市社会学原理』が、有斐閣の「社会学選書」のなかの一巻として出版されたのは一九五七（昭和三二）年一二月であった。それは多分に漏れず、研究者の間に大きな反響を呼んだ。今は不確かであるが、最も早くそれに反応したのは確か安田三郎、近江哲男、横山亮一の諸氏であったのではないかと思う。このうち特に安田三郎は、従来の都市社会学の現状に一抹の不安を抱いていたひとりであり、当時の心境を以下のように述べている。

「戦前戦後を通じて都市社会学の研究の歴史を振り返ってみるとき、ことに多彩なものを感じ取ることはできるが、農村社会学におけるような、一本の太い流れを見出すことはできない。むしろ、多彩ではあるが、散発的で累積的でない、研究の歴史を見るのである。……都市社会学の充実した発展を妨げている最大の原因は、それが理論を持たないという点にある。……都市社会学が社会学として自己を確立するためには、都市の社会構造に関する理論が提供されねばならないのである(6)」

確かに氏のこの批判は、当時の実状を見ると必ずしも厳しすぎるとはいえないであろう。しかし後に述べるように、その後まもなく刊行された鈴木の『都市社会学原理』は、都市とは何か、都市の社会構造ないし機能とは何か……等々の問題について、あたかも氏の批判に応えるかのように、きわめて組織的かつ体系的にその理論を展開したものであって、私はかかる労作は、ひとりわが国のみならず世界的視野からみても、決してそれほど多くはないだろうと思っている。その点鈴木広の次の指摘は注目に値するといってよかろう。

「世界の都市社会学が、ほぼシカゴ学派を軸として展開してきたが、日本の都市社会学は社会学自体がそうであったように、大づかみにいえばそのような世界的動向に従属する存在であった。それが昭和三〇年代に至って、しだいに方法論的に従属変数から独立変数的存在に転身する勢いを示したが、その中心的業績は鈴木栄太郎『都市社会学原理』である。都市社会学はここから始まるといってよい(7)」

わが国の都市社会学が「鈴木栄太郎の『都市社会学原理』から始まる」という鈴木広の指摘は、おそらく戦前戦後を通じての日本都市社会学の発達史という視点からとらえた場合、必ずしも異論なしとはしないであろう。しかし真に都市社会学の名にふさわしい内容を持った労作という点に評価の視点を限定するならば、氏の主張は必ずしも的外れとはいえないように思う。否むしろ、氏はより積極的に、その主張の妥当性が何処にあるかを次のように明示するのである。

「鈴木（栄）の貢献は、方法論的には、(1)都市の概念を社会的交流の結節機関の存在によって規定し、(2)都市の社会学的研究を、正常人口の正常生活のあり方を基準として遂行するという方針の定立に求めることができる。この都市の定義は一見常識的であるが、深く考え抜かれたもので、その後、矢崎武夫、倉沢進、鈴木広らによって基本的に継承され、今日ほぼ定着したとさえいえよう。ワースの操作的な定義よりも、一層、本質基底的な構造理論的な深さをもつ定義であると評価される。明示的にほとんどうかがえないが、彼の都市研究にはシカゴ学派批判の意図が重々しく反響しており、この定義自体も明らかに、「社会的交流」の概念によって、シカゴ学派に欠けていた個別都市の体制的位置づけを可能にしようとしたものである。正常生活からのアプローチも、シカゴ学派を中心に逸脱・解体・病理＝異常生活に置かれてきた関心の焦点を、常態の生理学に引き戻すという正当な機能を果たした点で、たしかに有効である。前節にみたような、シカゴ学派＝生態学的・病理学的アプローチに対する、長期的かつ多岐にわたった社会構造論的および比較体制論的視角からの批判が、事実上、鈴木（栄）の一著のなかに、コンパクトに総括されている観がある。精読すべき基本的文献である[8]」

私は、鈴木広の以上の指摘は、『都市社会学原理』について数ある評価の中でも、文字どおり公平かつ客観的な評価であって、わが国都市社会学発達史のなかに占める「鈴木都市社会学」の位置づけを、最も正しく明示したものと思っている。

4　鈴木都市社会学の理論的支柱

私の知る限り、鈴木は主著『都市社会学原理』について、二度にわたって自己解説をおこなっている[9]。私はこの自己解説の内容が、鈴木都市社会学の真髄または理論的支柱といわれるものを知る上で、きわめて重要な意味を持っていると考えている。そこで、以下しばらく鈴木自身の解説を聞くことにしたいと思う。

鈴木は、最初の論文「都市学に対する社会学よりの貢献」のなかで、およそ次のように述べている。「拙著『都市社会学原理』における私の所論のなか、次の四つの点は、私の都市に関する立論の支柱をなす様な理論であるが、それは全く社会学よりの研究である(10)」として、第一に聚落社会の概念、第二に都市の機能、第三に都市の社会構造、第四に都市の生活構造をあげている。但し、この論文では第一についてのみ関説し、残りの部分については「他の機会にゆずる事とする」として、敢えて触れることをしなかった。それはきわめて残念なことであった。

ところが鈴木はその一年後に発表した「首都性について」と題する論文のなかで、こんどは次のように述べている。すなわち、「『都市社会学原理』における私の都市社会の理解は、主として次の三つの点に集中している。第一は都市の機能の点、第二は都市の社会構造の点、第三は都市の生活構造の点である(11)」。私はこの指摘が、いわゆる鈴木都市社会学の理論的支柱なるものを知るうえで、きわめて重要な意味をもつものである思っている。では鈴木は、この理論的支柱とみなされる三つの側面について、どのように考えていたのであろうか。以下項を改め、それぞれの点について鈴木自身の見解を聞くことにしたいと思う。

（1）　都市の機能について

都市は村落同様に、すべての住民が緊急時に共通の敵に対して協力するところ（共同防衛）の、また日常生活を遂行するうえでともに援《たす》け合うという（生活協力）の共同体（コミュニティ）である。ゆえに都市は、一国のなかにあって文化や財の流通の中心地としての機能を果たしている。この分配・流通の中心地としての機能は、都市を村落から区別する唯一の特性である。

（2）　都市の社会構造について

都市社会の上に累積しているすべての社会集団のなかで、あるいは一つの全体としての都市生活を構成しているところの社会集団のなかで、家族集団と職域集団とは最も基礎的な集団であり、学校集団は社会集団のなかでは二番目に重要な集団である。娯楽や文化や生活向上のために形成されている諸集団は、一般には余暇集団といわれているものであるが、しかし現在の都市生活にあってはきわめてブリリアントな存在である。

（3）　都市の生活構造について

都市の住民は、彼らの日常生活においては規則的活動をしており全体としての彼らの生活に秩序を与えている。われわれは都市生活のなかに時間的秩序と空間的秩序を看取することができる。

5　都市研究における二元的実証性

鈴木の実証的な研究には、単に事実から帰納的に検証していく方法だけではないアプローチが存在した。それは、鈴木の言葉でいえば「帰納的方法のみにはよらない」方法であり、わたしは、先導的処理概念と考えている。この概念については、原理のなかでは「予備的理論操作」として触れられている。それは、演繹的な方法であり、鈴木が頭のなかで考えた概念であった。先導的処理概念、すなわち、頭のなかで考えていたものを実証していく方法には、次の二つがあった。一つは、聚落社会論であり、もう一つは、正常人口の正常生活の理論であった。

前者は、「人類文化の発展史のうちに都市がたどってきた方向と足取りを知り、そのなかで都市の本源的意味を見定める」という方法である。人間は生きていくためには聚落社会からは離れては生きてはいけない。一次産業から特異な人間や非農業的なものが加わっていくことが都市化なのだ（鈴木は、祈禱師・預言者の話をしていた）。真っ白な聚落社会という概念を作ってみて、農村と都市を区別するものを考えていくという方法から、結節機関説が誕生したのである。

もう一つの方法は、正常人口の正常生活の理論である。この方法は、原理の中で詳しく書かれているが、この理論が出てきたのは、鈴木がまさに異常人だったからだという点は指摘しておきたい。

このように、先導的な処理概念で構想されたものを、後で調査をしてその妥当性を検証するという方法を鈴木は採用していたのである。その方法によって、理論的支柱である、「都市の機能論」「都市の社会構造」「生活構造論」といった理論が形成されていったのである。

鈴木の都市社会学原理から学ぶべきことは、実証結果だけでなく、鈴木がどのような研究方法によって研究を進めたかということであろう。鈴木先生がよく口にしていたのは、「プロセスが重要だ」「眼光をもって社会事象を見る」「自分は実証社会学者だ」「理論は、天井の方にあるのではなく、『足下』にあるものだ」といった言葉だった[12]。

注

(1) 鈴木栄太郎『日本農村社会学原理（著作集Ⅰ）』未來社、一九六九年、序、三頁。
(2) 鈴木栄太郎、同書、序、三頁。
(3) 鈴木栄太郎『都市社会学原理（著作集Ⅳ）』未來社、一九六九年、小序、一頁。
(4) 鈴木栄太郎、同書、序、三頁。
(5) 近江哲男著「都市社会学における鈴木原理の独自性」鈴木栄太郎『都市社会学原理（著作集Ⅳ）』五六〇～五六一頁。
(6) 安田三郎「都市社会学の回顧」（林恵海教授還暦記念論文集『日本社会学の課題』一九五六年）一〇四～一〇五頁。
(7) 鈴木広・倉沢進編著『都市社会学』アカデミア出版、一九八一年、二〇頁。
(8) 鈴木広、前掲書、二〇～二一頁。
(9) 鈴木栄太郎「都市学に対する社会学寄りの貢献」『都市問題研究』第一一巻第二号、一九五九年。「首都性について」『都市問題』二月号、一九六〇年二月。
(10) 鈴木栄太郎「都市学に対する社会学寄りの貢献」『都市問題研究』第一一巻第二号、一九五九年。

(11) 鈴木栄太郎「首都性について」『都市問題』二月号、一九八五年二月。
(12) 第5節「都市研究における二元的実証性」の部分は、二〇一〇年三月一二日に札幌の笹森先生のご自宅を訪問し、直接聞き取った文言を大谷が記述して完成稿としたものである。まず完成稿とすることを重視したが、その過程で、いろいろなお話を聞かせていただいた。その聞き取りを通して私なりに理解した笹森先生のお考えは、「鈴木栄太郎の実証研究で注目されなければならないのは、先導的処理概念であり、実証研究においては、『帰納法』と『演繹法』を組み合わせていくことが重要だ」という点であった。そうした笹森先生のお考えについては、先生がまだお元気であった二〇〇七年一二月に笹森先生からいただいた手紙の中に克明に記されている。本論文の理解につながる内容なので、そのまま引用させていただくことにしたい。

謹啓　今年も残すところあと僅かとなりましたが、その後先生にはいかがお過ごしでしょうか。おそらく教育と研究で多忙な日々を送られていることと思います。

さて過日は近著『〈都市的なるもの〉の社会学』のご恵贈に与り、恐縮至極に存じております。早速お礼状と思い乍ら、また生来の悪癖が出て、完読までに思わぬ時間を弄し、つい本日まで失礼を重ねてしまいました。なにとぞご海容のほどお願い致します。

ところでこの三月に退職して以来、文字通り初心に帰り熱心に勉強したというのは、どうも今回が初めてのように思われます。しかも勉強したというよりは、貴著によって勉強させられたというのが実情です。たしかにこれ迄にも、世界中の著名な先生方の都市研究についてのすぐれた労作がありましたが、しかしこのたびの先生の新書のように、それらのものをさらに詳細に検討し、それをキメ細かくかつわかりやすく分析整理された労作は、それほど多くはないように思います。その点先生の新書は、近来稀にみる労作であると思います。本当にありがとうございました。ご多幸を心から祈念いたしております。

敬具

＊　＊　＊

以下の文章は私見の一端を述べたものですが、私の細やかな謝意の証として受け取っていただければ幸いに思います。

先生は旧著（一九九五）のなかで、ご自分の研究姿勢を以下のように述べておられます。

「私の見解は、「都市を定義できる」と強調するよりは「都市を厳密に定義することはできない」と居直って、定義を曖昧にしておくほうが、〈都市的なるもの〉を探っていくうえで好都合なのではないかと考えているものである」

この研究姿勢に対し、最初に批判の矛先を向けられたのが倉沢先生であり、その批判にリプライされたのが言うまでもなく大谷先生ですが、この二人の紙上対談が、いわゆる「都市の概念化を巡る倉沢・大谷論争」として注目されたのは周知の事柄であります。しかし私はこの論争を、単に「都市の概念化を巡る論争」としてのみ片づけるべきではないと思っております。といいますのは、実はこの論争の背後に、科学ないし学問における二つの対照的な認識方法即ち「演繹法」と「帰納法」との別があり、その何れを選択するかによって、両者の間に大きな違いが生じうるからであります。

周知のように学問の世界におきましては、それは自然科学であろうと社会科学であろうと、「真理」の追求を最終的目的としていることは言うまでもありません。しかしその場合、ある事象についての研究成果が、その時点で「真理」であると判断された時、私たちはそれを最終的に「概念」という形で表示（定義）するのが一般であります。しかし厳密な意味で単なる概念は、それだけでは「真なるもの」あるいは「偽なるもの」とは言えません。それが肯定または否定という判断のもとで表示された時においてのみ、その概念ははじめて「真」であり「偽」であると言い得るものと思います。

論理学の教義によりますと「演繹法」とは、とりあえず前提とした命題（概念）から、経験に頼らず、論理の規則に従って必然的な結論を導き出す思考方法であり、他方「帰納法」とは、前者とは逆に、個々の具体的事実から一般的な命題ないし法則を導き出す方法、つまり「特殊」から「普通」を導き出す思考方法であるとされています。

いま前記お二人の研究姿勢を拝見致しますと、倉沢先生の場合はどちらかと申しますと演繹法、大谷先生の場合は帰納法に立脚した研究であると見受けられます。そしてこのご両人の認識法上の違いが、結局は倉沢・大谷論争の契機となったように思われるのですが、私のこの見方は間違っているでしょうか？

私は大谷先生のこのたびの著書は、まさにこの帰納法を根幹として行われた実証的業績であると思っております。特に松山、桃山、関西学院の三大学の学生四二九四人の受講生を対象にして実施された「都市的なもの」についての調査結果の分析（第9章と巻末資料）は、正に驚嘆に値するものであり、第三世代（倉沢先生の造語）を代表する一人といわれている大谷先生にして、はじめてなせる技であると感服致しました。特に学生が作った「都市の定義（傑作撰）」を中心としたその分類は、選別の仕方になお若干問題を残しているとはいえ、ともかくそれらのものを一応機関系、交通系、イベント・サービス系、人間行動系……など、全体を一〇の系に分類していることは、大いなる前進であり、その労を多とするものであります。しかし私は、恐らく今後先生は、これらの資料に一層分析と抽象を加え、最後に先生独自の都市概念を作成すべく、日々精進していくのではないかと思っております。そしてその限りにおいて、先生の苦労は今後なお続くものと思っております。

私は不勉強の故に、残念ながら私自身の都市概念をもつこともなく研究生活を終えました。しかし私は私自身の能力の限界を知った時点で直ちに恩師鈴木栄太郎先生の軍門に下り、そして先生の都市概念をそのまま私自身の都市概念として借用し、以後今日までそれを守りとおしてきました。私はそのことを「恥」とは思わず、むしろ「誇」に思っておりました。なぜならば、鈴木先生の都市概念は、他の方々の都市概念に比べ、都市成立の根源要素をそのなかに含み、それが独りわが国のみならず、世界中の各都市にも等しく妥当するように思われたからであります。事実今もそう思っております。

私は研究者間の論争は、学問の発展にとって必要不可欠の要件であると思っております。その点、先の倉沢・大谷論争は真に時宜を得たものであり、学会に対しては勿論、研究者個人に対しても大きな刺激と影響を与えたものと思っています。私はこの書を読み終えたとき、ふと次のようなことを思い浮かべました。即ち、大谷先生のこのたびの新書は、あるいは討論者でありかつ、大先輩である倉沢先生に捧げられた精一杯の感謝の返礼ではなかったのか、ということでした。といいますのは、ふとした事から私は平成一八年八月、大谷先生関連の社会調査実習、青森大秋部落の調査に同行したのですが、その時私に示された、その温情豊かな姿勢（人間大谷信介）のことを思いだしたからであります。勿論この見解は私個人の独断によるものであって、その真偽は定かではありません。唯私個人がそう感じているだけのことであります。老人の戯事としてご放念ください。

以上長々と駄弁を弄してきましたが、以下一言述べて結びとしたいと思います。先生のこのたびの著書は、ご本人を含め、多くの研究者に改めて都市社会学の在るべき姿を問うたものとして、その意義は極めて大きいといわなければなりません。その意味で、お二人は言うに及ばず、できればもっと多くの方々を含め、再度論議する必要があると思うのですが、いかがなものでしょうか。私は既に八〇の坂を優に超え、何の用にもたちませんが、せめて討論の内容を知り、それを土産に、恩師、友人のいるあの天国に旅立ちたいものと思っております。以上所感の一端を述べ、新書ご恵贈に対する御礼と致します。

平成一九年一二月二七日　笹森秀雄

第Ⅱ部　グローバル社会における鈴木都市理論

大谷信介

第4章　世界に誇れる「実証的社会学研究法」

――理論構築につながる社会調査の方法――

鈴木栄太郎が『都市社会学原理』を出版した同じ年（一九五七年）、アメリカではマートン（R. K. Merton）の『社会理論と社会構造』という本が出版されていた。この事実は、「社会学理論」と「社会調査」の関係を考えようとする場合に、とても意義深い象徴的な事実と位置づけることが可能である。

マートンはこの本の中で、社会理論と社会調査を統合することの重要性の観点から「中範囲の理論」を提起し、その後大きな反響を全世界の社会学界に与えた。「中範囲の理論」とは、「日々繰り返される調査などで豊富に展開されている小さな作業仮説と、経験的に観察される社会的行動の、非常に多くの画一性を導出しうるような主要な概念図式を内容とする包括的思弁とを媒介するような理論」であり、社会調査が理論構築にきわめて重要な意味を持つことを問題提起したものである。すなわち、「経験的調査は、理論を検証しテストするという受動的な役割をはるかに超え」、「理論を創始し（initiate）、作り直し（reformulate）、方向を変え（refocus）、また明確化する（clarify）」という能動的な役割をも果たすことを強調したのである。[1]

鈴木栄太郎の『都市社会学原理』は、結節機関説をはじめとする傑出した都市社会学理論を提起した本であるが、それらの理論は、まさにマートンが指摘した経験的調査の能動的役割をフルに実践した結果、構築されたものと位置づけることが可能である。マートンの『社会理論と社会構造』は、理論構築における社会調査の重要性を提起した著作ではあるが、主眼は理論社会学の進むべき方向を提示することにあり、具体的な社会調査の実践的方法にまでは言及していないのが実情である。その意味からは、都市理論とともにその理論構築に向けての実践的調査方法が具体的に提示されている『都市社会学原理』は、世界的にも注目すべき著作と位置づけられるであろう。

本章では、社会調査の積み重ねによって理論構築を実践していく方法を提示した「世界に誇れる社会調査原論」という観点から、『都市社会学原理』を再検討してみたい。

1　理論構築につながる実証的社会学研究法

(1)　基本構造を解明するという社会学観

鈴木都市社会学の理論的全体像については、本書第Ⅰ部第3章の笹森論文で概説的に整理されている。ここではその整理を踏襲しながら、鈴木栄太郎の社会学観と実証的研究方法について検討してみよう。

まず、鈴木栄太郎が「社会学」をどのように位置づけていたのかについて、『都市社会学原理』の記述を中心に整理してみたい（頁は、本書資料編に掲載分は本書の頁、それ以外は『都市社会学原理』有斐閣一九五七年の頁を記載した）。

「社会生活の基本的構造と変化を究めるのが社会学の本領である」（『原理』一二頁）

「人と人との関係を観察しうるあらゆる観点から観察しようとつとめるのが社会学である。それをあらゆる観点から観察し、そのいずれの一つも見逃さないように配慮しているところに社会学の独自の見地があると私は思う。しかし、それは社会諸科学の個々の分野からの観察を意味するのではない。また社会諸科学の総合でも断じてない。ありのままの関係をできるだけありのままの姿で観察せんとする一つの厳格な見地である。ありのままの関係の観察は、必然的に基本的な構造の観察を意味する。人間関係の基本的構造の理解は、ありのままの関係の観察からのみ得られるに相違ない。人間生活の基本構造の理解が社会学に課された研究であると私

は思っている」（『原理』一一～一二頁）

「社会学は各種社会現象の基本的な組み合わせを明らかにする研究であると私は考えている。しかしそれは社会諸科学の単なる総合ではない。またそれは断じて百科全書的なものでもない」（『原理』一二頁）

「経済学者の分析前の経済現象、政治学者の分析前の政治現象、その他あらゆる社会諸科学者の分析前の現象を、動いているままの姿で観察しようとするのが社会学者である。社会学者は社会関係の根本的な構造の理解を研究するもので、そのためには人と人とのありのままの関係を理解することが必要である」（『原理』一二頁）

以上は、鈴木栄太郎が「社会学」について記述した部分を整理したものである。キーワードとなっているのは、「社会生活の基本構造」「ありのままの関係」「あらゆる観点からの観察」「百科全書的なものでない」といった点である。こうした観点から、都市社会学の目的が「都市の社会生活における基本構造を明らかにすること」と提起されるのである。

（2）　実証的研究方法としての予備的理論操作

都市の基本構造を解明するための実証的研究方法として鈴木栄太郎が重視しているのは、以下の二つの予備的理論操作である。それらに関する記述を『都市社会学原理』の該当部分から整理してみよう。

「都市の本質を把握するためには、現に存する都市の事実の上に直ちに実証的な調査研究のメスを加え、それを基礎として理解を進めてゆくという手順だけでは、到底不可能のように考えられる。かくの如き調査のメスを下す前に、理論的操作によって混沌雑然とした都市の現実を一応整理しておく準備が必要である。都市は人間がかつて作り出したもっとも複雑にして巨大な社会的複合体であるだけに、都市の認識は現状に対する実証的調査よりの帰納の前に、かかる予備的操作が不可欠と思われる」（『原理』五頁）

「私が試みた予備的理論操作は二つの方面からおこなわれた」

A：「人類文化の発展のうちに都市がたどってきた方向と足取りを知り、その中で都市の本源的な意味を見定める事」

「時間的発展の縦の流れの中よりする都市の正常形の認識であり」

「この操作として、私は聚落社会の概念を措定した」

「人類文化発展の中で、聚落社会として村落の外に都市が生ずるに至った過程は、我々に都市の機能を教えている」

B：「現在の都市を構成している人々の生活の中に正常形を見定めること」

「現在の都市より夾雑物を除去して正常形を明らかにすること」

「この操作として、私は正常人口の正常生活の概念を措定した」

「現存の都市における正常生活の観念は都市の社会構造を明らかにしている」

この二つの方向からおこなわれた予備的理論操作の詳細を『都市社会学原理』の記述をもとにさらに整理すると以下のようにまとめられる。

(A)　聚落社会論（都市の発展史における歴史的合理性理論（『原理』一三頁））と都市の機能

「人類文化発展史の中で、聚落社会としての農村の外に都市が生ずるにいたった過程は、我々に都市の機能を教えている」（『原理』五頁）

「都市が歴史的に発展してきたものである限り、その静態の中にも発展の方向を底深く蔵しているに相違ない」（『原理』六頁）

「さらに私は、都市の外に前都市的存在を認めている。都市的要素が一定の分量以上に達した時、それを都市と認め、都市的要素は存しているがその分量が一定標準にまで達していない場合に、私はそれを前都市的存在といっている」（『原理』七頁）

「人類文化の発展史において村落が都市に先立って発生したという事を否定するような史実が存しているかもしれぬにも拘わらず、村落が都市に先立って発生するという事を公理のように私が考えるのは、しばしば説いた如く、歴史的合理性がそこに存していると考えられるからである」（『原理』九頁）

「都市が村落に後れて発生するということは、自然である。その逆が不自然であるというのは、人為的であるという意味である。聚落社会の成長という点ではともかくとして、少なくともその発生に関しては、人為にはよらないというのが自然なのであろう。強制または指導、あるいは計画に従って聚落社会が発生するのは、一応は不自然だといえるのであろう。そして、このような不自然な聚落社会の成立に伴ってみられる都市と村落の発生の順序には、成長の原則の錯倒が認められるのである。それが根本の問題であろう」（『原理』一〇頁）

「都市社会調査に不可欠の項目」としての**都市の機能**に関する調査項目は、「社会的交流の結節として、その都市は、どんな具体的な、関与、関係を持っているかに関する調査項目」である。「特定の都市が上級のどんな都市からどんな関与をされているか、また下級のどんな都市または村落に対してどんな関与を持っているかを明らかにすることがここでの調査の要旨である」（『原理』一二頁）

(B)　正常人口の正常生活の理論と都市の社会構造

鈴木が調査研究を実施する前に、都市の現実に試みた理論的操作は、『都市社会学原理』第四章で食品成分分析のたとえを使って明快に説明されている。その部分を整理してみよう（『原理』一三三〜一三六頁、本書二一〇〜三一二頁）。

「都市の社会生活は錯雑混乱をきわめている」

「分析に入る前に、この混乱に対して何か処理しておく手順が必要」

「塵埃《じんあい》が混入している食品の成分を分析する場合まず塵埃を除去する事が必要」

「都市の現象の中にも、規律性や秩序が存在しているかも知れぬが、それは塵埃に隠されているのでは？」

「都市の中に現に生活している私自身と私の家族、友人、知人、隣人等の生活について仔細に観察してみた。彼等の生活が如何に単調なものであるか、単調を破っている人の存在が如何に稀にみられる異例であるか、どこに都市生活の混乱を思わせるものがあるか、という事を確かめ、最後に結論として得たものが正常人口の正常生活の理論である。そしてそこで当然の事として考え出された異常人口と異常生活が、所謂都市の塵埃である」

「私は正常と異常という語について次のように考えている。そのままの状態において生活の再生産が順調におこなわれ得る状態は正常であって、その状態を仮に大多数または全人口が持続すれば社会生活の存続はあり得ないと思われるような状態は異常といい得るであろう」

「都市の社会構造に関する基本的社会集団は世帯と職域及び学校であり」その二つの集団についての調査が最も重要である。


以上のように、鈴木栄太郎は都市の基本構造を明らかにするにあたって、調査前に、理論的な予備操作が必要であることを説いている。これは、社会学理論が、「思弁的に得られた一つの理論を、科学的方法による事実調査の結果によって吟味する」ことや「事実の調査の中から帰納的に法則性をみいだす」ことによって構築されるとは単純には考えず、「思弁的な理論操作」を繰り返したり、「仮定が単なる仮定に止まるものであるか否かを吟味する調査」を繰り返したりすることによって構築されるものであることを、具体的に提起していたのである。

（3）〈空間概念〉としての都市把握と体制的位置づけ

鈴木栄太郎の都市理論の強みは、鈴木広が指摘したように「個別都市の体制的位置づけを可能にした」点にある。すなわち、鈴木栄太郎の都市の定義は、「全体社会体系（体制）の社会的・地域的分化の一環として構造的・機能的に位置づけられる」のである。[2] こうした強みを可能にしていたのが、都市を「社会関係の地上への投影」という視点から位置づける〈空間概念〉としての都市把握である。[3]

「社会関係の地上への投影が、一定の地域の上に累積して一つの独立体の形態を表すように考えられる場合には、そこに社会的統一が予想される。それは地域的社会的統一というべきもの」であり「近隣、村落、都市、行政的団体、都市依存圏、都市利用圏、通婚圏、伝承共同圏等々」が考えられる（『原理』二六頁）。鈴木栄太郎はこのような空間概念を駆使して都市の理論構築を試みようとしたのである。

こうした〈空間概念〉としての都市把握は、新都市社会学者たちの論客たちによっても問題提起されてきた。カステル（M. Castells）は、「都市を社会の空間への投影と考えるのは、不可欠の出発点であると同時に、またあまりにも基本的な確認である」と述べ、空間に投影されていると考えられている社会構成体の分析を、アルチュセール（L. Arthusser）のマルクス理解に依拠しつつ解明することを提起した。[4] ルフェーブル（H. Lefebvre）も社会的諸関係は、「地上のさまざまな場所に投影される」ことによって「都市的なるものは姿を現わす」と述べ、〈空間の政治〉の問題を提起した。[5] また地理学者であったハーヴェイ（D. Harvey）は、「都市に関する一般理論は、どのようなものであっても、都市に内在する社会的過程を、都市がとる空間形態に多少なりとも、関係づけなければならない」と述べ、社会的過程を分析対象とし社会学的想像力をもった人々（社会科学者・歴史学者・社会哲学者等）と、空間形態を取り扱い地理学的想像力をもった人々（建築家・芸術家・都市プランナー・地理学者等）とのあいだに橋をかけることの重要性を提起した。[6] すなわち、地理学者であるハーヴェイにとっては、空間形態の分析に力点が置かれ、計量主義が正統となりつつある地理学の危機的学問状況を反省的に捉え、社会的過程の分析（マルクス主義的解釈）を地理学に導入する重要性を提起したのである。

鈴木栄太郎が展開している〈空間概念〉を駆使した都市把握という方法は、マルクス主義的解釈による都市把握という理論的志向性よりは、社会調査レベルでの具体的な分析方法の提示であり、大まかに分けて二つの視点として整理することが可能である。

一つは、村落と都市の関係、都市の機能すなわち都市間の聚落社会間の上下関係（空間関係）が考察されることによって、都市を社会体制の中で位置づけることが可能となるという視点である。この視点は、シカゴ学派を代表するワース（L. Wirth）のアーバニズム論と対比させて考えてみると、その強みがよく理解できる。ワースのアーバニズム論は、都市を人口の三要素（規模・密度・異質性）が増大すればするほど、都市的生活様式としてのアーバニズムの度合いも増大するという分析図式である。この図式では、たとえば人口要素が同じであれば同じ特徴を持つということが前提とされ、江戸と東京といった時代的背景も、ニューヨークと北京といった文化的背景も超えて普遍的に妥当する生態学的決定論として理論化がなされているのである。それに対して鈴木理論では、東京→仙台→弘前→田代→大秋といった、聚落社会間の上下関係や関与関係が考察されることによって、都市が独自に存在するものでなく、全体社会の中での体制論的な位置づけが可能となる理論図式を提示していたのである。

もう一つの視点は、社会関係や生活行動が空間に投影される点を重視した視点であり、別な言い方をすれば、生活行動に関する調査結果を「地図に落とす」という方法と位置づけられる。『都市社会学原理』の中には、統計資料や図表だけでなく地図がとても多く登場する。とくに「市域決定の根拠となるもの」という付記部分に登場してくるカラー印刷の四ページにわたる地図は特に目立つ存在である（『原理』三七七頁）。

鈴木は「都市の社会的統一性こそ、市域決定の根拠を与えるもの」であり、「都市の外周を決定するのは、その社会的統一を構成している社会関係についての社会調査に基づくものでなければならない」として、一九五四年八

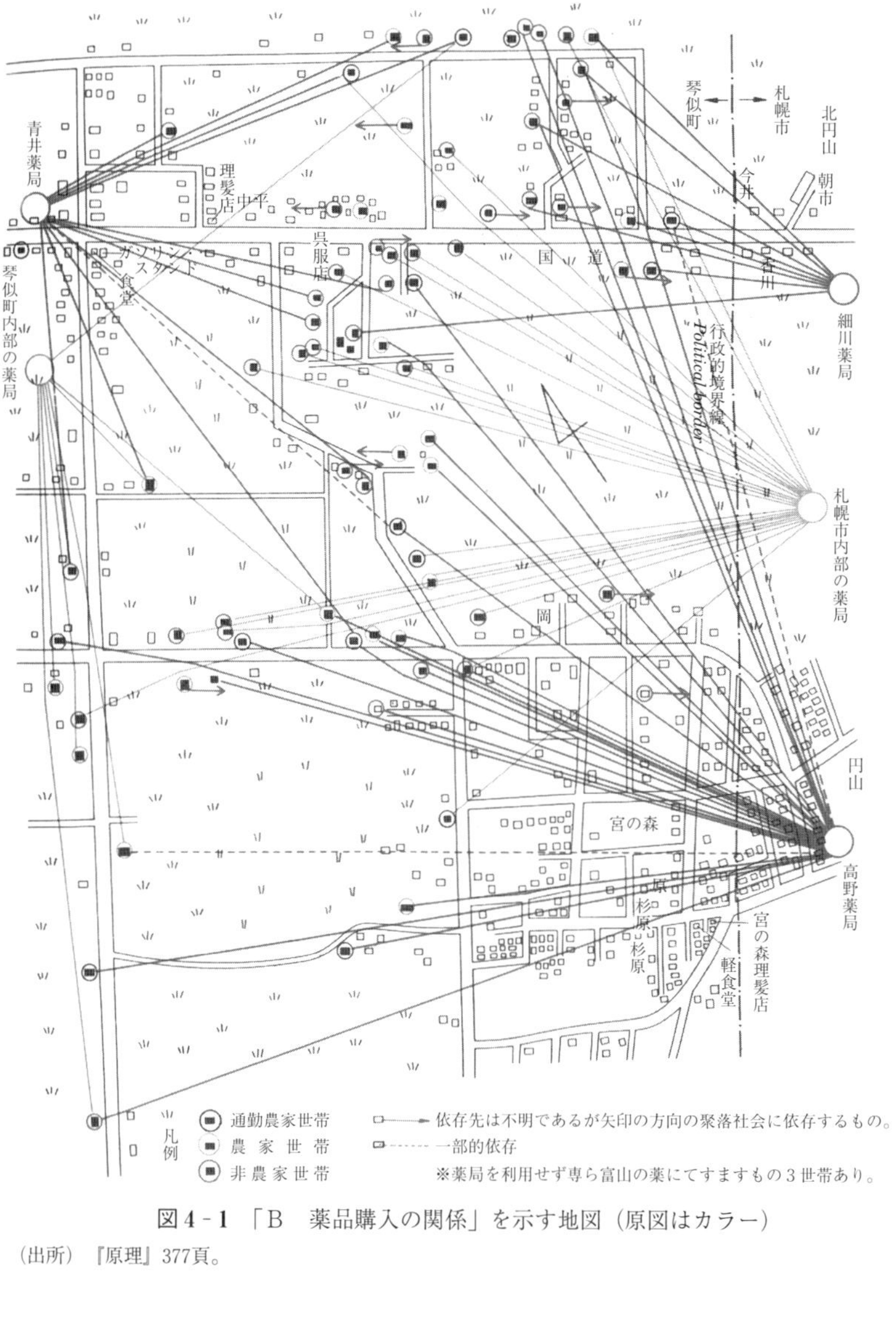

図4-1　「B　薬品購入の関係」を示す地図（原図はカラー）

（出所）『原理』377頁。

月に当時札幌市に隣接していた琴似町の住民につき、彼らの聚落社会への帰属関係の調査を実施した。七二世帯に対する面接調査により、二一種目の日常生活物資をどこの商店から購入しているかを調べることによって第一生活地区を明らかにし、それによって札幌市と琴似町との間に存する聚落社会の境界を明らかにしようとしたのである。前頁の地図は、『都市社会学原理』に載せられたA：酒、B：薬、C：酒と野菜、D：パンとうどん購入者の四つの調査結果のうち、Bの薬品の購入者と商店を線で結びつけた地図である。

この地図の「札幌市側の商店に依存している世帯の極限をなす点を連ねた線を設け、同様に琴似町側の商店に依存している世帯の極限をなす点を連ねた線を設けるときは、両線の間にはさまれる地帯が現れる」この中間地帯がまさに「地域的生活協力体としての札幌という聚落社会と琴似という聚落社会とを分かっている緩衝地帯である」、こうした調査を積み上げることによって「第一生活地区の決定による市域の決定という事が、理論上も技術上にもあまり無理ではない」と鈴木栄太郎は問題提起しているのである。

生活行動や社会関係の実態を地図に落とし、聚落社会としての都市を確定するという試みは、これからの社会調査でも積極的に導入していくべき方法と考えられる。

（4）事実の調査を基礎とする社会調査

鈴木栄太郎の実証的手法の中で、理論構築につながる方法論として注目されるのは、「事実の調査を基礎とする社会調査」を重視するという指針である。これは、「意識の中の事実」ではなく「行動された事実」の調査を重視するという方針である。この方針に関する鈴木栄太郎の記述をまとめてみよう。

「私等が明らかにしようとしているものは、正確な事実だけである。人の心のうちにある事実は決定的なものではない場合がしばしばであるが、一度行動の形として決定されたものはただ一つの明白な事実である。故に、現に存在する人の実態に関してできるだけ正確な事を知るためには、決定されたその人の行動について知るべ

きである」（『原理』一四頁）

「正確な事実を明らかにすることを主眼とすべき実証的研究では、決定された事実、行動された事実について調査するのが第一義的であると思う。その意味において社会学における調査は、現在や未来に関することよりも、過去の事実の調査を主とするものということができる。故に現在の意識の中の事実の調査は、第二義的な補正的な役割として用いられるに過ぎないものと思う」（『原理』一四頁）

「およそオピニオンの調査は、将来を予測する必要のある場合には必要な方法として用いられるが、事実の調査を基礎とする社会調査には単に補正的に用いられるだけで、社会調査の枢要部分に適用されるべきものではないのである」（『原理』一五頁）

鈴木栄太郎の「決定された事実、行動された事実の調査が第一義的」「意識の中の事実の調査は第二義的」という主張は、これまでの社会調査論ではあまり注目されてこなかった見解であるが、実際に調査分析を進めていくうえできわめて重要で本質的な主張として注目するべきである。

私は以前市役所が実施する市民意識調査に着目し、それらが「なぜ政策立案につながる〈分析できる調査〉になっていなかったのか」を多角的に分析したことがある。大阪府下四四市町村が総合計画策定のために実施した直近の調査票の質問文の内容分析をしてみると、全質問の七八％が回答の固定しにくい「意識を問う質問」で、市民の行動や状況の実態を正確に測定可能な「事実を問う質問」が二二％と少なかったことが判明した。大阪府下四四市町村の調査票があまり生産的な分析ができていなかった要因として、「事実を問う質問」が少なかったことが関連していたのである[7]。これらのことは、鈴木栄太郎が主張した「行動された事実」の調査を第一義的とすることの妥当性を証明している事実と位置づけられる。

以上、鈴木栄太郎の都市社会学原理が、どのような点で理論構築につながる実証的研究方法を具体的に提示していたかを整理してきた。その内容は、「基本構造を解明するという社会学観」に基づき、調査設計段階で「予備的理論操作」を駆使し、「〈空間概念〉としての都市把握」を「事実の調査を基礎とする社会調査」によって分析していくことであった。こうした視点からの実証的研究方法によって、独自の理論構築が可能になったと位置づけられる。

2　社会調査方法論的に注目される調査企画段階での工夫

鈴木栄太郎の提示した実証的調査研究は、単に既存の公的統計の分析や郵便等による照会のみで得られる資料収集にとどまらず、そのほとんどが苦労の多い現地調査の積み重ねによって成り立っている。病気と闘いながらこのような調査研究が実践できたのは、門下生諸氏の献身的な協力があったことが最大の原因ではあるが、鈴木栄太郎が提示した調査企画が都市理論構築にあたって意味のあるものであり、本質を突く骨太の調査企画であったからである。『都市社会学原理』の中で提示されている社会調査には、今日の社会調査論においてもきわめて示唆的な調査企画設計段階での工夫が数多く存在している。それは、「調査企画設計段階でどのようにテーマ設定をし、仮説構成をしていったらいいのか」といった社会調査の最も基本的な部分に関する工夫である。本項では、鈴木栄太郎が調査企画設計段階で実施していた「思弁的理論操作」の中で、理論構築につながる調査設計の秘訣や工夫に注目してみたい。

(1)　類型化を駆使すること

鈴木栄太郎の提示した社会調査に共通した「思弁的理論操作」としてまず注目されるのは、人間の行動や社会現象を頭の中でタイプ分けし、あらゆる場合を網羅する類型化が考え出されたうえで調査設計がなされている点である。なかでも、結節機関説にも大きく貢献している以下の類型化はその象徴的なものと位置づけられる。

聚落社会間の社会的交流の形式の分類（『原理』一〇四～一〇五頁、本書二九六頁）

① 人が人に対する関係
② 人が機関に対する関係
③ 機関が人に対する関係
④ 機関が機関に対する関係

この分類は、都市の機能が考察される文脈で提起された類型化であり、村落と村落、村落と都市、都市と都市との間の関係を、思弁的理論操作によって機関と人に関連づけて分類されたものである。注目されるのは、この類型化が、具体的調査と密接に関連し、実証的な検証に使われている点である。

弘前駅前で実施された「弘前市来訪者の来訪目的調査」や青森県中津軽郡西目屋村で実施された「田代発弘前行きバス乗客調査」は、この類型化をベースに調査が企画され、結節機関説の検証につながっていたのである。笹森秀雄が一九五五年に実施した「弘前駅前調査」では、来訪目的を「personal な関係」と「impersonal な関係」に大別するとともに一九の具体的種別ごとに集計がおこなわれている。鈴木栄太郎は、その中の①公用、②社用、③商用、④自由業用務、⑤その他団体用務は、「機関が機関に対する関係」か「機関が人に対する関係」であり、⑥通勤、⑦通学、⑧買い物、⑨映画その他の娯楽、⑩病院その他保健、⑪神仏詣は、「人が機関に対する関係」であり、⑫親戚訪問、⑬知人訪問、⑭病人見舞、⑮法要・墓参・冠婚葬祭は「人が人に対する」関係と位置づけられるとしている。そして上級都市からの来訪者と町村からの来訪者との集計に着目することによって、結節機関の重要性が提起されたのである。(8)

また、同様に都市理論に直結する類型化で、具体的調査とも密接に関係したものとしては、都市の社会集団の類型化が挙げられる。

都市の社会集団の五分類（『原理』一四一〜一四二頁、本書二一七頁）

①世帯　②職域　③学校　④生活拡充集団　⑤地区集団

鈴木理論では、都市の基本的集団として世帯、職域、学校の三集団を位置づけ、なかでも職域を重視する視点が提起されている。この見解を補強する調査研究となったのが、笹森秀雄が札幌市で実施した「香典帳調査」である。この調査は、葬儀における香典帳には「諸家族や家族員と親密な関係にある一群の家族又は個人の総体が、最も集約的に表現されている」という視点から、昭和二七・二八年の二カ年間の各月一〇日および二〇日の両日に死亡者を出した七六家族（分析五三家族）を対象として、香典帳に記載されている人々をすべて調査し、鈴木栄太郎の提起した都市集団分類に基づいて集計したのである。結果は、香典帳に記載されている人は、職域集団類縁者が圧倒的に多く（四七・六％）、ついで地区集団類縁者（二九・九％）、血縁集団類縁者（一六・五％）の順となり、学校集団類縁者（三・九％）や生活拡充集団類縁者（二・一％）の数は、前者に比してきわめて少数であるという事実が明らかにされたのである。[9]この調査結果も、職域を重視する都市理論につながっていったのである。

以上のように鈴木都市理論の構築にあたっては、調査を実施する前の「思弁的理論操作」によって考え出された類型化がとても重要な意味を持っていたといえるだろう。

『都市社会学原理』の中には、たくさんの類型化が提起されている。それは、A：人間の行動や関係に関するものだけでなく、B：時間的な分類や、C：空間的な分類も含めて多彩に提起されている。

A：人と人との間の社会的結合（『原理』二七三頁）

① 物品を、売ると買うの関係、貸すと借りるの関係、与えると貰うの関係

② 労務を、売ると買うの関係、貸すと借りるの関係、与えると貰うの関係

B：人の一代（『原理』一三七頁、本書三一三頁）
①　学齢までの幼児期
②　入学から卒業までの習学期
③　その後の就職から職に耐えなくなるまでの職業期
④　その後の職を去った後の老衰期

C：都市の内外に存する前社会的統一としての五種の社会圏（『原理』三〇五頁）
①都市生活圏　②都市依存圏　③都市利用圏
④都市支配圏　⑤都市勢力圏

こうした「類型化」という「思弁的理論操作」が、調査設計段階で十分考えられることが、理論構築につながる社会調査を企画する秘訣といえるのではないだろうか。

（2）　理念型的事例を網羅的に調べるという方法

「類型化を駆使する」という工夫とともに注目される社会調査企画設計段階での工夫としては、理念型的な事例を網羅的に全数調査することによってデータを収集するという方法を挙げることができる。これは調査論の観点からは、サンプリング調査というよりは、事例調査の積み重ねによって社会現象を実証していこうとする方法である。そうした方法を重視する考え方を、『都市社会学原理』の記述の中から整理してみよう。

「本来、大量観察によって知りうる事実は、はなはだしく単純な事柄についてのみであって、少しでも立ち入った事柄については、おのずから事例観察によらざるを得ない。故に、研究が少し進んでいけば事実上、事

例調査法を用いざるを得なくなる」（『原理』一五頁）

「また都市研究のための調査では、ある都市における各種の生活の平均型を得るための根拠としてそれぞれのサンプルを選定する場合もあるであろうが、多くの場合は平均型よりも理念型を求めているようである。今私は、商店街組合を問題にしているが、それはある特定の都市における商店街組合の平均型を得ようとするものではない。私はおよそ商店街組合が基本的に果たしている機能はいかなるものであるかを知るために、現在最も活発に動いている少数の組合だけについてそれを調べている。そして、この研究にはそれが適当だと思う」（『原理』一五頁）

「社会調査における大量観察の結果は、適当数の事例調査の結果を伴わなければ、死物に終わる場合が多いと思う。また、事例調査にはある程度の大量観察が常に先行すべきものと思う」（『原理』一六頁）

理念型的事例を調査するという方針は、以下の「大秋《たいあき》聚落調査」（『原理』八九〜一〇三頁、本書二八五〜二九五頁）にも象徴的に示されているといえよう。

（3）「大秋聚落調査」

都市の機能を考察する過程で、「青森県中津軽郡西目屋村大秋部落の人々が、国民社会の社会的交流の中にどんな形で参加しているか」という観点から、大秋部落の全数調査が企画された。具体的調査内容は、

① 大秋部落七三戸の職業…………特に農業・農業兼薪炭業以外の職業
② 吉凶禍福における行き来…………不幸があった時、案内を発した家の地域分布・香典を持ってきた家、結婚式があった時の招客
③ 通婚圏…………………………昭和一二年八月より三〇年八月までの大秋部落への入婚・出婚
④ 商品種目別購入先調査…………鮮魚・調味料・雑貨・菓子・文房具・書籍・衣類・野菜・農機具をどこで

⑤　通勤通学の実態……………大秋の人達が部落外と交流している事情
購入しているか

⑥　バス乗客調査……………昭和三〇年八月のある平日の朝八時一〇分に田代発弘前行きのバスを待っていた人の調査

これらの調査を実施することによって、大秋↓田代↓弘前という村落と都市間の関係が実証的に解明されているのである。すなわち、大秋聚落が結節機関説を説明する理念型的事例として位置づけられ、全数調査が行われたのである。

理念型的事例への着目という視点は、調査時期を限定するという場合にも応用されている。すなわち、全期間を調査するのではなく、象徴的期間を限定して調査するという方法である。バス乗客調査の「昭和三〇年八月のある平日の朝八時一〇分田代発弘前行き」（『原理』一〇三頁、本書二九四頁）、通婚圏調査の「昭和一二年八月より三〇年八月までの大秋部落への入婚・出婚」（『原理』九二～九三頁、本書二八八～二八九頁）、香典帳調査の「昭和二七・二八年の二カ年間の各月一〇日及び二〇日の両日に死亡者を出した七六家族[10]」という調査対象の限定の仕方がまさにその方法の典型といえるだろう。

さらに札幌市の「映画館の利用者圏に関する調査」（『原理』三五九頁）では、一九五六年七月一六日の午前一〇時から午後八時までの一〇時間に入館した人を全数調査したように、時間を限定して調査対象を確定する方法も提示されている。

こうした調査設計の方法は、とかくサンプリング調査に多くの注目が集まる現在の状況下では、とても参考となる調査設計方法といえるだろう。

3　着眼点の斬新さと社会学的センス

鈴木栄太郎の『都市社会学原理』は、とても難解な漢字が数多くあり漢和辞典なくして読めない著作であるが、内容はとても読みやすく、味がある魅力的な本である。「都鄙《とひ》」「稠密《ちゅうみつ》」「連簷《れんえん》戸数」「塵埃《じんあい》」等は、鈴木栄太郎を紹介する講義では必要不可欠な言葉ではあるが、学生に対しては必ず「こう読みます」という説明が必要な単語である。私がこの本を初めて読んだのは四〇年以上も前の大学生の時であったが、その時の印象を思い出すと、漢字が難しい古典ではあるが、内容的にはとても新鮮で妙にリアリティを感じる本という印象が強かった。特に本の中で登場してくる理論を説明する具体例の的確で味のある例示に、とても好感を持ったことを記憶している。それは、異常人口を説明した「学校を卒業しても職を求めず職につかず遊惰放浪の生活をしている者」「近親の財力によって気儘に生活している者」という例示や、正常人口の異常生活を説明した「恋に浮かれた四十男が朝から官庁を休んで公園をぶらついている」といった例示などである。別の言葉でいうと「プータロー」「若大将シリーズの青大将」といった内容を表現した例示等は、社会現象を的確に説明する筆者の社会学的センスの良さを感じたものであった。

いい社会調査を企画設計していくうえでは、社会のリアリティや本質に迫る着眼点や「社会調査の種」を発見する力といったいわば社会学的センスがきわめて重要であるといえる。ここでは最後に、そうした鈴木栄太郎の着眼点の斬新さや社会学的センスに注目してみたい。

（1）　社会調査の種

(A)　新聞記事への着目

鈴木栄太郎は増補編の第一篇「首都性について」という論文（鈴木栄太郎著作集Ⅵ）の中で、ある日の新聞朝刊に着目し、全記事を対象として各種の会合に関する記事を拾い上げるという試みをおこなっている。[11] 現代風にいうと新聞記事の内容分析である。

「ある一日（昭和三四年一二月一八日）の東京の一つの新聞（朝日新聞）に現れていた東京でのいろいろの会合の中、日本の文化新製品に関係あるもの」

一面：閣議・政府与党連絡会議・国立国際会館建設等連絡協議会

二面：国土開発縦貫自動車道建設審議会・補助金制度研究懇談会

一〇面：教育課程審議会（高校教科における地理学存廃問題）・国語問題協議会（新送り仮名に反対）・全労会議（黒ダイヤ募金開始）・日本婦人平和教会、日本基督教婦人矯風会、全国地域婦人団体連絡協議会、東京キリスト教女子青年会、日本婦人有権者同盟（退職年金制度反対の陳情書）・競輪審議会（競輪の存否を決定）

一一面：芸術祭執行委員会総会（芸術祭賞八部門の決定）

「以上私はこの日の朝日新聞朝刊に現れた各種の会合に関する記事を拾い上げてみたのである。特に選んでこの一日を取り上げたのではない。おそらく日ごとの新聞がこのような記事をかかげているのであろう。全国民の生活に関係ある会合がいかに多く東京で行われているかということ、それらの会合には政府に結びついているものが多いということ、国民文化の新しい型または雛形がはっきりと決定されてゆくということ、雛形の決定にはいろいろの異なった専門や立場の東京在住の人々の合力がみられること、などを教えているようである」

（『鈴木栄太郎著作集Ⅵ』四九四〜四九六頁）

鈴木栄太郎の新聞記事への着目にあたって高く評価できるのは、「会議や会合」に着目するという着眼点である。「どんな会議が新聞記事に記載されるかを整理することによって、東京というものが浮かび上がる」という企画力はなかなかできない発想である。

(B)「制度を観察し、社会の動きを推定する」

鈴木は、速達郵便取扱地区やデパートの無料配達地域といった、制度に着目することによって都市生活圏等を明らかにしようとする試みを提案している。〈第七章　都市の内外に存する前社会的統一〉で具体的に示されているデパートの制度の記述を整理してみよう（『原理』三〇四～三〇五頁）。

「デパートの無料配達地域の設定は一つの制度である。その範域を知ることによって、そのデパートのトレードエリアをほぼ察知することができるのは当然である。しかし、実際にそのデパートで購買した者の住居調査を一年間にわたっておこなうならば、単なる制度としてのトレードエリアではなく、現象そのものとしてのトレードエリアを知ることができる。後者の調査は前者の場合に比して比較にならぬほどの困難を伴うものであるが、それだけに、その結果に得られる正確度も高い。デパートの無料配達地区の制定は、おそらくそのデパートにおいて、過去のある時、何等かの方法により、実際に購買したかあるいは購買しうると思われる人々を調査した結果によるものではあろうが、少なくとも社会現象そのものが、如何にあるかを究明するためには、制度の調査よりも、現象そのものをじかに調査測定する方が望ましい事は言うまでもない」

「社会の動きに対して、ある時点において定められた制度は必然的に固定的である。制度は常に固定的であるがまた常に暫定的である。社会の動き自体を認識することが困難な場合には、制度を観察し、それによって社会の動きを推定しなければならないこともある」

これらの指摘にも示されるように、鈴木は日常的な制度に着目することから、社会調査の種を見つけ、具体的な調査企画をしているのである。

(C)「通俗語への着目」――「恩根内市街地」調査

鈴木は、北海道民が現に用いている「市街地」という通俗語に着目し、都市的存在の最小の規模を表す「市街地」の下の極限として北海道美深町恩根内市街地の調査（『原理』五一～六一頁、本書二七四～二八二頁）を企画した。北海道では、「都市の最小規模のものに市街地という語が用いられ、市街地以上に大なるものは固有名詞の都市名で呼ばれ、市街地以下は部落と呼ばれている」のである。そのため市街地の下の極限を調査することによって、「都市と認められるものの具体的規格を知る手がかりが得られるのでないか」と考えたのである。具体的調査は、恩根内市街地に「どんな規模のどんな種類の機関が存するか」「それらの機関はどのように他の聚落社会と関係しているか」が網羅的に調査されたのである。

この恩根内市街地の研究に対して鈴木栄太郎は、「都市の機能に関する私の理論を実証する機会の一つとなったばかりでなく、都市の萌芽ともいうべきものにおける結節機関の種類や規模に対して私の理解を深くしてくれた事は事実である」と述べている。

人々が日常的に使っている言葉である「市街地」という通俗語に着目し、具体的調査の種としていくこの企画力こそが、結節機関説という理論構築を可能にした大きな力と位置づけられるだろう。

(2)「現場の観察」にみられる社会学的センス

最後に、鈴木栄太郎の調査における着眼点の斬新さを象徴していたエピソードとして、鈴木栄太郎の門下生であった笹森秀雄とのやり取りについて触れてみたい。それは、本書を作成するにあたって笹森先生と打ち合わせをしていた際に、先生が話してくださった「鈴木栄太郎先生から褒められた思い出話」である。笹森秀雄が、鈴木栄太郎の指示で札幌のビール工場でのストライキを観察に行った時の話である。その時の観察記録は、『都市社会学原理』の中では、次のような記述として記載されている。

「職域に存する第三の体制としての労使対立の集団的関係が、職場におけるどんな人間関係からできているかについての観察」（『原理』一八八、二〇三～二〇六頁）

都市における社会集団「職域」＝①職務遂行のための組織
②情義的協力のための組織
③階級的対立闘争のための組織

「階級とは具体的にはいかなるものか」「今日まで多くの社会学者もそれに答えたが、みなの意見が一致する考えを示した者はいなかった」

「私は実証を主とする社会学者として職域を観察し、そこに社会成層が存していることを認めるとともに、現に争っているのは明らかに二つの団体である事をも認める」「社会成層のどこかの部分に、二つに分裂する境界線が存在するのではないのか。上位の部分が資本家陣営となり、下位の部分は労働者の陣営となる」「現にストライキを行っていた職場を取り上げ、そこで闘争している二陣営について」「どんな人々から成り立っているかを調査した」

「労働争議に際し実際に資本家陣営に参加していたのは、工場長・製造課長・庶務課長・製品課長・勤労課長・機械課長・経理課長・製造課製麦課長・製造課醸造係長・庶務課主任・作業所主任・守衛班長の一二名であり、それは結局、主任係長以上の全職員と守衛班長である。この資本家陣営一二名が、労働者陣営の四六二名と対立していたのである」

ビール工場のストライキに行って資本家陣営と労働者陣営の境界線を観察してくる調査を実際に実施したのは、笹森先生であった。観察を終えて鈴木先生に「資本家陣営の中に、門衛さん（守衛班長）が含まれていた。それは、カギを持っていたからであった」という報告をした時に、鈴木先生から「とても面白い」「社会学的だ」と大変褒められたエピソードを笹森先生が私に思い出深く語られたことをとても印象深く覚えている。笹森先生が語られた

「鍵を持っていた門衛さん」の話の中に、鈴木栄太郎の社会学的センスとともに、『都市社会学原理』が生み出された最大の要因でもある門下生との師弟愛が象徴的に示されていたといえるだろう。

以上、鈴木栄太郎の『都市社会学原理』の中には、社会調査の積み重ねによって理論構築を進めていくうえで必要な実証的な研究方法が具体的に示されているのである。このことは、『都市社会学原理』が単に都市理論を提示した書物だけでなく、世界に誇れる『社会調査原理』としても評価できることを示していると言えるだろう。

注

（1）Merton, R. K., 1957, *Social Theory and Social Structure*. New York：Free.（森東吾ほか訳『社会理論と社会構造』みすず書房、一九六一年、三、九、九五頁）
（2）鈴木広「都市社会学の問題意識」鈴木広・倉沢進編著『都市社会学』アカデミア出版、一九八四年、二九頁。
（3）空間概念としての都市把握という点については、以下の文献で問題提起をしているので参照されたい。大谷信介「空間秩序と都市計画のプロブレマティック――現代都市における自己実現」『経済評論』三五（一二）：八二～九九頁。日本評論社、一九八六年（再録）駒井洋編『自己実現社会』有斐閣選書、一九八七年、一六三～一九〇頁。大谷信介『〈都市的なるもの〉の社会学』ミネルヴァ書房、二〇〇七年。
（4）Castells, Manuel, 1977, *La Question Urbiane*. Paris：Maspero.（山田操訳『都市問題――科学的理論と分析』恒星社厚生閣、一九八四年、一〇五頁）
（5）Lefebvre, Henri, 1970, *La Revorution Urbaine*.（今井成美訳『都市革命』晶文社、一九七四年、六一頁）Lefebvre, Henri, 1972, *Espace et Politique*.（今井成美訳『空間と政治』晶文社、一九七五年）
（6）Harvey, David, 1973, *Social Justice and the City*.（竹内啓一・松本正美訳『都市と社会的公正』日本ブリタニカ、一九八〇年、二三一～二三〇頁）
（7）大谷信介編『これでいいのか市民意識調査――大阪府四四市町村の実態が語る課題と展望』ミネルヴァ書房、二〇〇二年。

(8) 笹森秀雄「都市相互間の社会的連鎖的関係についての一研究」第二八回日本社会学会研究報告、一九五五年。

(9) 笹森秀雄「都市における社会関係に関する実証的研究」『社会学評論』第六巻第二号（二二）、日本社会学会、一九五五年、五八～八三頁。

(10) 前掲「都市における社会関係に関する実証的研究」五八～八三頁。

(11) 鈴木栄太郎「首都性について」『鈴木栄太郎著作集Ⅵ』未來社、一九六九年、四九四～四九六頁。著作集には、有斐閣社初版本には含まれていない、増補編が五篇所収されている。

第5章　五〇年の歳月は「都市の骨格」をどう変えてきたか？

前章では、『都市社会学原理』が世界に誇れる実証的都市研究であることを指摘してきた。それは、『都市社会学原理』の中で実施された調査結果が当時の都市現実を見事に描写していただけでなく、都市の本質を明らかにする調査方法が提示されていたからであった。鈴木栄太郎は、一九五〇年代の「都市のあるがままの事実」を正確に描こうと調査設計をし、都市の骨格を解明したのである。それらの調査方法は、きわめて普遍的な方法であり、現代社会でも同じ調査を実施することによって、五〇年前の都市現実と現在とを比較することが可能である。

本章では、『都市社会学原理』で実施された調査研究を実際に再調査することによって、五〇年の歳月が「都市の骨格」をどのように変えてきたかという点に着目してみたい。その比較分析を踏まえて、鈴木都市理論をどのように再構築していく必要があるのかについて考察していく。

1　五〇年前に実施した都市社会調査の再調査

『都市社会学原理』で使われた調査の再調査は、二〇〇一年から二〇〇九年にかけて、関西学院大学大谷研究室に所属する学部学生・院生を中心として継続的に実施された（二〇〇一年七月「恩根内聞き取り調査」、二〇〇三年八月

「札幌市・琴似町再調査[1]」、二〇〇六年八月「青森県西目屋村再調査[2]」、二〇〇九年九月「恩根内再調査[3]」）。これらの再調査の結果をもとに、五〇年の歳月が「都市の骨格」をどのように変えてきたのかについて考察してみよう。

（1）「恩根内市街地」再調査

鈴木栄太郎は北海道の通俗語（市街地）に着目し、都市の最小単位として北海道美深町恩根内に存する結節機関についての調査結果（佐治為雄実施）を分析している。ここでは、二〇〇一年の聞き取り調査と二〇〇九年の調査合宿で実施した再調査の結果を当時の状況と比較してみよう。

恩根内は北海道の北部、旭川と稚内の中ほどに位置し、ＪＲ宗谷線名寄・美深駅の北、恩根内駅を中心とした集落である（図5-1）。現在訪れてみると、恩根内駅は無人駅となっており、都市というよりは、過疎の農村という印象であった。私が初めて恩根内へ聞き取り調査に行ったのは、二〇〇一年七月に北海道大学で行われた日本都市社会学会の終了後であった。その時は、札幌から乗用車を利用して調査地に向かった。経路となった札幌→旭川→名寄→美深→恩根内へ向かう車窓で展開された風景は、鈴木栄太郎都市理論で指摘されている都市格位説が、まさに当てはまる一連の都市の風景であった。それぞれの都市に存する社会的交流の結節機関は、都市人口規模同様、まさに上下関係が存在することを象徴的に示すものであった。鈴木都市理論が北海道の都市現実を念頭に立論されたことを実感する旅程であった。

恩根内では、地区長であったＹ氏に、『都市社会学原理』に記載されている恩根内の結節機関調査の結果と現在の状況を比較してもらうとともに、Ｙ氏のライフヒストリーについても聞かせていただいた。以下は『都市社会学原理』に記載されている結節機関が、二〇〇一年時点でどのように変化していたかについての聞き取り結果と二〇〇九年再調査の結果をまとめたものである。

恩根内の結節機関の変化（『原理』五七～五八頁、本書二七八頁。二〇〇一年七月八日・二〇〇九年九月一五日再調査）

1．販売機関（商店16、農協支所、牛乳集配所）→（商店2＝宮内・松原商店）農協は統廃合で美深へ。
2．技術機関（理髪屋等の職17、木工場、鉄工場、電業所、町立病院分院、家畜病院）→（なし）
3．交通機関（駅、バス停留所、日通営業所、旅館）→（駅、バス停留所）日通は一九九二年頃に廃業。
4．通信機関（郵便局）→（郵便局）
5．行政機関（役場支所、食料検査所、開発局出張所、林務署駐在所）→（センタープラザ）役場出張所がここにある。
6．治安機関（巡査派出所、消防署）→（警部補派出所、消防署）
7．教育機関（小学校、中学校）→（小学校・保育所）中学校は昭和六〇年代に美深中学と統合。小学校は二〇〇八年閉校。
8．信仰機関（仏寺2、天理教会、神社）→（神社）
9．娯楽機関（劇場）→（なし）

以前あった商店や工場のほとんどがなくなっており、当時の恩根内が衰退してきた歴史が結節機関の状況にもよく示されている。ここでは、一九五五（昭和三〇）年当時の恩根内の状況とその後の変遷を、聞き取り調査の結果と美深町史等の文書資料を基に再現してみよう。

恩根内は、木材業とデンプン産業を中心として栄えてきた町であった。まず木材業に着目してみると、「昭和三〇年代の半ばまで、造材はすべて手作業だった」「杣《そま》夫《ふ》が木を切り倒し、馬が動けるところまで運び（藪出）、中出しの馬で山のふもとまで運ぶ、さらに陸送用の馬がバチバチという橇《そり》で（駅）土場まで運んだ」「造材の形態が様

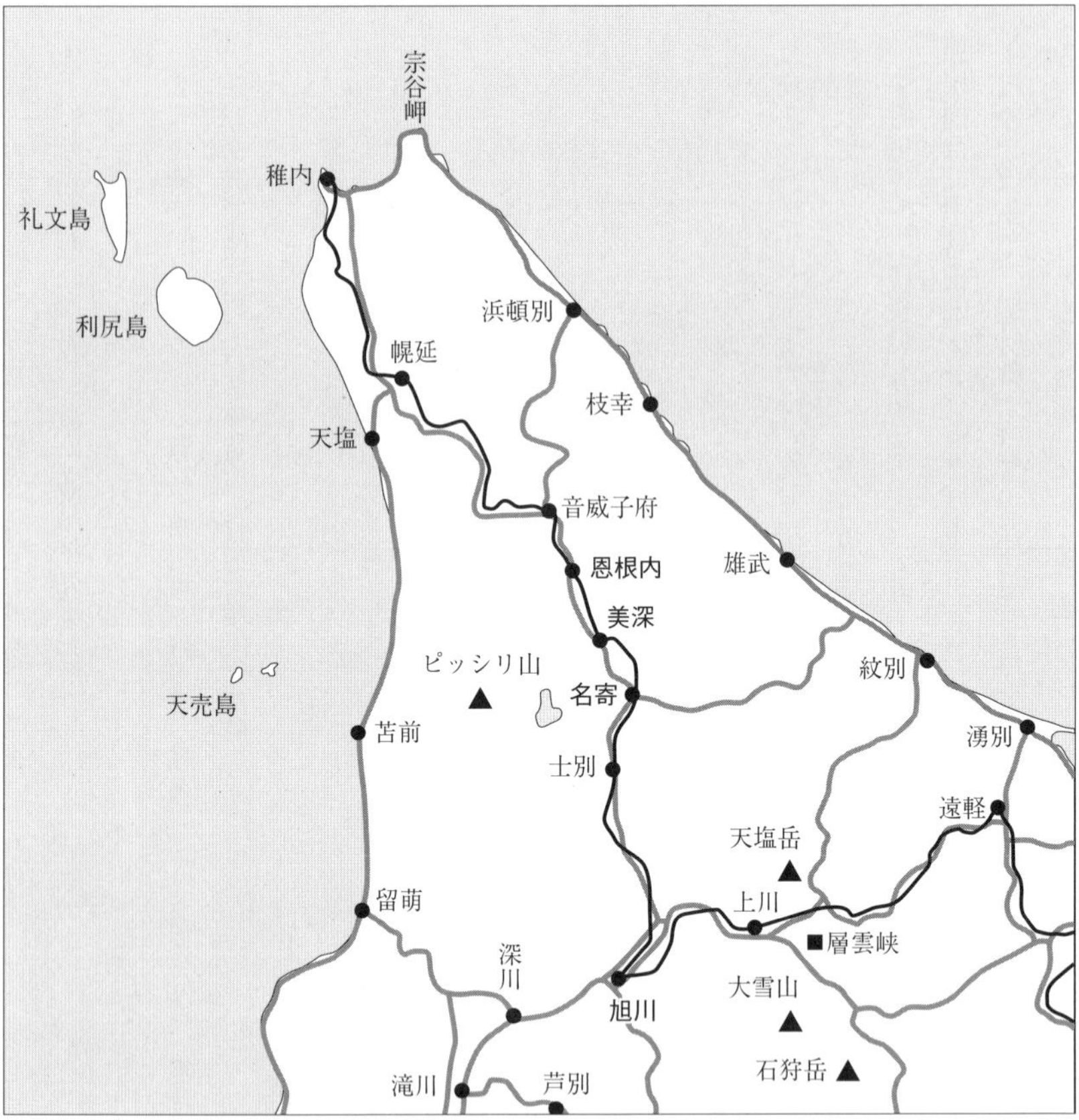

図５‐１　北海道中川郡美深町恩根内の位置

変わりしたのは、昭和三〇年代の半ばにトラックが入ってからであった。続いて鋸に代わってチェーンソーやブルドーザーが主役になると昔ながらの専門的な技量は必要とされなくなった」「たちまち馬が消え、人が消えていった[4]」「昭和三〇年代まで、農耕や運搬用の馬が千数百頭いた」と言われている[5]。鉄道が恩根内まで敷かれたのは一九一一（明治四四）年である[6]。「鉄道が開設される前は天塩川の流送が盛んだった」「天塩川を美深から一三〇キロ流れ下った木材は、天塩港で汽船に積まれ小樽や本州各地のほか、朝鮮や台湾にも送り出された」といわれている[7]。

「水車を使ったデンプン工場が初めてできたのは、一九〇六（明治三九）年で、原始的な製造法であったが、イモのまま売るより有利だったため、次第に工場が増えた。第一次世界大戦が勃発するとデンプンの輸出が盛んとなり高値を呼んだ。街はデンプン景気でうるおい〈デンプン親方〉は風を切って歩いた。しかし欧州大戦終結で相場が暴落すると一転して夜逃げをする親方が後を絶たなかった」「戦後の食糧不足の時は、デンプンは貴重品となった。しかし昭和三〇年代には水稲や酪農に切り替えが進んで、工場は減少の一途をたどった」

以上の記述に象徴されるように、『都市社会学原理』の中で都市の最小単位と位置づけられた恩根内市街地は、聚落が最盛期を迎えていた時期の状況が描かれていたことが理解できるであろう。

しかし昭和三〇年代の半ばごろからの「馬からトラック」「鋸からチェーンソー・ブルドーザー」といった機械化の進展、「外国からの安い木材の輸入による林業自体の衰退」「デンプンを消費する人の減少といった生活嗜好の変化」によって恩根内の職場がなくなり、他都市への転出、農業後継者減少によって農業自体も衰退していった。恩根内が廃れていったもう一つの理由として、バイパス建設を上げる人がいた。「恩根内の人々は仕事欲しさのために恩根内を通らなくても次の街に行けるバイパスを作ってほしいと嘆願した。しかし工事が終了すると同時に、人々の仕事がなくなるだけでなく、恩根内を通過する車両の減少、恩根内経済の悪化を深刻化させてしまった」というのである。(8) また、国鉄の赤字路線の廃止等もあり、恩根内は現在では、都市というよりは過疎村落といったほうが妥当な状況になっている。

（2）札幌市・琴似町「生活必需物資購入調査」の追跡調査

鈴木栄太郎研究室では、一九五三（昭和二八）年九月に札幌市に隣接した琴似町（現在は札幌市）で、地域住民の第一生活地区を明らかにし聚落社会の境界について考察するために、生活必需物資購入行動の調査を実施した。また別の調査として、札幌市の浴場・質屋・映画館の利用者の地域圏についても具体的な調査が実施された。それらの調査は地図によって具体的な住民の生活物資購入行動が示されていたので、五〇年後に関西学院大学大谷研究室の学生二〇名が二〇〇三年八月三〇日に現地を訪問し、追跡調査を実施してみた。以下は、追跡調査に関する調査メモである。

(A)　琴似町薬局調査（『原理』三七七頁の地図、本書の八七頁参照）

〈当時実施された調査の概要〉（『原理』三七四頁）

調査実施者　「社会学教室の二人の大学院学生」

調査時期　「昭和二九年八月」

調査対象　「当時札幌市に隣接していた琴似町の住民」（現在は札幌市）

調査目的　「同地域に住む各世帯につきその第一生活地区を明らかにし、それによって札幌市と琴似町との間に存する聚落社会の境界を明らかにしようとしたもの」

住民の日常生活必要物資（酒・薬・魚・パン・うどん）の購入先を把握することで、行政的境界線とは別に存在する人々の第一生活地区の境界線を明らかにしようとした。ここでは薬の購入先調査を取り上げる。

具体的作業内容　「七二世帯を抽出し、各世帯について面接聴取」

〈再調査の方法〉

①　市役所での資料収集。

現在の札幌市西区役所の地域振興課を訪問し、現在の西区（当時の琴似町）の地図、人口推移データを収集した。

② 当時薬局のあった場所を訪問し、現在の様子について調査した。

③ 調査対象地周辺にて、薬局店員・薬局利用者・地元住民に対して聞き取り調査をおこなった。

〈調査結果〉

当時調査された四店のうち、現在でも営業しているのは青井薬局一店のみであった。他の三店は存在せず、周辺に比較的大規模なドラッグストア（チェーン店）が営業していた。調査対象地周辺には古くからの商店がいくつかあったが、そのほとんどはかなり以前に閉店したようであった。地元商店への聞き取り調査によると、調査が実施された当時はあたり一面畑であり、また自動車も普及していなかったため、商店の利用者は地元住民のみであった。一九七〇年代の札幌オリンピックの頃からマンションが建設されて人口が増え、町の様子は次第に変わっていった。ドラッグストア店員や利用客への聞き取りによると、客のほとんどが徒歩・車で五～一〇分圏内に居住しているということであった。ドラッグストア店員に対しては、チラシの配布地域についても聞き取り調査を実施した。その方法は、現在では生活圏を把握するひとつの手段になると思われた。

(B) 札幌市浴場利用者圏の調査（『原理』三五六～三五七頁の地図）

〈当時実施された調査の概要〉（『原理』三五四～三五五頁）

調査実施者　「北海道大学社会学教室」

調査時期　「昭和三一年七月一七日」

調査対象　浴場利用者

調査地　「札幌市南一条西四丁目のＫ浴場」札幌市東北部の七浴場

調査目的　「浴場を実際に利用している人々の居住地域」を明らかにすることで人々の生活圏を把握

	し、その結果を地図上に投影しようとした
具体的作業内容	浴場利用者に対する面接聴取

〈調査結果〉

札幌市東部の七浴場のうち、現在も北光湯のみがそのまま浴場として使われていた。北海湯の建物はそのまま残され、現在は喫茶店として使われていた。残りの五浴場はすべてなくなり、跡地は団地になっていた。地元住民への聞き取りによれば、昔は周辺一帯が玉ねぎ畑で各家に風呂はなく、住民は近くの浴場に通っていた。各家庭に風呂が設置されるようになり、浴場はだんだん減っていったということであった。K浴場は、札幌中心部にあった浴場であるが、現在はショッピング街となっていた。

(C)　札幌市映画館の利用者圏調査（『原理』三五九～三六四頁）

〈当時実施された調査の概要〉

調査実施者	「北海道大学社会学教室の二人の助手と約二〇人の学生」
調査時期	①H劇場：「昭和三一年七月一六日の午前一〇時から午後八時までの一〇時間」 ②N劇場：「翌一七日の同時間」
調査対象	「映画館の当日の利用者」
調査地	①「札幌市北八条東五丁目のH劇場」 ②「札幌市南一条西二丁目のN劇場」
調査目的	都心の劇場（N劇場）と都心から離れた（H劇場）の「利用者の地域圏」を把握するため

具体的作業内容　劇場利用者への面接聴取の調査

〈調査結果〉

N劇場・H劇場ともにすでに存在していなかった。N劇場の跡地はショッピング街、H劇場の跡地は団地になっていた。N劇場跡地近くには、大きな東映劇場がたっていた。

(D)　日常生活必需物資販売店の利用者圏に関する調査（『原理』三七三〜三七六頁）

〈当時実施された調査の概要〉
調査実施者　「北海道大学社会学教室の学生七人」
調査時期　「昭和三〇年五月二六日」
調査対象　「市場に買物にきた客三八九人」
調査地　「札幌市南一条西十丁目の一条市場」
調査目的　買い物客の居住地域圏を把握する
具体的作業内容　「住所等を聴取」

〈調査結果〉

「一条市場」はなくなり、「ショッピング一条」というビルになっていた。一階には魚屋・ラーメン屋・八百屋・総菜屋などが、二階には喫茶店と事務所があった。聞き取り調査は、ショッピング一条のビルの大家さんに対しておこなった。それによると、一条市場の周辺が民家だった当時は、人々が野菜や肉・惣菜を買いに来ていたそうだ。しかし、オフィス街になりコンビニエンスストアなどが増えた現在では、サラリーマンやOLがお弁当を買いに来ているとのことである。当時と現在とでは、市場の利用法が変わってきているということだった。

以上、五〇年前の地域住民がどのように生活必需物資を購入していたかという調査結果を五〇年後の生活行動と対比させてみると、生活スタイルが変化している実態を考えさせられる結果であった。「薬局というものは、現在ではドラッグストアが一般的になっている」「ほとんどの家庭に風呂が完備されるようになって浴場がなくなった」「映画館がシネコンとなり車で利用するようになっている」「質屋が少なくなっている」等はその典型な事例といえるだろう。ただ、生活必需物資を購入するという買物行動については、五〇年後も基本的に変わっておらず、住民の生活圏を調べるうえでは基本的な調査項目であるという事実はきわめて重要な発見といえるだろう。

今回は、鈴木栄太郎『都市社会学原理』に掲載されている地図を利用し、現在の町並みと照らし合わせながら、追跡調査を実施した。しかし、地図が微妙に異なり再調査の妨げになったこともあった。今後の社会学的実証研究では、時代の違う地図を比較できることを念頭に置き、地図情報を正確に記録保存していくことの重要性を痛感させられた。

(3)　青森県西目屋村「大秋聚落調査」の再調査

『都市社会学原理』では、都市の機能を検証するために、青森県中津郡西目屋村大秋《たいあき》部落の人々が国民の社会的交流の中にどんな形で参加しているかについて、いくつかの調査を実施している。その調査は、鈴木栄太郎研究室の助手であった笹森秀雄と戸田清の両名によって一九五五（昭和三〇）年に実施された。再調査は、二〇〇六年八月二四日に関西学院大学大谷研究室の学生一三名が五〇年前に調査を実施した笹森秀雄先生の説明を聞きながら一緒に実施したものである。(9) ここではバス乗降客再調査の結果と大秋聚落再調査の一部を紹介したい。

表5-1　1955年田代発弘前行きバス乗客調査（『原理』102頁）

調査番号	推定年齢	性別	行く先	用件	居住地
1	三〇	男	弘前	遊び	村内 村市
2	五〇	男	弘前	営林署	村内 川原平
3	三〇	男	弘前	営林署	村内 村市
4	三〇	男	弘前	営林署	村内 村市
5	四〇	男	弘前	職業安定所	村内 砂子瀬
6	二〇	男	弘前	病院	村内 村市
7	二〇	男	弘前	映画	村内 村市
8	四〇	男	弘前	社会学講師としてきていたもの	弘前
9	二〇	男	弘前	買い物	村内 居森平
10	三〇	男	弘前	？	村内 田代
11	五〇	女	国吉	診療所	村内 村市
12	五〇	女	国吉	診療所	村内 名坪平
13	一五	女	弘前	病院	村内 村市
14	二〇	女	弘前	病院	村内 田代
15	二〇	女	青森	兄弟訪問	村内 砂子瀬
16	二〇	女	弘前	遊び	村内 村市

（須田直之君の調査報告による）

表5-2　2006年上大秋・川原平発田代経由弘前行きバス乗客調査

	調査番号	推定年齢	性別	行く先	用件	居住地
上大秋発	1	一六	男	田代	学校	村内 大秋
	2	一八	男	弘前	学校	村内 田代
	3	八六	男	弘前	病院	村内 大秋
	4	高校生	男	弘前	学校	村内 田代
	5	七八	男	弘前	病院	村内 大秋
	6	一六	男	弘前	学校	村内 白沢
	7	一六	男	弘前	学校	村内 村市
	8	七五	女	弘前	病院	村内 大秋
	9	一六	女	弘前	学校	村内 村市
	10	一七	女	弘前	学校	村内 田代
	11	一八	女	弘前	学校	村内 村市
	12	一八	女	弘前	学校	村内 田代
	13	七九	女	弘前	病院・実家・買い物	村内 大秋
	14	一九	女	弘前	仕事	村内 田代
川原平発	15	六二	男	弘前	職業安定所	村内 村市
	16	七七	女	弘前	病院	村内 藤川
	17	四〇代	女	弘前	職業安定所	村内 村市
	18	五〇代	女	川辺入口	仕事	村内 居森平
	19	五一	女	弘前	職業安定所	村内 村市
	20	七一	女	弘前	病院	村内 村市
	21	八〇代	女	弘前	病院	村内 居森平
	22	七四	女	弘前	田んぼ	村内 田代

(A)「バス乗客調査」（『原理』一〇二頁、本書二九六頁の表を二〇〇六年八月二四日再調査）

〈当時実施された調査の概要〉
調査実施者　笹森秀雄、戸田清
調査時期　昭和三〇年八月
調査対象　田代発弘前行きバスの乗客
調査地　青森県中津軽郡西目屋村田代
調査目的　弘前と他都市との関係を知るため
具体的作業内容　バス乗客に対する聞き取り調査（推定年齢・性別・用件・居住地）

当時の大秋部落に訪れるには、弘前市からバスで西目屋村の役場所在地の田代という部落まで行って、そこから徒歩で一四五メートルの高度の峠を越さなくてはならなかった。当時のバス乗客調査は、一九五五年八月のある朝の八時一〇分に田代発弘前行のバスを待っていた人々に、行く先と用件等を調査したものであった。鈴木栄太郎は、この乗客調査の結果を基に、弘前の機関に行くために人が移動する実態から「機関こそ、都市を都市たらしめている根本的な要素である」ことを導き出したのである。

再調査は、二〇〇六年八月二四日の朝、上大秋六時五五分発（七時一五分田代停車）・川原平七時三〇分発（七時五〇分田代停車）の二本のバスに始発から調査員が乗車し、乗客に対して同じ項目を調査したものである（現在、田代発弘前行きのバスは上大秋・川原平までに延びていた）。前頁の表5-1、5-2は、『原理』の一〇二頁に掲載された表と今回の再調査の結果を示したものである。乗客は上大秋発のバス一四名、川原平発のバス八名の合計二二名であり、全員が西目屋村内に居住していた。乗客の大半は、学校に通う学生か病院に行く高齢者であった。夏休み中でもあり学生が少ないと思われたが、クラブ活動等で通学している学生がほとんどであった。行く先は二人を除いて弘前であり、ほとんどの人が一つの要件でバスに乗車していた。今回の調査では、車の免許を持っているかという質問をした。乗客二二名中免許所持者は一名だけであり、その一名も自身で車は所有していなかった。つまり、車を使えない高校生や高齢者が、バス利用者の中心を占めていたということである。

(B)「買い物圏調査」（『原理』九四～九六頁、本書二八九～三〇〇頁）

〈大秋部落民の商品種目別購入先調査〉
調査実施者　笹森秀雄、戸田清
調査時期　昭和三〇年八月
調査対象　大秋部落民
調査地　青森県中津軽郡西目屋村大秋部落
調査目的　第二次的な関係圏を知るため
具体的作業内容　居住地・購入先・購入種目を調査。販売機関の把握

大秋聚落再調査では、ゼンリン住宅地図にある六〇世帯を対象とし、在宅の三四世帯で聞き取り調査を実施した。被調査者の年齢構成は、一〇代（一）、四〇代（五）、五〇代（四）、六〇代（四）、七〇代（五）、八〇代（五）、九〇代（一）、N．A（八）であった。今回は買い物行動に影響を及ぼすと考えられる移動手段についての調査も行った。また、調査項目に関しても、高齢化等の背景を考慮して、文房具類をくすり類にし、家具類を家電類と調査項目を変更し、〈病院〉と〈散髪〉の実態調査を加えることにした。

昭和三〇年当時の調査結果では、日常の基本的なものは部落内、やや高級なものは田代、最高級のものは弘前で購入するという実態が報告されていた。

五〇年後の再調査では、日常の基本的なものであっても弘前で購入することが多かった。弘前といっても弘前中心部だけでなく、弘前市と合併した旧相馬村や旧岩木町などにある複合商業施設（スーパーマーケット）まで車で行ってまとめて購入するのがほとんどであった。次の表は、具体的にどのような買い物行動であったかを種目別にまとめたものである。

どこの病院へ行っているかの結果では、弘前（二八）、N．A（六）という結果であり、中でも大秋部落民の縁者がやっている弘前の病院が、二八人中一〇人と最も多かった。

散髪の実態では、大秋（四）、田代（一六）、弘前（一二）、N．A（六）という結果であった。大秋という人は自宅で切っているという人であり、田代の一六人は「友人がやっている散髪屋」と答える人が多く、部落内の人間関係が影響していることがわかった。しかし、六〇歳未満の人は、散髪も弘前に向かう傾向が強く、年齢が下がるほど村内におけるつながりは薄れていっていると考えられる。

鮮魚類　：大秋まで売りに来る行商から購入する場合と弘前に買いに行く場合の二つのパターンに分けられる。
調味料　：大秋や田代で購入する人は少なく、大半が弘前で購入する。
雑貨類　：これも大秋や田代から購入する人は少なく、大半が弘前で購入する。
菓子類　：大半は弘前のスーパーマーケット等で購入するが、一部は大秋に売りに来る行商から購入している。
くすり類：弘前の病院に行ったときに購入することが最も多く、弘前のドラッグストアで買う人が次に多い。置き薬を利用している場合も見られた。
書籍類　：『家の光』など郵送されてくる定期購読の雑誌を購入する場合と書店やコンビニエンスストアなど自ら店に行って購入する場合に分かれる。村内ではコンビニエンスストアで購入し、弘前ではスーパーマーケットや書店などさまざまなところで購入している。
衣類　　：大半が弘前で購入し、西目屋村ではほぼ買わない。
家電類　：すべての人が弘前で購入していた。特に弘前市内の量販店で購入している傾向が見られた。
農機具類：大半が弘前で購入しており、大秋で購入している場合は大秋まで売りに来る業者から購入し、田代では農協が多い。

住民の移動手段の結果では、田代・弘前ともに自ら車を運転していくという人が最も多かった。その他に含まれている＝田代に行く時のみ原動機付自転車などバイクを使う人が四人いた。バイクを使う人の特徴としては、田代にはバイクで行き弘前には自ら自動車を運転するかバスを使って行くというように距離に応じて手段を使い分けているところである（表5-3）。

車の所有状況では、自動車を所持していないのは六戸の高齢者世帯であり、ほとんどが複数台所有であり、家族全員が一台ずつ九台所有している世帯も存在した（表5-4）。

以上の買い物行動では大秋と田代の存在感が薄れてきている一方、弘前市の存在感が強まっていることが特徴的であった。

五〇年前の実態との決定的な違いは、車の普及（モータリゼーション）であり、自動車によって、行動範囲が広がるとともに弘前へも簡単に行けるようになったのである。また一九九三年には、西目屋村の奥にある白神山地が、ユネスコ世界自然遺産に指定されたことも、弘前と西目屋村の道路事情を格段に良くした背景となったのである。

表５－３　大秋部落民の田代・弘前への交通手段

	徒歩	自転車	バス	車(運転)	車(送迎)	その他	合計
田代	0	0	10	15	4	5	34
弘前	0	0	13	15	5	1	34

表５－４　戸別車保持台数（大秋集落）

台数	0	1	2	3	4	5	6	7	8	9	合計
戸数	6	0	8	9	6	1	1	2	0	1	34

2　五〇年の歳月が示唆する都市理論に影響を与える要因

（1）都市形態とモータリゼーション

『都市社会学原理』の中で実施された調査を五〇年後に実施してみて最も注目されたことは、車の普及によって都市現実が大きく変化してきたという事実である。「恩根内の林業で、馬の利用からトラックに変化したことが、恩根内市街の衰退につながったこと」「車の普及が、大秋聚落における住民の通勤や買い物行動を一変させ、バス乗客構成も全く変えてしまった」ことはその典型であった。

こうした〈モータリゼーション〉は、世界の都市理論を考える場合においても、特に注目しなければならない重要な要因と考えることができる。

私はヨーロッパでの在外研究から帰国した後に、大学一年生を対象としたリレー講義という自己紹介的な一コマの授業を担当した。その時に、日本・ヨーロッパ・アメリカの都市と都市理論を紹介する講義を実施した。その講義の資料として、それぞれの地域の〈都市の写真〉と〈都市関連歴史年表〉を整理し学生に提示することにした。それぞれの地域を象徴するような都市の写真を探していた時に、とても興味深い事実に気がついた。それは、それぞれの地域ごとに共通する特徴があるという事実であった。日本の都市を紹介する写真を提示しようとすると、お城とＪＲの駅がよく登場してくる（たとえば東京の場合、皇居〔江戸城〕と東京駅、大阪の場合、大阪城と大阪駅）、ヨーロッパの都市を紹介する場合は、大聖堂と市庁舎前広場（ローマの場合サンピエトロ寺院、ブリュッセルの場合グランプラス）、アメリカの場合は、ダウンタウン

〈中央ビジネス地区〉と高速道路が登場してくる（アメリカで、大都市の違いを発見しようとすると、特徴的な高層ビルの形〔ニューヨークのエンパイアステートビル、サンフランシスコのトランスアメリカ・ピラミッド〕によって識別していた）という共通した特徴であった。この事実は、それぞれの地域の都市形態が都市形成の歴史と密接に関連していることを象徴的に示していると考えられたのである。

〈都市関連年表〉作成にあたっては、代表的都市理論の発表年（一九五七年鈴木栄太郎「都市社会学原理」・一九二一年ウェーバー「都市の類型学」・一九三八年ワース「アーバニズム論」）を記入するだけでなく、それぞれの地域で〈都市化〉や〈都市理論〉に関連すると思われる歴史的事実を年表としてまとめることを試みた（表5-5）。

アメリカに関する年表部分では、これまで私がまとめた都市社会学のテキストで「二〇世紀初頭に都市社会学がシカゴで大きく発展してきた理由」を説明する部分としてまとめたアメリカ史の年表を使用した[10]。テキスト作成時は、シカゴという都市が、大陸横断鉄道・五大湖の水路等交通の要衝であり、コロマ金鉱発掘を契機とした西漸運動と国際移民が集中する中で、シカゴで急速な都市化が進み都市問題が多発していたことを背景として、シカゴ学派都市社会学が発展してきたことを説明するための年表として作成したものであった。今回新たに年表に加えたのが一九〇九年の「T型フォードの大量生産」という歴史的事実であった。一九一四～一八年の第一次世界大戦によって世界経済の中心がイギリスからアメリカに移り、大量の移民がアメリカに押し寄せ急速な都市化が展開していくことになる以前の一九〇九年に、T型フォードが大量生産されていたのである。この事実は、アメリカの都市化がモータリゼーションと連動して展開されてきたことを象徴的に示している。そのことがアメリカの都市写真を紹介しようとした場合に、ダウンタウンと高速道路に象徴される同じような都市形態になっているという事実と見事に符合したのである。こうしたアメリカにおけるモータリゼーションの歴史は、人間生態学という発想やアーバニズム論といったシカゴ学派都市理論の背景を考える場合でも、頭に入れておく必要がある重要な点と考えられる。

表5-5　都市関連年表

日本		ヨーロッパ		アメリカ	
		前800年頃	ギリシャでポリス成立		
		前509年頃	ローマ共和政開始　都市国家		
4世紀中頃	大和朝廷の統一進む	4～5世紀	ゲルマン民族の大移動		
		392	キリスト教→ローマ国教		
		395	ローマ帝国の東西分裂		
		476	西ローマ帝国滅亡		
		481	フランク王国		
538年	仏教伝来				
645	大化の改新「租庸調」				
673	天武天皇　駅路 6300km				
701	大宝律令　国司・国府				
741	国分寺・国分尼寺 聖武天皇				
		800	カール大帝戴冠→西ローマ帝国復興		
		962	神聖ローマ帝国		
1192	鎌倉幕府	1096-1270	十字軍（7回）		
1274	蒙古襲来・81年				
		1347-49	黒死病（ペスト）拡がる		
1467	応仁の乱　→戦国時代			1492	コロンブス　西インド諸島到達
		1517	ルター「95カ条の論題」発表		
1543	ポルトガル人（鉄砲）				
1549	ザビエル（キリスト教）				
1588	刀狩り令				
1600	関ヶ原の戦い→江戸時代			1620	メイフラワー号　プリマス上陸
1641	オランダ商館を出島へ→鎖国		イギリス→産業革命		
		1789	フランス革命	1776	独立宣言
1853	ペリー来航			1848	カリフォルニアをメキシコより買収・コロマ金鉱発見
1868	明治維新			1869	大陸横断鉄道完成
1894	日清戦争				
1904	日露戦争			1909	T型フォード大量生産
		1914-18	第1次世界大戦		
		1921	ウェーバー「都市の類型学」	1929	世界大恐慌
				1933	ニューディール政策
				1938	ワース「アーバニズム論」
1945	無条件降伏	1939-45	第2次世界大戦	1941	真珠湾攻撃
1957	鈴木栄太郎「都市社会学原理」				

『都市社会学原理』のモチーフとなった一九五〇年代の日本都市は、まさにモータリゼーション以前の都市実態であり、その後のモータリゼーションによって都市住民の生活行動に大きな違いを生み出していたことが五〇年後の再調査によって明らかにされたのである。

サンフランシスコの鉄道道路併用橋ベイブリッジが開通したのが一九三七年、ゴールデンゲートブリッジ開通が一九三八年であり、日本の瀬戸大橋（児島―坂出）が開通したのが一九八八年であった事実を考えると、日米のモータリゼーションの差は五〇年近いタイムラグが存在すると位置づけることが可能であろう。

ヨーロッパは自動車が発明された地でもあり、モータリゼーションは古くから進んでいた。しかし、高速道路が城壁（リング）の外に造られてきたこともあり、都市の形態という意味では大きな影響を与えなかったと考えられる。もちろん、ヨーロッパにおいてもモータリゼーションの進展は、都市住民の通勤や買い物行動等の生活行動実態を大きく変えてきたことは確かな事実である。その意味では、ヨーロッパ都市を考えていく場合には、ヨーロッパ型モータリゼーションの特徴を検討したうえで、日常生活行動の分析を進めていく必要があるといえるだろう。

（2）ショウバーグ『前産業都市』の議論

都市理論の中で、テクノロジーの重要性を指摘したアメリカの社会学者としてショウバーグ（G. Sjoberg）を挙げることができる。彼は、「今日の社会学者は、成熟した産業＝都市社会なかんずくアメリカの社会に焦点を合せて研究を進めている。その結果、「現実」（社会階層や官僚制など）を「理想」的な規範や価値と比較する傾向がある。この点に関してわれわれは古いヨーロッパ的な伝統に立ち帰る必要がある。その方法とは、理想と現実を比較するのではなく過去と現在を比較するという立場に他ならない。すなわち前産業型都市およびこれを支えた社会を産業型の都市および社会と比較するという視角である」と述べ前産業型都市を研究することの重要性を指摘した(11)。

前産業都市とは、「産業化以前の社会の過去の都市・非産業的文明社会にあって、まだ産業化の洗礼をうけていない都市」を指し、資料豊富な都市として、北京・京城（ソウル）・ラサ（チベット）・メッカ・カイロ・フェズ（モロッコ）・フローレンス（イタリア）・ボハーラ（中央アジア）が挙げられていた。そして「前産業型の諸都市は、いずれも――中世ヨーロッパの都市も、中国やインドなどの伝統的社会の都市も――みなきわめて類似しており、そして他方、近代の産業型都市とは著しく異なっている」としたのである。こうした前産業型都市と産業型都市の差異を分析する際の最も基本的な説明要因としたのが「テクノロジー」だったのである。ショウバーグによれば、「本書でテクノロジーというのは、エネルギー源、道具、そして物貨やサービスの生産における道具やエネルギー源の利用法を指す」と述べていた。

ショウバーグの *The Preindustrial City* という本が出版されたのは一九六〇年であり、調査された前産業型都市群は、『都市社会学原理』のモチーフとなった日本の都市現実と同様、モータリゼーション以前の都市実態が調査されていたのである。すなわち、モータリゼーションが進展したアメリカ都市と、モータリゼーション以前の前産業都市を比較するということをショウバーグは問題提起したのである。過去の都市との比較や都市の説明要因としてのテクノロジーへの着目という問題提起はきわめて重要ではあったが、前産業型都市のその後モータリゼーションの実態を分析するというテーマも新たな研究課題として重要な意味を持っていると考えられる。北京にしてもソウルにしてもその他の前産業都市でも、現在ではショウバーグが調査した時とは全く異なる都市形態を示している。それは、急速なモータリゼーションの進展と大きく関連していることは確かな事実である。今後の重要な研究テーマとしては、「前産業型都市がどのようなモータリゼーションの進展を経験し、どのような都市形態を形作って現在のようになってきたのか」を実証的に位置づけることである。

（3）結節機関と人口移動に影響を与えた要因――高速交通網と高度情報化

モータリゼーションとともに、都市に存する結節機関の配置や人々の移動実態に大きな影響を与えた〈テクノロジー〉としては、高速交通網の普及（新幹線や航空機の発展）と高度情報化の進展（ファクシミリやインターネットの普及）の二点を指摘することが可能である。

恩根内がＪＲ赤字線の廃止によって衰退したのとは逆に、一九六四年に開通した新幹線は、東京と大阪の都市間の時間距離を飛躍的に縮小させた。その後、山陽新幹線（新大阪―博多＝一九七五年、鹿児島＝二〇一一年）、東北・上越新幹線（大宮―盛岡・新潟＝一九八二年、新青森＝二〇一〇年）、北陸新幹線（高崎―長野＝一九九七年、金沢＝二〇一五年）と新幹線網が徐々に整備されてきた。また、国内空港もほぼ全都道府県に建設されていくなど、国内航空網も整備されていったのである。新幹線や航空機の普及が、「全国各県の転出・転入人口といった人口移動にどのような影響を与えたか」「企業活動における本支店関係や出張行動等にどのような影響を与えてきたか」といった問題については、これまであまり実証的な研究が蓄積されてきていないが、結節機関説を再検討するためには、きわめて重要な研究課題となるだろう。

また、ファクシミリが地方都市の結節機関に多大な影響を与えてきたという事実についても着目する必要がある。私が鈴木都市理論を援用して四国における結節機関の実態分析を実施した時に、「高松市に存在する企業の支店や営業所が、ファクシミリの普及によって、四国内における重要性を低めていた」という事実を発見した。[12] 歴史的に高松支店は、四国地方の統括店として、四国内の支店の営業情報（受注情報・出荷情報）を取りまとめて本社に流すという統括店機能を有していた。すなわち、高松支店は、松山・高知・徳島の営業情報を四国全体の数字として統括し本社に情報を流してきたのである。こうした企業の本社―統括店―窓口店の関係は、通信機器の発達に伴い、大きく変動してきたのである。

「ファクシミリ・テレックス等が進展していった一九八五年当時の高松支店の情報化の状況は、大手企業のオンライン化（「実施ずみ」五六％、「着手中」一一％）・本支店間の通信ネットワーク化（ファクシミリ・テレックスの利用率八四％）という状況であり、高松支店の六五％の受注情報は取引先またはその窓口店からストレートに本社に流れ、出荷情報の七八％がその逆に流れていた。支店や本社から統轄店を経由して流れるものは、わずか受注情報で一〇％出荷情報で一六％に過ぎない状況であった。売上計上や売上金の流れにおいても、窓口店から直接本社へ流れるのが七五％、七七％と大半を占め、統轄店（高松支店）を経由するケースは一九％、一一％に過ぎない状態であった[13]」

高松支店の統括店としての中継機能の低下は、別な角度から捉えれば営業情報の中央集中化の進展であり本社機能の拡大を意味したのである。そのことは、高松支店にとどまらず西日本の統括店として機能してきた大阪支店の中継機能も低下させることになり、本社機能が大阪から東京へ移転し、東京一極集中に拍車をかける要因ともなってきたのである。

また、ファクシミリというテクノロジーは、企業構成員の出張行動にも大きな影響を与えることとなった。以前は、人が出張によって持参していた情報が、店舗間がオンライン化されることによって、出張の必要性を低下させたのである。そのことは、西日本の統括店として数多くの出張族が集まり栄えていた大阪が、高度情報化の進展とともに地盤沈下してきたことと密接に関連している。その後の高度情報化は、ファクシミリばかりでなくインターネットの普及やテレビ会議の普及等さらなる進化を遂げてきている。こうした高度情報化の進展が、「企業の本社―支店関係をどのように変えてきたか」「企業構成員の出張行動にどのような影響を与えてきたか」といった点について、実証的な分析を進めてみることも、結節機関説を再検討するためには、必要不可欠な研究課題である。

（4）　生業を重視する都市理論が立論された当時の社会現実

鈴木栄太郎の都市理論は、複雑で混乱した都市社会の諸要素の中から、多くの部分を捨象しその骨格となる要素のみを取り上げて理論化を図ろうとするという方法がとられてきた。正常人口の正常生活の理論は、まさにその方法によって生業を重視する都市理論として確立された。この方法は、画期的な発想であり学ぶところも多いが、生業を重視するあまり多くの部分が捨象され現実を見誤ることがある点については注意が必要である。

正常人口の正常生活の理論では、異常を「その状態を仮に大多数又は全人口が持続すれば社会生活の存続はあり得ないと思われる状態」と位置づけ、「生業によって生活の資を得ていない者」は異常人口と位置づけていた。その定義からすると定年退職した年金生活者・専業主婦・ニートといった人たちは異常人口と位置づけられてしまうことになる。また、都市の社会集団としては、生業を重視する視点から職域集団が特に重要視され、「生業の余暇に生活拡充のために同志が相寄って形成する社会的活動を意味するもの」と定義された生活拡充集団については、夜空に輝くネオンサイン程度のもので研究対象に値しないという位置づけがなされていたのである⑭。

『都市社会学原理』中のこうした位置づけの論拠とされたのが、笹森秀雄の札幌市を対象とした香典帳調査であった。笹森は、一九五二・一九五三年の各月一〇日・二〇日に死亡者を出した家族を対象として、香典帳に記載されている人々を「血縁集団」「学校集団」「職域集団」「地区集団」「生活拡充集団」に分類し、都市における社会関係の実態を分析した⑮。結果は、職域集団類縁者が四七・六%、地区集団類縁者二九・九%、血縁集団類縁者一六・五%、学校集団類縁者三・九%、生活拡充集団類縁者二・一%という結果であった。この結果から、職域集団が人間関係において重要な位置を占めているとして、都市の社会集団の基本的なものという位置づけが提起されたのである。ただここで考えなければならないのは、当時の平均寿命についてである。上記の表5-6は、日本人の平均寿命の推移を男女別に示したものである。

香典帳調査が実施された一九五二年の日本人の平均寿命は

表5-6　日本人の平均寿命の推移

年	男	女
1947（昭和22）	50.06	53.96
50（25）	58.0	61.5
52（27）	61.9	65.5
60（35）	65.32	70.19
70（45）	69.31	74.66
80（55）	73.35	78.76
90（平成2）	75.92	81.90
2000（12）	77.72	84.60
02（14）	78.32	85.23
10（22）	79.55	86.30
12（24）	79.94	86.41

（注）1．厚生労働省「生命表」による。平均寿命は，各年の0歳児の平均余命をいう。
2．1950・52年は「簡易生命表」，それ以外は「完全生命表」の数字。

男性六一・九歳、女性六五・五歳であった。その後平均寿命は年々延び五〇年後の二〇〇二年の数字は、男性七八・三歳、女性八五・二歳である。すなわち五〇年で男性一六歳、女性で二〇歳寿命が延びているのである。男性が当時の平均寿命の六一歳であった場合、「葬儀では職場の人が参列していることが多かった」というのが当時の香典調査の結果が示していた事実だったと考えられる。二〇一二年の数字では、男性でもほぼ八〇歳にまで達しているのが実情であり、退職後相当時間のたった現在の葬儀では、職場の参列者が極端に少なくなっている実態を容易に想像することが可能であろう。

生業が重視された「正常人口の正常生活の理論」は、平均寿命が六〇歳であった日本の状況下で立論された都市理論といえる。現在では、男性でも平均寿命が八〇歳となり、定年退職後の年金生活者の数も圧倒的に増えてきている。一九五五年当時の人口構成では、一五歳未満＝三三・四％、一五～六四歳＝六一・二％、六五歳以上＝五・三％だった人口構成は、二〇一〇年には、一五歳未満＝一三・二％、一五～六四歳＝六三・八％、六五歳以上＝二三・〇％となっている。戦後生まれのいわゆる「団塊の世代（一九四七～四九年生まれ）」が六五歳以上となる二〇一五年には、六五歳以上人口（高齢化率）は、二六・〇％、七五歳以上人口（後期高齢化率）一二・五％となる見通しである。こうした人口構成の高齢化の状況は、「生業を中心とした都市理論では、捨象される人口部分が多くなってしまう」「生業以外の余暇生活の部分も都市理論に組み込んでいく必要性が増している」という事実を問題提起している。

日本の高齢化率の数字は、世界一の高い数字を示しているが、その数字は、ヨーロッパ諸国においても高い数字を示しており(16)、生業を重視する「正常人口の正常生活の理論」は世界的な文脈でも再検討する必要があるだろう。

3　都市理論再構築に有効な「実証的都市研究法」

以上、五〇年の歳月は、鈴木栄太郎都市理論にどのような影響を与えてきたのかを、五〇年後の再調査によって検討を加えてきた。特に注目された点は、自動車の普及・新幹線や国内航空網の普及・ファクシミリやインターネットの普及といった高度情報化の進展等が、人々の移動実態や結節機関の配置に大きな影響を与えていたという事実と、平均寿命の延長と高齢化の進展によって生業をベースに組み立てられてきた正常人口の正常生活の理論では都市住民全体の中で捨象されてしまう部分が多くなってしまうという事実であった。

これらの事実は、五〇年前に実施した調査を五〇年後に実施してみて明らかになった事実であり、鈴木栄太郎が提起した都市調査法が「都市の骨格」を測定できたからこそ明らかになってきた事実であると考えられるのである。鈴木栄太郎が提起した都市理論は、〈テクノロジー〉の発展や、高齢化、グローバル化の進展によって、修正していく必要があると考えられるが、その再検討にあたっても、都市現実を的確に測定できるような「実証的都市研究法」はきわめて重要なものと考えられる。

注

（1）二〇〇三年度COE指定研究【古典的調査研究の追跡研究】の一環として、二〇〇三年八月二七日に青森県西目屋村調査に関して弘前大学山下祐介氏の招待講演を実施後札幌市・琴似町の再調査を八月三〇日に大谷研究室の大学院生三名と学部生二〇名によって実施した。大谷信介編『大谷研究班報告書：実践的社会調査方法構築のための総合的研究——ニュータウンの比較調査研究を中心として』関西学院大学社会学部、二〇〇四年。

（2）二〇〇六年関西学院大学社会学部社会調査実習の一環として、八月二三日弘前大学にて笹森秀雄先生の招待講演の後、八月二四日に笹森・山下・大谷の教員三名と弘前大学の学生と大谷ゼミ生とによって大秋聚落の再調査を実施した。「青森合宿概要」については、大谷信介編『〈ポスト都市化社会〉における都市現象』関西学院大学社会学部大谷研究室、二〇〇八年三月、一一八～一二二頁を参照されたい。

（3）二〇〇九年度大谷ゼミ社会調査合宿として、九月一四日と一五日に笹森秀雄先生と大谷ゼミ生一五名によって、恩根内聚落資料収集とともに聞き取り調査を実施した。詳細については、大谷信介編『マンションの社会学――西宮マンション調査による実態把握』関西学院大学社会学部大谷研究室、二〇一一年三月を参照されたい。

（4）谷口正夫「馬が消え、人が消えた昭和三〇年代半ば――木材業のあゆみ」『美深町百年記念写真集』一九九八年、九二頁。

（5）鉄道については、「北へ北へと延びていった鉄道が旭川まで達したのが一八九八（明治三一）年、その五年後の一九〇三（明治三六）年には名寄まで、さらに恩根内まで延びたのは、八年後の一九一一（明治四四）年である。開通が遅れたのは日露戦争の影響もあった」という記述がある。「旭川から恩根内まで一三年」『美深町百年記念写真集』一九九八年、一六二頁。

（6）「駅土場に馬の長い列ができた」九六～九九頁。「戦後の食糧不足をすくったデンプン」一〇〇～一〇一頁。『美深町百年記念写真集』一九九八年。

（7）山本勇「火と鉄、そして馬――蹄鉄業」『美深町百年記念写真集』一九九八年、九四頁。

（8）二〇〇九年九月の恩根内に関する聞き取り調査。この時は、美深町役場の方に公民館で当時の資料を基に説明をいただくとともに、美深町役場で、町長に現在の美深町の方針について講演いただいた後、役場の職員の方に案内していただきながら聞き取り調査を実施した。

（9）調査員は関西学院大学大谷研究室の学部学生一三名によって実施された。聞き取り調査では方言を聞き取ることがとても困難であったことが報告されている。調査結果の詳細については、村上諒太「農村からみる都市機能の変化――五〇年前と比較して」大谷信介編『〈ポスト都市化社会〉における都市現象』関西学院大学社会学部大谷研究室、二〇〇八年三月、九五～一〇八頁を参照されたい。

（10）大谷信介『〈都市的なるもの〉の社会学』ミネルヴァ書房、二〇〇七年、八一～八六頁。

(11) Gideon Sjoberg, *The Preindustrial City : Past and Present*, The Free Press, 1960.（倉沢進訳『前産業型都市――都市の現在と過去』鹿島出版会、一九六八年）

(12) 大谷信介「都市と交通――四国における結節機関の実態分析」『都市と交通――瀬戸大橋のインパクトを中心として』愛媛県社会経済研究財団、一九八六年三月、一五八～一八九頁および、大谷信介『〈都市的なるもの〉の社会学』ミネルヴァ書房、二〇〇七年、六九～七三頁。

(13) 百十四銀行本四架橋経済調査委員会・香川大学経済学部情報処理研究会『高度情報化と地域産業の動向』一九八五年三月。

(14) 越智昇は、鈴木が否定的に評価した生活拡充集団（ボランタリー・アソシエーション）の現代社会における積極的側面を実証的に問題提起した。越智昇編『都市化とボランタリー・アソシエーション――横浜市における市民の自主的参加活動を中心に』横浜市立大学市民文化センター、一九八六年。

(15) 笹森秀雄「都市における社会関係に関する実証的研究」『社会学評論』第六巻第二号（二二）、日本社会学会、一九五五年、五八～八三頁。

(16) 二〇一三年の数字では、一位日本二五・〇八、二位ドイツ二一・四、三位イタリア二一・一三、四位ギリシャ一九・六七、五位スウェーデン一九・三三と続いている。

第6章　鈴木栄太郎が憂いていた「市町村合併政策」

鈴木栄太郎は、都市の基本構造の理論化に終始しただけでなく、国の都市政策に関しても積極的に問題提起を展開していた。聚落社会としての「自然都市」を重視する鈴木にとって、一九五三（昭和二八）年に制定された町村合併促進法は深刻な問題を抱える都市政策であった。それまでの日本では、「市」というものは、相当の格位をもった都市を意味するものと考えられてきた。しかし町村合併促進法によって誕生してくる「行政都市」としての「新市」はそうした都市性を全く無視したものであり、鈴木栄太郎は『都市社会学原理』の中で、そうした「新市」の問題点を次のように憂いていたのである。

「町村合併連合体としての新市は、今後どんな発展を辿っていくのだろうか。今発生したばかりであるから、全く予想できないが、新市における地域的統一を都市と呼びうるか否かははなはだ問題である」

本章では、鈴木栄太郎が『都市社会学原理』で、どのように「新市」を問題としていたのかを整理し、その後市町村合併政策はどのような変遷をたどってきたのかに注目してみたい。

1　「市」となる要件という法律の規定

日本に初めて地方自治体としての「市」が誕生することになるのは、一八八八（明治二一）年四月一七日に施行された「市制」によってである。市制では「市を独立した法人と定め、形式上国と別個の自治体として認め」、各町村が市に昇格するための基本構造が規定されていた。その時の市制は、地方自治法の前身となるものであったが、特に明確な人口の基準は設けられていなかった。市制の実施準備は、以前の区・町・村の合併によって府県ごとに進められ、一八八九年四月一日を最初として、各地で順次市制が施行されていった。一八八九年内に市制施行されたのは、次の三六都市であった。

東京、京都、大阪、堺、横浜、神戸、姫路、長崎、新潟、水戸、津、名古屋、静岡、仙台、盛岡、弘前、山形、米沢、秋田、福井、金沢、富山、高岡、松江、岡山、広島、赤間関（下関）、和歌山、徳島、松山、高知、福岡、久留米、熊本、鹿児島、佐賀。

一八八九年以降も各地で市制が施行され、市となりうる区町村は順次、市に昇格していった。右記の市に代表されるように、「市制」によって誕生した「市」は、現在でも誰しもが都市をイメージする自治体がほとんどであり、鈴木栄太郎が指摘するように「相当な格位をもった都市」と位置づけられる自治体であった。「市となる要件」が法律として明記されるようになるのは、一九四七（昭和二二）年の地方自治法の制定によってである。翌年地方自治法の一部改正が行われ、市制にはなかった人口規模に関する市となる要件がここで初めて明確に記されたのである。日本の市というものは、この地方自治法によって現在に至るまで規定されてきたのである。

地方自治法第八条第一項……市となるべき普通地方公共団体は左に掲げる要件を具えていなければならない。

表6-1　法律による人口規定（市となる要件）の変遷

年代	法律名	人口に関する規定
1947（昭和22）年	地方自治法施行（法律第67号）	人口規定無し
1948（昭和23）年	地方自治法の一部を改正する法律（法律第169号）	人口3万人以上
1954（昭和29）年	地方自治法の一部を改正する法律（法律第193号）	人口5万人以上
1965（昭和40）年～2005（平成17）年	市町村の合併の特例に関する法律施行（法律第6号）	人口3万人以上
2005（平成17）年～2010（平成22）年	市町村の合併の特例等に関する法律施行（法律第59号）	人口3万人以上

（出所）衆議院ホームページより作成。

① 人口五万人以上を有すること。
② 当該普通地方公共団体の中心の市街地を形成している区域内に在る戸数が、全戸数の六割以上であること。
③ 商工業その他の都市的業態に従事する者及びその者と同一世帯に属する者の数が、全人口の六割以上であること。
④ 前各号に定めるものの外、当該都道府県の条例で定める都市的施設その他の都市としての要件を具えていること。

この法律は、現在でも有効な地方自治法の規定である。しかし第一号の人口規定は、数度にわたる特例法案によって、実質的に緩和されることが多かった。

表6-1は、市となるための要件として、人口規定がどのように変遷してきたかを整理したものである。一九四八年に「人口三万人を有すること」という人口規定がはじめて制定された。一九五四年の改正によって、「人口五万人」と規定が引き上げられた。その後再び、一九六五年の「市町村合併特例法」によって、市への昇格が人口三万人以上に緩和されることになった。この法律は一〇年の時限立法とされたが、一九七五年以降も一〇年ごとに延長を繰り返し、現在でも「人口三万人」の規定が続いてきたのが実態である。鈴木栄太郎が問題状況を指摘したのは、まさに一九五四年に「人口五万人」の規定が引き上げられる前の一九五三（昭和二八）年に制定された町村合併促進法によって、多くの「新市」が誕生したいわゆる「昭和の大合併」時期のことであった[1]。

表6-2　明治・昭和・平成の大合併と市町村数の変遷

	年　月	市	町	村	計	法　令
明治の大合併	1888（明21）年	—	71,314		71,314	
	1889（明22）年	39	15,820		15,859	市制町村制施行
昭和の大合併	1947（昭22）年8月	210	1,784	8,511	10,505	地方自治法施行
	1953（昭28）年10月	286	1,966	7,616	9,868	町村合併促進法施行
	1956（昭31）年9月	498	1,903	1,574	3,975	町村合併促進法失効 新市町村建設促進法
	1965（昭40）年4月	560	2,005	827	3,392	市町村合併特例法施行
平成の大合併	1995（平7）年4月	663	1,994	577	3,234	市町村合併特例法改正
	2005（平17）年4月	739	1,317	339	2,395	市町村の合併の特例等に関する法律施行
	2010（平22）年4月	786	757	184	1,727	市町村の合併の特例法に関する法律施行

（注）「明治の大合併」：1889（明治22）年の「市制町村制」の施行に伴い，町村合併標準掲示（1889（明治22）年6月13日　内務大臣訓令第352号）に基づき約300～500戸を標準規模として全国的におこなわれた町村合併。結果として，町村数は約5分の1に。

「昭和の大合併」：新制中学校の発足に伴い，1953（昭和28）年の町村合併促進法（第3条「町村はおおむね，8000人以上の住民を有するのを標準」）およびこれに続く1956（昭和31）年の新市町村建設促進法により，「町村数を約3分の1に減少することを目途」とする町村合併促進基本計画（1953年10月30日　閣議決定）の達成を図ったもの。約8000人という数字は，新制中学校1校を効率的に設置管理していくために必要と考えられた人口。1953年から1961年までに，市町村数はほぼ3分の1に。

「平成の大合併」：1995（平成7）年以降の合併特例法の改正で，住民の直接請求により法定合併協議会の設置を発議できる制度。合併特例債制度の新設，政令指定都市への昇格や町村の市への昇格のための人口要件の緩和などが盛り込まれたことにより市町村合併が加速。合併特例債等の行財政面での支援が，2005（平成17）年3月31日までに合併が完了した場合に行うと定められたことから，2003年から2005年までにかけて合併の動きはピークを迎えた。

（出所）総務省資料「市町村数の変遷と明治・昭和の大合併の特徴」より作成。

表6－2は、日本のこれまでの市町村合併を整理したものである。[2]この表により、市町村数の推移とともに市町村合併の歴史的経緯を理解することが可能である。明治・昭和・平成の大合併と、全国で合併を繰り返し一八八八（明治二一）年に七万一三一四あった市町村数が、二〇一〇（平成二二）年には一七二七にまで減少した。しかし、市の数は市町村合併の結果、一八八八年に三九市だったものが、二〇一〇年には七八六市と大幅に増加した。一九九五（平成七）年の法改正では、人口規定の緩和以外に、合併の際の行財政措

置等が盛り込まれ、以前にも増して市町村合併が推進されてきたのである。

2　鈴木栄太郎が行った「新市」の検証——土佐清水市の事例

鈴木栄太郎は『都市社会学原理』の中で、一九五四（昭和二九）年八月に高知県の清水町・美崎町・下ノ加江町・下川口町の四町が合併してできた土佐清水市を取り上げ、地方自治法第八条の「市となる要件」に照らし合わせて検証をおこなっている。

（1）人口五（三）万人以上を有すること

鈴木栄太郎は、一九五〇年（三万一六五六）・一九五五年（三万一六二三）の国勢調査人口と一九五四（昭和二九）年人口（三万一九八〇）を提示し、土佐清水市が、特例法で規定されている人口三万以上という第一号要件を満たしていることを検証した。

（2）中心市街地の戸数が全戸数の六割以上

第二号の要件の「中心市街地」については、地方自治法には詳しい記載はないが、一九五三（昭和二八）年三月九日の知事に対する自治庁次長の「市政施行協議基準」に関する通達では、次のような具体的指示が与えられている。

「中心市街地とは、原則として役場の所在する市街地を指すものとすること。但し、所在する市街地のほかに、交通、通信、産業、文化、政治等の実質的条件及び市街地の外観等の外形的条件を綜合して役場の所在する市街地より優位の市街地があると認められたときは、これを中心市街地とすること」

つまり中心市街地というものは、市役所を中心として街衝《がいしょう》をなす連軒によってできている一個の聚落を指すのである。

土佐清水市には、大小合わせて五九の聚落社会が存在して、その最も大きなものが旧清水町の中心地だったのである。鈴木は、旧清水町の中心であった清水の世帯数、人口数が他と比べ多いことを指摘し、新しくできた土佐清水市の実質的中心市街地が清水であると考えた。しかし、表６－３にも示されるように清水町の人口は、全市人口の僅か一八・五％にすぎず、世帯数も一九・七％にすぎなかった。また、他の旧三町の中心市街地人口を加算してもなお三三・七％にとどまり、土佐清水市が第二号要件を満たしていないことを明らかにした。本来市となる要件では、図６－１に示されるように中心の黒い部分に人口の六割以上がいることであり、当時の状況を視覚的に表した図６－２は、市となる要件を満たさないといえる。

表６－３　旧町中心市街地人口数（昭和30年10月１日）

旧町中心市街地	人口数（世帯数）	全市に占める百分比
清水	5,840人（1,409戸）	18.47（19.73）
三崎	1,676人（422戸）	5.30（5.91）
下ノ加江	1,668人（331戸）	5.27（4.64）
下川口	1,481人（321戸）	4.68（4.50）
市総数	31,623人（7,140戸）	100.00（100.00）

（出所）『原理』432頁。

（3）都市的業種従事者六割以上

鈴木栄太郎は、「地方自治体指導当局の考え方では、第一次産業即ち農林水産業は非都市的産業、第二次産業即ち鉱工業と第三次産業即ちその他の産業とが都市的産業であるとみているが、この考え方は、都市を社会的交流の結節的機関の集まっているところとする私の考え方と、原則的には一致している。正確に言うならば、人口の量によって決定さるべきではなくして、そこに存する結節的機関の量によって決定されるべきものである」したがって、「地方自治法におけるこの規定は、都市の特性を誠によく捉えている」と述べ、表６－４を提示した。

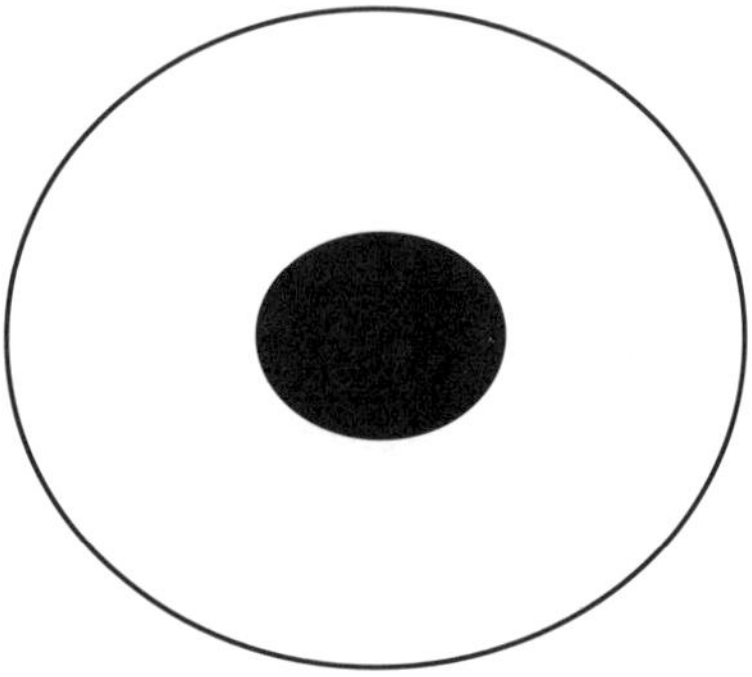

図６-１　本来の中心市街地イメージ

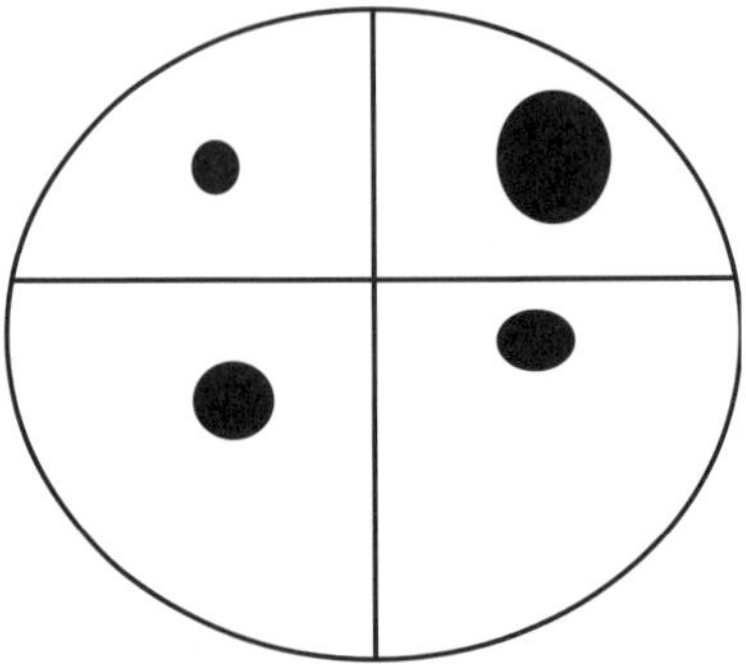

図６-２　土佐清水市の中心市街地イメージ

表６-４　土佐清水市の職業別人口比率（1955年）

第一次産業	67.0%
農業	32.3
漁業水産養殖業	27.1
林業狩猟業	7.6
第二次産業	7.0%
建設業	3.0
製造業	4.0
第三次産業	22.2%
卸売小売業	5.7
サービス業	3.0
運輸通信その他の公益業	1.4
公務	6.6
金融保険業	0.2
その他の有業	5.3
無業	4.4

（出所）『原理』433頁。

そして、表に示される第一次産業人口六七・〇%、第二次産業人口七・〇%、第三次産業人口二二・二%という数字と、総世帯に占める非農世帯比率＝三〇・〇%、総有業者に占める非農有業者比率＝一九・五%という数字を示すことによって、土佐清水市が第三号要件を満たしていないことを証明した。

（4）県条例で定める都市的施設

第四号の「当該都道府県の条例で定める都市的施設その他の都市としての要件を備えていること」という要件は、結節機関説を提唱した鈴木理論

表6-5　土佐清水市における市制施行要件の充足についての検討表

I 官公署	1	地方法務支局又は出張所	○	高知地方法務局清水出張所（清水） 高知地方法務局三崎出張所（三崎）	
	2	国警又は自治体警察署	○	国警清水警察署（署員34名）	昭22自治警が生れたが，財政力相伴わず，昭28これを廃して，現在の国警のみとなった
	3	駅（国営又は私営の鉄道）	×	鉄道及び駅なし	最寄りの駅としては，土讃線窪川駅があるが，そこまでは県道延長96粁の距離がある
	4	税務署	×	税務署なし	高知県中村県税事務所清水駐在所（清水，所員4名，昭29）あるも，国税庁所管のものに非ず
	5	電報電話局	○	日本電電公社土佐清水電報電話局（清水）	
	6	郵便局	○	郵便局（清水をはじめ10聚落社会に10局）簡易郵便局（3集落社会に3局）	
	7	保健所	×	保健所なし	昭30年度に新設（所員23名）
	8	労働基準監督署	×	労働基準監督署なし	この地一帯は，中村に在る労働基準監督署の管轄するところとなっている
	9	公共職業安定所	△	公共職業安定所に準ずるものとして，中村公共職業安定所清水分室（所員2名，清水，昭29）	
II		高等学校1以上	○	清水高等学校（全日制—生徒数　508 定時制—生徒数　61） （昭30.5）	
III		公私立の図書館，博物館，公会堂，公園等の文化施設	△	図書館，博物館，公会堂，公園なし。但しこれに準ずるものとして，公民館（集会場も含む），青年会館併せ計39（昭29）	市制施行後，渭南海岸一帯が国定公園となったので，市役所ではこれを公園と見なしているが，この他には皆無である
IV		公私営の上水道，下水道，塵芥処理場等の施設	△	上水道は清水のみ（他の幾つかの聚落社会には簡易水道），下水道なし。塵芥焼却場なし，火葬場あり	簡易水道施設の多くは，市制施行後の新設
V		軌道・バス・定期船等の交通施設の整備	△	軌道なし。バス・定期船何れも未整備	バス輸送月平均69,110人，定期船輸送月平均1,920人（昭29）
VI		銀行（本店又は支店）2以上	○	銀行（相互銀行も含む）支店4（清水3，三崎1），信用金庫支店（清水），本店なし	清水（四国銀行，高知相互銀行，愛媛相互銀行，幡多信用金庫各支店），三崎（四国銀行支店）
VII		資本金500万円以上の会社・工場等が10以上	×	資本金500万円以上の会社，工場等は10未満	市役所員の言によれば皆無であるという
VIII		病院・診療所が10以上（病院の病床数が10以上，医師が人口700人に1人以上）	△	総合病院なし。診療所（医師も含む）は計18（内3は歯科医院）。病床数計20。医師は1,467人に1人（昭29）	主な所在地は清水8，三崎3，下ノ加江2，下川口1等である（昭29.7.1）
IX		劇場・映画館等の施設が2以上	○	劇場，映画館は計6（昭29.7.1）	所在地は，清水2，下川口，中浜，大浜，貝ノ川各10
X		都市計画事業の施行と主要幹線街路の舗装等街路施設の整備	△	都市計画は主に清水が施行	昭30～31に於て（市制施行後）は，清水と三崎の一部のみ施行，清水の幹線路への着手は部分的且つ未整備
XI		住民の担税力及び町村の財政力が充分で県内他市に比し劣らぬこと	△	歳入は甚だ中央依存的で，自主財源に乏しい	昭30年度当初予算中，地方交付税と，国庫支出金は全体の50％，市税は26.6％である
XII		将来都市として発展性あること	△	市全体として，人口増加率は極めて低く，凡そ停滞状態にある（大正9～昭30の増加率は，全国平均161，高知県平均132に対し，140）	清水のみは今後かなりの人口増加率を示すであろうが，市全体としては急激な人口増加はあまり期待出来ない

（出所）『原理』434～435頁。

と密接に関連する要件といえる。この要件の特徴的な点は、①都市的施設に着目している点であり、②満たすべき基準が各都道府県の判断にまかされている点である。

鈴木栄太郎は表６－５に整理された高知県条例に基づいて、土佐清水市の状況を各項目にわたって検証した。この表の×△表示は要件を満たしていない項目であり、土佐清水市が四号要件を満たしていないことを明示した。ただ高知県の条例について鈴木は「これだけの施設を有する中心市街地は明らかに立派な高度の都市性をもった聚落社会であるに相違ない」と述べており、昭和二三年当時においては、条例に記載されている項目が都市的要素を象徴する施設と考えられていたという事実は注目すべき点といえる。

しかしここで注意しなければならないのは、鈴木栄太郎の検証方法である。表６－５のⅦ「資本金五〇〇万以上の会社・工場が一〇以上あること」の備考欄には「市役所員の言によれば皆無であるという」と記述されているように、具体的データによる検証とはいえないという問題点が存在するのである。この点は、鈴木栄太郎の問題というよりは、県条例で規定されている都市的施設の項目自体が、検証困難な規定であるということである。たとえば、「都市として発展性があること」「資本金五〇〇〇万以上の会社や工場が十以上」「病院の病床数が十以上、医師が七百人に一人以上」などの項目は、現在であってもデータとして提示することはとても困難な項目といえるだろう。

3　地方自治法の「市となる要件」の問題点

鈴木栄太郎は、町村合併法によって登場した土佐清水市の事例を用いて、地方自治法の四つの「市となる要件」のうち、人口三万人以上という一号要件だけしか満たしていない事実を問題提起したのである。この「市となる要件」は現在でも地方自治法に規定されている法律であるが、現在までは特例法によって、人口規定（一号要件）だけが重視され、他の要件は全く注目されないまま市町村合併が推進されてきたのである。それは、町村合併において行財政の観点が重視されてきたからに他ならないが、地方自治法の「市となる要件」自体が問題を抱えていたことも確かな事実である。ここでは、現時点における「市となる要件」の問題点として次の三点を指摘しておきたい。

（1）正確にデータで検証できない要件

まず指摘できるのは、「市となる要件」が、「公的統計等の正確なデータを使って検証しづらい」という問題点である。それは高知県条例の都市的施設の検証過程で指摘した点に加え、都市的要件の基本項目でもある第二号・第三号要件についても同様に指摘することができる。

第三号の「商工業その他の都市的業態に従事する者及びその者と同一世帯に属する者の数が、全人口の六割以上であること」という要件は、法律の記述どおりの「同一世帯に属する者の数」を正確にデータ化することは不可能に近い。そのことは鈴木の検証でも、国勢調査の総従業者に占める第二次、三次産業従事者の比率のデータが代替的に提示されていたことにも示されている。

また第二号の中心市街地の規定も、現在の公的統計であっても正確にデータ化することはきわめて困難である。中心市街地に類似するデータとしては、国勢調査の人口集中地区人口を挙げることができる[3]。しかし人口集中地区は、市の中に複数の集中地区が存在する場合もあれば、市内に一つも存在しない場合もあるのである。各市に必ず一つのデータが存在することのない人口集中地区人口は、中心市街地の測定指標としては使用することはできないのである。

現在、総務省統計局が作成するホームページには、統計ＧＩＳという大変便利なサイトが作成されている[4]。国勢調査データを地図上で処理できるこのツールを利用すると、市役所などの公共施設や指定した住所を中心として、そこから半径〇〇メートル（一〇〇メートルごとに設定可能）以内に何人住んでいるか、何世帯存在するかを視覚的に把握することができる。このツールを使って二〇〇〇年の土佐清水市の中心市街地を検証してみた。

表6-6　土佐清水市の人口，世帯数

	総数	6割
人　口	18,512	11,107
世帯数	7,920	4,572

（出所）2000年国勢調査。

まず二〇〇〇年の土佐清水市の人口の六割を調べ（表6-6）、市役所を中心として世帯数の六割を超えるまで一〇〇メートルずつ半径を広げていく作業を進めた。結果は、人口では市役所を中心として四三〇〇メートルで一万一一三九人となり、全人口の六割を超えた。また、世帯数では四七〇〇メートルで四八九三世帯となり、全世帯数の六割を超えたのである。この数字は、土佐清水市全面積の約三分の一を占める数字であり、二〇〇〇年時点ではこれほど半径を広げないと「六割以上」という基準を満たすことができないという実態はかろうじて測定することができた。半径何メートルで六割を超えるかというこの測定方法は、ある意味で検証可能な指標といえるが、実際にはあまりに煩雑な作業をともなう方法である。いずれにしても、法律で定める「市となる要件」の測定が、正確なデータに基づいて検証できないという事実は、この法律の大きな問題点といえるだろう。

(2)　都市的指標とならなくなった都市的業種従事者比率

「市となる要件」の問題点として第二に指摘できるのは、日本の産業構造の激変によって、第三号要件（都市的業種従事者比率が六割以上）自体が、都市的指標とならなくなってしまった点である。一九五五年当時の土佐清水市が全く基準を満たしていなかった第三号要件は、二〇〇五年には全く逆に「市となる要件」を十分満たす数字に変化しているのである。表6-7にも示されるように、二〇〇五年の土佐清水市の産業別人口比率は、第一次産業一六・〇%、第二次産業一九・三%、第三次産業六四・六%であり、第二次と三次を合計した都市的産業人口比率は八三・九%となり、「市となる要件」の六割という基準を大幅に満たしているのである。このことは、土佐清水市が都市的になったためなのであろうか？

表6-8は、二〇〇五年の産業別人口比率の全市と全町村平均比率を示したものである。全市平均の都市産業人

表6-7　2005年の土佐清水市の産業別人口

第一次産業	16.0% 1,186
農業	380
林業	22
漁業	784
第二次産業	19.3% 1,427
鉱業	—
建設業	712
製造業	715
第三次産業	64.6% 4,789
電気・ガス・熱供給・水道業	21
情報通信業	20
運輸業	314
卸売・小売業	1,035
金融・保険業	100
不動産業	10
飲食店・宿泊業	694
医療・福祉	961
教育・学習支援業	294
複合サービス事業	247
サービス業（他に分類されないもの）	698
公務（他に分類されないもの）	395
分類不能の産業	6
総　　　数	7,408

（出所）　2005年国勢調査。

表6-8　全国の市・町村別　第二次・第三次産業人口比率

（単位：％）

	全　市	全町村
第一次産業	5.4	13.1
第二次産業	27.3	29.2
第三次産業	67.3	57.7

（出所）　2005年国勢調査。

口（第二次＋第三次産業人口）比率は、九四・六％であり、全町村平均ですら八六・九％と、市となる要件の六割を大きく超えてしまっているのが実態である。二〇〇五年時点では、全国に存在する七五〇市の全てが都市的産業人口六割という基準を満たしているのである。町村にまで範囲を広げてみると、全一四六六町村のうち、わずか六三町村のみが六割を満たしていなかったのである。

表6-9は一九二〇年から二〇〇〇年までの全国の産業別人口比率の推移を示したものである。鈴木が調査した一九五四（昭和二九）年に近い一九五〇年の数字を見ると、都市的産業に従事している人の割合は五一・四％であったが、一九六〇年時点で六七・三％と早くも六割を越し、二〇〇〇年では九割を超えてしまっているのである。

以上のように、「地方自治法第八条第一項第三号」は鈴木が研究をおこなった一九五四年当時は、都市性を表す要件として十分に厳しい基準であったかもしれないが、その後のわが国の高度経済成長によって都市的指標とはならなくなってしまっているのであ

表6-9　全国の産業別人口比率の推移

（単位：％）

	1920年	1930年	1940年	1950年	1960年	1970年	1980年	1990年	2000年
第一次産業	53.8	49.7	44.3	48.5	32.7	19.3	10.9	7.2	5.0
農業	51.2	47.1	41.7	45.4	30.1	17.9	9.8	6.4	4.5
林業	0.7	0.6	0.9	1.2	0.9	0.4	0.3	0.2	0.1
漁業	2.0	1.9	1.7	1.9	1.5	1.0	0.8	0.6	0.4
第二次産業	20.5	20.3	26.0	21.8	29.1	34.0	33.6	33.3	29.5
鉱業	1.6	1.1	1.8	1.6	1.2	0.4	0.2	0.1	0.1
建設業	2.6	3.3	3.0	4.3	6.1	7.5	9.6	9.5	10.0
製造業	16.4	15.9	21.1	15.8	21.7	26.1	23.7	23.7	19.4
第三次産業	23.7	29.8	29.0	29.6	38.2	46.6	55.4	59.0	64.3
運輸・通信	3.8	3.9	4.2	4.4	5.0	6.2	6.3	6.0	6.2
卸・小売・飲食	9.8	13.9	12.6	11.1	15.8	19.3	22.8	22.4	22.7
サービス	7.1	8.4	8.9	9.2	12.0	14.6	18.5	22.5	27.4
その他の第三次産業	2.9	3.6	3.2	4.9	5.4	6.5	7.8	8.1	8.0
就業者総数（千人）	27,261	29,620	32,483	36,025	44,042	52,593	55,811	61,682	62,977

（出所）　総務省統計局「国勢調査報告」より作成。

る。

（3）全国四七都道府県条例の都市的施設要件の実態

地方自治法の「市となる要件」の第三の問題点として指摘できるのは、都道府県で定められている「都市的施設その他の都市としての要件」がきわめてあいまいに設定されているという問題点である。

鈴木栄太郎は、高知県条例を基に都市的施設の充足状態を検証していたが、他の都道府県ではどのような都市的施設が要件として規定されているのであろうか？　ここでは、各都道府県ホームページにある「例規データベース」を使って各県の「都市的施設その他の都市としての要件」に関する条例を整理してみよう[5]。

表6-10は各県の条例制定年度を整理したものである。ほとんどの県が地方自治法施行一九四七（昭和二二）年の翌年一九四八（昭和二三）年に条例が制定されていた。それ以降で設定されていたのは、一九五三（昭和二八）年に茨城・兵庫・徳島県、一九五四（昭和二九）年に青森・香川・愛媛県、一九七三（昭和四八）年の沖縄県の七県だけである。また、その後条例が改正されたかにつ

いて調べてみると、四七都道府県中二一の県で条例が一度も改正されていなかった。すなわち、多くの県が、昭和二〇年代に制定され、ほとんど大幅に修正されてこなかった条例によって、都市としての要件が規定されているのである。

それでは、全国の現在の条例で、都市の要件としての都市的施設と規定されている項目はどのようなものがあるのだろうか？　全国四七条例中、最も記載内容の多かった条例は鹿児島県のもので一四項目、逆に、最も少なかったのは新潟県と栃木県の五項目だった。表6－11は、最も多く項目化されていた鹿児島県が実際に記載していた一四項目をベースとして、各都道府県でどのような内容が記載されていたのかについて表として整理したものである。

四〇以上の県で共通して記載されていた項目は以下の七つの項目であった。

高等学校や中学校（四七）、図書館や公園などの文化施設（四七）、会社や工場の数や規模（四七）、銀行の数や規模（四六）、病院や診療所（四五）、税務署や職安などの官公署（四三）、上下水道・塵芥処理場（四三）。

多くの県で項目数には差があるものの、内容は都道府県でほぼ共通しているといえる。しかし現代社会において、官公署や学校、銀行や病院などは「あって当たり前」の施設である。このことからもやはり、条例が古く時代遅れなもので、都市性を正確に表せないものとなっているといえるだろう。

以上、地方自治法に規定されている「市となる要件」自体が抱えている問題点を整理してきたが、地方自治法にしても各都道府県の条例にしても、現在においても明確に法律として存在しているものでありながら、全く放置されてきたのが実情であったのである。

表6－10　「都市的施設その他の都市としての要件」に関する条例の制定年度別県数

制定年度	昭和23年	昭和28年	昭和29年	昭和48年
県数	40	3	3	1

（出所）　各都道府県ホームページ「例規データベース」より作成。

表６‐11　全国47都道府県の「都市としての要件」に関する条例の内容

地域	都道府県	税務署や職安などの官署または公署	高等学校や中等学校など	図書館や公園などの文化施設	上水道や下水道、じんかい処理場など	軌道、バス、定期船など	銀行の数や規模	会社や工場の数や規模	病院や診療所	映画館や劇場	住民の担税力、納税力	普通地方公共団体の前年度予算額や財政状況	商工業や都市的業態の従事者の増加	市としての発展性	主要幹線道路の舗装、整備	◎の数	○の数	合計
北海道・東北	北海道	◎	◎	◎	○	○	○	○	○	○	○	○	○	○		3	10	13
	青森県	◎	◎	◎	◎	◎	○	○	○	○			○		◎	6	5	11
	岩手県	◎	◎	◎	○	○	○	○	○	○	◎	◎	◎			6	6	12
	宮城県		◎	◎	○	○	○	○	○	○	◎	◎	◎			5	6	11
	秋田県	◎	◎	◎	○	○	○	○	◎		○	○	◎		◎	6	6	12
	山形県	◎	◎	◎	○	○	○	○	○	○	◎	◎	◎			6	6	12
	福島県	◎	◎	◎	○			○	○	○					◎	4	4	8
関東	東京都	◎	◎	◎	○	○	○	○	○	○	◎	◎	◎	◎		7	6	13
	神奈川県	◎	◎	◎	◎	◎	○	○	◎		○	○		◎	◎	8	4	12
	茨城県	◎	◎	◎	◎	◎	○	○	◎	◎					◎	8	2	10
	栃木県		◎	◎			○	○	○							2	3	5
	群馬県	◎	◎	◎	◎	◎	○	○	◎	◎					◎	8	2	10
	埼玉県	◎	◎	◎	◎	◎	○	○	◎		○	○		◎	◎	8	4	12
	千葉県	◎	◎	◎			○	○	○	○			◎			4	4	8
甲信越・北陸	富山県	◎	◎	◎			○	○	○	○			◎			4	4	8
	石川県	◎	○	○	◎	◎	○	○	○	○	○				◎	4	7	11
	福井県	◎	◎	◎	◎	◎	○	○	○	◎					◎	7	3	10
	山梨県	◎	◎	◎	○	○	○	○	○	○	◎	◎	◎			6	6	12
	新潟県		◎	◎			○	○	◎							3	2	5
	長野県	◎	◎	◎	◎	◎	○	○	◎	◎	◎	◎	◎		◎	11	2	13
東海	岐阜県	◎	◎	◎	○	○	○	○	○	○	◎	◎	◎			6	6	12
	静岡県	◎	◎	◎	◎	◎	○	○	◎	◎	◎	◎	◎			10	2	12
	愛知県	○	◎	◎	○	○	○	○		○	◎	○	◎			4	7	11
	三重県	○	◎	◎	○	○	○	○	○	○	◎	○	◎			4	8	12
近畿	大阪府	◎	◎	◎	○	○	○	○	○	○	◎	◎	◎			6	6	12
	兵庫県	◎	◎	◎	◎	◎	○	○	◎	◎	○	○	○	○	○	7	7	14
	京都府	◎	◎	◎	○	○	○	○	○	○	○	○	◎			4	8	12
	滋賀県	◎	◎	◎	○	○	○	○	○	○	◎	◎	◎			6	6	12
	奈良県	○	○	○	○	○	○	○	◎			◎		◎	○	3	8	11
	和歌山県	◎	○	○	○		○	○			◎	◎	◎			4	5	9
中国	広島県	◎	◎	◎	○	○	○	○	○	○		◎	◎			5	6	11
	岡山県	◎	◎	◎	◎	◎	○	○	◎	◎	○	○		○		7	5	12
	島根県	◎	◎	◎	○	○	○	○	○	○	○	○	◎			4	8	12
	山口県	◎	◎	◎	○	○	○	○	○	○	◎	◎	◎			6	6	12
	鳥取県	◎	○	○	◎		○	○	◎	○	○	○				3	7	10
四国	香川県	◎	◎	◎	◎	◎	○	○	◎	◎	○	○		○	◎	8	5	13
	愛媛県	◎	◎	◎	○	○	○	○	○	○	○	○	◎			4	8	12
	高知県	◎	◎	◎	◎	◎	◎	◎	◎	◎	○	○		◎	◎	11	2	13
	徳島県	◎	◎	◎	◎		○	○	◎							5	2	7
九州・沖縄	福岡県		○	○	○	○	○	○	○	○	◎	◎	◎			3	8	11
	長崎県	◎	◎	○	○	○	○	○	○	○	◎	◎	◎			5	7	12
	熊本県	◎	◎	◎	○		○	○	○	○	◎	◎	◎			6	5	11
	大分県	◎	◎	◎	○		○	○	○	○	◎	◎	◎			6	5	11
	佐賀県	◎	◎	◎	○		○	○	○	○	◎	◎	◎			6	5	11
	宮崎県	◎	◎	◎	○	○	○	○	○	○	◎	◎	◎			6	6	12
	鹿児島県	◎	◎	◎	◎	◎	○	○	◎	◎	◎	◎	◎	◎	◎	12	2	14
	沖縄県	◎	◎	◎	○	◎	○	○	◎	◎	○	○	◎		◎	8	5	13
◎と○の合計		43	47	47	43	36	46	47	45	39	35	36	32	10	16			

（注）　◎は同じ記載がある場合。○は条例の１つの文章の中に２つの項目が記載されていた場合を示す。
（出所）　各都道府県ホームページ「例規データベース」より作成。

（4）都市の要件となる「新しい指標」作成の試み

以前私の研究室で、社会調査実習のテーマとして「公的統計等の正確なデータによって検証可能な〈市となる要件〉を考える」という課題を設定し、都市性を表す〈新しい指標〉を作成してみる作業に取り組んだことがある。

〈新しい指標〉の作成方法

① 基本的に国勢調査データで使われている質問項目をベースとする。国勢調査が「定期的に行われ」「誰でも簡単に入手・利用でき」「市町村別のデータが存在する」「信頼できるデータ」であるからである。

② 国勢調査の質問項目から、都市的指標として使えそうな項目として、「昼夜間人口」「人口密度」「一世帯当たりの人員数」「住宅の建て方」「産業別人口比率」「人口量」の六つを検討項目に設定した。

③ 兵庫県・大阪府内の全市町村と全国四七県庁所在都市の二〇〇五年国勢調査データを使って、それらが都市的指標として使うことが可能かを考察する。

④ 都市的指標として使える検討項目を、市町村別に多い順にソートし、「都市的境界基準」を議論して決定していく。

以上のような作業手順によって、国勢調査データを使った検証可能な「都市的境界基準」としての新しい指標として、以下のような指標が作成された。作業の詳細については、報告書を参照していただきたいが、ここでは、そこでの結論についてのみ、簡単に紹介してみたい[6]。

表6-12「新しい指標」の要件を満たす自治体の数
（市・町村別）

市総数	人口	産業	世帯人員	一戸建て
750	500	476	458	343
100.0%	66.7%	63.5%	61.1%	45.7%

町村総数	人口	産業	世帯人員	一戸建て
1466	4	396	610	186
100.0%	0.3%	27.0%	41.6%	12.7%

〈「市となる要件」の新しい指標〉
① 人口……五万人以上
② 産業別人口比率……第一次産業比率七・九％以下
③ 一世帯当たりの人員数……二・七九人以下
④ 住宅の建て方……一戸建て居住者の比率が七二％以下

表6-12は、「市となる要件」の新しい指標として設定した四つの基準を、全国の自治体がどれくらい満たしているのかについて、市と町村別に集計したものである。市においては、〈人口〉・〈産業別人口比率〉・〈一世帯当たりの人員数〉の基準を満たす市がそれぞれ六〇％を超えたが、〈一戸建て居住者比率〉の基準を満たす市は五〇％に満たなかった。

一方、町村においては、すべての要件において基準を満たす自治体は少なかったが、その中で〈一世帯当たりの人員数〉の基準を満たす割合は、四一・六％と高いことが目立っていた。これは、過疎化や高齢者の一人暮らし等が影響したと考えられ、都市性とは異なる理由の側面があることが影響していると思われた。

表6-13は、「市となる要件」の新しい指標を用いて、兵庫県と大阪府の市町村が基準を満たしているかを検証してみたものである。それぞれの指標について基準を満たす場合には○がつけられている。網かけされた市は四つの基準をすべて満たした市町村である。兵庫県では五二市町村中一〇市、大阪府では、四三市町村中二八市が都市と定義されることになった。

表６－13　大阪府・兵庫県の「新しい指標」検証結果

大阪府	人口	産業	世帯人員	一戸建て
	５万人	7.90％	2.79人	72.0％
大阪市	○	○	○	○
堺市	○	○	○	○
東大阪市	○	○	○	○
岸和田市	○	○	○	○
豊中市	○	○	○	○
吹田市	○	○	○	○
高槻市	○	○	○	○
枚方市	○	○	○	○
茨木市	○	○	○	○
八尾市	○	○	○	○
寝屋川市	○	○	○	○
池田市	○	○	○	○
泉大津市	○	○	○	○
貝塚市	○	○	○	○
守口市	○	○	○	○
泉佐野市	○	○	○	○
富田林市	○	○	○	○
河内長野市	○	○		○
松原市	○	○	○	○
大東市	○	○	○	○
和泉市	○	○		○
箕面市	○	○	○	○
柏原市	○	○	○	○
羽曳野市	○	○	○	○
門真市	○	○	○	○
摂津市	○	○	○	○
高石市	○	○	○	○
藤井寺市	○	○	○	○
泉南市	○	○		○
四条畷市	○	○	○	○
交野市	○	○		○
大阪狭山市	○	○	○	○
阪南市	○	○		
島本町		○	○	○
豊能町		○		
能勢町				
忠岡町		○	○	○
熊取町		○		○
田尻町		○	○	○
岬町		○	○	
太子町		○		
河南町		○	○	
千早赤阪村		○		

（注）　網かけはすべての指標を満たす市を示す。

兵庫県	人口	産業	世帯人員	一戸建て
	５万人	7.90％	2.79人	72.0％
神戸市	○	○	○	○
姫路市	○	○	○	○
尼崎市	○	○	○	○
明石市	○	○	○	○
西宮市	○	○	○	○
加古川市	○	○	○	○
宝塚市	○	○	○	○
洲本市			○	
芦屋市	○	○	○	○
伊丹市	○	○	○	○
相生市		○	○	
豊岡市	○	○		
赤穂市	○	○		
西脇市		○		
三木市	○	○		
高砂市	○	○	○	
川西市	○	○	○	○
小野市		○		
三田市	○	○		○
加西市		○		
篠山市				
養父市				
丹波市	○			
南あわじ市	○			
朝来市		○		
淡路市			○	
宍粟市		○		
たつの市	○	○		
猪名川町		○		
吉川町				
社町		○		○
滝野町		○		○
東条町				
中町		○		
加美町		○		
八千代町		○		
稲美町		○		
播磨町		○	○	○
家島町				
夢前町		○		
神崎町		○		
市川町		○		
福崎町		○		
香寺町		○		
大河内町		○		
太子町		○		
上郡町		○		
佐用町				
安富町		○		
香美町				
新温泉町				
五色町				

表6－14　「新しい指標」により都市と定義される都道府県別自治体数

北海道	14	福島県	4	東京都	25	山梨県	2	滋賀県	5	鳥取県	2	香川県	1	熊本県	1
青森県	2	茨城県	6	神奈川県	17	長野県	4	京都府	8	島根県	1	愛媛県	1	大分県	2
岩手県	1	栃木県	2	新潟県	1	岐阜県	1	大阪府	28	岡山県	2	高知県	1	宮崎県	2
宮城県	2	群馬県	3	富山県	1	静岡県	6	兵庫県	10	広島県	6	福岡県	13	鹿児島県	2
秋田県	1	埼玉県	27	石川県	1	愛知県	18	奈良県	5	山口県	6	佐賀県	2	沖縄県	4
山形県	2	千葉県	13	福井県	2	三重県	3	和歌山県	1	徳島県	1	長崎県	4	合計	266

兵庫県の該当市は、神戸、姫路、尼崎、明石、西宮、加古川、宝塚、芦屋、伊丹、川西の一〇市であり、それなりに都市性を満たした自治体が挙げられたということができる。

また表6－14は、「新しい指標」によって都市と定義される自治体の数を都道府県ごとに示したものである。全国二二一六市町村（二〇〇五〔平成一七〕年一〇月一日時点：七五〇市・一一七八町・二八八村）のうち、二六六市（東京都特別区部は省いて数えた）と一町が都市と定義されることになった。これは、二六六市というのは、全市の約三五％であり、二六七自治体というのは、全自治体の約一二％である。

以上は、「市となる要件」の新しい指標を、二〇〇五年の国勢調査のデータを用いてシュミレーションしてみたものである。境界基準については県庁所在市が全て都市となるように条件を設定して作成したものである。これはあくまでも便宜的な基準であることはいうまでもない。しかし、全く有名無実化した地方自治法の「市となる要件」に比べれば、明確な数値によって都市的基準が示されている点で有効なものといえるだろう。今後は、国勢調査データだけにとどまらず、誰でも入手可能な事業所統計などの基幹統計を用いてより多角的に都市的基準を検討していくことも一つの研究課題と位置づけられる。

また、鈴木栄太郎の結節機関説を尊重するのであれば、これまで各都道府県条例に任せてきた、四号要件すなわち都市性を決定づける〈都市的施設〉を公的統計等のデータとして測定できる方法を構築していくことも、また重要な研究課題であり、それらを進めることによって地方自治法の要件を改正すべきであるといえよう。

表６‐15　土佐清水市の国勢調査人口の経年変化

	1950	1960	1970	1980	1990	2000	2010
土佐清水市	31,656	29,944	24,122	24,252	21,182	18,512	16,029

（出所）2010年国勢調査より作成。

4　行財政重視の市町村合併の結果

鈴木栄太郎が『都市社会学原理』の中で憂いていた「新市」の行く末は、どのように変遷してきたのだろうか？

表６‐15は、土佐清水市のその後の人口推移をまとめたものである。合併当時三万人を超えていた人口は、二〇一〇年には約半分の一万六千人にまで減少してしまっている。

また、二〇一〇年国勢調査の人口階級別市町村数と人口を整理した表６‐16にも示されるように、土佐清水市のように特例法の規定である人口三万人を切っている市が全国で七五市、地方自治法本来の基準である人口五万人に満たない市はさらに一七八も存在しているのが実態である。

また市町村合併政策は、「市」だけでなく「大都市」の状況も大きく変質させてきた。大都市制度の中心的位置を占める政令指定都市は、一九五六年の発足当時は、五大都市（大阪・名古屋・京都・横浜・神戸市）だけであった。その当時神戸市が人口一〇〇万を切っていたため、法律には「人口五〇万以上の市の中で、政令によって指定された市」と規定されたが、基準としては「人口一〇〇万人以上、または、近い将来人口一〇〇万人を超える見込みのある市」が政令指定都市の要件とされていたのである。(7) しかしその後、市町村合併を進める国の方針で二〇〇一年から基準が緩やかになり、現在は人口七〇万人程度という基準に緩和されているのが実情である。その結果、表６‐17にも示されるように、二〇一二年に熊本市が政令指定都市となり、全国に二〇もの政令指定都市が誕生してきたのである。

たとえば、二〇一〇年に政令指定都市となった相模原市は、一九五四（昭和二九）年に神奈川県

表6-16　人口階級別の市町村数及び2010（平成22）年国勢調査人口

人口階級	市町村数*	割合(%)	人口(千人)	割合(%)
総数	1,728	100.0	128,057	100.0
市	787	45.5	116,157	90.7
100万以上	12	0.7	28.827	22.5
50万～100万未満	17	1.0	11,641	9.1
30万～50万	43	2.5	16,691	13.0
20万～30万	39	2.3	9,775	7.6
10万～20万	157	9.1	21,845	17.1
5万～10万	266	15.4	18,567	14.5
3万～5万	178	10.3	7,007	5.4
3万未満	75	4.3	1,804	1.4
町村	941	54.5	11,901	9.3
3万以上	72	4.2	2,749	2.1
2万～3万未満	105	6.1	2,537	2.0
1万～2万	283	16.4	4,151	3.2
5000～1万	244	14.1	1,792	1.4
5000未満	237	13.7	672	0.5

（注）　東京都特別区部は1市として計算した。
（出所）　2010年国勢調査より作成。

表6-17　政令都市一覧

都市	人口	移行年月日	指定政令
大阪市	2,665,314	1956（昭31）年9月1日	昭和31年政令第254号
名古屋市	2,263,894	1956（昭31）年9月1日	
京都市	1,474,015	1956（昭31）年9月1日	
横浜市	3,688,773	1956（昭31）年9月1日	
神戸市	1,544,200	1956（昭31）年9月1日	
北九州市	976,846	1963（昭38）年4月1日	昭和38年政令第10号
札幌市	1,913,545	1972（昭47）年4月1日	昭和46年政令第276号
川崎市	1,425,512	1972（昭47）年4月1日	
福岡市	1,463,743	1972（昭47）年4月1日	
広島市	1,173,843	1980（昭55）年4月1日	昭和54年政令第237号
仙台市	1,045,986	1989（平1）年4月1日	昭和63年政令第261号
千葉市	961,749	1992（平4）年4月1日	平成3年政令第324号
さいたま市	1,222,434	2003（平15）年4月1日	平成14年政令第319号
静岡市	716,197	2005（平17）年4月1日	平成16年政令第322号
堺市	841,966	2006（平18）年4月1日	平成17年政令第323号
新潟市	811,901	2007（平19）年4月1日	平成18年政令第338号
浜松市	800,866	2007（平19）年4月1日	
岡山市	709,584	2009（平21）年4月1日	平成20年政令第315号
相模原市	717,544	2010（平22）年4月1日	平成21年政令第251号
熊本市	734,474	2012（平24）年4月1日	平成23年政令第323号

（注）　人口は2010年国勢調査人口。
（出所）　総務省ホームページ「政令都市一覧」。

一〇番目の市として、人口約八万でスタートした市である。その後二〇〇六（平成一八）年に津久井町・相模湖町、二〇〇七（平成一九）年に城山町・藤野町と合併し、人口七〇万を超える市となったのである。相模原市のホームページでは、「都市としての機能と水源地の豊かな自然環境を併せ持った大都市」という表現が使われている。確かに人口は七〇万を超えているかもしれないが、「水源地の相模湖が市内にある市が、果たして高度に都市性を備えた政令指定都市と言えるのか」という点については、おそらく鈴木栄太郎でなくても疑問のあるところである。

以上のように五〇年以上前に鈴木栄太郎が憂いていた市町村合併政策は、その後も「都市性」を無視して「行財政の効率化」という観点から積極的に推進され続けてきたのである。その結果地方自治法で規定された「市」や「政令指定都市」は、「都市」や「大都市」を象徴するものとは全く乖離するものとなってしまったのである。

5　鈴木栄太郎が重視する「自然都市」と「市域決定の根拠となるもの」

それでは、鈴木栄太郎が重視した「都市性」とはどのようなものなのであろうか？『都市社会学原理』の中で、本来の都市性の意味について触れられている「行政都市と自然都市」、「社会圏の種類」、「市域決定の根拠」等の記述を整理してみよう。

「行政都市と自然都市」（『原理』二三四～二三五頁）

「最近における新市の濫造が、その土地の人々の意思に反していたり、凡そ都市の観念を無視していたりするのは、当然にありうべき事である」

「住民が自然に形成している地域的社会的統一と、国家が地方行政の単位として制定する地方自治体との別は、村落であれば行政村と自然村の別となり、都市においては、行政都市と自然都市の別となる」

「行政都市の外に存する自然都市を認め、その構造や機能を追求するのは、社会学にのみ与えられている課題である」

「自然都市と行政都市が全く異なった相貌を呈するに至ったのは、全くこの二、三年来のことである。社会学者の都市研究が愈々必要となってきたというべきである」

「社会学者が取り扱う都市が主として自然都市であって行政都市でない事は当然である」

「人々の生活の必要に応じて自ら形成されている社会圏の種類」(『原理』四〇三～四〇四頁、本書三五三～三五四頁)

(1)　都市生活圏――速達配達取扱地区などの制度によって知ることができる範域。都市と同一の生活様式ありと認定のもとにできている制度の適用されている地域。都市第一生活地区連続範域。

(2)　都市依存圏――通勤圏・通学圏によって認め得る圏。その都市に直接依存する生活を営んでいる人々の居住している地区。

(3)　都市利用圏――その都市を中心とする交通量の所謂傾度によって認めることの出来る圏である。購買頻度のあまり多くない高級な商品やサービスを求めてその都市の都心や副都心に集まってくる人々の居住する範域。

(4)　都市支配圏――本庁と支庁、本社と支社など上下関係が各種みられる圏。機関ごとにその範域は異なっている。

(5)　都市勢力圏――その都市に媒体機関のあるマスコミュニケーションの受け手となる人々の居住圏。ラジオ聴取者圏、新聞購読者圏等。

「市域決定の根拠となるもの」（『原理』三七三～三七八頁）

「都市の社会的統一性こそ、市域決定の根拠を与えるものである」

「都市は一個の社会的統一体である。故に都市の外周を決定するのは、その社会的統一を構成している社会関係についての社会調査に基づくものでなければならない」

「私は、昭和二八年八月、当時札幌市に隣接していた琴似町（現在は札幌市）の住民につき、彼らの聚落社会への帰属関係の調査を試みたことがある」

「この地域に散布している住宅の位置から考慮して七二世帯を抽出し、各世帯について面接聴取した。この調査は、同地域に住む各世帯につきその第一生活地区を明らかにし、それによって札幌市と琴似町との間に存する聚落社会の境界を明らかにしようとしたものである」

「日常生活に必要な社会関係の地域はあまり広くはない。それが第一生活地区であり、この地域内が最も直接的な経験の世界である。この地域内には、毎日買い物に行く魚屋や八百屋があるとともに、風呂屋もあり、和服仕立てをする未亡人もいる。それに対して、一か月に一度そこそこ用足しに行くような場所、年に二、三度くらい行くような場所も自ら決まっている。第二生活地区、第三生活地区がそれである。都市生活では、用足しといっても、主として買い物であるから、買い物の地域性が結局は都市での社会関係の地域性をよく現わしている」

「私はこの調査によって、第一生活地区の決定による市域の決定という事が、理論上にも技術上にもあまり無理でないということを明らかに知り得たのである」

以上の三つの「都市性」に関する記述が意味していることは、本来の都市というものは、行政都市の人口規模によって決められるものではなく、住民が自然に形成している「自然都市」に着目することがきわめて重要であるということである。なかでも、「人々が住居を中心として、日々の生活の維持のために必需物資を購入したりサービスを受けたりするために往来している範域である第一生活地区」についての社会調査を積み重ねていくことが、社会学者の都市研究であり、新市の濫造に直面して今後ますます必要性を増していることを鈴木栄太郎は五〇年以上前に警告していたのである。

注

（1）　昭和の大合併を検証した社会学者の研究としては、福武直『合併町村の実態』東京大学出版会、一九五八年および、島恭彦『町村合併と農村の変貌』有斐閣、一九五八年および、行政学研究会「町村合併の実態(1)〜(9)」『自治研究』第三六巻一─二・四─一〇号、がある。

（2）　総務省「市町村数の変遷と明治・昭和の大合併の特徴」二〇〇六年および総務省ホームページ市町村合併資料集より作成した。

（3）　人口集中地区という指標は、市町村合併によって、市部人口自体が、統計上、「都市的地域」としての特質を必ずしも明瞭に表さなくなり、統計の利用に不便が生じてきたことを背景として、一九六〇（昭和三五）年国勢調査の時から集計されるようになった指標である。人口集中地区は、国勢調査基本単位区を基礎単位として、①原則として人口密度が一平方キロメートル当たり四〇〇〇人以上の基本単位区等が市区町村の境域内で互いに隣接して、②それらの隣接した地域の人口が国勢調査時に五〇〇〇人以上を有するこの地域を「人口集中地区」と規定されている。

（4）　総務省統計局が作成するホームページの「政府統計の総合窓口（e-Stat）」の中に「地図で見る統計（統計ＧＩＳ）」という機能が使用可能である。

（5）　都道府県条例に関しては、全国知事会ホームページから、各都道府県の例規集へのリンクが張られている。鹿児島県の場合は、第五編総務、第一章市町村関係、第一節通則の項目に「都市としての要件に関する条例」が掲載されている。

（6）　伊藤愛・高島寿美・瀬戸麻佑子・福永早希・山田優「都市の定義──地方自治法が抱える問題点」大谷信介編『〈ポスト都市化社会〉における都市現象』関西学院大学社会学部大谷研究室、二〇〇八年三月、五〜五一頁を参照されたい。

（7）一九四七（昭和二二）年、国は大都市が府や県から独立する特別市制度を設けたが、権限を奪われることになる府県が猛反発し、これに代えて権限の一部だけを府県から移す制度として設けられたのが政令指定都市制度である。北村亘『政令指定都市——一〇〇万都市から都構想へ』中公新書、二〇一三年を参照。

第7章　グローバル社会における「実証的都市研究法」の再構築
――ヨーロッパ都市と結節機関説――

第5章と第6章では、「過去と現在」という視点から鈴木栄太郎都市理論の再検討をおこなった。本章では、グローバル社会にあって、鈴木都市理論が日本以外のアメリカやヨーロッパの都市現実に普遍的に適用可能な理論であるのかという側面について考察してみたいと思う。

私は、一九九〇年にカリフォルニア大学（バークレー校）のフィッシャー（C. S. Fisher）教授のもとで一年間在外研究をおこなったことがある。その時に、日本で実施した調査データをアメリカの調査データと比較分析することによって「下位文化理論」の日本社会への適用可能性についての検証をおこなった。その結果を博士論文（大谷信介『現代都市住民のパーソナル・ネットワーク――北米都市理論の日本的解読』ミネルヴァ書房、一九九五年）としてまとめた(1)。そこでの結論は、下位文化理論の骨格となっている「都市化はネットワークの同質性を高める」という理論的命題は、アメリカの都市現実を背景として立論された命題であり、日本の都市現実に妥当しない部分があるというものであった。

フィッシャーの「下位文化理論」は、鈴木栄太郎の『都市社会学原理』と同様に、北カリフォルニア調査等の調査研究の積み重ねによって都市理論が構築されたものであり、アメリカ社会学の中でも特筆される実証的社会学研究と位置づけられる(2)。調査データの比較分析結果等の詳細については拙著を参照していただきたいが、そこで明らかになったのは、アメリカの都市現実をベースに立論された都市理論については、文化的背景の異なる日本の都市現実と比較して検討してみることがとても重要であるという事実であった。こうした事実を鑑みると、日本の都市現実の分析から立論された鈴木栄太郎『都市社会学原理』についても、文化的背景の異なる世界の都市現実の視点から比較検討してみることがきわめて重要であると考えられる。

実際、私が二〇一二～一三年の一年間、ベルギー・ルーヴェン・カトリック大学での在外研究期間中、ヨーロッパ都市で実際に生活する中で、「鈴木栄太郎の結節機関説がヨーロッパ都市に妥当しないのでは？」という疑問を感じるようになったことも事実である。本章では、その疑問を出発点として、鈴木栄太郎の都市理論をヨーロッパの都市現実の視点から再検討してみたいと思う。

1　ヨーロッパ都市に適用できない結節機関説

（1）結節機関説と都市格位説

鈴木栄太郎の結節機関説は、日本の都市現実をうまく説明した理論である。鈴木は、都市を「一定の規模の社会的交流の結節機関の一組が揃っている聚落社会である」と定義することにより、機関を媒介として都市を把握しようとした。そして、都市の機能や人の移動実態等の調査研究から、都市には、上下関係や支配関係が存在することを指摘したのである。具体的には、都市に存する結節機関には、たとえば最高裁判所（東京）―高等裁判所（札幌・仙台・東京・名古屋・大阪・広島・高松・福岡）―地方裁判所・家庭裁判所・簡易裁判所といったように上下関係や階層構造をとっている場合が多いというのである。こうした上下関係は、行政機関等の管轄関係ばかりでなく、民間企業の本社―支社―営業所、商店や銀行等の本店―支店関係等、多くの機関に存在する関係であり、こうした上下関係と場所を描けるという点こそが、結節機関が全体社会の構造を示すであろうと高く評価された点であった。森岡清志は、こうした鈴木栄太郎の機関の上下関係と都市序列の説明を「都市格位説」と名づけ、『都市社会学原理』の成果として高く評価している[3]。

確かに日本の都市を詳細に検討してみると、都市に存する結節機関には上下関係・支配関係がはっきり存在している。国土計画協会の「都市機能の地域的配置に関する調査」は、古い資料ではあるが日本社会の都市の階層構造の存在を初めて明らかにした象徴的な調査研究と位置づけられる[4]。この調査は、一九六七年当時の都市の中枢管理機能の量的把握を試みたものであり、具体的には次のような調査を実施した研究である。まず中枢管理機能を経済的機能、行政的機能および文化・社会的機能の三種に分け、さらに、それら各機能が支配影響力を与える地域的な広がりに応じて、機能A（全国的範囲を管理する機能）、機能B（地方ブロック的な範囲を管理する機能）および機能C（県単位の範囲を管理する機能）の三段階に区別する。次に、このように分類された各機能についてそれぞれの具体的な発現機関――中央省庁、民間企業の本社、大学など――を選び、主としてその機関で中枢管理業務に関係していると思われる職員の数によって各機能の大きさを計量する。以上の方法で全国の主要な六二都市の中枢管理機能の強さを量的に把握し、この六二都市の合計を一〇〇とした場合の各都市の各機能の大きさを表したものが次の数値であった。

東京（四二・六）　＝東京のほぼ四分の一の集中度
大阪（一一・六）　＝大阪のほぼ二分の一
名古屋（五・九）　＝名古屋のほぼ二分の一
札幌（三・二）福岡（二・八）京都（二・五）仙台（二・三）
神戸（二・三）広島（二・一）横浜（一・八）
北九州（一・三）金沢（一・二）高松（一・〇）　＝その他の県庁所在都市
新潟（〇・九）松山（〇・八）岡山（〇・八）

長野（〇・八）徳島（〇・五）高知（〇・五）
堺（〇・三）布施（〇・三）　　　　　　　＝その他の都市

この数値化が画期的なのは、主要六二都市の合計を一〇〇として集計しているため、全国に占める各都市の割合が明示される点にある。すなわち一九六七年当時に全国の中枢管理機能の約四二％が東京に集中していることが示されるとともに、東京を頂点として大阪、名古屋、地方中核都市といった階層構造が厳然と存在することを明示した点である。

鈴木栄太郎は、こうした都市の階層構造が、人々の買い物行動や移動実態をも規定していると考え、都市構造論の骨格をなすと考えたのであった。それは、大秋聚落調査や弘前駅前調査にも示されたように、人の買い物行動でも、大秋→田代→弘前といったようにそこで取り扱われていない商品をより上級都市に求めて移動する実態や上級の結節機関へ向けて人が移動していく実態として『都市社会学原理』で実証していたのである。

（2）都市格位説とヨーロッパ都市

私が在外研究期間中滞在したルーヴェン市は、ベルギーの首都ブリュッセルから電車で三〇分ほどの距離にある一四二五年に開設された大学を中心に発展した人口九万の都市である。ベルギーで最も古く規模の大きい伝統大学が首都のブリュッセルに存在しないこと自体、日本の大学事情と異なることが理解できるだろう。それは、イギリスのオックスフォード大学やイタリアのボローニャ大学などの中世からの伝統大学にはよく見られる特徴であり、ヨーロッパ全体の特徴とも位置づけられる。少なくとも有名大学が東京等の上級都市に数多く立地する日本の状況とは異なっていることは事実である。

私はルーヴェン大学が管理する世界遺産に登録されているベギン会修道院の建物を利用した客員教授住宅に居住し、一年間ヨーロッパの都市生活を体験した。また、できる限りベルギー国内だけでなくヨーロッパの数多くの都市を訪問し、都市の特徴について調査してきた。

実際にヨーロッパで生活してみると、鈴木栄太郎都市理論について疑問を感じるようになっていった。その疑問は、「鈴木栄太郎の結節機関説特に都市格位説は、ヨーロッパの都市には当てはまらないのでは？」というものであった。

その具体的なきっかけとなったのは、「ルーヴェン市民の買い物行動の実態」と「ルーヴェン大学生の週末の帰省行動」という二つの現象を見ていた時であった。

第一に直面したのは、ルーヴェン市民（だけでなくベルギー国民）が「日本のようにより上級の都市に買い物へ行くというわけでない」と思うようになったことであった。ルーヴェン市民の日常的な買い物行動は、近所にあるスーパーマーケットと毎週金曜日にルーヴェンの中心広場で開催される「マルクト（市場）」等で日常的な蔬菜類が購入され、洋服等の食料品以外の買い物はルーヴェン市の中心部の商店街で主として購入されているのが実態であった。週末のルーヴェン中心にあるショッピング街は、ルーヴェン市民と周辺集落の住民がウィンドーショッピングも含め買い物に集まってきてとても賑わっていた。注目されるのは、周辺集落の住民が集まっては来るが、ルーヴェン市民が日本のようにより多くの品揃えのある上級都市の店舗に買出しに行く（和歌山から大阪の店舗に洋服を買いに行く）といった行動があまり見られないという点であった。すなわち電車で三〇分程度の距離にブリュッセルという大都市があるにもかかわらず、頻繁にブリュッセルに買い物に行っているという行動があまり見受けられなかったのである。

別の観点から言及すると、人口一五〇万のブリュッセルにも、人口規模が小さいルーヴェンであっても、商店の品揃えはさほど変わらないと思われた事実である。たとえば、スペインのファッションブランドでヨーロッパだけでなく日本でも人気の高い「ＺＡＲＡ」という洋服屋にしても、ドイツのアウトドアブランドで、ヨーロッパ最大の「Jack Wolfskin」という商店も、ブリュッセルの店舗とルーヴェン店舗と品揃えという点ではあまり差異が存在しないのである。ベルギーには、首都であるブリュッセルをはじめ、アントワープ（四六万）、ゲント（二六万）、リエージュ（一九万）、ブリュージュ（一一万）といった主要都市が電車で移動できる距離の中に存在しているが、それぞれの都市に、ほぼ同じような品揃えの「ＺＡＲＡ」や「Jack Wolfskin」の店舗が存在しているのである。人口規模が大きい都市（または、ブリュージュのように集客力のある都市）では、たとえば「ＺＡＲＡ」の場合、大型店舗が存在するというよりは、ブリュッセルに七店、アントワープに三店、ブリュージュに三店といったように、同じような品揃えの店舗が複数店存在していたのが実態である。こうした店舗の同等性は、ベルギー国内の結節機関としての店舗に上下関係がないということを示すとともに、ベルギー国民の買い物行動において、上級都市に買出しに行くといった行動が見受けられないということを示していたのではないかと考えられたのである。

第二点目に指摘できる現象は、「多くの下宿している大学生が、週末に、地元の地方都市に帰省するというルーヴェン大学生の特徴的な行動」であった。

図7-1　週末に帰省する学生たち

（出所）　Jos Stroobant, 2011, *Leuven*, Lannoo : Tielt (BE), p. 71.

上の写真は、観光案内所でも販売されているルーヴェン市を紹介する写真集の一部である。週末のルーヴェン駅を象徴する風景としてこの写真が使用されているのである。[5] この写真は学生たちが金曜日の夕方、授業終了後、カバンの中に洗濯物を詰めてベルギー国内の実家に帰っていく風景を写したものである。なぜ彼らが洗濯物を詰めているかというと、ベルギーでは（ヨーロッパの多くの国でも同様であるが）、水が潤沢でないため、コインランドリーやカーウォッシュ等の水を使った経費が日本に比べてきわめて高額なためである。そこで学生の多くは、週末実家に洗濯物を持ち帰る習慣があるといわれているのである。いろいろな学生への聞き取り調査では、「週末は、教会へ行ったり家族と暮らすようにしたりしている」とか「平日は大学での勉強と大学の友人ネットワーク、週末は地元友人ネット

表7-1　ベルギーリーグのサッカーチーム（2013～14年リーグ最終結果）

順位	クラブ	勝ち点	得失点差
1	スタンダール・リエージュ	67	+42
2	クラブ・ブルージュ	63	+26
3	アンデルレヒト	57	+30
4	ズルテ・ワレヘム	53	+13
5	ロケレン	51	+17
6	ゲンク	45	+3
7	ゲント	44	+2
8	コルトライク	39	−2
9	オーステンデ	34	−18
10	シャルルロワ	34	−5
11	セルクル・ブルージュ	33	−26
12	リールス	32	−17
13	メヘレン	31	17
14	ベフェレン	31	−7
15	ルーヴェン	27	−17
16	モンス	22	−24

（出所）欧州サッカー連盟（UEFA）ホームページより作成。

ワーク中心という生活にしている」といったように、洗濯物のためだけではなく週末に地元地方都市に帰省していくという学生の習慣が存在するのである。ルーヴェン大学生の週末の帰省行動の実態は、ベルギー国内の諸都市が、電車で二時間も乗ると帰省できる環境にあることが最大の要因ではあるが、日本に比べて家族や地元友人ネットワークがきわめて緊密で、地元都市に対する愛着がとても強いことを示す事実としても位置づけられる。

地元への愛着という意味では、ヨーロッパのプロサッカーリーグが、地方小都市をベースにクラブチームが存在し、熱狂的に地元を応援している実態を想像すると理解が早いのではないだろうか。上の表は、二〇一三年度のベルギープロサッカーリーグのチームの状況を示したものである。ベルギー国内には、一六のクラブチームが地方都市をホームとして存在している。そのほとんどが人口一〇万以下の地方都市であり、小さい都市では人口三万程度の都市でもクラブチームが存在し、地元住民の熱狂的応援をベースにプロリーグが成立しているのである。こうした事実は、イタリア・ドイツ・スペイン・ポルトガル等ヨーロッパのプロサッカーリーグの共通の特徴であり、ヨーロッパ人の地元地方都市への愛着の強さを象徴していると位置づけられる。

以上私がヨーロッパ生活で直面した「ベルギー国民の買い物行動」「地元地方都市へ週末に帰省する学生の行動」

「地元地方都市に対する愛着の強さ」という現象は、日本の上級都市と地方都市との関係とは全く異なる関係を象徴しており、ベルギーでは、人口規模にかかわらず地方都市が独立性・対等性を保っているという特徴が存在することを示していたといえよう。それらのことが私に、「鈴木栄太郎の都市格位説がヨーロッパでは当てはまらないのではないか?」という疑問を感じさせた大きな要因であったと考えられる。

2　ヨーロッパの都市の歴史と「城壁」の存在

(1)　日本都市現実からの都市格位説の立論

鈴木栄太郎の結節機関説の立論過程については、本書第Ⅰ部第2章および第Ⅱ部第4章で詳しく述べられているが、鈴木は、結節機関説を作成するにあたっての予備的理論操作として「人類文化の発展のうちに都市がたどってきた方向と足取りを知り、その中で都市の本源的な意味を見定める事」がきわめて重要であるとして聚落社会論の議論を展開している(『都市社会学原理』五頁)。

鈴木はその議論の過程で、ヨーロッパ都市についても言及している。『都市社会学原理』の中では、当時翻訳されていたクーランジュ(F. Coulanges)の『古代都市』という著作と中世ゲルマン都市の成立に関する歴史家の著作(宮下考吉『ヨーロッパにおける都市の成立』)が使われていた。[6] インターネットもなく洋書も入手が難しかった終戦後の時代背景を鑑みると、鈴木栄太郎の都市の普遍性を追求しようとする姿勢は高く評価できる。ここでは、ヨーロッパ都市に言及している鈴木の聚落社会論の議論を簡単にまとめてみよう。

鈴木の聚落社会論で特に重要となる論点は、「都市と農村はどちらも「共同防衛」と「生活協力」の機能を保有する聚落社会である」という点と「村落が都市に先立って発生するという」都市の村落起源説である。こうした議論を展開する過程で、ヨーロッパ都市の研究が利用されているのである。そこで注目されている論点は、ヨーロッパの歴史家たちが都市の成立において重視している「城壁」という存在を、鈴木栄太郎がその要素を「不可欠なものではない」と位置づけようとした論理構成である。その点がよく示されている『都市社会学原理』の記述を引用してみよう。

「都市をして都市たらしめたものは、ある時代には城壁そのものであったのかという疑問もありうる。事実、ゲルマンの都市が発生した頃には、村落と都市を区別したものは城壁があるかないかの別だけであったと述べている史家もある。城壁が都市に重要な関係を持っていたことは確かである。日本における場合の如く、城壁なき都市は何か特殊の例外的事情によるものと考うべきもののようである（木内信蔵参照）。けれども、例外的事情があるにしろ、城壁なくしても都市が存在してきた場合がある事は、都市の存在に城壁そのものが不可欠の要素ではなかったことを意味している」（『原理』三六頁、本書二六八頁）

「城壁の歴史は数千年に及んでいるが、産業革命以後、城壁は意識的に撤去され始めた。工場や住宅の増大のためというのが直接の理由であるが、国家の中央集権の確立によって、個々の都市が単独に自己防衛する必要がなくなったことが基本的な理由である。城壁は、都市の不可欠の要件ではない」（『原理』三八頁、本書二七〇頁）

この二つの指摘は、都市の本源的要素として、「城壁」というものが不可欠なものでないことを積極的に主張している部分である。すなわち鈴木栄太郎は、「城壁が都市にのみ存したものでない」「中国山西省やアルペン山地やイベリアには、今も囲郭した村落が存在する」ことを強調し、村落も都市も共同防衛のために成立した同じ聚落社会と捉えるのである。そのうえで、「都市は村落から発達した」という村落起源説に立ち、「都市を都市たらしめているのは、社会的交流の結節的機関がそこに存在している点にある」と考えるようになるのである。さらには、「人間の歴史の中に、そんな結節機関が一つでも発生した時に、都市という社会文化の一つの萌芽がそこに現れたといえるのである。ゲルマンの中世都市の研究者がかくの如き萌芽の発生に注意を向けていたならば都市の研究にもっと建設的な貢献を残したのではないかと思う」として、結節機関説の正当性が主張されるにいたるのである

（『原理』四五頁）。

こうした鈴木栄太郎の主張は、都市の村落起源説を強調するあまり、ヨーロッパ都市における「城壁」が持っていた意味を過小評価することになってしまったと考えることが可能である。城壁のない日本の都市を前提に立論していた鈴木栄太郎にとっては仕方のないことではあるが、ヨーロッパ都市がたどってきた方向と足取りが、日本のそれと同一視することができるのかについて検討することが、都市の本源的な意味を見定める予備的理論操作の過程では重要であったと総括できるのではないだろうか。

（2）リングという外周道路と「城壁」

ヨーロッパの都市を考える場合、「城壁」の存在はきわめて重要である。鈴木栄太郎が言及した中世ゲルマン都市を研究した歴史家たちの間では、都市の定義に「城壁」は不可欠のものであった。フォンマウラー（Von Mauler）が「都市とは城壁をめぐらした村落である」と指摘したり、カルゼン（O. Kalsen）は、「都市の特徴をなすのは、それを囲う城壁にあるのではなく城壁の保護の下に成長する独特な団体形成に基づく生活である」と指摘したりしている。

また「城壁」は現代社会においても都市に多大の影響を与えている。図7－2は、ベルギー・ルーヴェン市の地図を示したものである。まず注目されるのが外周道路としてのリングである。これはいうまでもなく昔の城壁の跡である。都市の中心は教会と市庁舎とに囲まれた広場であり、昔から城壁に囲まれた部分がルーヴェンとして中世から続いてきたのである。また注目されるのは、地図の右端に鉄道の路線とルーヴェン駅がリングの外に存在している点である。ベルギー国鉄が敷設されたのは、城壁との関連でいえばずっと後の時代であり、城壁を貫いて鉄道が敷設されることはなかったのである。この事実は、ヨーロッパ都市に共通する特徴である。

現在ヨーロッパを鉄道で旅して都市の名がついた駅で降車しても、駅前が閑散としていることに、日本人旅行者

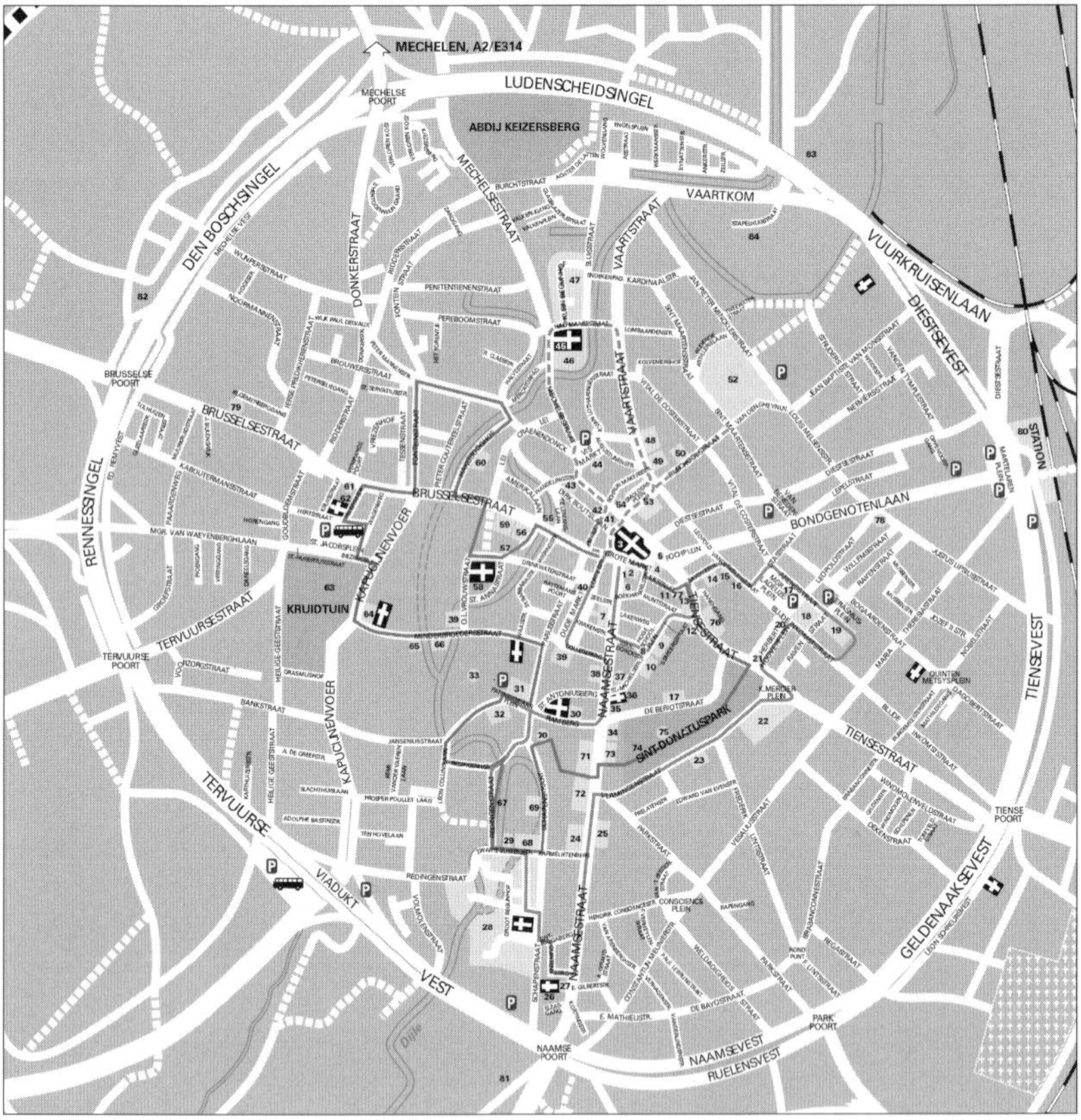

図 7 - 2　ベルギー・ルーヴェン市の地図

（出所）Google Leuven Tourist Map.

が驚くことがある。それは駅や鉄道が城壁の外側に作られ、名所旧跡が数多く存在する中心部までは、徒歩やバス・トラムに乗り換えていかなければならないことが多いことに起因しているのである。また現在リングは、単に外周道路であることにとどまらず、昔の都市形態を保存する仕組みとしても機能している。ルーヴェン市では、リング内には高層のマンションを建築することができなかったり、リング内の主要街路に面した建物は外観を変えずに内装だけ修理しなければならなかったりするなど、さまざまな規制が制定され、リング内の都市形態・景観・街並みが守られているのである。こうした都市の形態は、決してベルギー都市だけの特徴だけではなく、ドイツ・フランス・イタリアをはじめヨーロッパの古い都市では同様に見られる特徴となっている。以上は、「城壁」の存在が現在のヨーロッパの都市にも多大な影響を残していることを、象徴的に示している事実と考えられる。

(3)　日本に城壁がなかった理由

都市に城壁が存在したという特徴は、ヨーロッパだけでなくオリエント・中国・韓国の都市にも存在する特徴であり、むしろ城壁がない日本の都市の方が例外的といえる。世界の都市の歴史を詳細に分析したアメリカの都市社会学者マンフォード (L. Mumford) は、「城壁が都市の定義に不可欠だとするのは、マックス・ウェーバーが主張するように偏狭な考え違いだ。しかし、たいていの国では、城壁は、十八世紀まで都市の最も顕著な特徴の一つであったことは事実である。主な例外は、自然の障害によって町や村がある時期には、外敵の侵入を免れた初期エジプトや日本やイギリスであり、また膨大な軍隊あるいは田舎に伸びる巨大な組積み造りの防塞のおかげで地域的な防壁を必要としなかった帝政ローマや中国である」と述べている(7)。

城壁が存在する国々は、国土が地続きで、異民族の侵略を歴史的に経験してきた国々である。異民族間の闘争は、負ければ住民ぐるみが奴隷にされるか惨殺されたりするようにきわめて凄惨なものであり、それらの国々では、聚落から大都市まで自衛として城壁をめぐらすのが必要条件となっていたのである。それに対して島国日本では、四方を海で囲まれていたため異民族の侵略を受けなかったことが城壁が存在しない大きな原因となっていたと考えられる。日本の国内戦争は、武士を中心とする特権階級の戦いであり、守備体制は城主が住む城が中心であり、城壁が作られることはなかったのである(8)。

西川幸治は、日本の都市の特性を、その規範となった中国の都城制と比較して、城壁を欠く非環濠化都市「都城」と位置づけ、その理由として、「わが国が四周を海に囲まれ、直接に外敵の攻撃にさらされることなく、またほぼ単一の民族が国家を形成し、脅かす外夷も存在しなかったことがあげられる」と指摘している[9]。また、上田篤は日本都市に城壁がない理由を支配者と神の関係として位置づけている。「古代の日本の戦争は、中国やヨーロッパの戦争とは、根本的に違っていて、それは国土や人民の奪い合いではなく天皇の取り合いであった。天皇は「皇帝」であると同時に「神」であった。その「神」を敵に奪われないようにそれを守ることだけが必要であった、というのが城壁のない都城の理由だ」としているのである[10]。

これらの指摘は、城壁のない都市という日本の事例のほうが世界的に見ても稀有な事例と考えたほうがよいことを示唆しているといえよう。ヨーロッパの都市と城壁の関連を検討するためには、ヨーロッパの歴史をもう少し詳しく検討する必要があると私は考えるようになっていった。そこで一年間の在外研究期間中、ヨーロッパの都市をできるだけ多く訪問するとともに、さまざまなヨーロッパの歴史書を読むことを心掛けた。その結果ヨーロッパの歴史書の中で「略奪」という言葉が、きわめて重要な意味を持って頻繁に登場することに気づくようになった。

それは歴史学の大著ブローデルの『地中海』（原題『フェリペ二世時代の地中海と地中海時代』）を読み終えた時に特に感じたことであった。ブローデルは、自然・環境の役割や経済状態が世界史において果たす役割に着目し、歴史学に大変革をもたらした学者で、ヨーロッパの歴史を、「短波（表層にはまたたく間に過ぎ去る歴史＝出来事・政治・人間）」「中波（ゆっくりとリズムを刻む社会の歴史＝経済・社会・国家・文明そして戦争）」「長波（ほとんど動くことのない自然や環境＝環境の役割・構造・「長期持続」）」の三層構造として把握し、これまでの出来事を重視した歴史観に対して、長期持続の側面を重視する視点を提起した学者である。壮大な歴史書である『地中海』を都市との関連から読破してみると、ヨーロッパの歴史において、「略奪」がとても重要なキーワードとして位置づけられ、かつ日本とは全く異なっていることに気づかされたのである[11]。

古代ローマから一六世紀を経て現在に至るまで地中海は、小麦・オリーブ・ブドウの三位一体という同じ農業文明は変わっていない。特に小麦は、劣化するとともに保存しにくく、長期間倉庫に入れておくことができない穀物である。食糧難は常に存在し、略奪も常に存在していた。ヨーロッパの商取引というのは、「豊作な年から不作な年へ」か「豊作な地域から不作な地域へ移す」ことを基本としてきた。また小麦は非常に重く海路を使って運搬され、海賊も常時存在していたのである。ブローデルの『地中海』には、「どこにでも強盗行為がある」「海賊と同じように強盗行為は、地中海の風俗の古い特徴である」「海賊の背後では、都市や力のある国家が動いている」「強盗行為の背後では、冒険を支えながら領主たちが度々助けている」といった、「略奪」をベースとした記述が頻繁に登場してくるのである。特に一六世紀の人口の増大（地中海の総人口は一五〇〇年から一六〇〇年の一〇〇年間で二倍になった〔三〇〇〇～三五〇〇万の人口が、六〇〇〇～七〇〇〇万〕といわれている）は、強盗行為の増加に拍車をかけさまざまな社会危機の素地となった[12]。

以上のブローデル『地中海』の中に書かれた内容は、ヨーロッパ都市の歴史を考える場合には、とても重要な意味を持っているといえるだろう。

鈴木栄太郎は『都市社会学原理』の中で、「映画「七人の侍」に見るような群盗の来襲は、日本でも室町時代末期あたりまでみられたことであろう」と述べ「日本の村落でも共同防衛してその闖入《ちんにゅう》を防いだ」としてヨーロッパの城壁と同様であったことを強調している（『原理』三七頁、本書二六九頁）。映画「七人の侍」で描かれているのは戦国時代の野武士の略奪に対して村落が用心棒として七人の侍を雇うというストーリーである。ただ鈴木栄太郎の城壁に関する指摘は、日本の歴史の中では例外的と思われる野武士の略奪行為と「地中海の風俗」とまで一般化している強盗行為を同一視していいのかという素朴な疑問を生じさせてしまうと考えられる。この点については、今後日本の強盗行為の歴史的研究をヨーロッパと比較する研究の必要性を示唆するものである。その研究は現在の日本の都市の安全性がどのように構築されてきたかについても何らかの知見を与えてくれる研究として期待されるものである。ヨーロッパ都市で常に注意しなければならないスリや窃盗行為に対して、日本の都市では、なくした財布が手元に帰ってくることもあるという治安状況の顕著な差異の背景も明らかにしていく必要があるだろう。ともあれ、ヨーロッパの歴史における「略奪」と「城壁」とは、密接に関連するものであり、日本の都市の歴史とは顕著な違いがあるという点については押さえておく必要があるだろう。

3　「城壁」がヨーロッパの都市に与えた影響

(1)　城壁と移動の自由

ヨーロッパの都市の歴史は、多くの都市が城壁をもつ都市国家として発展してきた[13]。先に挙げたマンフォードは、城壁は都市の定義としては、「本質的なものでない」としつつも、いろいろな意味で重要な意味を忘れてはならないとしている[14]。「城壁、城門、都市核などが交通の主要な線をきめる。また、外濠・運河・川を持つ城壁は、都市をひとつの島と化した」「城壁の心理的重要性を忘れてはならない。日暮れに格子が下ろされ、都市の城門が閉ざされると都市は外界から絶縁された。このような閉鎖性は、安全保障と和合一致の感情を生み出す一助になった」「中世社会では、城壁が運命的な「島」意識を作り出した。そして道路交通の貧困な状態が、都市間の伝達の困難を増した」のである[15]。

歴史学においても都市間の移動についてはいろいろな観点から研究がされているが、城壁と移動の関係を正面から研究したものはあまり存在していないのが実態である[16]。以下のマンフォードの中世都市の記述は、城壁が都市間の移動の実態に多大な影響を与えていた事実を示唆している。

「領土的統一、国内平和、移動の自由は、資本主義産業の新しい組織にとって全く不可欠の条件となった。中央集権はイギリスやフランスの国々で発展したが、それは少なくとも、基になる自治体や共同組織の消極的黙認をともなった」「通商、交通、旅行の見地からすれば、その状態は一二世紀以来悪化しつつあった」「たとえばライン川沿いでは、一二世紀末ごろまでは、わずか一九の通行税駅があったにすぎないのに、一三世紀には二五以上が加えられ、一四世紀には更に二〇が加えられ、その結果中世末には総計六〇以上にも達し、ところによっては通行停止や厄介な通行税が六マイル毎に課されていた」のが実情である。すなわち中世においては、「道路税・橋税・河川使用税・市税などきびしい経済的徴税は幾倍にも増加していった」のである。

「ヨーロッパの諸都市はあまりにも偏狭な根性をもちすぎ、また自分の特権に恋々としすぎていたので、共通の尺度でこれらの問題を解決することができなかった」のであり、「都市の城壁をとりこわし主権と統治権とをより広い統一のなかにまとめることによってのみ解決できる問題を、中世の共同体は都市の城壁の枠内で解決しようというむなしい努力を続けた」のである。

そうした「馬鹿げた自治、破産へ導く近視眼的な財政政策」を打破しえたのは、「フランスでのように都市の自由を犠牲にして——中央政権が介入し問題を一挙に解決」した場合だけであった[17]。

以上のマンフォードの指摘は、城壁の存在が、ヨーロッパ都市国家の地方分権的性格とともに、都市間の移動を阻害する要因として働いていたということをみごとに示していると位置づけられる。

こうした状況は、日本の江戸時代を考えてみると、中央集権的な幕藩体制が確立し、五街道といった道路網が整備され、参勤交代やお伊勢参りに代表されるように武士・平民を問わず頻繁に都市間の移動が行われていた実情とは対照的である。もちろん関所の存在が移動の自由を制限していた側面もあるが、宿場町や橋渡しといった移動をスムーズに可能とさせる諸制度にも注目する必要があるだろう。

また最近の日本古代史研究では、奈良時代にすでに、藤原京などの都と地方を結ぶことを目的に、「駅路」という古代道路が計画的に整備・造成されていたことが発見されている。総延長六三〇〇キロに及ぶ律令制下の駅が日本に存在していたという事実は、日本が古くから中央集権的であったことを示唆するとともに、移動がとてもスムーズに行われるように道路が整備されていたことを示唆するものである[18]。

以上のヨーロッパの〈城壁〉と歴史的交通状況の実態は、ヨーロッパ都市の発展の仕方、都市の形態や景観だけでなく、都市住民の移動・生活行動の実態や都市住民の意識にも多大な影響を与えてきたと考えられる。私がルーヴェン市で感じた都市住民の買い物行動の実態やヨーロッパ人の地元都市への愛着心強さは、城壁をベースに発展してきたヨーロッパ都市の歴史と密接に関係していたのではないかという視点こそ、私が提起したい仮説なのである。そのことが、鈴木栄太郎の都市理論がヨーロッパ都市に適用できない大きな理由であり、ヨーロッパ都市理論が、都市自治を重視する理由とも考えられるのである[19]。

(2) ヨーロッパにおける〈都市〉〈国家〉〈EU〉の並存

ヨーロッパの都市現実をアメリカや日本と比較する場合、〈国家〉や〈EU〉の存在を頭に入れておく必要がある。面積の狭いヨーロッパでは、数多くの〈国家〉が隣接して存在しているとともに、ヨーロッパ共同体（EU）として統合も目指している。すなわち、人々の生活行動の範囲の中に、〈都市〉〈国家〉〈EU〉といった行政区画が並存し、日常生活にも影響を与えているのである。その点については、市民の移動手段である鉄道を考えてみると理解が早い。ヨーロッパを象徴するユーロスターは、ロンドン―リール―ブリュッセル―アムステルダムを主要停車駅として一本の鉄道としてつながっている。このことは、主要都市が結ばれていることと同時に、イギリス―フランス―ベルギー―オランダという四つの国にまたがって走っていることを示しているのである。ユーロスター等のインターシティの電車は他の列車より優先されて運行されてはいるが、たとえばベルギー国鉄でストライキが決行されると、多大な影響を受けるのが実情である。最近はEUの統合が進み、通貨統合・パスポートフリー等が進んできたが、現在でも英国はユーロではなくポンドであり大陸からロンドンに行く場合にはパスポートが必要である。ヨーロッパは時差もほとんどなく面積も狭いため、生活行動が国家を超えて、ヨーロッパ全体に広がっている側面があるのである。それは鉄道だけでなく、高速道路であっても同様である。高速道路は一本でつながっているが、制限速度等の規制も料金も国境を超えると全く異なってくるという具合である。

鈴木栄太郎の『都市社会学原理』では、「都市格位説」を実証する過程で〈都市の機能〉に着目している。鈴木は、「特定の都市が上級のどんな都市からどんな関与をされているか、又下級のどんな都市または村落に対してどんな関与をもっているかを明らかにする事」が都市機能の調査項目として重要であると位置づけている（『原理』二二頁）。そして、アメリカのサンダーソン（D. Sanderson）教授が実施した、米国における農村とそれが依存する田舎町や小都市との関係を表した調査結果と同様、日本の農村（北海道常呂町）にも妥当することを実証しているのである。すなわちアメリカにおいても日本においても、サービスの種類によってより上級の都市を利用している（日常の食料品に関しては、近所の聚落、洋服やぜいたく品に関しては遠く離れた上級都市へ行くという）実態が示されていたのである。そこで注目されていたのが「商品仕入れ先の関係」や「商圏」という視点である。

ヨーロッパでこの関係を考えてみると、日本とアメリカとの違いに気づくことになる。私もルーヴェン市の毎週金曜日の「マルクト」によく食料品を買出しに行った。肉・野菜・魚・チーズ等トラックを改造した商店が街の中心の広場に集まってくるのである。そこで売られているものは、すべてがベルギー国内の物ではなく、魚であればオランダ直送であったり、チーズであればフランスからだったり国家を超えた物流が存在するのである。

以上のヨーロッパの状況を整理してみると、城壁に囲まれた都市国家というまとまりが強く生活行動が都市国家内に限定される一方で、物流という側面では、国家を超えて活動が営まれているというアメリカや日本とは異なる状況が存在しているのである。〈都市〉〈国家〉〈ＥＵ〉という行政的範域とヨーロッパ人の生活行動域がどのように関係しているかを把握することも、ヨーロッパの都市現実を実証的に分析していくうえでは重要な研究課題である。

（3）ヨーロッパ都市現実にも示唆的な鈴木栄太郎の調査企画

これまでは、鈴木栄太郎の都市格位説がヨーロッパ都市に妥当しない側面を強調する形で議論を展開してきた。その議論の論点となってきたのは、ヨーロッパ都市が城壁に囲まれた都市として歴史的に形成されてきたことによって、ヨーロッパの都市住民が日本とは異なる生活行動をしていることと関係しているのではないかという説明であった。

しかしこれらの議論は、あくまで実証的な調査に基づいたものではなく、私の観察によって類推した仮説にすぎないものである。ヨーロッパにおける都市格位説の妥当性は、さまざまな調査研究を積み上げていかなければ検証できるものではない。

具体的には、「ルーヴェン市民の日常的な買い物行動、マルクトの利用実態、その他の商品の購入行動調査」、「ルーヴェン市民の、上級都市であるブリュッセルへの移動行動調査」「ルーヴェン市の商店やマルクト出店者が、どこから商品を仕入れているかといった商品仕入れ実態調査」、「ルーヴェンの商店やマルクトを利用している、周辺集落の人たちの買い物行動実態調査」といった調査が想定されるだろう。

ここで注目できるのは、鈴木栄太郎の都市理論（都市各位説）の妥当性を検証するための調査研究をルーヴェン市の事例として考えてみた場合にも、やはり、『都市社会学原理』の中で提起されていた調査方法を使用できるという事実である。すなわち、鈴木栄太郎が提起した調査企画が、ヨーロッパの都市現実を分析する場合にも有効な方法であり、普遍的な都市理論構築にあたってきわめて重要な調査方法を提示していたと考えられるという事実である。

4　世界に普遍的な「実証的都市研究法」の再構築

鈴木栄太郎の都市理論は、一九五〇年代の日本都市現実を対象とした都市調査によって、「結節機関説」「正常人口の正常生活の理論」として理論化されてきた。これまでみてきたように、それらの理論は、歴史的背景の異なる世界の都市現実や、五〇年の歳月を経た都市現実に適用しようとすると、何らかの修正が必要となってきていることは確かな事実である。ただ、その修正の作業にあたっては、鈴木栄太郎が『都市社会学原理』の中で提起した都市調査法が現在でも有効性を持っているということは特に注目される点である。それは、「都市の骨格」「都市のあるがままの姿」を調査によって測定していこうとする考え方が根底にあったからにほかならない。しかしその方法は、必ずしも『都市社会学原理』の中で示された調査そのものでもないこともまた事実である。今後は、日本でもヨーロッパでもまたアメリカの都市現実でも普遍的に測定可能な調査法として再構築していくことが必要となるだろう。ここでは最後に世界に普遍的な「実証的都市研究法」をどのように再構築していったらいいかの方向性について考察してみたいと思う。

（1）　都市の骨格をなす日常生活行動への着目

鈴木栄太郎の都市理論の基本となっていたのは、都市の基本構造を明らかにするという視点であった。その意味では、都市住民の生活行動に関して世界に共通するモデルを作成していくことがきわめて重要となる。ヨーロッパでもアメリカでもまた日本でも都市住民が共通して営んでいる日常的な生活行動が存在しているはずである。

鈴木は、都市住民の集団生活という観点から、都市の基本的社会集団として「世帯」「職域」「学校」「生活拡充集団」「地区集団」の五類型を提示した。こうした分類は、社会現象を〈集団を媒介とした〉〈社会関係〉として分析してきた日本の伝統的社会学研究の流れを汲むものであり、〈個人中心とした〉〈ネットワーク〉的な流れが強まってきている現代社会や欧米の分析にはなじまない側面があるだけでなく、「生業」という視点が強く意識された分類であった点も含めて再検討する必要がある。[20]

世界の都市住民が共通して行っている日常生活行動という視点から鈴木の五類型を再検討してみると、〈住むこと〉〈働くこと（学ぶ）〉ということには重点が置かれていたが、〈生活を拡充すること（遊ぶ・楽しむ・憩う）〉という生活行動については全く軽視されてきたといえるだろう。

〈住むこと〉は、世界の都市住民の全てが基本的に住所を確定できるように、都市生活行動の基盤といえる。このことはこれまでの都市理論でも重視されてきた点である。フランスの社会学者ルフェーブルも、日常生活の中でも〈住むこと〉を重視した都市理論を提起してきた(21)。

〈働く〉という生活行動も、世界の都市住民が共通して行っている生活行動であり、「だれが、どこで、どのような仕事をしているかという事実は、都市住民の生活行動の基本となっている。

問題となるのは、〈生活を拡充すること（遊ぶ・楽しむ・憩う）〉という生活行動である。鈴木栄太郎が都市の骨格でないとして捨象してきた〈生活を拡充すること〉という生活行動をどのように考えていけばいいのだろう。

まず、注目される考え方として、鈴木栄太郎の視点を批判的に問題提起した磯村栄一の第三空間論を挙げることができる。磯村（一九五九）は、家庭（第一の空間）にも職場（第二の空間）にも属さないような人間関係によって特徴づけられる生活空間を第三の空間と位置づけ、都市生活を特徴づける決め手として重視した。磯村は、繁華街〈盛り場〉における生活拡充機能の集中を都市的生活構造の特徴として捉え、そうした〈マスの場（家庭や職場とは異なる、地位も身分も教養も問題とされない、匿名をおし通せる自由で平等な人間関係の場）〉における〈なじみ〉社会の成立の可能性を都市の重要な研究分野として位置づけたのである。磯村が生活拡充機能の指標として位置づけたのは、①人口の移動：基礎集団からの分離、②デパートの集中：消費機能の分化、③映画館の集中：娯楽機能の分化、④飲食店の集中：生活機能の分化、⑤旅館の集中：居住機能の分化、および都心における公会堂、博物館、音楽堂、教会、公園等の存在も広義の生活拡充集団的機能の指標として考えられるとしている(22)。

こうした生活拡充機能の指標という視点から世界の都市に共通する要素を抽出していくという方法は参考になるだろう。

第三空間という考え方とともに、生業の余暇の活動という視点も重要である。世界の都市住民は、一日中働いているわけではない。そこで注目されるのが、「都市住民が二四時間の〈生活時間〉をどのように使用しているか」

という生活時間調査に着目してみる視点である。

日本における生活時間調査は、NHKが一九六〇年より五年おきに、国民の一日二四時間の使い方を独自の行動分類を用いて継続調査を実施している。[23] そこでは、〈睡眠〉〈食事〉に代表される必需行動、〈仕事〉〈家事〉〈通勤〉に代表される拘束行動、人間性を維持向上させるために行う自由裁量性の高い行動と位置づけられる自由行動の三分類を使って二四時間の使われ方が調査されている。生活時間調査で特に注目されるのが、〈必需行動〉という視点であろう。食事をする、買い物をする、病院へ行くという観点からも都市住民の生活行動のモデル化を考えてみることも必要である。

また、日本における生活時間を把握する調査としては、総務省統計局も社会生活基本調査を基幹統計として実施している。生活時間調査に関しては、国際学会（International Association for Time Use Research）も作られ国際比較研究も実施することが可能となっている。余暇の生活時間に関する国際比較にも注目しながら、世界に共通する都市生活行動のモデルを検討することも重要である。

（2）都市住民の日常生活行動と結節機関の接合

(A)　結節機関という視点から都市住民の生活行動を位置づける

都市住民の基本的生活行動を位置づけた後に、それを結節機関という視点でとらえ直してみることも必要である。通勤（通学）行動は、〈会社〉や〈学校〉という結節機関として、買い物行動は〈デパート〉〈スーパー〉〈専門店〉、生活拡充行動は〈映画館〉〈スポーツ施設〉、通院行動は〈病院〉といったように、基本的な生活行動とともに、生活に必要不可欠な結節機関をリストアップしていくことも重要な作業である。

結節機関という視点から生活行動をとらえ直すと、必然的に居住地と結節機関の間の〈移動〉という視点が登場してくる。徒歩で移動するのか、自転車・バイク・車・バス・電車といった〈移動手段〉や平日なのか・週末なのか、朝・昼・晩なのかといった〈移動時間〉といった視点も、変数として登場してくるだろう。

(B)　都市に存在する結節機関をどのように把握するのか

生活に必要不可欠な結節機関のリストアップしたものを、「都市に存在する結節機関」という視点でとらえ直してみることも重要な作業である。そのうえで、「結節機関の都市毎の量的比較」や「他都市の結節機関との上下関係や関与関係分析」「国内の結節機関の階層構造分析」といった分析をしていくことによって、新たな都市機能の分析方法が確立できるかもしれない。

しかし都市を考える場合に常に問題となってくるのが境界線の問題である。都市の境界線は、多くの場合行政区域（日本では市町村）が範域として使われている。しかしその行政区域が都市として妥当かという問いは鈴木栄太郎が〈行政都市〉と〈自然都市〉の問題として強く問題提起した点である。ヨーロッパでは、生活行動が〈都市〉〈国家〉〈ＥＵ〉の範域を超えて実践されている点も考慮しなければならないということである。

(C)　〈生活行動〉と〈結節機関〉の空間への投影

今後最も重要な意味を持ってくる視点は、生活行動の空間への投影という視点であろう。都市住民の生活行動は、行政都市内だけで完結しているものではなく、都市生活圏なるものを形成している。「兵庫県に住み、大阪市に勤務し、京都によく遊びに行っている」といった都市住民の生活行動は決して珍しいものではない。鈴木栄太郎が、商店を利用している住民の買い物行動を地図に落としたように、生活行動の空間への投影という視点を調査に組み込んでいく必要があるだろう。私が最近実施した調査では、居住地や職場を、公共鉄道の〈最寄駅〉を調査することによって、空間的に把握する試みを始めている。[24]

また鈴木栄太郎が都市の内外に存する前社会的統一として提示した①都市生活圏、②都市依存圏、③都市利用圏、

④都市支配圏、⑤都市勢力圏といった、五種の社会圏という視点も、やはり重要な視点であろう。最近では、統計データを地図に落とす工夫も統計GISとして開発が進められている。こうした新しい手法も含めて〈生活行動〉と〈結節機関〉の空間への投影を実践していく必要があるだろう。

以上、鈴木栄太郎が『都市社会学原理』で提起した都市調査法を、世界に普遍的な「実証的都市研究法」として再構築し、その研究が蓄積されていくことによって、新たな都市理論が生み出されていくのではないだろうか。

注

(1) 大谷信介『現代都市住民のパーソナル・ネットワーク——北米都市理論の日本的解読』ミネルヴァ書房、一九九五年。

(2) Claud S. Fischer, 1982, *To Dwell Among Friends: Personal Networks in Town and City.* Chicago: The University of Chicago Press.（松本康・前田尚子訳『友人のあいだで暮らす』未來社、二〇〇二年）C.S. Fischer, 1975, “Toward a Subcultural Theory of Urbanism.” *American Journal of Sociology* 80 (May): 1319-41.（「アーバニズムの下位文化理論に向けて」奥田道大・広田康生編訳『都市の理論のために——現代都市社会学の再検討』多賀出版、一九八三年、五〇～九四頁）

(3) 森岡清志「鈴木栄太郎『都市社会学原理』」見田宗介ほか編『社会学文献事典』弘文堂、一九九八年、三八五頁。

(4) 国土計画協会「都市機能の地域的配置に関する調査」一九六七年三月。

(5) Jos Stroobant, 2011, *Leuven*, Lannoo: Tielt (BE), p. 71.

(6) 宮下考吉『ヨーロッパにおける都市の成立』創文社、一九五三年。Numa-Denis Fustel de Coulanges, 1864, *La Cite Antique.*（田邊貞之助訳『古代都市』白水社、一九五〇年）

(7) Lewis Mumford, 1961, *The City in History.*（生田勉訳『歴史の都市明日の都市』新潮社、一九六九年、一一九頁）

(8) 太田静六『ヨーロッパの古城——城郭の発達とフランスの城』吉川弘文館、一九八九年。また、日端は、世界の城壁の都市の歴史を整理している。日端康雄『都市計画の世界史』講談社現代新書、二〇〇八年。

(9) 西川は、中国の都城制（唐の長安）の特性として、①環濠城塞都市、②方格的形態、③礼的秩序による構成、④華夷的地域空間観念の四つを挙げ、①環濠城塞都市とともに、④華夷的地域空間観念の中華思想は中国大陸と比較すれば小さな島国であるゆえに支配者に必要としなかったと位置づけている。西川幸治『都市の思想・上』ＮＨＫブックス、一九九四年、九二～九三頁。

(10) 上田篤『都市と日本人――「カミサマ」を旅する』岩波新書、二〇〇三年。

(11) Fernand Braudel, 1966, *La Mediterranee : et le mediterraneen a l'epoque de Philippe II.*（浜名優美訳『地中海 Ⅰ―Ⅴ』藤原書店、二〇〇四年）

(12) ブローデル『地中海Ⅲ』前掲訳書、一三三～一六八頁。

(13) マンフォードは、都市国家の多さについて、イタリアを事例に次のように記述している。「イタリアでは、一四世紀中に約八〇の都市国家が存在した」「トインビーが述べているように、一三〇〇年におけるイタリアの半分の土地に一九三三年における全世界の国家以上の自治国家群が存在していた。しかし支配する自我はあまりに狭く、しかも孤立しすぎた利己心であった」マンフォード『歴史の都市明日の都市』二九八～二九九頁。

(14) マンフォード『歴史の都市明日の都市』一三三頁。

(15) マンフォード『歴史の都市明日の都市』二七四頁。

(16) たとえば、歴史学においても都市間の商業郵便の所要日数や穀物の移動について等研究されている。大黒俊二「為替手形の「発達」――為替のなかの「時間」をめぐって」川北稔「穀物・キャラコ・資金の国際移動――一七、八世紀の英・蘭関係」『シリーズ世界史への問い三　移動と交流』岩波書店、一九九〇年、一一三～一三九頁、一四一～一六五頁。

(17) マンフォード『歴史の都市明日の都市』二九九頁。

(18) 近江俊英『道が語る日本古代史』朝日新聞出版、二〇一二年および、近江俊英『古代道路の謎――奈良時代の巨大国家プロジェクト』祥伝社新書、二〇一三年および、中村太一『日本の古代道路を探す――律令国家のアウトバーン』平凡社新書、二〇〇〇年など。

(19) ウェーバーの都市の理念型としての〈都市ゲマインデ〉にも象徴されている。Max Weber, 1921, Wirtshaft und Gesellshaft.（倉沢進訳「都市」尾高邦雄『世界の名著50ウェーバー』中央公論社、一九七五年、五九八～七〇四頁および世良晃志郎訳『都市の類型学』創文社、一九六四年）〔『経済と社会』第2部 経済と社会的秩序および権力 第9章 支配の社会学』

(20) 大谷信介「日本における人間関係研究の系譜と問題点」『現代都市住民のパーソナル・ネットワーク――北米都市理論の日本的解読』ミネルヴァ書房、一九九五年、三九～七〇頁。

(21) Henri Lefebvre, 1968, *Le Droit a la Ville.*（森本和夫訳『都市への権利』筑摩書房、一九六九年）、Henri Lefebvre, 1972, *Espace et Politique.*（今井成美訳『空間と政治』晶文社、一九七五年）Henri Lefebvre, 1970, *La Revorution Urbaine.*（今井成美訳『都市革命』晶文社、一九七四年）等。

(22) 磯村英一『都市社会学研究』有斐閣、一九五九年および磯村英一『磯村英一都市論集Ⅲ』有斐閣、一九六八年。

(23) ＮＨＫ放送文化研究所編『日本人の生活時間二〇一〇――ＮＨＫ国民生活時間調査』ＮＨＫ出版、二〇一一年。

(24) 大谷信介「駅情報の質問文への応用」大谷信介他編『新・社会調査へのアプローチ――論理と方法』ミネルヴァ書房、二〇一三年、二〇二～二〇三頁。具体的調査への応用例は、大谷信介編『ニュータウン住民の住居選択行動と生活実態――「関西ニュータウン比較調査」報告書』関西学院大学社会学部大谷研究室、二〇〇五年、大谷信介編著『マンションの社会学――住宅地図を活用した社会調査の試み』ミネルヴァ書房、二〇一二年を参照。

第Ⅲ部　二一世紀の村落・都市・国民社会論にむけて

山下祐介

第8章　鈴木社会学と聚落社会論をめぐって

1　方法論的ナショナリズムと聚落社会論

一九八五年に編集された、『リーディングス　日本の社会学七　都市』の中で、鈴木広は、日本の都市社会学成立期に見られた三つの研究類型を指摘し、そこから日本都市社会学の学説史を読み解いている[1]。三つの類型の第一は、シカゴ学派のアメリカ都市社会学、なかでもL・ワースのアーバニズム論の摂取を通じた都市化の研究であり、代表的論者として磯村英一[2]をあげている。後の日本都市社会学会につながる系譜である。

第二の類型はマルクス主義である。マルクス主義は戦後も日本社会学の主要な立場の一つであったが、その代表として、鈴木広自身を含む「釜石調査」グループの研究をあげている[3]。近代化＝産業化という観点から、日本都市の社会構造のあり方と地域開発の展開との関係性を問うものであり、マルクス主義社会学の延長上にこの系譜をおくなら、福武直を中心とする東京大学の地域開発研究[4]などもこの文脈の代表的な先駆的研究であろう。後の地域社会学会につながるものである。

そして、第三の類型としてあげられているのが、「方法としてのナショナリズム」である。アメリカ社会学の輸入ではなく、またマルクス主義理論の日本社会への応用でもなく、日本独自の視点から日本都市社会学を確立しようとした立場であり、その代表が、鈴木栄太郎の『都市社会学原理』（一九五七）であった[5]。

むろん鈴木栄太郎自身にも、アメリカ社会学やマルクス主義の影響は認められ、この三つの立場の区分は決して厳密に考えるべきではない。しかしともかく、『都市社会学原理』は、日本都市社会学の孤高の古典、それも海外からの議論の物真似ではない、日本人独自の社会理論という高い評価を得ているものである。とはいえ、では二一世紀の現在において、この書からわれわれは何を学べばよいのだろうか。

鈴木栄太郎の業績が高く評価されているのには、独自の都市社会の見方を提示していることもあるが、この都市理論が、戦前にまとめた『日本農村社会学原理』[6]と連動し、さらには未完となった「国民社会学原理」[7]も含めて、日本社会学を体系的に描き出す枠組みを提供しているからである。鈴木栄太郎はこれらの著作を通じて、日本社会の共同体的な特質を暴きつつ、そこから農村や都市、そして国家を見通す視角を確立した。しかしながらこの論理は、ともすれば全体主義・共同体中心主義を肯定する論理にもつながりやすい性質をもっており、単に方法論として国産を求めただけでなく、論理内容においてもナショナリズムの色彩を帯びている気配があって、批判的に捉えられることも多い。そしてこれらが単に、日本社会の、西洋とは違う特徴を言い当てたのにすぎないのだとしたら、二一世紀社会において資料的価値以上のものはないかもしれない。

事実、二一世紀を迎えて、われわれを取り巻く社会状況は、半世紀前の鈴木栄太郎が考えていたものとは大きく変化した。われわれは次のような認識に立って議論を進めるのが普通になっている。すなわち、グローバル化は、地域社会の境界どころか、国家の壁をも融解し、都市・農村の境界も取り払ってしまったかのようである。生活の個人化は共同体を溶かし、われわれは家族や村落やコミュニティさえ失ってしまった。小さな共同体から議論していては、いつまでもこうした現実を見通すことができない。家、村、都市から社会構造を説く鈴木理論は、もはや過去のものともいえそうである。

さらに環境問題が、もはや無視できない形でわれわれの目の前に現れている。かつては公害などのように、ある一定の地域社会のうちに考えられていた環境をめぐる問題が、現在では地球規模での広がりを見せ、人類共通の課題となっている。この「環境」という、今日では当たり前の視角についても、一見すると鈴木理論はこれを射程に入れておらず、一昔前の議論に見える。

もっともそう見えるのは、この書が一九五七年という、高度経済成長達成前の時期に刊行され、その時のタームで記述されているからであり、またその記述を農村社会の基本原理から解き明かしていることから、農村居住人口が少数派になってしまった現在では、その論理構成に追いつくことが読者の方で難しくなっているからに他ならない。第Ⅲ部ではそのように論じてみようと思う。また予定されていた最後の書、「国民社会学原理」が未完のままに終わっていることも、鈴木理論を今なお正当に評価できずにいる大きな理由となっていると思われ、この点も補足しながら、鈴木社会学の全体像をつかんでいきたい。

まず本章では、こうした鈴木栄太郎の社会理論とその実証研究の意義を、特に「聚落社会」概念を通じて読み解き、二一世紀初頭のグローバル化と環境の時代におけるその意味をあらためて汲み取ることを試みたい。むろんここでおこなう解釈は一つの「読み方」にすぎない。とはいえ、マルクスにしても、その他さまざまな西洋の古典にしても、それが古典として評価されるのは、読み手がそこに新たな解釈を施す可能性が開かれているからである。古典とは、新しい時代に新しい解釈を可能にする内容をもつものである。そして、鈴木栄太郎の遺した著作は、日本の社会学の業績の中で、そうした古典としての資格を担うにふさわしいものの一つである。鈴木社会学に、筆者なりの観点から、二一世紀的読みを試みてみたい(8)。

本論に入るに先立って、鈴木理論における「聚落社会論」の位置づけについて確認しておこう。

本書第Ⅰ部第3章の笹森論文が明確に示しているように、鈴木栄太郎の都市社会学は二つの理論的支柱からなっている。すなわち、一方で「人類文化の発展史のうちに都市がたどってきた……本源的な意味を見定める」(『都市社会学原理』五頁）ために導入された「聚落社会の概念」があり、それは「時間的発展の縦の流れの中」からの「都市の正常形の認識」を得るためのものであった。そしてもう一方で、「現在の都市を構成している人々の生活の中に正常形を見定める事」「現在の都市より夾雑物を除去して正常形を明らかにする事」でもあって、この方向から「正常人口の正常生活の概念」が必要であり、これはまた「正常人口の正常生活の概念」が導かれている（『原理』五頁）。本章ではこのうち前者、聚落社会の概念から、鈴木理論のもつ現代的意義を問い直していくが、ここで注目しておきたいのが、聚落社会の概念の説明にもあらわれている「正常」という語である。つまり、理論的支柱とされる「聚落社会」と「正常人口の正常生活」の二つの概念の両方に「正常」の語が組み込まれており、鈴木理論の二つの支柱の礎石には、いずれも「正常」論が据えられているのである。そして、「正常人口の正常生活の概念」が都市の構造に関わり、言い換えれば正常の静態面に関わるものであるとすれば、「聚落社会の概念」は都市の機能を扱い、正常の動態面に関わるものだということができる。そこでまずは「正常」概念の現代的解釈を試みることから、論をはじめることにしたい。

2　時間の中の正常——持続可能性論としての鈴木社会学

鈴木の「正常」論へのこだわりは、文脈としては、当時の日本の都市社会学の主流であった、磯村英一らによるアメリカ社会学の輸入、特にシカゴ学派の議論に対する反発にあったように見える。しかし今、あらためてその論理構成を振り返ってみると、単にシカゴ派に対する反発だけでなく、マルクス主義をも含めた欧米理論のもつ基礎的論理構造への、日本文化論的視角からの強い主張を読み取るべきだろう。すなわち、シカゴ学派にも、またマルクス主義にも共通する、ダーウィニズムの影響を強く受けた、人と人との間に現れる競争・対立・淘汰を念頭においた社会理論・近代化論に対する反発である。鈴木栄太郎の論理は、こうした西洋理論に対して、協調・共同・協力を基礎においた、社会の安定や循環、持続可能性を問う社会理論を追求していると解釈できる。西洋にはない日本独自の社会理論の構想を、この正常概念の中に拾っていきたい。

正常とは、異常に対する正常であって、E・デュルケムの議論になじんだ人には特に違和感はないと思われるが、「異常」という語が、現在では差別や偏見とも結びつき、誤解されている面も少なくないようである。

ここでいう「異常」とは、特定のマイノリティを指すものではなく、社会や生活のさまざまな局面に見られる普遍的なカテゴリーである。正常人口の正常生活論で展開されている都市の構造論をここで確認しておこう。異常とは、その状態が社会の全面にわたってそれが広がってしまうと、社会全体の構造・秩序が崩壊してしまうようなもののことを指している（本書資料編第四章）。たとえば、ある町の構成員の大半が病人であるなら、その町は社会的再生産を断念し、崩壊せざるをえない。これが異常である（それゆえ、特定の病人が異常だといっているのではない）。逆に、ある社会が正常であるというのは、今後もその社会が問題なく持続することが見通せる場合にそういうのである。アメリカ・シカゴ学派都市社会学は、貧困者やアウトサイダー、犯罪や暴力など、それが社会全体を占めるなら、その社会が成り立たなくなるような異常人口や異常生活を扱った。だがその外側には、社会を維持する正常な人口、正常な生活が多様に織りなされているはずである。都市社会学が本来対象とすべきものは、この都市を成り立たせている「正常人口の正常生活」だと主張しているのである。

「聚落社会の概念」に含まれている正常の機能論の論理も、すでにこうした議論の中にその意味内容の多くは示されている。時間の経過の中における正常なものとはすなわち、その聚落がある時点から次の時点にかけて、絶えることなくつづいていくために必要な機能のことである。壊れることなくつづいていく社会は、つづいていくための条件を満たしているからつづくのである。聚落社会では、そうした機能要件がどのように達成されているのかという観点から、議論は展開されていく(9)。

ここで鈴木が、今でいう「持続可能性（サステナビリティ）」を、都市の論理に組み込んでいることに注意したい。

もちろん、当時は持続可能性などという言葉はない。だが、この語を使うことができるなら、正常と異常という語を使わずに、ここで言いたいことはもっと簡単に表現できたであろう。つまり正常とは、当該社会が持続可能な状態にあること、対して異常とは、その社会の持続可能性を損なう可能性がある状態を指すものだということができる。そして、聚落社会論とは、持続可能な社会とはどういう社会か、こうした発想から都市のあり方を探求するものであると解することができる(10)。

こうして、構造論的文脈の中で示される持続可能な社会へのアプローチが正常人口の正常生活であるとするなら、機能論的文脈の中で持続可能な都市の姿を探求する試みが聚落社会論であるということができる。では聚落社会としての持続可能な都市は、鈴木の手でどういうものとして描かれるのか。

鈴木栄太郎は聚落社会を次のように定義する。すなわち、聚落社会とは、「共同防衛の機能と生活協力の機能を有するために、あらゆる社会文化の母体となってきたところの地域的社会的統一」（『原理』六三頁、本書一八三頁）である。この定義のうち、後半の「地域的社会的統一」の問題は後で議論することにして、ここでは前半部分について考察してみよう。

まずこの定義のうちに、都市がその環境との関係で、内部的／外部的に問題解決をおこなうシステムであることが示されている点に注意したい。「共同防衛」、「生活協力」とはそれぞれ、都市がその外敵や災害との関係で運命共同体であるとともに、また各自が生きるために必要な食料やエネルギーを共同で確保する運命共同体でもあることを示したものである。人々は都市を通じて生活を防衛し、また協力して生活を営んでいる。ここではそうした用語は使用していないにしても、要するに、都市システムが環境に対して、外部的／内部的に適応するものであり、こうした適応に都市の本質があることを読み解こうとしているのである。

ここには現在のシステム論や環境論に通じる議論の展開がある。言い換えれば、鈴木栄太郎の都市理論は、聚落社会論を通じて、都市はいかに環境の中で持続しつづける社会システムでありうるのかを示そうとしたものである。

鈴木のいう「社会の正常形としての聚落社会」とは、持続可能な地域社会（サステナブル・コミュニティ）のことであり、都市とはそうしたものを実現するシステムの一つであるということができる。

ところで、同じ聚落社会として、鈴木理論の中では都市とともに、村が提示されている。鈴木の家・村論は、都市論に先行して戦前に完成されているので、(11) 戦後の『都市社会学原理』の聚落社会論は、村で考えた正常の視点を都市に広げていく形で展開されたものといってよい。

むろん、鈴木の村論には「正常」の概念を説く部分はなく、正常論は都市論になってはじめて必要となり、あらわれたものである。しかし鈴木の村論に、持続可能性に関わる議論を見いだすのは難しいことではない。鈴木の村の研究では、自然村の栄枯盛衰、その発生と消滅までもが視野におかれており、さらに村の構成要素である家については、その栄枯盛衰の循環論までもが検証されている。鈴木の村論は、生き残った村がもっている、生き残りに必要な本質とは何かを突き詰めたものである。

鈴木はこうして、歴史の中に生き残ってきた運命共同体としての地域的社会的統一体を聚落と呼び、そしてこの聚落概念を『都市社会学原理』では都市に持ち込んで、その理論的支柱の一つとした。農村と同様に、都市においても人々はその社会（聚落）の持続性を確保できるよう生活を調整する。これは強制されてそうするというよりも、そうしなければその聚落が続かないからである。歴史的な合理性のもとで、正常なもののみが生き残ることができる。生き残ったものはみな正常だということにもなる。

もっとも、都市と農村における正常のあり方、持続性の達成方法は異なっており、その違いこそが、都市と農村を分ける分水嶺にもなっている。鈴木の議論は、この問題を直接的に解明してはいないが、『都市社会学原理』の論理構造と、『日本農村社会学原理』の論理構造を対比させていくなら、二つの聚落社会の違いを鈴木がどう考えていたかは明白である。それは特に先ほどの聚落社会に関わる定義のもう一つの側面、「地域的社会的統一」の問題に注目することで明らかとなる。次にこの、聚落社会と社会的統一の関係について考察していくことにしたい。

3　聚落社会と社会的統一——村の精神と結節機関説

鈴木が聚落社会として示すものは村落と都市の二種類しかない。村落が、共同防衛と生活共同からなる聚落社会であることについては誰もが認めることであるが、同じく聚落社会として都市をとらえるというのは、要するに、都市においても村落と同様に、人々が地理的制約の中でともに助け合いながら生きているという事実から議論を始めようということである。

とはいえここで鈴木が、当然のことながら、同じ聚落社会でも村落と都市をはっきりと区別している点には注意が必要である。

村落と都市との違いは、『都市社会学原理』では、特に結節機関説から説かれている。すなわち、より多くの、そしてより上位の結節機関が集まっている聚落が都市である。これは村落に対する都市の特徴を言い当てたものだが、では逆に、村落の、都市にはない特徴とは何か。『日本農村社会学原理』では、日本の村の特徴は自然村であること、そしてその自然村には特に「村の精神」があることが説かれている。都市と村落の違いを考える際に、この「結節機関」と「村の精神」の対比こそが、重要な論点になる。ここでいったん、鈴木の村論を振り返ってみたい。

『日本農村社会学原理』によれば、日本の村は、個人や家の単なる集合ではないとされている。日本の村は自然村である。自然村は、まずは集団の累積を検討することからその社会的統一性の存在が確かめられる。しかしまた、自然村は単なる集団の累積体でもない。日本の村においては、その社会的統一に「村の精神」が介在し、この精神が人々を律し、一つの統一体にしているのである。

村には精神がある。さらにはこの村を構成する「家」にもまた精神がある。鈴木栄太郎にとっての日本の家・村は、ともにその成員である個人を超えた「精神」の存在からそれぞれの社会的統一性が説明され、またその持続性・安定性が考えられている。人々は、家・村の存続のために犠牲になることもあるが、また逆に家・村の精神によって、互いの責任と義務を安心して果たすことができるのでもあった。この精神の存在こそが個人の人生を超えて、社会を安定的に持続させる重要な装置になっている。鈴木はこうした議論を通じて、日本の社会を構成する基礎的な社会単位としての、「家」と「村」のもつ、長期的な安定性・持続性を強調したのである。[12]

これに対しまず、都市には村にあるような確固たる精神がない。まず汲み取るべきはこのことである。[13]『都市社会学原理』の第八章、「都市の社会的統一性の吟味」では、題名の通り、都市の社会的統一性がどのように認められるのかが検討されている。ここで問題になっているのは、第一には、共同防衛（特に防災を強調）と生活協力（同じく特に「消費生活共同体」〔『原理』三三七頁〕を強調）の二つの機能の吟味である。また第二に、消費行動の面から、都市住民の生活が地理的制約の中で成立し、一定の地域的社会的統一性を帯びていることが検討されている。これらはあくまで客観的な、所与としての社会的統一性であり、農村論でいえば、集団の累積性の議論にあたる。これに対し、農村論の「村の精神」のような主観論が、都市の議論では一切提示されていない。興味深いことに、鈴木はただ客観的に地域的社会的統一を認めることだけで都市の議論を終えているのである。都市社会の主観論をもしここで持ち出したなら、市民社会や市民意識の問題に触れたはずである。しかし、『都市社会学原理』ではこれらの問題は素通りされ、その項目すらあげられていない。ここではおそらく意図的にこれを排除したのである。[14]

こうして、次のような鈴木の論理が浮き彫りになる。村は小さいながらも精神をもち、時には個人を犠牲にしながらも、基本的には愛情の関係を保つことで全体としての安定性・持続性を獲得している。これに対して、都市という聚落の協力は、愛情ではなく、未知の間柄の合理的な関係でもって調整されている。都市では、個人は家庭・職場・学校を通じて大きな全体に合理的に組み込まれている。人々は、村落よりも多くの人々と協力し合うが、しばしば合理性の犠牲にもあう。都市には村のような精神がない。あるのは合理性の論理だけである。こうして都市は、村とは大きく異なる聚落社会として描かれるのである。

だがむろん、鈴木の都市理論はこれで終わりではない。村の精神と同じように、都市論の軸になる別の論理が導入されている。それが都市の「結節機関説」であった。この結節機関説が、『都市社会学原理』の原理中の原理であり、この論理の導出に鈴木が文字通り命を削って取り組んでいたことが、第Ⅰ部第2章の笹森論文に明白である。ところがこの結節機関説を以上に見たような家・村論由来の聚落社会の議論の中で理解しようとすると、一挙に難しくなる。というのも、結節機関は――これから確認するように――必ずしも都市に地域的社会的統一をもたらすものとは限らないからである。さらには結節機関は都市固有のものではなく村にも存在し、都市の特徴はその機関の量にあるとされていて、このままでは村と都市の差は量的差でしかなくなってしまう。

だがむろんのこと、村論では登場する必要のなかったこの結節機関説が、都市論の中にあえて登場するのには、それだけの理由があるはずである。それどころか、鈴木都市論の根幹はやはり結節機関説であり、二つの理論的支柱はこれをみちびく導線と解すべきものであった。おそらく鈴木都市理論の結論たる結節機関説を十分に理解するには、何かもう一つ論理が足りないのである。結節機関説を、われわれはさらにもう一段、二段掘り下げて検討し、理解していく必要がある。

4　都市の地域的社会的統一と国民国家

村の精神にかわり、村になく都市にあるのは、結節機関である。正確には、結節機関は村にもあるが、それをより多く含むのが都市である。都市を都市たらしめるのは結節機関の量である。

だが鈴木の議論はここでも周到であり、その量の増大にともなって結節機関の質も変わっていくという論理が組み込まれている。すなわち、結節機関には上位・下位がある。そして、都市の中にもより上位の都市とより下位の都市とが存在し、より上位の都市にはより上位の機関が張り付くが、下位の都市には下位の機関しかなく、農村にはその最末端の機関のみしか存在しない。それゆえ都市が上位であるほど、上位から下位、末端までのすべての機関が存在するのでその量は多くなり、下位であるほど上位機関がないのでその量は少なくなるのである。つまりその社会がもつ結節機関の量の差は、質的差異と相関する。そして、この結節機関の量的・質的特徴こそが、都市を都市たらしめるものなのである。

しかしながら、ここで別の問題が生じる。鈴木栄太郎によれば、都市は聚落社会の一つである。そして聚落社会とは、「共同防衛の機能と生活協力の機能を有するために、あらゆる社会文化の母体となってきたところの地域的社会的統一」であった。だが、結節機関こそが都市を都市たらしめているものだとすれば、では結節機関は、都市の聚落社会としての編成、とりわけその地域的社会的統一性にどのように関わるのだろうか。

実はこの点で、鈴木の議論は必ずしも明瞭ではない。

むろん次のようには考えられよう。都市に累積する結節機関の配置は、その量と質の地理的社会的集中を通じて、都市の社会的統一性を表現する。上位の機関が集中して集まる都市は、その上位機関が集まっていることを通じて、農村とは異なる都市特有の地域的社会的統一を作る。加えて都市住民は、この結節機関を通じて聚落社会に必要な共同防衛、生活共同を確保する。その際これも、都市が上位になるほど、つまりは結節機関が増えるほど、人々を結ぶ絆は、共同体が紡ぐゲマインシャフト的なものから、結節機関によるゲゼルシャフト的なものへと置き換わっていく[15]。そしてこの質量ともに高い結節機関が醸し出す論理や思考法が、人々を打算と合理の相互協力に向かわせて、村の精神にかわる都市の精神を醸成することになる。このように考えていけば、都市の結節機関を、「村の精神」にかわり、都市に地域的社会的統一性をもたらす源泉として考えることはとりあえずは可能である。

もっとも鈴木は、そのような論理展開をはっきりと明示しているわけではない。そしてそれは、そのように「村の精神」に結節機関を対置させようとすればそこには無理が生じ、かつその無理を押し通そうとする試みはやはりうまくいかないからに他ならない。というのもまず、次のことが問題となる。

鈴木自身が主張するように、結節機関は都市のみならず、農村の中にも入り込んでいる。もし結節機関が都市の社会的統一の源泉になりうるのなら、村には、村の精神と並列して、結節機関による社会的統一も入り込んでいることになり、二重の作用が同時に働いていることになる。いや、現実に考えれば、この二重の作用は都市にも存在している。鈴木が観察していた一九五〇年代は、二一世紀の現代とは違い、地方都市でも東京でも豊かな都市民俗が実現され、経済的豊かさや人口の若さとも相まって、町内社会や自治会などを通じて、日本史上最も活発な都市の生活文化・社会が形成されていた。すなわち町の精神・都市の精神もそれなりにあったわけで、鈴木の議論では村との対比が強調され、都市の社会関係はすべて打算と合理に置き換わっているかのように描かれているが、それはあくまで論理的にであって、二重性こそが当時の都市の現実であったはずである。

こうして都市と農村を厳格に区別する試みは成功しない。そもそも結節機関説は、都市と農村の連続性を強調するもの（都鄙連続体説）だから、この概念を持ち込んだ時点で各自の社会的統一を区別することは難しくなっているというべきである。結節機関説は、都市の社会的統一性を議論するにあたっての障害にさえなる。

だが、鈴木の都市理論を再読するにあたって問題にすべきことは、こうした形で現れる論理矛盾を追求することではない。それよりもむしろ、一見矛盾するかのように見えるこうした概念装置が、都市の現実を読み解く際にもっている説明力や利得の大きさを掘り起こすことが重要である。そして筆者が考えるに、その利得はむしろ、概念装置が孕むこうした矛盾によってこそ得られるものである。先に確認したように、聚落社会概念は都市の動態を見抜くために導入されたものである。それは変化をも記述しうるものでなければならない。そして、鈴木の観察した時代から半世紀を経て現代までに到達した動的変化は、こうした矛盾を含む概念によってこそ、分析可能となるもののようである。その具体的な検証はつづく第9章、第10章で行うが、結論を先取りすれば、次のようにまとめることができる。

半世紀を超えて、都市の実態を鈴木の眼鏡からあらためて見直したとき、もはや現代日本社会は、農村でも都市でも、そして首都においても、結節機関が複雑かつ大量に張り巡らされてしまっており、他方でこのことによる合理と打算の論理が、村の精神・家の精神に大きく乗り替わってしまっていて、二重性は解消され、その一方である結節機関の全面的展開によってすべてが覆い尽くされてしまったかのようである。しかも全面的に張り巡らされた結節機関はその性質を変え、それは都市に地域的社会的統一をもたらすどころか、むしろその統一性を次々と破壊する方向に作用するまでになっている。

こうしてみると、鈴木都市理論の中では、都市の社会的統一の論理は、村のそれとは違って、必ずしも貫徹されるべき必要はない――そのように考えた方がよさそうである。村の精神が、村の中から出発し、村を内側へと誘う機構として描かれている限り、それを村の社会的統一性の源泉として論証していく筋道には、論理のブレはない。これに対し、結節機関は決して内部発のものではない。それは基本的に外側から持ち込まれる。一つ一つの機関の発生がたとえ内側からの発動であったとしても、それは上から下へと地域を貫くものであり、内向きに閉じる作用には結果せず、むしろしばしば外側へと、内側にあるものを連れ出す機構として働く。結節機関は、必ずしも都市に社会的統一をもたらす機構ではない。むしろ逆にそれを破砕する作用を持つものである。そして結節機関がそのような存在である以上やはり、都市の社会的統一は、村とは違って、機関の配置を通じた「見た目の統一性」以上のものを持たないということになるはずである。

『都市社会学原理』の中心論点であるこの結節機関説にこだわって考えれば考えるほど、都市の社会的統一性を論じることの困難さが際立ってくる。都市に決して統一性がないわけではない。その統一性は確かに結節機関がもたらす。Aという都市の統一性は、市庁を中心とした行政機関の客観的主観的つながりによって、またこの行政機関と連結するさまざまな集団や組織（地域組織やクラブなど）の関係によって、そしてその中で一体となった経済機関の相互的活動や集団的まとまり（同業組合や商店街など）によってもたらされる[16]。そこには地理的な境界や領域も重なっている。だがこれらの結節機関はまた、その都市の内部だけで作動を終えるものではなく、より上位へと人々をつないでいく仕掛けでもあった。それは常に人々をその場から引きはがし、地域を越えた関係へと引き上げていく。ではその関係をたどっていくなら、それはどこに行き着くのだろうか。結節機関がもつ本当の機能とは一体何か。

この問題の追求は、『都市社会学原理』ではなされていない。この問いは、未刊の書「国民社会学原理」の準備の中で追求されつつあった。著作集所収の「国民社会学原理ノート」(17)を見る限り、結節機関は都市の解明のみならず、国民社会をひもとく重要な論理の一つに位置づけられる。こう考えてよいだろう。結節機関は都市を都市ならしめるが、ここでその作用が終わるのではなく、都市を／農村を、そしてその中にある人々の暮らしを、相互につなぎあわせることで、日本社会に国民社会としての統一性を与えるものである。結節機関が目指す社会的統一は、各都市ではなく国民社会である。国家としての社会的統一が行政的・経済的・公共的に——そしておそらく精神的にも——与えられることで、各都市は安定的に運営され、人々に職を与え、生活を守り、文化的で豊かな生活をもたらすのである。そしてこうした国家の作動の中に、各都市の社会的統一も達成される。

それゆえ、国民社会の原理追求がなされてはじめて、鈴木の都市理論も本当の意味で完成することになる。都市は聚落社会の一形態だが、それは村のように自立してはいないし、閉じてもいない。それは農村諸聚落をつなぐ結節機関を集積した聚落社会として立ち現れるが、それはまた国家システムの社会的統一を実現していくための装置でもあった。ただしかつての国は藩であり、徳川三〇〇藩ともいわれ、国の中心がこの列島には多数存在して、各地に都市をそれぞれ独自に形成してきた長い歴史がある。明治維新以降の近代都市は、こうした各地の中心（城下町）を基礎に、東京（首都）を新たな中心として再編成されたものであり、鈴木が見ていた時代はそうした近代都市群の編成の過渡期にあたる。それ故、この時には各都市にはっきりとした社会的統一を観察したわけだが、それは必ずしも安定的なものである必要はなく、むしろ国家としての統一を目指していく際の通過点としての統一性だから、次第に国家としての統一性が進展していくにつれてその必要性は薄れ、場合によっては換骨奪胎されること にもなる。そして実際に、鈴木の時代から半世紀を超えて、都市の社会的統一の解消は明瞭な形で現れつつあり、 いまや農村の社会的統一をも食い破って、農村・都市の聚落構造そのものを融解させつつあるように見える。われ われはそうした時代の中にいる。

聚落の社会的統一性の追求は、結節機関説を組み入れた時点で、国家との関係に議論を広げることを余儀なくさ れる。そして結節機関の集積は都市に一定の核をもたらすが、国家統一のプロセスいかんによっては、都市の中心 性をより上位の場へと吸い上げ、その統一性を失わせる契機にもなるから、結節機関説は都市の社会的統一とは齟 齬をきたす論理をはじめから内包しているといえる。鈴木理論はこうして一見矛盾を孕んでいるが、その矛盾はし かし論理が間違っていたから生じたものというよりは、適切な観察によって都市と国家の間の緊張関係を正しく読 み解いたからこそ取り込まれたのだということに注意しなければならない。だからこそ、その後の半世紀の間に生 じた変化を読み解く力をも秘めているのである。そして鈴木自身の探求も、都市と国家の矛盾がもたらす動態を捉 えることをもくろんでおり、それが『国民社会学原理』にまとめられるはずだった。だが不幸なことに、都市社 会学と国民社会学を連結する鈴木の試みは、当人の死によって道半ばで終わってしまった。鈴木理論の矛盾はいわ ば、未完の思考法として残されたのである。

5　二一世紀における再評価へ

『都市社会学原理』刊行から半世紀を過ぎて、都市社会学と国民社会学の連結の必要性は、現実のこの国のあり 方の変化、都市や農村に生じた大きな変化、そして変転する世界情勢の中で、ますますその必要性が高まっている。 すでに二一世紀の日本社会は、結節機関が聚落という聚落を緊密に結び、その上位下位をつなぎながら、東京一極を中心として国内に半中心、周辺を構成し、一つのヒエラルキックな社会的統一体を編成してしまった[18]。われわれはこの日本国家という社会的統一体を通じて、グローバル化という事態に向き合っている。ところで、この近代国家は世界の国家と向き合う中で必要とされ、その社会的統一が図られ、形成されてきたものだが、鈴木が対峙していた世界情勢・時代——それは国家間が直接的に軍事武力で対立していた時代だった——を越えて、日本という国家の編成は、さらにいっそう大きく変容したようである。

モータリゼーションや情報の高速化を通じて、都市・農村はもはや従来のような単純な社会的統一を前提にしたものではなくなった。それどころか、今や国境を越えた頻繁な人の移動や、インターネットを通じた情報の大量瞬時の流通、そしてなによりモノの地球規模の大量移動の中で、日常の暮らしの中でさえ、国民国家の統一性が見えない状況が生まれている。農村、都市どころか、国家そのものの統一性が揺らぐ中で、われわれは都市や農村についての議論を展開しなければならない。だがそうである以上、ますますわれわれは現実を理解していく手がかりとして、シカゴ学派やマルクス主義の道具立てとともに、鈴木が構築した正常（持続可能性）論や、聚落社会論、そして結節機関の概念の再定置をあらためて求めることになるはずである。

グローバル化の中の国民社会とは何か。都市や農村はどこまで持続可能でいられるのか。その中でそもそも国家とは何なのか。

グローバル化の中で、国家は、一方で対外的交渉（外政）に向き合い、また他方で対内的統治（内政）を貫徹して成立する。ところで、こうした統治論[19]をふまえて鈴木社会学をあらためて照射すると、次のようにも映る。国民社会は、対外的には都市と同じく共同防衛と相互協力を目的とした聚落社会である。その確立のために結節機関が縦横に張り巡らされて作動しており、そこには各地域社会（農村・都市）の一定の地域的社会的統一性も観察される。しかしながらまた他方で、経済成長を通じた統治術は市場経済を劇的に発展させて、人口移動や商品流通を通じて地域の社会的統一性を解消し、また地方自治体を通じた行政サービスの広域的進展と自治体の相次ぐ再編（とくに合併による統廃合）は、各地域の分割統治機構がもっていた各地の自治能力を解消して、結節機関を通じた国家と国民の直接的関係に単純化されつつある。しかもこの関係は、人口の爆発的な拡大（明治維新時約三〇〇〇万人の人口が、二一世紀初頭で一億二〇〇〇万人）と、それに伴う行政機構の巨大化・複雑化の中で生政治的性格（M・フーコー、G・アガンベン）を強めつつあり、国民国家はすでに、人々が相互協力する場としての聚落社会を越えた一つの大きな管理社会に変質してしまったかのようである。[20]

　しかも問題はここで終わらない。二度の世界大戦の経験を経て、実際の「戦争」が極力避けられるようになり、グローバル経済競争や外交交渉へと国家間闘争の場が変転していく中で、文化・経済関係や法治制度が国境を越えて互いに浸透・侵入しはじめ、そしてその浸透・侵入の手段として、本来、国家統一のためのものであったはずの結節機関が新たな活躍をはじめてもいるからである。たとえば、郊外バイパスの大型ショッピングモールは、農村の、あるいは都市のための結節機関ではなく、あるいはまた国家のための結節機関でさえなく、グローバル経済のための、より新しい消費文化の各家々や暮らしへの侵入口になっている。結節機関は国民社会を守るための手段から、国家を超えたより広い枠組みへと人々を連れ出し、また人々の「生」を世界の闘争の場にさらす回路へと変容しはじめている。

　グローバル化の中で、結節機関はすでに国家を越えて、世界をつなぐものとして機能しつつある。重要なことは、世界社会は決して統一体ではなく、それゆえ厳密な意味で社会（society）では決してなく、人々にとっての最大の運命共同体はいまなお国家であり続けているということである。二〇世紀末までは、国民社会も国家も明確な境界を持ち、ある種の精神を持ちうる地域的社会的統一でありえた。だがすでに国家も所与の全体ではなく、ありうる社会の一つにすぎないものとさえ思考されており、[21]国家の抱える問題の多くも国家内で対処できる事象ではもはやなく、地球規模で複雑に作動する統制不能なものとなってしまった。なかでも地球環境問題（特に資源と人口の問題）は、こうした国家を越えた展開が、国家の形を、そして地域のそれぞれの暮らしの姿を、決定的に制約しつつあるという現代社会の本質を暗示している。グローバル化と環境問題にまで行き着いた二一世紀的状況の中で、国民社会の、あるいは都市や農村といった聚落社会の持続可能性はいかに考えられるのか。そもそもの地域社会の存立原点にまで立ち戻った議論が、今再び必要とされている。

シカゴ学派、マルクス主義の理論の精査が進んでいる。あるいはM・ウェーバーやE・デュルケム、そしてM・フーコーの議論の再評価（再々評価）も。そして日本社会を起点に議論を重ねるにあたっては、われわれにはさらに鈴木社会学がある。特に日本の知識人の大多数が首都圏に集住し、大都市の論理／グローバルな論理で国家や社会を議論している中で、戦前の家や村の本質に関わる分析から出発し、戦後の大激変動期直前の都市の姿をとらえ、その後の国民社会、世界社会の変貌を見通して構築されていた鈴木社会学の視角は、この日本社会を、歴史的・通時的、普遍的・共時的に捉えていくための重要な視座を提供する。未来を見通し、より大きな枠組みで現象を捉えるには、その社会文化にとって独自の立ち位置と十分な高みが必要である。欧米中心になりがちな都市や地域への眼差しの中で、あえて方法論的ナショナリズムによって立ったことで、鈴木社会学はわれわれに独自の文化的視座を提供した。日本社会を論ずるわれわれは今もなおその貢献のうえに、見晴らしのよい視座をもって議論を展開することができるのである。

注

（1）鈴木広「概説　日本の社会学　都市」鈴木広・高橋勇悦・篠原隆弘『リーディングス　日本の社会学7　都市』東京大学出版会、一九八五年。

（2）磯村英一『都市社会学研究』有斐閣、一九五九年など。

（3）新明正道他「産業都市の構造分析——釜石市を手がかりとして」『社会学研究』一七、東北社会学研究会、一九五九年。

（4）福武直編『地域開発の構想と現実』Ⅰ〜Ⅲ、東京大学出版会、一九六五年。

（5）混乱を避けるため、ここで、次の三つのナショナリズムを区別しておこう。第一に、価値としてのナショナリズムで、いわゆる国粋主義。第二に、こうした価値づけを離れた方法論的ナショナリズムで、それぞれの国家にはそれぞれ固有の論理があり、その固有性を軸に考えようと主張するもの。ここで「方法としてのナショナリズム」と呼んでいるのはその意味である。第三に、消極的な方法論的ナショナリズムもある。あとで見るように、社会学の対象とする「全体社会」をイコール「国家」としている場合で、意図してナショナルなものを扱っているわけではないが、結果として現象を国家＝社会として捉える立場を指す。鈴木栄太郎のナショナリズムは第二のものだが、見方によっては第一のものも第三のものも混在しているように見える。

(6) 鈴木栄太郎『日本農村社会学原理』(著作集Ⅰ・Ⅱ) 未來社、一九六八年(『日本農村社会学原理』は原著一九四〇年)、鈴木栄太郎『都市社会学原理』(著作集Ⅵ) 未來社、一九六九年(『都市社会学原理』は原著一九五七年)。

(7) 鈴木栄太郎『国民社会学原理ノート』(著作集Ⅷ) 未來社、一九七五年。

(8) 同様に、日本社会学の古典を読み直そうとした試みに、川井隆男・藤田弘夫編『都市論と生活論の祖型　奥井復太郎研究』(慶應義塾大学出版会、一九九九年)、金子勇編『高田保馬リカバリー』(ミネルヴァ書房、二〇〇三年) などがある。

(9) 『原理』の中には「機能要件」の語もT・パーソンズの引用も見られないが、機能要件の考え方が鈴木理論のうちに内在しているのは明らかである。なお「国民社会学ノート」には、パーソンズの影響がいくつか見て取れる。

(10) 念のために申し添えれば、このことは、サステナビリティという考え方に鈴木が早くから気づいていたという形ではなく、むしろ鈴木社会学のような着想に、あとになって西洋が気づき、サステナビリティという言葉で論じるようになったのだと論ずべきものである。

(11) 鈴木栄太郎『日本農村社会学原理』。

(12) もちろん、家の持続性と村の持続性とはまた異なるものである。鈴木は、村ほどには、家の持続性を認めてはいない。

(13) 本章では、鈴木の議論が家・村論(『日本農村社会学原理』)、都市論(『都市社会学原理』)、国家論(『国民社会学ノート』)へと展開していく過程には、アウフヘーベン(前に行った論理の否定とその止揚)はないという前提で組み立てている。むろん、これらを前からあとへ、順に否定し乗りこえていったものと読み解く可能性も残されている。

(14) 鈴木が今でいう市民社会論に慎重な態度を取っていたことは、『都市問題』(四五巻一〇号) 紙上の市民組織をめぐる議論などからも明らかである(鈴木栄太郎「近代化と市民組織」『都市問題』〔特集　市民組織の問題〕第四四巻第一〇号、一九五三年、一三～二二頁)。ここに並ぶ高田保馬や磯村英一らの論考ともあわせて参照のこと。

(15) 後に倉沢進はこれを「生活の社会化」とよんだ(倉沢進「都市的生活様式論序説」鈴木広・秋元律郎編『都市化の社会学理論』ミネルヴァ書房、一九八七年、二九三～三〇八頁)。

(16) この論点は後に、まったく異なる形で、先のマルクス主義的な研究の系譜の中から追求され、論証されることになる。福山市や神戸市を題材とした都市の社会構造研究である蓮見音彦編『地方自治体と市民生活』東京大学出版会、一九八三年、蓮見音彦・矢澤澄子・似田貝香門編『都市政策と地域形成　神戸市を対象に』東京大学出版会、一九九〇年、似田貝香門・蓮見音彦編『都市政策と市民生活　福山市を対象に』東京大学出版会、一九九三年を参照。もっともこうした論点を追求すれば、これもまた鈴木栄太郎の概念である自然都市と行政都市の議論ともぶつかることになる。自然都市と行政都市の動態については、筆者も加わった鈴木広編『災害都市の研究　島原市と普賢岳』九州大学出版会、一九九八年も参照。なおこうした文脈の中で、布施鉄治の一連の研究(布施鉄治編『地域産業変動と階級・階層――炭都・夕張／労働者の生産・労働―生活史・誌』御茶の水書房、一九八二年)との系譜的な関連を分析することも可能になるかもしれない。

(17) 鈴木栄太郎『国民社会学原理ノート』。

(18) この点についての筆者の考えは、山下祐介「移動と世代から見る都市・村落の変容――戦後日本社会における広域システム形成の観点から」『社会学評論』六二(四)、二〇一二年、四二八～四四一頁にも詳述したので参照されたい。

(19) ここで念頭においている統治論とは、例えば Foucault, Michel, 1997, "Li faut défender la société", *Cours au Collège de France 1975-1976*, Seuil. (石田英敬・小野正嗣訳『社会は防衛しなければならない　コレージュ・ド・フランス講義一九七五―七六年度』筑摩書房、二〇〇七年) などである。

(20) 念のために付け加えれば、敗戦後の『都市社会学原理』にも、また日本の都市社会学にも欠けている軍事機構の再定置が、この文脈には必要である。そしてそもそも、人・モノ・情報の広域・高速移動は、経済的側面からのみならず、軍事的要請からも求められ、進められてきたものであり、それは二一世紀の現在も同じである。このことにも十分に注意したい。

(21) Urry, John, 2000, *Sociology beyond Societies: Mobilities for the Twenty-First Century*, Routledge. (吉原直樹監訳『社会を越える社会学――移動・環境・シチズンシップ』法政大学出版局、二〇〇六年)

第9章　結節機関説の導出と弘前駅前調査
——調査から半世紀後の検証——

1　結節機関説の導出と青森調査——三つの研究

第8章では、「聚落社会」概念に注目するところから、鈴木社会学の現代的意義を読み解いてみた。そして中でも都市の結節機関説を導出させたことの重要性を指摘しておいた。本章および次章では、結節機関説導出のプロセスを、とくに青森県内でおこなわれたいくつかの調査をたどることで明らかにするとともに、さらにその五〇年後の姿を追うことで鈴木社会学の二一世紀的可能性をさらに具体的に探ってみたい。

『都市社会学原理』（一九五七年、以下『原理』と略す）で展開された鈴木栄太郎の都市の結節機関説は、鈴木がただ頭でものを考えたというのではなく、現実の社会を凝視し、実証的に検証を重ねたことから導き出されている。北海道大学で教鞭をとっていた鈴木栄太郎の調査対象地は、当然、その多くが北海道であった。ただし、北海道がもつ近代開発地としての特殊性も考慮してか、内地での研究・調査も行われており、なかでも青森県で実施されたいくつかの調査が、結節機関説導出の重要な手がかりとなっている。

鈴木栄太郎の都市の定義は、『原理』第二章で次のように結論づけられている。「都市とは、国民社会における社会的交流の結節機関をそのうちに蔵していることにより、村落と異なっているところの聚落社会である」（『原理』六三頁、本書二八三頁）つづく「第三章　都市の機能」は、この定義を説明し、論証する内容となっており、冒頭に掲げられている北海道石狩郡新篠津村における「農民の依存する中心聚落社会の類型」調査（本書では省略）の次に、青森県における三つの調査が並んでいる。すなわち、Ⅰ西目屋村大秋《たいあき》調査、Ⅱ弘前駅前調査、Ⅲ青森県内の機関調査である。さらにその後に、仙台市の機関調査、北海道十勝地区住民の学歴調査（これらも本書では省略）があって、これらの一連の調査結果を通じた論証を経て、右の都市の定義が結論として導かれるのである。

青森県における三つの調査による論証は、弘前都市圏の最末端にある山村・西目屋村の大秋集落の検討からはじまって、弘前駅に集まる人々の交流の網の目を解き、青森県内の各都市に置かれた機関の本支関係を解読するという手順で、山村から都市、そして都市間関係へと順に上ってゆく形で展開され、この三つの調査で、鈴木理論における都市の定義を説得的なものとするのに十分な内容となっている。

本章では、この青森県でおこなわれた三つの調査のうち、Ⅱ弘前駅前調査について、その半世紀後の二〇〇〇年代における現況を確認する。Ⅰ、Ⅲについては、特にⅢを中心に次章で取り上げる。これらを通じて鈴木栄太郎の都市社会学の現代的意義を具体的に検証していきたい(1)。

2　一九五五年弘前駅前調査と駅前空間

(1)『都市社会学原理』における弘前駅前調査の意図

ここでいう『都市社会学原理』の「弘前駅前調査」とは、『原理』一〇五頁（本書二九六頁）以下にある、「笹森秀雄君の弘前市来訪調査（昭和三〇年四月調査）」のことである。『原理』には、第二八回日本社会学会研究報告「都市相互間の社会的連鎖的関係についての一研究」から表9－1、表9－2の二表が掲載され、都市の上位と下位との間の、機関と人を通じた交流関係が検討されている。都市を、大中小と三段階に分け、さらにその下に農村を配置すると、ここで検証されているのは次のような地域間の関係である。

大都市　＝　中都市　＝　小都市　＝　農村
（東京・青森）（弘前）（黒石・五所川原）（その他）

「人が人に対する関係」は、どこにもあまねく存在するが、当然、近い地域間ほど関係は濃くなる。ただし、人が全国にわたってその関係を広げている以上、都市に働きに出ていた青年が、大都市から山村へ老父のお見舞いに行くというようなこともありうるわけである。表９‐１は弘前に来た人が何を目的にして来たのかを集計したものだが、ここに見える、東京から親戚・友人・知人訪問に訪れた人（12～15）がこれにあたる。

他方で、東京から弘前に、個人の欲求充足で訪れることはない。まして通勤通学はありえない。「人が機関に対する関係」は、より下級の地域から、より上級の地域に対してのみ成立する。表９‐１では、弘前より下級の黒石、五所川原といった小都市や板柳、碇ヶ関、鰺ヶ沢といった町場から弘前に通学や買い物に来ることはあるが、より上級の青森から弘前には来ないこと、またさらにもっと下級の農村からも、おそらくより近い町場や小都市で用事を済ますのだろう、弘前まで出てくることはないことが強調されている。

表９‐２は、今度は、弘前駅の周りにいた人が、どこに行こうとしているのか、その行き先を整理したものである。

相変わらず「人が人に対する関係」は親戚・友人・知人を問わずあるが、弘前から出て外に買い物や通勤通学に向かう人はいない。弘前から欲求充足のために他市町村へ出かけることはない。弘前の人は弘前で用が足りる。しかし、impersonal な関係、「機関が機関に対する関係」では別の動きが現れる。

表9－1　他市町村住民の弘前市来訪目的別調査（1955年4月）

諸関係の社会的形態／弘前来訪者居住地		impersonal な関係（制度や機関）					personal な関係（家族や個人の基礎的な欲求充足）														計
		(1)公用	(2)社用	(3)商用	(4)自由業用務	(5)その他	(6)通勤	(7)通学	(8)買い物	(9)映画その他の娯楽	(10)病院その他保健	(11)神仏詣	(12)親戚訪問	(13)友人訪問	(14)知人訪問	(15)病人見舞	(16)法要・墓参・婚葬	(17)海水浴・登山・慰安	(18)漂然と遊びに	(19)帰省	
都市	青森	3		8										1		2	6	3			23
	黒石	2		1				1	4	6	1		3				1				19
	五所川原		2	1					1			2		1				1			8
	東京	1	2	3									7	1	2			1		1	18
小計		6	4	13				1	5	6	1	2	10	3	2	2	7	5		1	68
		23（33.82％）					45（66.18％）														
町村	板柳	1						1	2				1		1						6
	碇ヶ関			1				1	2	2											6
	鰺ヶ沢	1									1	1	1	1					1		6
小計		2		1				2	4	2	1	1	2	1	1				1		18
		3（16.67％）					15（83.33％）														
総計		8	4	14				3	9	8	2	3	12	4	3	2	7	5	1	1	86
		26（30.23％）					60（69.77％）														

（出所）『原理』105頁。

まず弘前よりも上位の都市、青森市に出かける人が多い。これは「支店から本店に向かう関係」である。東京、仙台などへも向かっている。逆に、「本店から支店に向かう関係」もある。弘前からは、黒石、五所川原に向かうことになる。このような「機関が機関に対する関係」の双方向性は表9－1でも確かめられる。

こうして「機関が機関に対する関係」の重要性にたどり着き、しかもこれが本支関係を含んでいることが示唆される。そこでこの本支関係をさらに詳しく分析するために、Ⅲの青森県内の機関と機関の本支関係の論証に移るわけである。この調査については次章で取り上げることとして、ここでは弘前市訪問者調査（以下「弘前駅前調査」とする）の五〇年後の検証に移りたい。

表 9 - 2　乗客者の行先別目的調査を通じてみた弘前市と他聚落社会相互間の社会的形態（1955年 4 月）

旅行先 ＼ 関係の社会的諸形態		impersonal な関係（制度や機関）					personal な 関 係（家族や個人の基礎的な欲求充足）															計
		公用	社用	商用	自由業用務	その他の団体用務	通勤	通学	買い物	映画その他の娯楽	病院その他保健	神仏詣	訪問 親戚	訪問 友人	訪問 知人	訪問 病人見舞	法要・墓参・冠婚葬祭	海水浴・登山・その他の慰安	帰省	漠然と遊びにと答えたもの	その他	
都市	青森	4	4	10	1								8	3		1		3		1	1	36
	黒石	1	2	5									4	8	1		1			2		24
	五所川原			2									2									4
	八戸		1	1									3									5
	大館													1			1					2
	秋田												1									1
	仙台	1																				1
	酒田			1																		1
	富山																1					1
	東京	1		2									1									4
小計		7	7	21	1								19	12	1	1	3	3		3	1	79
		36（45.57%）					43(54.43%)															
町村	大釈迦	1	1															1		1		4
	浅虫	1																3		2		6
	陸奥飯詰												1									1
	陸奥森田												1									1
	陸奥赤石			1																		1
	北金ヶ沢												1									1
	金木											4	1									5
	木造												1							1		2
	鯵ヶ沢																			1		1
	北常盤	1		1									1						1			4
	浪岡	1	1	1									3				1					7
	藤崎													1								1
	板柳		1	3								2										6
	鶴田												1									1
	川部		1	1									1					1				4
	石川			1																		1
	早口													1								1
	大鰐	1		5										1			1			2		10
	鷹ノ巣		1																			1
	二ツ井																1					1
	前田屋敷												1									1
	新里			1									1					1				3
	館田														1							1
	尾上			1	1								1									3
	平賀	1	1										1									3
	種差															1						1
	十和田																	1				1
	湯ノ沢			2													2	1				5
	千畳敷			1																		1
	十文字																		1			1
小計		6	6	18	1							6	15	3	1	1	5	8	2	7		79
		31（39.24%）					48（60.76%）															
総計		13	13	39	2							6	34	15	2	2	8	11	2	10	1	158
		67（42.41%）					91（57.59%）															

（出典）『原理』109頁。

ここで括弧付きで「弘前駅前調査」としたのは、この調査が、「弘前市来訪者調査」と銘打っているけれども、具体的には、奥羽本線・弘前駅前（正確には、弘前駅前の弘南バス待合室）での突撃インタビューで集めたデータを元に検討しているからである。

まずは、この調査がおこなわれた一九五五（昭和三〇）年四月頃の弘前駅前の様子を振り返り、駅前空間が現在までにどう変わったかを確認しておこう。

（2）弘前市の概要と駅前空間の変遷

弘前という都市は、一六一〇（慶長一五）年に、津軽信枚によって築城を開始した弘前城の城下町として誕生した。津軽氏の制圧後、各所にあった館（城館）が整理され、一国一城例に従って、高岡がその城下町として新たに縄張りされた。この過程で、これまでの津軽の有力な勢力拠点であった、浅瀬石城（黒石市）、大光寺城（平川市）、田舎館城（田舎館村）、石川城（弘前市石川）、大浦城（弘前市岩木）などが廃止され、政治・軍事支配層の一団は、高岡に築城した弘前城とその城下に入った。以後、江戸時代の弘前藩の中心都市として発展することになる。

明治維新後、弘前藩は、当初はほぼそのまま弘前県となり、弘前は当然、その中心にあった。しかし、南部藩北部と合体した青森県の創設によって、事態は大きく変わる。南部藩北部の中心地・八戸と、津軽藩の中心地・弘前との間で、港町・物流拠点として江戸時代初期に成立した青森が、県庁所在地として選ばれたのである。これを転機として、この後、近代化の中で、青森市は、近世の城下町であった弘前・八戸・黒石を抜いて、青森県内で最も人口の多い都市となる(2)。

弘前の方は、廃藩によって政治・軍事施設が解消されて、衰退の一途をたどっていた。それが大きくかわるのが、一八九四（明治二七）年開通の奥羽北線（奥羽本線）・弘前駅開業と、ほぼ時を同じくしておこなわれた一八九七（明治三〇）年の第八師団の設置である。以後、北海道への物流の拠点として、そして北方への軍事拠点として、弘前は日本社会の中で重要な位置を占めることとなった。

戦後は第八師団が撤収し、軍用地は文教施設に置き換わる。軍都から、弘前大学（国立大学）を中心とした学都に生まれ変わるが、他方で、北方開発の拠点的意味は残っていた。青森県内の各地で戦後引き揚げ者による開拓がおこなわれ、また北海道へも多くの人々が旅立っている。『原理』の調査がおこなわれた昭和三〇年頃はその雰囲気がまだ残っていながら、その後急速に事態が転換して、今度は東京に強く接続されていく、その直前の時期といってよい。

さて調査は、先述のように、具体的には突撃インタビューのようにおこなわれたらしい。

調査地は弘前駅前である。現在と同じく、当時も駅前にバスの停留所が存在し（バスターミナルそのものは、駅からは少し離れたところにあった。これも現在と同じである）、駅とバス停留所との間にある待合室等で、バスや鉄道を待つ人々を相手に調査はおこなわれたという。

弘前駅は、この後数度の駅舎の改修がおこなわれている。弘前駅開業が一八九四（明治二七）年一二月一日でこの際の駅舎を一代目とすると、一九二九（昭和四）年一二月建て替えの二代目駅舎が、『原理』調査の際の駅舎ということになる（図9-1）。その後、一九八一（昭和五六）年四月には図9-2のような駅ビルを併設した駅舎（三代目）に建て替わったが、この時期までは駅の入口は線路の西側・旧市街地側にのみ存在した。二〇〇四（平成一六）年一二月におこなわれた駅舎の建て替え（四代目、図9-3）では、駅の東西を二階部分で二四時間往復できる橋上駅が採用された。次章（図10-6）でも紹介するように、弘前という都市の市街地が、もともとは市街地の周縁部に作られたこの駅舎を通り越して、東側に大きく広がってしまったからである。

バス停もこの間、大きく事情が変化した。昭和三〇年代当時は、駅舎を出ると目の前にバスの停留所があり、バスを待つ待合室もあった。昭和五〇年代の三代目駅舎もまた、改札口とバス停との間に、鉄道やバスを待つ人々の滞留する空間を作っていた。現在の四代目の橋上駅では、駅の改札とバス停が離れてしまい、鉄道の待合室はある

図9-1　弘前駅2代目駅舎

（出所）山口寿『弘前の町並み88景』（1992年，北方新社）より。1955年撮影。

図9-2　弘前駅3代目駅舎（奥が駅ビルのアプリーズ）

（出所）企画集団ぷりずむ提供。平成初期頃。

が、バスを待つ待合室的な空間が喪失している状況にある。バス停そのものも、西側のみであったものが、東側にも設置され、分散した。

また昭和五〇年代から平成にかけては、駅前に広がっていた空間の区画整理もおこなわれた。昭和三〇年当時の駅前空間は、戦後の人々の雑踏の中にひしめいていた小さな商店や卸店からなる猥雑な空間だった。区画整理は十数年をかけて実施された。並行して駅前商店街の再整備も進められたが、二〇〇五（平成一七）年、駅前再開発ビルに進出していた大手スーパーが倒産して撤退し、その後も駅前都市空間の再活性化が大きな課題となっている。

昭和三〇年代から、二一世紀の現在までの半世紀を経て、弘前という都市も大きく変化した。そして、鉄道の駅も、公共交通としてのバスも、その機能を大きく変えつつあるようである。このことを検証すべく、『原理』から五〇年後の弘前駅前調査を敢行してみた。

3　二〇〇九年再調査の結果と比較(1)
——どこから来て、弘前のどこに行くのか

調査は、二〇〇九（平成二一）年一〇月二二日（木曜日）に実施した。朝のラッシュ時は避け、調査員は午前八時半に集合して、九時前から調査を始めた。調査終了は午後五時とした。この時間帯を選んだ結果、高校生の

通学は調査できたが、一般の通勤者は調査できていない。とはいえ、一部に通勤は拾えたので、データとしてはこれで満足することとした。調査は、この時間中、弘前駅から駅前のバスターミナルの間で、バスないし鉄道を待っていると思われた人に次々に声をかけていく方法をとった。バス停でバスを待つ人、駅に降り立った人、JR弘前駅の待合室の他、併設されている弘南鉄道弘前駅の待合室でも調査をおこなった。

一九五五年調査と同様に、二〇〇九年調査でも、調査対象者は基本的には鉄道・バスの利用者であったが、二〇〇九年の調査では一九五五年にはなかった駅ビルを訪れただけという人もいた。また一九五五年には弘前という都市の周縁にあった弘前駅が、都市域が拡大して駅の東側にも市街地が広がっており、その新しい市街地と旧市街地とを徒歩で往復していた人もいくつか拾っている。

図9－3　今回調査を行った当時の弘前駅
4代目駅舎（手前がバスプール）
（出所）　筆者撮影。

筆者を含め、調査員九名で、三一五名から話を聞いた（一部不完全なデータもある）。まずは調査データを整理して、『都市社会学原理』一一九頁に掲載されている表9－1の五〇年後を検証してみよう。

表9－3がその結果である。まず、総計（弘前市民を含まない）から見ていくと、一九五五年調査（表9－1）で、impersonal な関係三〇・二三％に対し、二〇〇九年調査では二〇・三％となっていて、impersonal な関係が占める割合が小さくなっている。とはいえ、それでも三九ケースを得られたので、比較可能なサンプル数と考えられる。

調査対象者の内訳の中で最も違うのは、県内居住者よりも、県外居住者が圧倒的に多いことである。一九五五年の調査では、八六名中、一八名（二〇・九％）が東京からの来訪者であり、これがおそらく、県外からの来訪者のすべてであったが、二〇〇九年調査では、弘前市外からの来訪者一

表9-3　他市町村住民の弘前市来訪目的別調査（2009年10月）

居住地		impersonal な関係					personal な関係															不明	計
		(1)公用	(2)社用	(3)商用	(4)自由業用務	(5)その他の団体用務	(6)通勤	(7)通学	(8)買い物	(9)映画その他の娯楽	(10)病院その他保健	(11)神仏詣	(12)親戚訪問	(13)友人訪問	(14)知人訪問	(15)病人見舞	(16)法要・墓参・婚葬	(17)海水浴・登山・避暑	(18)飄然と遊びに	(19)帰省	その他		
都市	青森市				1	1	1	1					2							1			7
都市	黒石市					1		3	1	3	1												9
都市	五所川原市							1			3						1						5
都市	八戸市																1			1			2
都市	都市小計（弘前市を除く）				1	2	1	5	1	3	4		2				2			2			23
		3（13.0%）					20（87.0%）																100%
都市	弘前市	4	4		4	4	9	17	27	12	14			2	2	4	3	4	2		3	7	122
		16（13.1%）					99（81.1%）															5.8%	100%
県外	北海道札幌市		1															1					2
県外	北海道函館市																2			1			3
県外	北海道旭川市																				1		1
県外	秋田県秋田市									1				1				2		2		1	7
県外	秋田県大館市							1	1	10						4						1	17
県外	岩手県盛岡市			1		1														1		1	4
県外	岩手県北上市																	1					1
県外	宮城県仙台市		3																				3
県外	群馬県																	1					1
県外	茨城県																	2					2
県外	千葉県		2															6					8
県外	埼玉県								1								1						2
県外	東京都	1	8		1											3	1	7				3	24
県外	神奈川県									1								8				1	10
県外	静岡県					1																	1
県外	愛知県																	3				1	4
県外	岐阜県														1								1
県外	京都府		1																				1
県外	大阪府		3																				3
県外	兵庫県		2		1													1					4
県外	岡山県	1	1															1					3
県外	香川県		1																				1
県外	高知県				1																		1
県外	福岡市				1													2					3
県外	鹿児島市																	1					1
県外	市区	1	19	1	3	2		1	2	12				1		7	4	27		4	1	7	92
県外	町村	1													1			2					4
県外	不明		3		1													7				1	12
県外	県外小計	2	22	1	4	2		1	2	12				1	1	7	4	36		4	1	8	108
		31（28.7%）					69（63.9%）															7.4%	100%
町村	弘前市岩木							1	2		1												4
町村	西目屋村							2															2
町村	藤崎町（藤崎・常磐）					2		5															7
町村	青森市浪岡					1		3	1		1											1	7
町村	平川市（平賀・尾上・碇ヶ関）					1	3	4	1	2	4					5			1			1	22
町村	大鰐町					1	1	1	2		1												6
町村	金木町										1												1
町村	鶴田町															1							1
町村	板柳町						2	4			3												9
町村	鰺ヶ沢町										2												2
町村	町村小計					5	6	20	6	2	13					6			1			2	61
		5（8.2%）					54（88.5%）															3.3%	100%
不明			1																				1
総計（弘前市民，不明含まない）		2	22	1	5	9	7	26	9	17	17	0	2	1	1	13	6	36	1	6	1	10	192
		39（20.3%）					143（74.5%）															5.2%	100%
総計（弘前市民，不明含む）		6	27	1	9	13	16	43	36	29	31	0	2	3	3	17	9	40	3	6	4	17	315
		56（17.8%）					242（76.8%）															5.4%	100%

（注）　データの全体を示すため，弘前市居住者も掲示してある。
（出所）　筆者作成。

九二名中一〇八名（五六・三％）が県外からであった。都道府県別に見ると、東京都在住者が二四人とやはり多い。また、現在では弘前市の商圏に含まれてしまう隣県・秋田県の大館市からも一七名が数えられており（うち一〇名が(9)映画その他の娯楽となっていることにも注意。調査中、弘前の中心商店街に食事に来た大館在住の女性の集団にも遭遇した）、秋田市や岩手県盛岡市からも来訪者があることがわかる。しかしやはり印象的なことは、北は北海道から南は鹿児島まで、さまざまな場所から弘前を訪れるようになっていることである。中でも目立つのは、県外から訪れている三六名にものぼる観光客である。一九五五年調査ではその項目すらないので、(17)海水浴・登山・慰安に入れておいた。

さて肝心の、impersonal／personal な関係を確認してみよう。結果は、この半世紀の変化を象徴するものとなった。

右に述べたように、県外からの来訪者が非常に多いので、表9-1の都市／町村の二区分を、表9-3では都市・県外・町村の三区分に変えて集計してみた。なお県外については、都市居住者（各県の市や東京都の区部居住者）九二名に対し、町村居住者は四名と少なく、不明の一二名も状況から見て都市居住者として扱ってかまわないようである。

一九五五年の調査では、都市からの来訪者には impersonal な関係が多く、町村からの来訪者には personal な関係が多いということを立証していた。これに対し、二〇〇九年の結果は次のようなものとなった。すなわち、県内の居住者については、都市・町村いずれからくる場合でも personal な関係が多い（いずれも約九割弱）。これに対し、県外からの来訪者には、観光客など personal な関係も多く含まれるが、全体の約三割は依然として impersonal な関係、すなわち機関に対する関係である。

おそらく、県内での都市と都市の関係までが personal なものに偏ったのには、交通機関についてのこの半世紀の変化が反映していると考えられる。このことはあとで調査対象者の属性から検討したい。これに対し県外からの

表 9-4　乗客者の行先別目的調査を通じてみた弘前市と他聚落社会相互間の社会的形態（2009年10月）

行き先 ＼ 行先での目的		impersonal な関係					personal な関係															不明	計
		(1) 公用	(2) 社用	(3) 商用	(4) 自由業用務	(5) その他の団体用務	(6) 通勤	(7) 通学	(8) 買い物	(9) 映画その他の娯楽	(10) 病院その他保健	(11) 神仏詣	(12) 親戚訪問	(13) 友人訪問	(14) 知人訪問	(15) 病人見舞	(16) 法要・墓参・婚葬	(17) 海水浴・登山・慰安	(18) 飄然と遊びに	(19) 帰省	その他		
都市	青森市	1				1		1		2				1				1					7
	黒石市							2							1			1					4
	十和田市																	1					1
	むつ市		1																				1
	都市小計	1	1			1		3		2				1	1			3					13
		3 (23.1%)					10 (76.9%)																100%
	弘前市	4	24	1	7	12	16	39	36	27	30		1	2	1	15	9	18	2	6	4	12	266
		48 (18.0%)					206 (77.4%)															4.5%	100%
県外	秋田県能代市		1																				1
	宮城県仙台市		1																				1
	東京都				1																		1
	県外小計		2		1																		3
		3 (100.0%)					0 (0.0%)																100%
市外観光地	岩木山																	1					1
	白神山地				1													3					4
	八甲田山																	2					2
	市外観光地計				1													6					7
		1 (14.3%)					6 (85.7%)																100%
町村	弘前市岩木												1					6					7
	平川市(平賀・尾上・碇ヶ関)	1						1								1						1	4
	大鰐町														1								1
	金木町																	4					4
	板柳町																					1	1
	深浦町																	2					2
	青森市浪岡															1							1
	藤崎町										1												1
	町村小計	1						1			1		1		1	2		12				2	21
		1 (4.8%)					18 (85.7%)															9.5%	100%
不明																		1	1			3	5
総計（行先が弘前，不明含まない）		2	3	0	2	1	0	4	0	2	1	0	1	1	2	2	0	21	0	0	0	2	44
		8 (18.2%)					34 (77.3%)															4.5%	100%
総計（行先が弘前，不明含む）		6	27	1	9	13	16	43	36	29	31	0	2	3	3	17	9	40	3	6	4	17	315
		56 (17.8%)					242 (76.8%)															5.4%	100%

（注）データの全体を示すため，弘前を行き先とする者も掲示してある。
（出所）筆者作成。

訪問者のうち、依然として三割がimpersonalであったというのも興味深い事実である。このことについてもあとで検討してみたい。

ともかくもこうして、『都市社会学原理』でおこなわれた調査を五〇年後に再調査してみると、当時と違い、現在では人の流れを単純に都市と町村に区分するだけでは、その内実を十分に検討できないことがわかる。だがそれでもなお、結節機関説は有効であり、この視点を、今一度、現代都市の現状に当てはめなおして再考していくことが必要と考えられる。

次に一九五五年調査の表9-2について、二〇〇九年調査による再検討（表9-4）をおこなおう。

4　二〇〇九年再調査の結果と比較(2)――弘前から、どこに行くのか

今度は、弘前から弘前の外へと出かける方である。弘前駅・バスプールを利用して、つまり、弘前の交通機関を利用してどこかに出かけるケースであり、ここには弘前市民も含まれることになる。

まず全体の数を確認してみると、弘前への訪問者が数多く拾えたのに対し、弘前から外へ出て行く者はごく限られた数しか得られなかった。都市（弘前以外）に出かけた者一三名、県外に出かけた者三名（以上は、表9-2ではいずれも都市への旅行先としてまとめて数えられている）、弘前市外の観光地に出かけた者七名、町村に出かけた者二一名の計四四名という結果である。基本的に――地方都市の現在の生活を考えてみれば当たり前なのだが――通勤・通学を除けば、県内の移動には多くの弘前市民は自家用車を利用する。また盛岡、仙台、さらには東京まで、鉄道の他に高速バスも利用されており、そのバスターミナルは駅から少し離れた場所にあって、そうした数も拾うことができていない。空港行きのバスもバスターミナル始発であり、そうした弘前の事情をよく知らない県外からの訪問者のみが弘前駅前のバス停を利用することになっている。

ともあれ、できあがった表9－4を見てみよう。

まず行き先が都市の場合。一九五五年調査よりは割合は小さくなっているが、町村を行き先にする場合に比べれば、やはり、impersonal な関係の割合は高い。

県外についてはサンプルは少ないが、すべて impersonal な関係となっており、都市の結節機関説は、このデータからも一応、確認できたといってよさそうである。

町村に関しては、市外の観光地に向かう人もあったが、これらはほとんどが県外からの観光客で、弘前に宿泊などして観光に出かけているものである。中には、観光ガイドや知人の案内などで、市内の居住者もこうした観光地にでかけている。もちろん、実際にはもっと多くの人の動きがあるはずだが、県内の居住者が観光で動く際は自家用車利用が多いので、駅前では拾えないのだろう。

以上、『原理』に示されていた表9－1、表9－2の半世紀後の再検証をおこなってみたが、基本的には『原理』が主張する都市の結節機関説をあらためて確認できる結果となっている。

とはいえ、この二時点の間には当然ながら大きな変化が横たわっている。ここでは二点指摘したい。まず第一に、弘前という都市がこの間に組み込まれてしまった、全国的な地域間関係を考えなければならない。この点については第10章で論じたい。

第二点目として、駅という場所の変化、公共交通機関というものがもつ意味合いの変化がある。弘前は、県庁所在地ではない、一地方の中核的な都市である。こうした地方都市ならばどこでも抱えている都市の中心性の問題についても、この駅前という場の変化と絡めて考えておく必要がある。そのためにも二〇〇九年駅前調査に、『原理』とは違う形で検討を加えて、このデータが持つ意味を考えておきたい。

5　駅前空間を利用する人々

（1）対象者の属性

そもそも、駅前で鉄道を待ったり、バスを待ったりする人とはいかなる人なのだろうか。二〇〇九年調査では、対象者三一五人中、不明を除いて、弘前に居住している人は一二二人（三八・七％）であった。これに対して、弘前以外の県内都市住民が二五人、町村部住民が六〇人、県外から来ていた人が一〇七人である。弘前市民が弘前駅を最も多く使っているのである。また、表9－4で見たように、三一五人の行き先のうち、弘前から外へは四四ケースしかなく、八四・四％にあたる二六六人が弘前市内に用事があった。要するに、弘前駅に集まる人々は、その多くが弘前を何かに使う目的で来ていることになる。

表9－5は、本調査の対象者の属性のうち、性別と年齢を、居住地別に見たものである。居住地別にはっきりと属性に違いが見られる。全体の集計を年齢別に見ると、一〇歳代と六〇、七〇歳代の二カ所にピークがあるが、居住地を県内と県外で分けてみると、年齢のピークに違いが現れた。

県内に居住する人では、一〇歳代と七〇歳代が多い。他方、県外から来ている人に一〇歳代はなく、かわりに四〇歳代と六〇歳代にピークがある。これらの人々の職業を示したものが表9－6である。表9－5・表9－6をあわせて解釈してみると、単純にいって次のようなことが起こっているのである。

県内市町村からは、高校生の子供たちと、七〇歳代を中心としたお年寄り、無職や主婦が多く駅前に集まっている。他方、県外からは、四〇歳代の会社員と専門職（ここでは特に医療関係が多い）、そして六〇歳代の退職直後の無職層が多いようである。

こうした年齢分布の背景として、県内に関しては、自家用車利用のできる層が、駅前にほとんど現れていない点

表9－5　調査対象者の属性　性別・年齢・居住地

男　性

	県外	県内				計	
		弘前市	市	町村	不明		
19歳まで		5	2	11		18	18.2%
20歳代	2	1				3	3.0%
30歳代	5	2	1			8	8.1%
40歳代	11	3				14	14.1%
50歳代	8	3	2	1		14	14.1%
60歳代	15	3		2		20	20.2%
70歳代	3	6	1	3		13	13.1%
80歳代以上	4	3		1		8	8.1%
不　明				1		1	1.0%
計	48	26	6	19	0	99	100.0%

女　性

	県外	県内				計	
		弘前市	市	町村	不明		
19歳まで		17	5	14		36	16.9%
20歳代	7	4	3	2		16	7.5%
30歳代	4	6		1	1	12	5.6%
40歳代	9	4		1		14	6.6%
50歳代	4	12	4	6		26	12.2%
60歳代	24	19	4	5		52	24.4%
70歳代	10	24	2	9		45	21.1%
80歳代以上		8	1	2		11	5.2%
不　明				1		1	0.5%
計	58	94	19	41	1	213	100.0%

男女計

	県外	県内				計	
		弘前市	市	町村	不明		
19歳まで		22	7	25		54	17.1%
20歳代	9	5	3	2		19	6.0%
30歳代	10	8	1	1	1	21	6.7%
40歳代	20	8		1		29	9.2%
50歳代	12	15	6	7		40	12.7%
60歳代	39	22	4	7		72	22.9%
70歳代	13	31	3	12		59	18.7%
80歳代以上	4	11	1	3		19	6.0%
不　明				2		2	0.6%
計	107	122	25	60	1	315	100.0%

（注）　男女計には性別無回答の３名を含む。
（出所）　筆者作成。

を強調すべきと思われる。表9－5を男女別に見ると、女性では五〇歳代や二〇歳代もそれなりの数がいるのだが、男性ではこの年齢層は特に少ない。仕事でもプライベートでも、今や自家用車が主に使われるので、長距離移動する場合でも、駅は自家用車を利用する層にはほとんど使われることはない。それ以外の子供やお年寄り、そして女性が多いのは自家用車利用ができない層だからである。

表9-6　調査対象者の属性　居住地・職業

県　外	県　内				計	
	弘前市	市	町　村	不　明		
会社員 32	会社員 8		会社員 3	会社員 1	会社員 44	14.0%
会社役員 1					会社役員 1	0.3%
公務員 3	公務員 1		公務員 1		公務員 5	1.6%
事務職員 1	事務職員 2		事務職員 2		事務職員 5	1.6%
団体職員 1					団体職員 1	0.3%
		団体役員 1			団体役員 1	0.3%
	派遣社員 1				派遣社員 1	0.3%
医　師 5	医　師 2				医　師 7	2.2%
教　員 2					教　員 2	0.6%
通　訳 1					通　訳 1	0.3%
調理師 1			調理師 1		調理師 2	0.6%
	看護師 1		看護師 1		看護師 2	0.6%
福祉関係 1	福祉関係 1				福祉関係 2	0.6%
保育士 1			保育士 1		保育士 2	0.6%
美容師 2					美容師 2	0.6%
	自営業 2	自営業 1	自営業 1		自営業 4	1.3%
自由業 1					自由業 1	0.3%
飲食業 1	飲食業 1				飲食業 2	0.6%
販　売 2	販　売 1				販　売 3	1.0%
	清　掃 1	清　掃 1			清　掃 2	0.6%
	病院付添 1				病院付添 1	0.3%
	農　業 2		農　業 3		農　業 5	1.6%
パート 1	パート 5				パート 6	1.9%
	アルバイト 1		アルバイト 1		アルバイト 2	0.6%
	フリーター 1	フリーター 1			フリーター 2	0.6%
主　婦 7	主　婦 10	主　婦 1	主　婦 4		主　婦 22	7.0%
学　生 1	学　生 1	学　生 1	学　生 2		学　生 5	1.6%
			短大生 1		短大生 1	0.3%
大学生 3	大学生 3	大学生 4	大学生 1		大学生 11	3.5%
	高校生 12	高校生 5	高校生 22		高校生 39	12.4%
	中学生 4				中学生 4	1.3%
	小学生 5				小学生 5	1.6%
無　職 35	無　職 47	無　職 10	無　職 12		無　職 104	33.0%
不　明 5	不　明 9		不　明 4		不　明 18	5.7%
県外計 107	弘前市計 122	市　計 25	町村計 60	不明計 1	315	100.0%

（出所）　筆者作成。

もっとも、男女比については、県内に限れば男性五一人に対して、女性一五五人と圧倒的に女性が多く、高齢女性の多くが趣味や交友のために駅前に現れていることは先に指摘したが、このことは細かく見れば年齢や世代にも現れているかもしれない。ただ車に乗る／乗らないというだけでなく、性差によるそもそもの行動パターンの違いが強く反映されている可能性もある。

(2) 行き先について

さて、これらの人々の行き先にも特徴ははっきりと現れている。表9-7は、人々がどこの何を目当てに移動しているのかを検討したものである。弘前での行き先と、弘前を経由して別の地域に行く場合の行き先とを、それぞれ分けて提示してみた。

県内の移動から確認しよう。県内居住者の弘前での行き先はおもに五つ。中でも次の二つが群を抜いて多い。第一は病院、第二は学校である。弘前は、先述のように、戦前は軍都であったが、戦後は学都となった。調査当時、筆者が所属していた弘前大学は、戦前の旧制弘前高校であり、戦後は総合大学として医学部も擁し、大学付属病院は青森県の高度医療を担う中心的な医療機関となっている。また戦中の軍病院を引き継いだ国立病院も弘前にある。高等学校も、青森、八戸と並んで弘前に集中しており、こうして、一〇代後半の子供たちと、病院通いのお年寄りという、いずれも自家用車を使えない立場の人々が弘前駅に集まり、そこから自分の目的の場所へと散っていく構図が見えてくる。一九五五年と比べると、高校進学率はもはや一〇〇%近くまで上昇している。また高齢化および医療化社会の確立によって、多くの人が病院に通う。こうしたことが、この二時点の調査の結果を大きく変えた要因である。

病院と学校に次いで、第三にあがるのはカルチャーセンターなどの文化施設である。これも学校教育機関が集中する学都の性格の一端でもあろう。第四に商業施設の集まる中心市街地、第五に郊外に展開する大型店があげられ

表9-7　弘前駅に集まった人々の行き先（居住地別）

弘前での行き先

	県外から	県内から			計	
		町村から	市部から	弘前市内から		
病　　院	9	21	5	19	54	20.3%
学　　校	7	17	7	15	46	17.3%
文化施設（スポーツ含む）	1	5	2	14	22	8.3%
中心市街地	12	2	1	10	25	9.4%
大　型　店	2	3	1	16	22	8.3%
駅　ビ　ル				1	1	0.4%
美　容　院			1		1	0.4%
公共機関		1		2	3	1.1%
会　　社	1	1		4	6	2.3%
団　　体	1		1		2	0.8%
ホ　テ　ル	9	1		1	11	4.1%
寺　　社	1			3	4	1.5%
駅（切符を買いに）		2		8	10	3.8%
宝石の展示会	1				1	0.4%
観光地（市内）	18		1		19	7.1%
個人宅（祈禱師含む）	8		4	2	14	5.3%
不　　明	12	1	1	11	25	9.4%
計	82	54	24	106	266	100.0%

弘前駅前を経由して他地域へ，その行き先

	県外から	県内から			計	
		町村から	市部から	弘前内から		
学　　校		黒石市　1		黒石市　1	2	4.5%
		平川市尾上　1		青森市　1	2	4.5%
病　　院	平川市平賀　1	青森市浪岡　1		藤崎町　1	3	6.8%
						0.0%
会　　社				秋田県能代市　1	1	2.3%
公共機関				青森市　1	1	2.3%
ライブを見に行く		青森市　1			1	2.3%
観光地（市外）	岩木町　6				6	13.6%
	岩木山　1				1	2.3%
	白神山地　3			白神山地　1	4	9.1%
	八甲田山　2				2	4.5%
	黒石市　1				1	2.3%
	五所川原市金木　4				4	9.1%
	深浦町　2				2	4.5%
	平川市碇ヶ関　1				1	2.3%
				十和田市　1	1	2.3%
				青森市　1	1	2.3%
個　人　宅	黒石市　1				1	2.3%
			弘前市岩木　1		1	2.3%
				青森市　1	1	2.3%
				大鰐町　1	1	2.3%
不　明（県内）				平川市尾上　1	1	2.3%
				青森市　2	2	4.5%
	板柳町　1				1	2.3%
	むつ市　1				1	2.3%
不　明（県外）				宮城県仙台市　1	1	2.3%
				東京都　1	1	2.3%
計	24	4	1	15	44	100.0%

（出所）　筆者作成。

る。商都としての側面である。

こうして弘前駅前は、弘前市民を中心として、その周辺の農村や小都市の住民たちのうち、高校生やお年寄り、さらには女性が、学校・病院・文化施設・商業施設を利用する際の交通の結節点として利用されている場ということができる。逆にいえば——繰り返すように——県内在住の人々のうち、二〇歳代から五〇歳代の、特に男性の姿が見えないのは、自家用車など他の交通機関を利用しているからである(3)。

これに対し、県外から来ていた人の行き先には別の特徴が見られる。県外からの来訪者には、大きく分けて次の二つがある。一つは旅行に来た人々で、平日の昼間であることを反映して、退職後の夫婦が旅をしているケースが多かった。弘前市内では、弘前城やりんご公園などを訪れており、たいてい、弘前を見たうえで、白神山地や八甲田山に向かったり、黒石市の温湯（黒石温泉郷）や金木の斜陽館（太宰治記念館）・津軽三味線会館を訪ねるなどしている。ちなみに、調査をおこなった二〇〇九年は太宰治生誕一〇〇年でさまざまなイベントもあり、弘前大学の前身・旧制弘前高校は太宰の母校であって、そうしたことも含めて観光客の多かった年でもある。また、この一年数カ月後の二〇一〇年末には東北新幹線新青森駅開業が実現し、旅行者の動向は、全国規模の動きの中で今後さらに変化していくものと思われる。二〇一五年現在では外国人も増えているようである。

もう一つは、会社員や専門職の人々が弘前を訪れる場合で、弘前は観光都市としてホテル・旅館の集積があり、また病院の集積も大きいので観光関係や医療関係の人々が多かった。調査のこの日も、市内のホテルを利用して医学系の学会が開催されており、そこに集まった関係者が多数いた。また関係者についてきた知人（たとえば医者である夫についてきた妻）が、弘前観光をしている途中で駅に立ち寄ったというケースもあった。この学会には県内の関係者も出席していたはずだが、県内在住者はデータには表れていない。やはり多くが、鉄道・バスではなく、自家用車を利用していたのだろう。

（3）駅前空間の変容——調査から見えてくるもの

まとめよう。地方都市で駅・鉄道やバスといった公共交通機関を利用する人々には、現在では、次のような大きな特徴が認められるといってよい。すなわち、自家用車に乗れないが、中心都市の機能を利用せざるをえない人々——子供・高齢者・女性・県外遠方からの旅行者——である。中心都市の機能としては、特に病院・学校・文化施設・商業施設・観光施設が活用されている。他方で、経済・政治的な都市機能の利用に関しては、県内の移動は自動車などでまかなわれていると考えられ、遠方から訪れた人のみが駅を利用している(4)。

こうした結果は、『原理』の調査当時から半世紀を経て、都市の姿そのものが大きく変わってきたことと関係している。周辺の都市・農村部の様子も変化した。中でも人々の交流が、鉄道や飛行機を軸とした高速交通網によって拡大したことが大きく、それはこの調査でも県外からの観光客やビジネス関係者が多数拾われたことからも読み取れる。

もっとも、交通の拡大のもう一つ別の側面——モータリゼーション——は、都市がもはやこうした調査ではその全貌をつかむことができないものに変形してしまったことを示してもいた。ローカルな交通においては、自家用車や社用車・公用車が鉄道やバスなどの公共交通を席巻しており、駅前は必ずしも都市の都市性を測るのに十分な空間ではなくなっている。そしてこうした駅前の変化／交通の変化は、実は結節機関そのものの意味を変え、都市のあり方をも変容させており、このことがまた二一世紀都市を考える際の重要な論点になりそうである。このことを次章ではさらに、青森でおこなわれたもう一つの調査の検証から考えていくことにしたい。

注

（1）本章および次の第10章は、山下祐介「鈴木榮太郎『都市社会学原理』結節機関説の導出と青森調査——県内機関、弘前駅、西目屋村の五十年後」『人文社会論叢』（弘前大学人文学部）（人文科学篇）第二四号、二〇一〇年、一七〜五八頁、

にすでに報告したものの抄録である。詳しくは本論文を参照のこと。また本章については山下祐介「鈴木榮太郎『都市社会学原理』から――弘前駅前調査の五十年後」『津軽学』(津軽に学ぶ会)八号、二〇一三年、八二～九七頁で一般向けにも紹介した。

(2) 石崎宣雄『近代化の中の青森県』津軽書房、一九七九年にこの間の事情は詳しい。なお付け加えれば本書二九六頁「田代発弘前行きバス乗客調査の8番、「社会学講師としてきていたもの」は、当時の状況からして石崎宣雄先生で間違いないと思われる。

(3) もちろん先述のとおり、本調査は朝のラッシュを避け、また夕方五時で終えているため、通勤の利用者、特にサラリーマンが拾えていない点も考えなければならない(『原理』の調査も同様かもしれない)。県庁職員など、弘前への鉄道通勤者は決して少ない数ではない。もっとも、ここで見たような平日朝から夕方までの利用者は、駅での滞在時間が長いからわれわれの調査にも応じてくれるが(たとえば駅前空間で長居している高校生たち)、通勤ユーザーは駅を利用しても長居はしない。本調査でも数名のサラリーマン通勤者は見かけたのだが、ほとんどインタビューには答えてもらえなかった。

(4) これらの特徴は、他の地方都市でも同じように見られるものだろう。ただし補足をしておけば、青森県津軽地方は工業化がほとんど展開しなかった土地柄で、八戸や青森に比べ、特に弘前には工業集積が少ない。産業化の進展という観点で見ると、近代都市としての特徴をほとんどもたない都市である。にもかかわらず、鈴木栄太郎のように機能集積という観点から見れば、弘前は有数の文化教育・医療・商業施設の集積地であり、近代的な地方中核都市としての性質をはっきりと示すことになる。弘前という都市は、結節的機関説導出の舞台として最もぴったりくる都市であり、鈴木社会学を論証するのに最適な都市だったのである。

第10章　結節機関説の継承と展開
――青森県内機関調査から考える二一世紀都市――

1　結節機関説と国民社会学をめぐる問題

本章では、『都市社会学原理』成立をめぐっておこなわれた青森に関わる調査のうち、県内の機関について総合的に取り上げたもの（前章で述べた三つの調査のうちのⅢ青森県内の機関調査）をその五〇年後と比較し、結節機関という視角から二一世紀の都市について検証を試みる。またもう一つの調査Ⅰ西目屋村大秋《たいあき》調査についても、議論のつながりの中で簡単に取り上げ、鈴木社会学の今日的意義を問うていきたい。

すでに述べたように、鈴木栄太郎の研究は、家・村論にはじまり、都市論を結実した後、国民社会学へと志向していた。

その際、特に都市の結節機関説は、都市の解明という論点のみならず、村落から都市へ、さらにはこれを国家・国民社会に結びつけていくものであったことは明らかである。つまり、都市の解明の手がかりとしての結節機関説は、国民社会そのものの内実にも迫る認識道具であった。結節機関を通じてはじめて、日本の村落・都市は国民社会の一地域になりうるし、またそうした村落・都市の連結によって国家が国家たりうるのだといってよい。

もっとも鈴木の国家論・国民社会論は、先述のとおり、未完の「国民社会学ノート」が残されるのみで、十分に体系化された論理構成が残されているわけではない。またそのノートも、「搾取としての政治・権力」に固執したり、あるいは本人自身の植民地の経験からだろう、「別のグループによる支配」にも関心を寄せていたりして、二一世紀という時点に立って国家を問う議論としてはやや浅薄な面もある。ノートの中でも特に強い主張となっている「国家と国民社会を分ける」論点も――例えば『都市社会学原理』が、聚落社会として、正常として都市を捉えたときのような――全体を貫く強い論理でわれわれに訴えかけるようなものにはなりえていない[1]。土地占有や国境に関わる議論も、聚落社会論の延長上で展開されているのは明らかだが、村落、都市とともに国民社会もまた聚落なのかという問いを含めて、鈴木がすべての論点に答えられているわけではない。

だが他方で、結節機関から見た都市・国民社会の視角は、それでもやはり鈴木栄太郎のオリジナルな論点として、現在も十分に深く検討する余地を残しているように思われる。それは少なくとも、論理的にという以上に、具体的実証的観点から見て重要である。このことを、青森調査の五〇年後を検証することから論証してみたい[2]。

2　昭和三〇年青森県内機関調査とその五〇年後

(1)　昭和三〇年前後の青森県の都市について

『都市社会学原理』の一一〇頁（本書三〇一頁）に掲げられた「事業体の本支（すぐ上の上部機関とその下の機関）関係からみた都市相互間の関係」は、笹森秀雄の調査によるもので、「青森県内の六市にある事業体のうち、他の市に直属の上級支配機関即ち支店に対する本店の如き機関をもつ事業体を、支配機関所在地別に明らかにしたものである」（『原理』一一〇～一一一頁）[3]

この調査が実施されたのは、表中の都市（市制をしいている自治体）の数等から見て、一九五五（昭和三〇）年と推

表10-1　青森県にある機関の本支関係

	青森	八戸	弘前	五所川原	十和田	黒石	（県内小計）	東京	仙台	塩釜	大阪	盛岡	秋田	大館	名古屋	札幌	函館	小樽	新潟	和歌山	京都	神戸	（県外小計）	その他	計
青森市	／		1				1	52	32		2	1	5			3	3		1			2	101		102
八戸市	79	／	2				81	33	14	5		13	8										73		154
弘前市	80	1	／	1			82	27	15			1	13	1	1			1		1	1	1	62		144
十和田市	42	5	1		／		48	3	7			1	3										14	11	73
五所川原市	45		10	／			55	2	4				1										7	1	63
黒石市	29		10			／	39	1	3				1										5	3	47
総計	275	6	24	1	0	0	306	118	75	5	2	16	31	1	1	3	3	1	1	1	1	3	262	15	583

（出所）『原理』（110頁）の「事業体の本支関係からみた都市相互間の関係」を，本章にあわせて筆者が加筆修正。

察される。(4) この調査実施の当時はまだ昭和の合併は終わっておらず、市制をしいていたのは、青森市、弘前市、八戸市、五所川原市、十和田市、黒石市の六市しかなかった。その後、一九六〇（昭和三五）年までに、三沢市、むつ市の二市が誕生して、昭和の合併で八市となった。さらに平成合併で、平川市とつがる市が誕生し、現在（二〇一五年）では一〇市となっている。

ここではまず、この一九五五年の調査の内容を確認する。さらに、現在入手可能なデータから一九五五年の調査を再現し（ここでは東奥日報社刊の『東奥年鑑』を利用する）、その結果と、その約五〇年後（二〇一〇（平成二二）年）のデータとを比較分析して、この間の変化について検討を試みることにしよう。

（2）事業体の本支関係からみた都市間関係（一九五五年調査）

まず表10-1を見てみると、県庁所在地である青森市では、機関の半分が東京に（一〇二のうち五二）、残りの半分も、そのうち六割（三二）が仙台に上位機関があって、他の都市とは全く異なる様相を呈していることがわかる。これに対し、津軽・南部各地域の中核都市である弘前市・八戸市は、ともに青森に半分、残りは二割が東京、一割が仙台・盛岡（八戸）・秋田（弘前）となっていて、しかもその割合がほぼ同一となっている。(5) そして地方小都市の黒石・五所川原・十和田には、東京を本社とする機関はほとんどなく、仙台も十和田を除いて少なめで、六割から七割が青森の支店であり、そしてその次には中核的な都市の（すなわち、黒石・五所川原では弘前の、十和田では八戸の）支店が多くなっている。この他、他県に本店のある機関は、塩釜に本店のある機関が八戸に五あるのを例外とすると、一から三件と少なく、しかも青森と弘前にのみ存在する。

この結果をもって、本書では、

東京→青森→弘前→黒石→村落
青森→村落
弘前→村落
弘前→五所川原→村落
青森→八戸→十和田→村落
八戸→村落

本→支（親→子→孫）→末端

という本支関係を見抜いている。この調査を再検証してみよう。

まず、表10－1はたった一枚の表だが、実はかなり多くの情報を集約した表である。この表を作成するにあたっては、各都市に存在する機関の総数を知らねばならない。さらにその中から、支店や出張所、現地機関にあたるものを抽出し、その本支関係を集計することになる。

現在これを同じように再調査するのはどう考えてもコストがかかりすぎる。そこで、いまこの調査を、市販の名簿（『東奥年鑑』）を使って当時と現在を比較し、青森県都市の半世紀の変化を考えてみたい[6]。

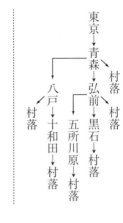

(3) 二一世紀の青森県の都市間関係――『東奥年鑑　平成二二年度版』による再調査

『東奥年鑑』名簿編は、青森県の県紙にあたる東奥日報が毎年正月に発行するものである。まず『都市社会学原理』の調査がおこなわれた当時に近いものとして、『東奥年鑑　昭和三十二年版』(一九五七年)の名簿を検討し、集計したのが表10－2である。一九五七(昭和三二)年は『都市社会学原理』の発行された年であり、また昭和の市町村合併が一段落した年として選んだ。この名簿に記載された機関から、表10－1の趣旨に沿って、①県庁および、県の外部機関、②国の機関(郵便、国鉄を含む)、③企業(県内企業、県外企業)、④大学、高校、国立・県立病院を数えてみた。[7] ただし、都市については、平成二二年との比較のために、『都市社会学原理』で数えられている六市の他、この直後に昭和の合併で市となったむつ市、三沢市についても拾っておいた。逆に、平成合併で青森市、八戸市、弘前市、五所川原市、十和田市、むつ市と一緒になった町村については、昭和の合併時の範囲のままで集計している(黒石市のみこの間の合併がない)。

県内の機関については、『都市社会学原理』の三〇六機関に対し、『東奥年鑑』名簿からは二六六機関を、また県外からの支店機関については、『都市社会学原理』の二六二機関に対して、『東奥年鑑』名簿からは二六八機関と、おおよそ近い数字を得ることができた。またその内容も、表10－1と同様に、結節機関説を裏付けるものとなった。この表10－2と、同様の手順で得られた平成二二年の名簿調査の結果(表10－3)を比べて、この間の変化を検討する。

まずは、数え上げられた機関数が、昭和三二年(表10－2)の五三四に対し、平成二二年では一一一六と倍にふくれあがっていることが注目される。とはいえ、先の『都市社会学原理』で確かめられた都市の結節機関説は、平成になっても見事に立証されており、というよりも、半世紀たって機関の数・交流の束が増えたことで、より明瞭に見て取ることができるようになっている。

青森市の拠点性も明確になっており、また昭和三〇年代には不明確であった八戸市の中核性も弘前市並みに強化

表10－2　青森県にある機関の本支関係（1957〔昭和32〕年）

	青森市	八戸市	弘前市	五所川原市	十和田市	むつ市	三沢市	黒石市	郡部	（県内小計）	県外	計
青森市	／		5						1	6	101	107
八戸市	56	／	2						3	61	44	105
弘前市	59		／							59	55	114
五所川原市	31		2	／						33	15	48
十和田市	27		1		／					28	11	39
むつ市	39				1	／				40	24	64
三沢市	12	1	1		2		／			16	11	27
黒石市	21		2					／		23	7	30
総計	245	1	13	0	3	0	0	0	4	266	268	534

（注）青森市は野内村，後潟村を含む計。むつ市は田名部町，大湊町の合計。三沢市はこの当時の大三沢町。郡部はこれら以外の合計。

（出所）『東奥年鑑　昭和32年度版』名簿から，青森県の機関，国の機関の他，教育本庁，会社（中小の自営業的な企業は除かれている），金融，交通公社，新聞社・通信社として記載のあったものを集計した。

表10－3　青森県にある機関の本支関係（2010〔平成22〕年）

	青森市	八戸市	弘前市	五所川原市	十和田市	むつ市	三沢市	黒石市	郡部	（県内小計）	県外	計
青森市	／	8	6		2			1	1	18	352	370
八戸市	151	／	3	1	1				5	161	127	288
弘前市	126	2	／					1	1	130	47	177
五所川原市	50	1	5	／					1	57	11	68
十和田市	53	7			／	1	1			62	14	76
むつ市	32	3	1			／			1	37	19	56
三沢市	20	4		1	1		／			26	22	48
黒石市	24		5					／		29	4	33
総計	456	25	20	2	4	1	1	2	9	520	596	1116

（注）青森市は旧浪岡町を，八戸市は旧南郷村を，弘前市は旧岩木町，相馬村を，五所川原市は旧金木町，市浦村を，十和田市は旧十和田湖町を，むつ市は旧川内町，大畑町，脇野沢村を，それぞれ除く。郡部はこれらの都市以外の合計。平成の新市，つがる市，平川市も郡部に含んだ。

（出所）『東奥年鑑　平成22年度版』名簿から，青森県の機関，国の機関（中央官庁）の他，県内会社（原則として資本金壱千万円以上），県外会社（原則として資本金10億円以上），金融，マスコミ・広告として記載のものを利用した。

された。結節機関の集積によって、各都市はこの半世紀でさらに成長したといってよい。

ただし違いも大きい。県内の機関が県内に出している支店よりも、県外の機関が出している支店の数の方が多くなっている。とはいえ、このあたり、『都市社会学原理』では都市にある機関のもつ本支関係にのみ注目して、表中の「／」部分などの省略もあり、機関の総数を県内外で比較するなどの考察がおこなえない。

そこで都市ごとの機関の集積規模とその編成について、さらに『東奥年鑑』を活用してより詳細な検討をおこない、この間の変化を浮かび上がらせてみることにしたい。

3　五〇年間の結節機関の変容——『東奥年鑑』昭和三二年、平成二一年の比較から

表10-4は、同じ名簿を使って、今度は本店を含めた公的機関のすべて、および企業の本店・支店のすべてを取りあげて、この二時点の間の結節機関の分布の変化を比較したものである。さらに、『東奥年鑑』では郡部についても集計できるので、こちらもあわせて検討した。この表からは、結節機関の配置の増大による交流の拡大とともに、一方で政治行政的支配の変化と、他方で市場経済システムの末端までの浸透を読み取ることができる。順に検討していこう。

(1)　県・国の公共機関について

まず公的機関を見てみると、国の機関が、市部一五四から一六六へと微増に対し、郡部では一二二あったものが二二へ減少している。消滅した機関の多くは、農林漁畜産業の振興施設である。青森県は戦後開拓が盛んにおこなわれたため、なかでもこうした施設の廃止が数値に大きく表れている。加えて、昭和三〇年代まで郡部の中心地に配置されていた国の出先機関の廃止も大きかった。これに対し、県の機関は郡部では横ばいに対し、市部では拡大

表10－4　県内機関・都市ごとの集積（2時点の比較）

所在地	1957(昭和32)年版 公的機関 県の機関	1957 公的機関 国の機関	1957 郵便・国鉄	1957 県内企業 本社	1957 県内企業 支店	1957 県外企業 事業所数	2010(平成22)年度版 公的機関 県の機関	2010 公的機関 国の機関	2010 郵便・JR	2010 県内企業 本社	2010 県内企業 支店	2010 県外企業 事業所数
青森市	18	51	47	94	19	46	64	69	57	964	157	279
八戸市	16	24	24	49	17	13	32	30	43	653	114	105
弘前市	16	20	34	40	13	1	14	18	43	422	108	35
五所川原市	8	16	9	5	7		11	13	11	130	27	8
十和田市	8	14	7	9	5		10	12	11	164	41	11
むつ市	9	16	14	5	7			7	11	62	27	14
三沢市	3	6	8	3	4		2	14	7	106	16	10
黒石市	8	7	6	18	5		6	3	8	68	14	2
市部計	86	154	149	223	77	60	139	166	191	2569	504	464
浪岡町＋東津軽郡	10	17	18	1	9		7	1	16	9	14	4
中津軽郡＋南津軽郡	6	23	25	8	10		19	5	16	34	24	6
北津軽郡＋西津軽郡	20	34	38	3	18		13	6	31	85	39	5
三戸郡	9	18	23	8	9		7	0	19	41	23	1
上北郡	12	21	35	9	13		13	9	21	157	46	10
下北郡	4	9	15	4	7		2	1	15	23	21	7
郡部計	61	122	154	33	66	0	61	22	118	349	167	33

（注）市町村・郡の単位については，表10－2，10－3と同じ。なお南津軽郡浪岡町のみ青森市と合併した関係上，東津軽郡と一緒にして計算した。
（出所）『東奥年鑑』昭和32年度版，平成22年度版より集計。

している。特に青森市内にある機関が増大しており、県による行政機関の拡大集中に、官による支配の拡張という変容を読み取ることができる。

(2)　企業数の爆発的な増大

次に企業について見てみよう。半世紀の間に生じた企業数の爆発的な増大は、この間の経済成長を物語る。なかでも八戸、三沢、十和田、そして五所川原での拡大幅が大きい。県内企業は、本社で見ると、市部で二二三社が二五六九社と一〇倍以上にふくれあがっており、郡部でも三三社が三四九社とやはり一〇倍となっている。しかしこの県内企業の爆発的増加以上に、より重要と思われるのは県外企業の増大である。

（3）県外企業の進出拡大

昭和三〇年代は、県外企業は市部に六〇社しかなく、郡部では名簿に記載されているものはなかった。また市部でも青森と八戸に限られ、他の都市の記載はごくわずかだった。またその内容は保険やマスメディアがほとんどであり、単純にいって、この時点では県外企業の進出はごく限定的で、経済は地方で独立していたのである。

半世紀後、県外企業が設置している県内事業所数は、この年鑑にあがっている限りでも四九七にのぼる。内訳は、市部に四六四、郡部に三三となっている。言い忘れたが、使用した平成二二年の名簿では、県内企業は資本金一〇〇〇万円以上の企業を取り上げているのに対し、県外企業は資本金一〇億円以上のみを取り上げている。本表では、県内企業が圧倒的多数を占めているように見えるが、この数値はそのまま比較できるものではない。そして実際、青森県民にはすでに青森県経済の多くの部分を県外資本が担っているという生活実感がある。この点を少し別の手段で補っておこう。

いま二〇一〇（平成二二）年の名簿で取り上げられている企業は資本金一〇〇〇万円以上のものと述べた。それゆえ、その末端の事業所についてもすべてが数えられているわけではない。たとえば、コンビニエンスストアも大手の県外企業が多数進出しているが、その数はこの表ではまったく勘定に入っていない。しかし試みに、手元の電話帳（タウンページ二〇〇九年青森県津軽版）を開いてみると、例えば津軽地域に限ってみても、コンビニエンスストアは、弘前市（旧岩木町含む）七〇店舗、五所川原市（金木町含む）二二店舗、黒石市一〇店舗となっており、さらに平川市を含む中南津軽地域一六店舗、つがる市を含む西北津軽地域二八店舗で、あわせて計一四六となっていて、これだけでもかなりの数になる。そして現実の売り上げも、個人商店とは比較にならない数値となっているはずである。

表10－5　青森県に事業所をおく県外企業の所在と立地場所（2010〔平成22〕年）

	東京	宮城	大阪	岩手	神奈川	秋田	千葉	愛知	北海道	山形	埼玉	高知	静岡	その他14県＋韓国	県外企業の支店（総数）
企業数	204	28	24	8	8	4	4	4	3	2	1	1	2	19	312
青森市	180	29	24	4	6	7	2	4	2	2		2	1	16	279
八戸市	56	16	3	15		2	4	1	1	2		1	2	2	105
弘前市	21	4	1			4	1			1	1	1	1		35
五所川原市	2	3				1	1							1	8
十和田市	4	5				2									11
むつ市	7	3	1		1	2									14
三沢市	4	3	1			1			1						10
黒石市		1				1									2
市部計	274	64	30	19	7	20	8	5	4	5	1	4	4	19	464
浪岡町＋東津軽郡	1					2					1				4
中津軽郡＋南津軽郡	1					3	1				1				6
北津軽郡＋西津軽郡						3	2								5
三戸郡						1									1
上北郡	5	1			1	1	2								10
下北郡	6	1													7
郡部計	13	2	0	0	1	10	5	0	0	0	2	0	0	0	33
不明															2
総計	287	66	30	19	8	30	13	5	4	5	3	4	4	19	499

（注）　市町村・郡の単位については，表10－2，10－3，10－4と同じ。
（出所）『東奥年鑑』平成22年度版より集計。

（4）県外企業の本店所在地

表10－5は、二〇一〇（平成二二）年度名簿に記載の、県内に事業所を置く県外企業（金融・保険・マスコミを含む）とその事業所数を、本社の所在地別に示したものである。一企業で二カ所以上支店を置くものも多く、事業所数は延べ数で示しておいた。また支店の支店もあるが、別の企業としてカウントしている。

先の『都市社会学原理』の表10－1と見比べると実に興味深い。企業の展開だけを見ても、もはや地域の境、県の境を越えて経済は大きく広がっており、二七都府県にのぼる（さらには海外の企業＝韓国もある）。とはいえ、結局は東京の一極集中が顕著であり、近くの秋田や岩手、北海道、そして東北の拠点である仙台を含む宮城をあわせても、東京の資本には及びもつかない。かつて秋田や岩手（盛岡）、宮城（仙台）との間にあった結びつきは、全体の交流の増大の中でその比率を薄めている。またここで秋田として示してあるものも、具体的にはそのほとんどが関東の企業の分社が秋田にあり、その出先機関（特に大型スーパーの店舗）が展開しているものである。東京・関東に成立している企業の活動の合間を縫って、せいぜいそのニッチに他府県の企業が入り込んでいるというのが現実といってよい。

なおここで、上北・下北への企業進出にも注意したい。ここには原子力・エネルギー産業の展開が大きい。中でも下北地域では、この他には自衛隊以外にはないといってよいほど、その経済は原子力関係の企業や公共事業の占める割合が高くなっている。

（5）三つの問題——モータリゼーション、郊外、グローバル化

この二時点の間に何を見るべきか。

この間の変化を説明するためには、鈴木が調査をおこなった時点では検討していなかった点に言及していくことが必要となる。それは一九五〇年代以降に生じたこと、それも鈴木の考えを越えて起きたことである。そして実はこのことこそが、現代において、結節機関という概念枠組みによってよりよく解明されるべき事態のようでもある。それは次の三点である。

第一に、農山村にこの間に生じた変化である。中でも第9章で（また第5章でも）強調したモータリゼーションの効果にここでは注目しておこう。第二に、この農山村の変化と関係して、郊外の出現という問題がある。この点については、都市域の拡大に関わる実証的観点からもさらに詳しく検討しておきたい。そして第三に、グローバル化という事態がある。この点については、第8章の議論を受けつつ、調査の結果をふまえてさらに深く考察していきたい。

4　農山村の変容と都市との関係性——西目屋村調査から

（1）農山村とモータリゼーション

第一に農山村の変化である。

前章および本章で検証してきたⅡ弘前駅前調査とⅢ青森県機関調査とともに、青森県を舞台におこなわれたさらにもう一つの調査がⅠ西目屋村大秋《たいあき》調査である。大秋調査の再検証については、本書第5章とともに、後藤範章の研究があり、ともに詳細な考察が施されている。(8)筆者自身も本集落では再三聞き取り調査などを行っているが、より系統的には同じ村内の別の山村、砂子瀬・川原平で調査を実施した経緯があり、その結果は多くの点で、これらの調査結果とも一致している。ここではごく簡単にその概要に触れ、以下に続く議論への道標としておきたい。(9)

『原理』調査がおこなわれた一九五五年当時、大秋を含めた西目屋村の山間聚落は、弘前という都市から最も遠い、奥まった山村であった。とはいえバスも開通し、また薪炭中心の林業から、拡大造林による近代林業への転換も始まるなど、急激な変化を始めた時期でもあった。尾太鉱山の開業、目屋ダムの建設もあった。

その後、半世紀を経て、これらの山村の事情を振り返ると次のようになる。一九七〇年代には鉱業および林業の衰退の中で過疎化が進行して、二〇一〇年代までには少子高齢化が大きく進んだ。一九六〇年当時、四〇〇〇人いた人口は、現在一五〇〇人を切り、また高齢化率も三五・四％（平成二二年）となっている。

とはいえ、最周縁の山間部集落といっても、生活圏は広域化し、多くの人がこの山村と、弘前やその他、青森県内の各地域を行き来して仕事をしていて、決してこの小さな地域にとどまっているのではない。そして、こうした生活の広域化の中で、高齢者のみでも生活可能な条件が保たれているのである。しかもそれは、すでに各家庭に数台ある自家用車を使用しておこなわれており（モータリゼーション）、それゆえ、『原理』で注目されたバス交通や集落内の店なども、今ではこの地域の暮らしの現実を示す素材ではなくなってしまった。「空気を運ぶバス」、「村で唯一のコンビニ」という現実の中（しかもそのコンビニもなくなってしまった）、村内の店もバスも、自家用車を利用できないお年寄りのためのものでしかない。村内の機関に対する村人の関わりは大きく変化してしまっている。

多くの人は自家用車を使って、広域・高速度移動をしながら、この地の暮らしを営んでいる。農山村の住民とはいえ、いまや都市に片足を突っ込んだ形で生活が成り立っているのであり、しかもそれは、バスや鉄道などを媒介にするのではない、自家用車によるドア・トゥ・ドアの都市農村関係のうちにある。

『原理』調査で用意周到に選ばれた、本州最北端の津軽地域の奥まった山村[10]でさえ（いやむしろ、奥まった山村だからこそ）、そのようなものになってしまった。そしてその結果として、この砂子瀬・川原平では、平成期に始まった津軽ダム建設の動きの中で、「いつかは山を下りねばならないのだから」と潔く水没移転を受け入れ、自ら集落消滅を決断してしまったのである[11]。都市と農山村の強いつながりの形成が、結果として地域社会の消滅を帰結したともいえる。

（2）郊外都市の出現

だが、さらにここで重要なことは、こうした農山村が片足を突っ込んでいる都市の実像である。実のところ、それは決して都市の中核部ではない。そうではなくてしばしば郊外なのである。これが第二の論点になる。

第9章で検討した弘前駅前調査は、公共交通を使う人が調査のターゲットだったので、調査対象者の多くが公共交通で活用しやすい中心市街地の商業・サービス業を利用していた。これに対し、自家用車による移動者は郊外の大型店を好んで利用しているが、このことは駅前調査では確認することができない事象となっている。郊外にはさまざまな商業・サービス業が展開しており、県や国の行政機関も多い。そしてまた、村から出て行った人々が都市に居住する場所もやはり郊外である。いや、より正確にいえば、出身の村と、都市の中核部との中間点に人々は好

Ⓐ1908（明治41）年

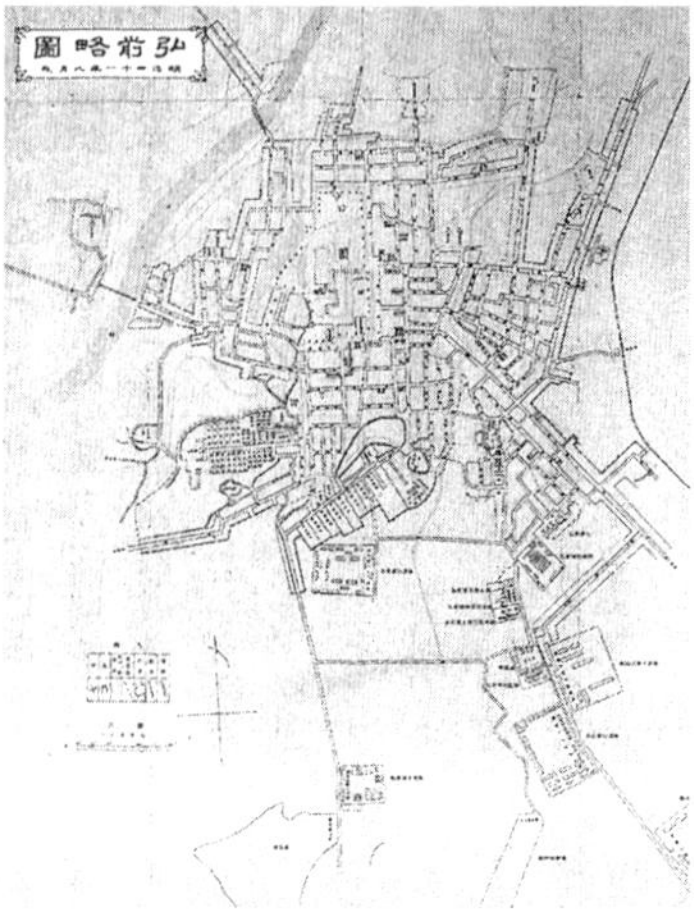

（原出所）　弘前市立博物館編集・発行『絵図に見る　弘前の町のうつりかわり』（1984）35頁より。

Ⓑ1959（昭和34）年

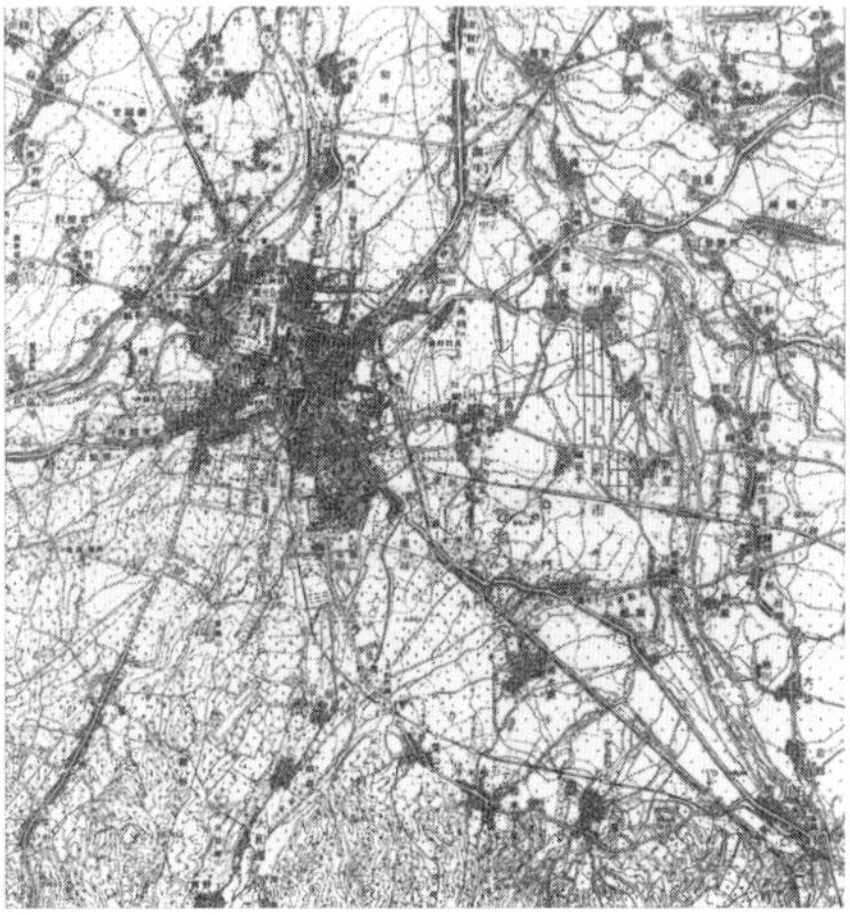

（原出所）　地理調査所『弘前』（1959），『黒石』（1957）より作成。

Ⓒ1995（平成７）年

（原出所）　国土地理院『弘前』（1995），『黒石』（1996）より作成。

図10－1　弘前都市域の変遷

（出所）　山下祐介・作道信介・杉山祐子編『津軽，近代化のダイナミズム』御茶の水書房，2008年，272～273頁。

んで住居を構えており、またそのまわりが自家用車による商業サービス業を供給する店舗や事務所立地の最適地となっている。モータリゼーションによる都市と農山村住民の結びつきが、都市の中心部を迂回してつくられたバイパス周辺をして、その最も重要な活動場所とするのである。郊外とは要するに、都市と農村の両方の生活を結節する場である。

本節で検証したような二〇一〇年代までに生じた結節機関の爆発的な増大の裏には、こうした都市の拡大＝郊外という場の成立という事態がある。このことに注意しなければならない。そしてそれゆえ、より新しい機関ほどこの郊外に、しかもより広い面積を使って立地することとなった。

郊外とは何か。それは一九五五年時点では、田畑や山林であった場所であり、それらが都市域の拡大の中で急速に住宅地や商工・物流用地として転用された、そういう場所である。そしてこうした郊外の発達と、その裏面である中心市街地の空洞化の中で、都市の結節機関の意味は大きく変わってきた。

モータリゼーションによる暮らしの広域化と、それを実現する郊外地帯――最後に、このことをふまえて、いま一度、青森県内の都市に展開する機関調査のデータの再検証をしてみたい。結節機関説を用いることで、二一世紀都市をさらにより深く考察していくことができそうである。

5　都市の機能とその変化――調査地の空間的再検討から見えるもの

（1）　弘前と青森――その空間編成の変容

ここでは、青森県の県庁所在都市・青森市と、津軽地方の中心都市・弘前市の二つの都市を素材に、結節機関の空間的配置の状況をより詳しく考察してみたい。まずは鈴木栄太郎の手法にならって、都市域の変遷を地図に読み込むことから始めよう。つづく分析のために、弘前・青森の各都市をそれぞれ①～④の四つの区域に分けてみる。

（ア）　弘前

弘前市街地は、一九六〇年代以降に一気に広がった。[12] 先述のように、弘前という都市の始まりは弘前藩時代の城下町に遡るが、廃藩置県で一時衰退した後、明治中期・一八九〇年代の鉄道の開通（奥羽本線・弘前駅の開業）と、第八師団の設置によって、軍都として成長した。弘前藩時代の町割りをそのまま継承しながら、市街地から適度に離して設置された停車場・鉄道施設（図10‐1Ⓐの東側）と、同じく郊外に設置された軍施設（同南側）とを結ぶ形で一部市街地が新しく形成される。軍施設は戦後は文教施設に置き換わったことも先に記した。ここでは、これらを①旧市街地、②明治発展地と区分しておきたい。

昭和三〇年代まではこうして、弘前藩時代の城下町に、明治期に形成された新市街地（その一部には、江戸から引き上げてきた藩士たちの住宅街もあった）が加わっただけの構造だった。これが昭和三二年に上梓された『原理』が念頭においている、地方中規模都市の具体的な姿であった（図10‐1Ⓑ）。しかし、これは大きな変化が起きる直前の姿である。その後、昭和四〇年代までには、弘前でも大衆向けの郊外住宅団地が形成され始める。都市の拡大はその後加速度的に展開し、二〇〇三（平成一五）年に策定された『弘前市都市計画マスタープラン』で「市街地拡大への対応」がうたわれ、コンパクトシティが課題とされるまで、周辺の農村地帯を飲み込む形で新興住宅地が開発されて、郊外市街地の拡大が進んだ（図10‐1Ⓒ）。この間に人口も一八万人弱まで伸びている。もっとも、昭和の合併や平成合併でいっしょになった旧町村部も含め、現在でもその郊外の外側には農村地帯が広がっており、それらをあわせた人口である。こうした都市に組み込まれずに残っている農村地帯を③農村部、新しく昭和期後半から平成期にかけて形成された住宅団地を④新興住宅地としておきたい。

（イ）　青森

青森市の都市域拡大についてはより簡単に述べておく。[13] いま、弘前が「コンパクトシティ」を都市計画にうたっ

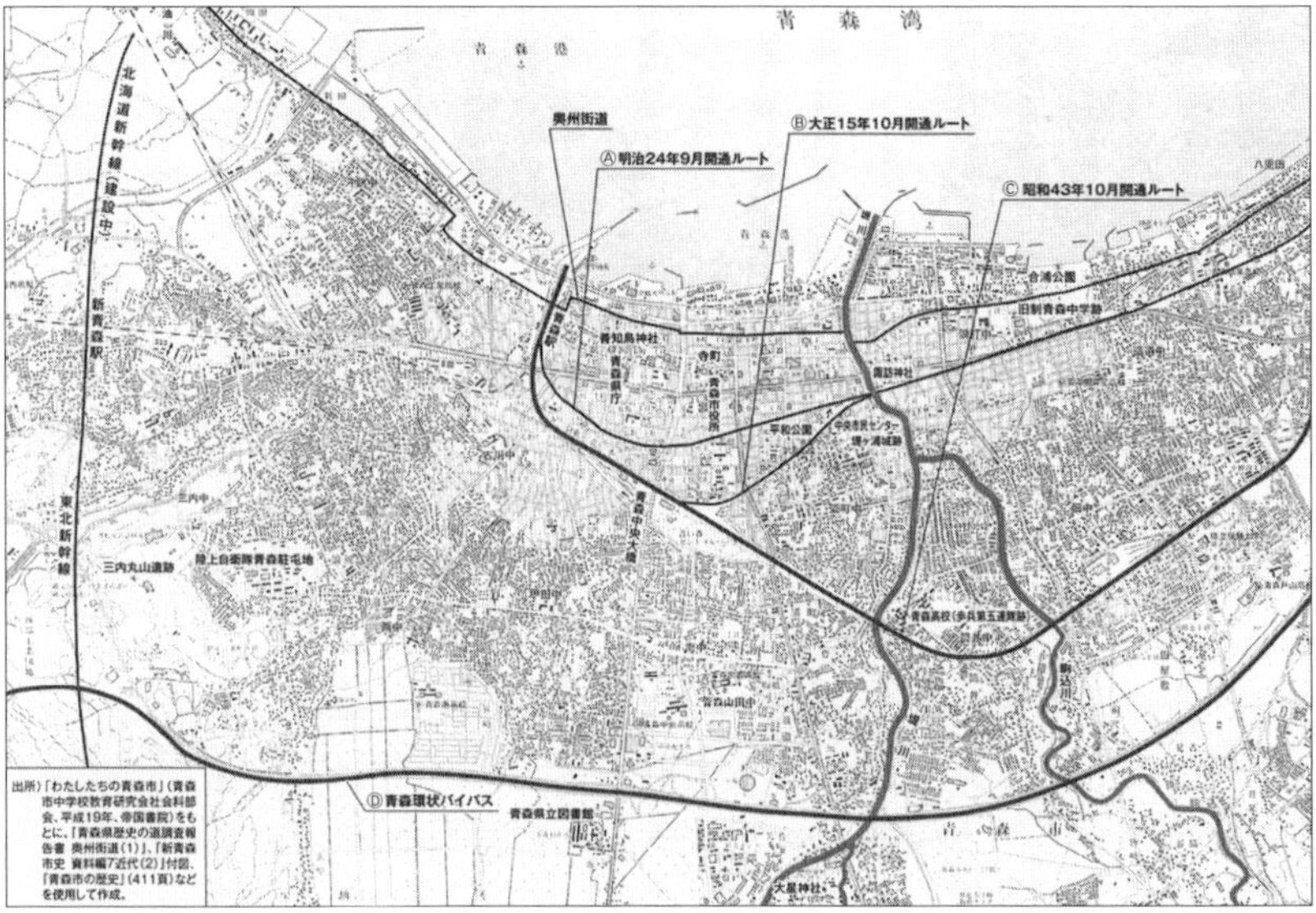

図10-2　青森市の変遷

（原出所）「わたしたちの青森市」青森市中学校教育研究会社会科部会，平成19年，帝国書院をもとに『青森県歴史の道調査報告書」奥州街道（1）』，『新青森市史 資料編近代（2）』付図，『青森市の歴史』（411頁）などを使用して作成。

（出所）山下祐介「都市の発展――青森　三内丸山からコンパクトシティ，そして新幹線開通まで」『津軽学』（津軽に学ぶ会）第5号，2009年，134頁。

たと述べた。このコンパクトシティを最初に日本で提唱した自治体は青森市である。青森市についてもその市街地の展開を地図で確認しておこう。

先述の通り、青森という町は江戸時代の湊町であって、都市の規模・格でいえば、弘前の方が上であった。立場が逆転するのは、青森県が成立し、青森がその県庁所在地になってからのちである。それでも、廃藩置県当初から都市であった弘前に対し、青森の都市形成は遅く、また明治以降に発展した近代都市としての性格を強く有するものとなった。

図10-2は青森の都市形成を現在の地図上に示したものである。図中には、都市の広がりを確認するためにいくつかの曲線を入れているが、要するに過去に敷設された鉄道の軌道と、街道・国道・バイパスを強調したものである。ここにはE・W・バージェスの「都市の発展」（一九二五）に出て

くる同心円的成長を地でいっているような都市発展が見て取れる[14]。

一八九一（明治二四）年、最初の東北本線開通時の軌道（図中Ⓐ）のなかに、青森という町はすっぽりと入っていた。この範囲内を①旧市街地とする。一九二六（大正一五）年、操車場の形成でループは拡大されるが（図中Ⓑ）、それでもこの程度であった。青森市街地は米軍による空襲で、一九四五（昭和二〇）年七月に焼け野原となった。その後、戦後復興を経て、昭和四〇年代までには、一九六八（昭和四三）年にルートを拡大しなければならないほど、都市域が急速に広がった。それでも、いまに比べれば、まだまだ小さな範囲であったといえる（図中Ⓒ）。この範囲までを②東北本線内としよう。平成二〇年代までには、都市域は国道四号線・七号線の青森環状バイパスまで広がっており（図中Ⓓ）、ここまでを③青森環状道路内とする。青森市のコンパクトシティ政策は、この環状バイパスを越えないようにというのが目標であったが、都市拡大の圧力は青森市の意図を超えてさらに進んだ。このバイパスの外側を④青森環状道路外としよう。

（2）　青森県庁機関の所在から

こうした空間展開の中で、結節機関が青森と弘前という二つの都市（およびその周辺）のどの場所に位置してきたのか、一九五七（昭和三二）年と二〇一〇（平成二二）年の『東奥年鑑』からさらに検討し、結節機関の所在地の変化をたどってみよう。ここではとくに青森県庁の関係機関の所在を題材に検証をおこないたい[15]。

表10‐6は、青森市と東津軽郡、弘前市と黒石市・中津軽郡・南津軽郡にある（あった）、県の機関を、一九五七年と二〇一〇年で比較したものである。表中の①〜④は、今見た地図分析による地域区分を指している。ここから、次のようなことが読み取れる。先に青森市の方から見ていく。

一九五七年時点で、本庁の他、青森市には一七の支店機関が存在したが、そのうち一一は①旧市街地にあった。県庁組織はその後拡大を続け、県庁庁舎から溢れてその支店を広げるが、二〇〇〇年の北棟の建設で各地に分散していた機関を中心市街地である新町にまとめることができた。しかしそれでもなお、①旧市街地に一三の機関が存在する。さらにそれ以外の機関が中心市街地を越えて広く展開し、④環状バイパスを越境したものも多数現れている（一三機関）。その典型的な施設が青森県立図書館である。環状道路の外側に位置するだけでなく、かつて青森の都市から最も遠く離して作ったはずの青森刑務所に隣接した立地となっている。刑務所のすぐ隣が図書館なのである。また青森県立美術館は、二〇〇六（平成一八）年に、全国で最後に設置された県立美術館であるが、縄文時代の遺跡・三内丸山遺跡に隣接して建てられており、ここも本来は青森市街地から最も離れた場所である。すぐそばに陸上自衛隊や三内霊園があって、本来の都市設計者が意図していた都市の範囲を越えた地だといってよい。

次に弘前市およびその周辺の黒石市・中津軽郡・南津軽郡の機関である。弘前市の県機関は、青森市に比べると、二〇一〇年時点でもまだ①旧市街地からそれほど外に出ていない。それでも三機関が④新興住宅地にある。また中南地域県民局が二〇〇六年より開設され、中南津軽地域の中核機能性が高められた。

こうした市部の機能集積に対して、その周辺部での機能展開はほとんどなく、場合によっては縮小されている。これは、弘前周辺（黒石市、中津軽郡、南津軽郡）のみならず、青森市周辺（平成合併した浪岡町や、青森都市圏である東津軽郡）も同様である。

また表10-6の検証では、以上に加えて、青森と弘前を比較した場合の、両者の中心性の高まり方の違いも強調すべきだろう。明らかに県庁所在地である青森の方で、機関の集積量が高くなっている。要するに、より中心的な場所ほど、より中心性が高まっているのである。

ここでは県庁の機関に代表させてその地理的展開を検証してみたが、同様の傾向は他の機関、例えばスーパーや大型店などの機関の集積・配置などにも明瞭にあらわれている。そしてまた同じことが、学校教育機関や病院などにも観察される。以上をふまえて、こうした都市域拡大の意味を、次のように読み取っておきたい。

表10－6　青森市および弘前市にある県の機関

1957年度版		2010年度版	
青森市にある県の機関		**青森市にある県の機関**	
本庁	1	本庁　長島	1
		北棟　新町	12
①旧市街地	11	①旧市街地	13
②東北本線内	2	②東北本線内	10
③青森環状道路内	2	③青森環状道路内	15
④青森環状道路外	2	④青森環状道路外	13
（小　　計	17）	（小　　計	51）
青森市周辺にある県の機関		**青森市周辺にある県の機関**	
浪岡町＋東津軽郡	10	浪岡町＋東津軽郡	7
うち　浪岡町	1	うち　浪岡町	2
蟹田町	1	蟹田町	1
野辺地町	6	野辺地町	2
平内町	2	平内町	2
弘前市にある県の機関		**弘前市にある県の機関**	
		県民局分室　蔵王町（①旧市街地）	5
		下銀町（①旧市街地）	1
①旧市街地	12	①その他旧市街地	2
②明治開発地	3	②明治開発地	2
③農村部	1	③農村部	1
④新興住宅地	0	④新興住宅地	3
（小　　計	16）	（小　　計	8）
弘前市周辺にある県の機関		**弘前市周辺にある県の機関**	
黒石市	8	黒石市	6
中津軽郡＋南津軽郡	6	中津軽郡＋南津軽郡	5
うち　岩木町	1	うち　岩木町	2
田舎館村	1	田舎館村	1
大鰐町	2	西目屋村	1
藤崎町	1	平川市碇ヶ関	1
平賀町	1		

（注）　市町村・郡の単位については，表10－2，10－3，10－4と同じ。
（出所）『東奥年鑑』昭和32年度版，平成22年度版より集計。

（3）　都市拡大の意味

都市の拡大は、まずは都市に流入してきた過剰人口が外側に向けて溢れ出すことによって始まった。都市の中心は本来、人口密度が高く地価も高かった。中心はそれだけさまざまな意味で価値があったからだが、しかしモータリゼーションが始まり、情報の高速化も実現されると、住宅も、資本も、安くて広い土地を求めて、都市の外へ外へと出ていくこととなった。青森も弘前も、郊外住宅地が形成され、大型店や各種商業・サービス業の拠点がバイパス道路沿いに溢れる形で進出していき、それに付随して公共機関も外へと押し出されてきた。

もっとも、都市機能の都市の外への溢れ出しは、都市の内部からの力学のみで生じたものではない。周りの町村の側から見れば、都市の中まで入らなくても、自家用車を使って気軽に利用できる都市的場が求められたのでもあり、都市の拡大は、都市の外側に暮らす人々の利便性の追求とも合致していた。それゆえ、郊外という場所の拡がりは、都市の動向と、その周りにいる人々の意向との、両者の結託によって実現したものだといえる(16)。

だがこうした動きが展開した結果、都市の溢れ出しが止まらなくなってしまい、都市に暮らし、都市を使う人々にとって、容易ならざる事態が進んでいくこととなる。それはこうした動きの中に、次のような事実が内包されていたことによる。

この都市の外への都市機能の溢れ出しは、その地域社会（都市・農村）に暮らす人々だけによる単純な内発的自己運動ではなかったのである。そこにはもう一つ別の作用が加わっている。というのも、都市域の拡大を牽引する資本には県外のものが多数含まれ、また拡大化を許容する決定には、県外の意志が――とりわけ国の意志が――関わっていた。そして実際その意志に導かれて、九〇年代バブル崩壊期までには、都市の拡大化（市場の拡大化）をおさえるものはなくなり、また郊外に進出する事業所には全国規模で展開するフランチャイズが多数加わるようになっていったのである。郊外という場への外部資本の地域参入が折り重なることによって、その土地に直接関わるものではない別の思惑が、それ以前であれば考えられないほど深く大きく関与するようになっていく。そしてこうした参入の結果として、中心市街地の衰退や、空洞化といった事態が立ち現れるようになるのである。

郊外の発展を通じて、生活の多くの領域が、日本社会全体で結ばれる本支関係の中に組み込まれるようになり、都市自身の自律的な作動は次第に損なわれていった。郊外を介した外側からの資本の侵入によって、本来そこにあった都市・農村がその力を奪われ、無味乾燥たる郊外に、残った活力も際限なく吸い上げられていく――われわれはいま起きている現象を、そういうプロセスとして記述しうる。先に表10-4、表10-5で見た都市の機関の展開も、こうした都市・農村がおかれた環境の大きな変化をふまえて読み込まなければならない。

そして郊外化という都市拡大の動きは、表10－6で検討したようにこの地域の公共機関自身が推進してきたことでもあって、中心市街地に対する郊外という場の優位性は、資本のみならず公共の手によって――その大元をたどれば規制緩和や公共事業を通じた国の手によって――実現されてきたものであった。鈴木が調査をした一九五〇年代を転換期として、すでに七〇年代には国・県の多くの公共機関が町村部を撤退し、都市部への集積をはかっていたが、その集積はさらに、郊外の形成によって都市をも離れ、都市と農山村の中間地点で進められていた。このような作動が、たとえば二〇〇〇年代の青森市の中心施策であったコンパクトシティという抵抗を生み、かつ結局はそれを無効化する原因にもなっていた。結節機関の集積はもはや都市の持続可能性の追求のためではなく、むしろ都市や農村の各統一性を換骨奪胎するように働いているといわねばならない。

この傾向はさらに、ここでおこなった調査の直後、二〇一〇年一二月に開業した東北新幹線・新青森駅の位置にも顕著に見られている。新青森駅は、青森という都市の外延部に設置された（図10－2）。駅周辺はすでに、二〇一五年の段階で、かつての水田が、駅ビルを核としたモールと、新たな郊外住宅団地へと転換されてしまっている。新青森駅は青森と東京を直接結ぶ、地域にとって最重要の結節機関だが、それはもはや青森という都市のためではなく、北海道と東京を結ぶ通過点として、資本や国家にとってよりよい場所に設置されたのだといってよい。この青森という都市にとってあるべき駅の位置はこの場所ではない。今後の自身の存続の条件として最重要といってよい機関の位置を、都市自身で決定することが許されなかった。たとえばこのこと一つをとっても、もはや都市の自立性は失われつつあるといってよいだろう。

6　グローバル化の中の都市と国家

(1)　結節機関調査の追試から見えてくるもの

以上の分析に加えて、ここにさらに第三の論点、国家とグローバル化という事態について議論を広げる必要がある。われわれは結節機関という概念を使って、さらにこの事態を次のように説明できる。

結節機関は、人と機関、機関と機関を結んでいく装置である。それは必ずしも地域と地域をつなぐだけでなく、地域を越えて国民と国家、国民と資本を直接結ぶものである。しかもそれは、その結節をおこなうのに最も効率的な形で展開する。それゆえそれは、都市や農村といった地域のために配置されることもあるが、その形成の仕方によっては、国家や資本を優先して、こうした地域を破壊する方向にも広がっていく。

なぜこうした脱地域的な作動が現れるようになるのか。都市を都市づける結節機関は、いまや都市自らの力で生み出したものはごく一部に限られ、そのほとんどが中央——関東・東京圏——に接続されていることで力を持つものだからである。それどころかそれは、中央においても地理的に特定されてはおらず、自分の都合で、ある地に侵入を計れば、条件が悪くなればそこからの脱出の機会をもつねにうかがい、大規模な都市といえどもその出入りをコントロールすることはできない。結節機関による接続は、鈴木栄太郎がすでに見通していたように対等な関係性では決してなく、一方が上位で一方が下位の支配従属関係であり、別の言い方をすれば依存と搾取の関係を含んでいる。それゆえそれは、はじめから脱地域的に作動するようにできているのである。

(2)　グローバル化と国家、都市

結節機関で結ばれることによって、各地はこうしたヒエラルキー構造に絡め取られていく。それが今日の日本の

中央―地方、都市―農村関係を決定的に特徴づけている。

ところで、このような上下関係の網の目の中に地域を見たとして、では、こうした結節機関の最上位には何があるのだろうか。

おそらく鈴木がこの議論をしていたときに想定していたのは国家であったはずである。あるいは国家と結託した資本主義体制であったかもしれない。しかしながら、鈴木の立論から半世紀を越えて見えてきているのは、国家＝資本主義をその頂点に想定しているだけでは、事態の正体は明らかにはならないということである。

われわれが二一世紀に入る直前から気になっているのは、国家のさらに外側にある、世界社会という得体のしれないものである。今やわれわれは、地球上に存在する人間の総数を知り、国の数を知り、その中で互いの生きる術を競ったり、協調したりしなければならなくなっている。われわれは世界と向き合って生きている。

興味深いことは、この世界社会は一つの全体ではあるが、社会的統一ではないという点である。国家社会が一つの社会的統一であり、その下には自律的な社会秩序調整機構があるのに対し、世界社会はそうした秩序形成のための直接的な手段を持たない。世界は厳密な意味で「社会」ではない。それは人々が「社」で「会」い、協力し合う、そういう意味での「社会」ではない。人々の関係が連鎖的につらなりあっている、そうしたものの総体にすぎない。

とはいえこの関係はもはや、世界の各地、各人々をお互いに強く深くつながりあわせてしまったので、一国で生じた大災害やテロ、経済破綻、政治体制の崩壊、伝染病や飢餓の蔓延等々、一つの危機が世界レベルに連鎖して非常事態まで引き起こす、そういうリスクをはらむものにもなっている。しかも、このふくれあがってしまった世界人口を統制する手段もなく、先進国では人口減に入りながら、多くの貧しい国々が人口増大をつづけてもいるので、人口偏在や格差は拡大するばかりである。

グローバル化の中で結節機関が結びつける先は、必ずしも国家で終わるものではなく、その先には得体のしれない世界が潜んでいる。結節機関は国家を越え、さらには世界とも人々を直接結びつけている。しかもその場は座標のある空間を越えて、バーチャルなサイバー空間にまで広がってしまった。

それでもなお、われわれがこのグローバル化の展開をどうにかして可視化し、そしてそこに何らかの統制を加え、調整を続けていこうと考えるのなら、今一度この中で国家のあり方を問い直していくしかないだろう。たとえば日本社会を、世界社会の中でふるまう一つの社会的統一体と考え、そのあり方を構築し直すしか、今のところ方法はない。そしてそう発想するのなら、われわれはおそらく次の二つの問いに答えることが必要となる。

一つは、国民社会は今後とも一つの社会的統一でありうるのか、中でもそれは精神でありうるのかという問いである。精神から導かれる秩序の形成は、無秩序な世界社会の中でこそ求められる。だが国家ははたして今後もそうした社会的統一体でありうるのだろうか。そもそも、国家精神なるものが、一世紀前に世界を無秩序の混乱に陥れたのではなかったか。そして国家精神の前にその根元にあった都市や農村といった聚落社会は、その社会的統一を提供し、国家統一のための犠牲となってきたのではなかったか。だが都市や農村をひたすら食い破る国家は、はたしてこの先も社会的統一を維持しうるものなのか。

もう一つは、日本社会を構築する国民社会の構成体はいったい何かという問いである。それは国民なのか、それとも集団なのか。グローバル社会の前でわれわれは、国家を構成するものを、政府はもとより、村や町、都市、企業や団体その他のあり方や役割からあらためて確認し、それらが依然として社会の構成体たりうるのかを検討していかねばならない。おそらくこの第二の問いこそが、第一の問いへの答えを用意するものだろう。

ここでおこなった青森県に関わる三つの調査の再検証だけでも、色々なことが見えてくる。われわれは、鈴木社会学よりも新しい段階に進んでいる。しかしそれでも、基本的な社会の構成は半世紀前とそう大きく変わってはいないはずであり、鈴木理論に新たな論点を積み上げて、新しい日本社会学を構成することは可能である。すでに半世紀前、鈴木栄太郎はその人生をかけて、欧米と日本の社会の違いを明確に意識し、独自の社会理論を組み立てた。日本人にオリジナルな社会学の土台は用意されている。そしてその視角から見れば、もしかすると行き詰まっているように見えるわれわれの情勢も、個人主義・競争主義・普遍主義を前提にしている欧米的視点より見るからにすぎず、もっと別の展望ある形で理解する可能性があるのかもしれない。そしてそれはおそらく、持続や安定、循環の論理を通じてであると筆者には思われる。そしてこれらの論理こそ、鈴木がこの日本社会を凝視していく中で見出したものであり、われわれ日本の社会を持続させてきた中心論理であった。われわれはこうした社会論理を実証的にも、実践的にも取り戻していく必要がありそうである。

(3) 調査と理論の対話としての凝視

こうして、結節機関の今日的姿を追っていけばいくほど、鈴木自身が晩年に試みようとしていた「国民社会学」[17]の中での都市の考察が何より不可欠であるという結論に行き着く。しかもこの国民社会は、いまや鈴木の時代を越えて、より広くグローバル社会にも結びついてしまっている。ここからさらに何を展望しうるのか。われわれは、鈴木社会学を継承しつつもそれを越えて、二一世紀の都市理論を新たに構想していかねばならない。

以上、第8章でおこなった問題提起をもとに、第9章、第10章を通じた実証分析を通じて、鈴木栄太郎が『都市社会学原理』で展開した調査や論理に現代的視角から光をあてながら、その豊穣な社会学的思考力の一端に触れることができたと思う。

最後に、鈴木がおこなってきた学問的営為の底にあるという「凝視」の意味について触れて稿を終えたい。鈴木栄太郎の社会理論はつねに観察に基づいており、必要であればそれを現地に出て調査し、資料を集めることによって展開されていた。鈴木栄太郎自身は病床に伏していたため、それを助手や弟子たちにわざわざ頼まねばならなかったのだから、実証的方法に対する絶対的な必要性を信じていたからこそ、この方法がとられたのである。

近年の社会理論はしばしば評論の様相を呈し、具体的な社会状況の観察を怠ったまま議論していることが多いように思われる。しかし社会は、何らかの手続きを経た観察をおこなわなければ、決してその姿を見せてはくれない。

社会はわれわれの目にそのまま見えるものではないからである。逆に、その手続きを徹底的に工夫したとき、社会は見事にその姿を現す[18]。鈴木栄太郎の議論、とりわけ『都市社会学原理』は、そうした社会を見る工夫の見本といってよいものである。それゆえに、いまでもその理論は色あせず、われわれに未来へ向けた道標を示してくれるのである。凝視とは、徹底した社会調査と、徹底した思索による思考の方法である。それは理論と実証の対話なのである。

注

（1）むろん、その再評価もまた、今後の研究に委ねるしかない。現時点でのノートについての一般的な解釈においては、ということである。

（2）本章についても、前章と同様に、山下祐介「鈴木榮太郎『都市社会学原理』結節機関説の導出と青森調査——県内機関、弘前駅、西目屋村の五十年後」『人文社会論叢』（弘前大学人文学部）（人文科学篇）第二四号、一七～五八頁も参照。

（3）この調査は、一九五五年第二八回日本社会学会で、笹森秀雄（北海道大学・当時）によって発表されている（笹森秀雄「都市相互間の社会的連鎖的関係についての一研究」第二八回日本社会学会研究報告）。そこでは、五つの表が報告されているが、その表題を示すと次のとおりである。

第一表　交通量よりみた都市相互間の関係
第二表（A）　乗車客の行先別目的調査を通じてみた　弘前市と他聚落相互間の社会的形態
第二表（B）　乗車客の行先別目的調査を通じてみた　八戸市と他聚落相互間の社会的形態
補表　他市町村住民の弘前市来訪目的別調査
第三表　事業体の本支（すぐ上の上部機関）関係よりみた都市相互間の関係

このうち、第三表が、『都市社会学原理』（一一〇頁）に掲載された本章の表10‐1である。そして、第二表（A）、補表がそれぞれ、弘前駅前調査の結果であり、第9章の表9‐1、表9‐2にあたる。

（4）表10‐1にある十和田市は、一九五五（昭和三〇）年に成立した三本木市が、一九五六（昭和三一）年に改称したものである。ところで『都市社会学原理』では十和田市になっているこの表が、前注(3)の笹森秀雄の原表では「三本木市」になっている。三本木市が存在したのは昭和三〇年のみであり、前後の事情から見て昭和三〇年の調査と考えて間違いなさそうである。

(5) 弘前でやや秋田が多く、八戸で盛岡が多いのは、その立地のためであるが、特に国鉄（現JR）の関係機関が大きく反映されていると思われる。青森県の東半分は盛岡鉄道管理局、西半分は秋田鉄道管理局の管轄となっており、これは現在のJRも同じである。

(6) こうした手続きをとるのは、当時の調査がどのようにおこなわれたのかつまびらかではなく、また、わかったとしても現在では状況が大きく変わっているので（特に機関の数）、同じように調査ができないことによる。そのため調査のおこなわれた時点についても同じ資料を用いて検証し、異なる時点の機関の数や質を比較しようと考えたのである。すなわち、表10－1の結果を同時期の資料で集計し直し、その結果と、同じ資料の後継版である現在資料の集計結果と比較して、二時点の変化を考えてみようというのである。

(7) この①～④の分類は、とくに表10－4に関わるものである。その際、郵便・国鉄は昭和三二年当時は国の機関だが、平成二二年現在では県外企業になるので別に「郵便・国鉄」として集計し、対比できるようにした。電報電話局やたばこ公社についても同様に扱うべきかもしれないが、ここでは昭和三二年では国の機関で拾い、平成二二年では企業に集計している。この他に、市町村役場、小中学校、企業として掲載されていない自営業者（個人商店など）を加えていくと、都市的機関の総数をえることができるわけだが、これらは各町村にまんべんなく存在するので、表10－2では特に県内の主要機関のみを取り上げて集計している。『都市社会学原理』がどんな名簿に基づいて集計したかは不明である。

(8) 後藤範章「山間集落における局地的小宇宙性と村落結合――山梨県旧桐原村大垣外と青森県西目屋村大秋の五〇年」日本村落研究学会『村落社会研究』第二九集、一九九三年、一〇三～一三五頁。

(9) 筆者による砂子瀬・川原平調査の概要は、西目屋地域生活文化調査委員会『砂子瀬・川原平の記憶』西目屋村・津軽ダム工事事務所、二〇〇五年、山下祐介・作道信介・杉山祐子編『津軽、近代化のダイナミズム』御茶の水書房、二〇〇八年の第3章、および山下祐介「新砂子瀬物語」『白神学第一巻　山村に生きる』ブナの里白神公社、二〇一一年を参照。また大秋集落については『白神学　第二巻　目屋の古道』ブナの里白神公社、二〇一一年でもふれた。加えて以下の論点については、山下祐介『限界集落の真実——過疎の村は消えるか？』筑摩書房、二〇一二年も参照。

(10) なお、この『原理』調査の裏側で、津軽山村民俗に関する重要な調査がおこなわれていたことにも注意をうながしたい。森山泰太郎『砂子瀬物語』津軽書房、一九六八年など。山下祐介、「新砂子瀬物語」参照。

(11) 山下祐介、前掲論文。

(12) ここで紹介する弘前市の都市変遷は、以前、筆者がこの都市の住民移動、家族の変化について調査した際に構成したものである。山下祐介他編『津軽、近代化のダイナミズム』第6章を参照。

(13) 以下については、詳しくは山下祐介「都市の発展——青森三内丸山からコンパクトシティ、そして新幹線開通まで」『津軽学』（津軽に学ぶ会）第五号、二〇〇九年、一三〇～一三九頁を参照。

(14) E・W・バージェス「都市の発展——調査計画序論」R・E・パーク他『都市　人間生態学とコミュニティ論』大道安次郎・倉田和四生訳、鹿島出版会、一九七二年所収。

(15) 県庁機関を題材にしたのは、その数が明確でかつ限りがあることなど、集計のしやすさによる。相当な煩雑さを伴うことにはなるが、手間と時間をかければ、全機関の所在地を分類することも可能ではある。またここでは二時点しか対照していないが、この間の年次推移も分析可能である。他都市との比較も必要だが、各県で編集されている同様の名簿を用いればこれも不可能ではない。この手法によるさらなる検証可能性は今後の課題としておきたい。

(16) この点については、山下祐介他『津軽、近代化のダイナミズム』の第6章でも詳しく検討した。

(17) 鈴木栄太郎『国民社会学原理ノート』（著作集Ⅷ）未來社、一九七五年。

(18) この意味で、改めてE・デュルケムの『社会学的方法の規準』宮島喬訳、岩波文庫、一九七八年（原著一八九五年）、およびM・ウェーバーの『理解社会学のカテゴリー』林道義訳、岩波文庫、二〇〇二年（原著一九一三年）の通読を若い読者にはすすめたい。鈴木の中にも、両者に連なる社会学の精神が宿っているように筆者には思われる。

資料編　リーディングス・鈴木栄太郎『都市社会学原理』（抄録）

凡　例

（1）本資料編は、鈴木栄太郎『都市社会学原理』（有斐閣、一九五七年）を抄録したものである。なお、増補篇については『鈴木栄太郎著作集Ⅵ』（未來社、一九六九年）に依拠した。

（2）以下の目次はそれら底本の目次である。ただし、本資料編に収録したものは、ゴチック体にて明示し、本書の頁数を示した。

（3）底本の章および頁数を参照する箇所の表記については適宜修正し、本資料編に対応させた。

（4）底本にある明らかな誤字等は適宜改めた。また現代の慣用および読みやすさに配慮し、一部漢字表記をひらがな表記とした。

目次

〔増補篇〕

〔編集部註〕　本資料編は、著作権者および、株式会社有斐閣ならびに株式会社未來社の許可を得ています。

第二章　聚落社会の概念及び都市の概念

第一節　地域的社会的統一

社会という現象が意識化される場は人の心の裡《うち》であるが、この現象が比較的固定して反覆する場合には、この現象に伴う種々の固定的な具象的存在が現われてくる。特に人の家族の集団生活にあっては、それに伴って住居を設定するのが常であり、住居は土地に固定しているのが一般であるから、人の家族生活は土地に比較的固定的とならざるを得ない。社会という現象では、それに坐している人自体が一般に家族生活を営んでいるのが普通であり、その家族生活のための住居は、既述の如く土地に固定しているのが常であるから、社会上の諸現象も、事実上、一定の土地の上に比較的限定されてみられるのが原則である、という事ができる。また、家族以外の社会生活においても、同様の事がいえる場合が多い。

いかなる理由に基づいているにしろ、人の生活は、事実上、比較的一定の地域内に限定されているという事は事実である。我々は、その事実を、今日の都市生活のうちにおいてすら明らかにする事ができた。然りとせば、人の社会的接触も、事実上、地域的制約を受けているであろうし、又、社会という現象が必要とするさまざまの具象的存在も、事実上、ほとんどみな地域的に固定しているともいいえよう。それらの具象的存在が土地に固定しているという事は、それによってさらに人の生活を地域的に制約し、人を土地に結びつける結果となるであろう。人の活動が土地に固定的であるという原因から、社会的生活のための具象的存在も土地に固定するという結果が生ずるのか、あるいはこの原因と結果が逆に作用しているのであるか、ともかく、人の活動も社会的施設も、事実、無制限な地域に拡がってはいないのである。

社会の現象が反覆される場合は、関係という形におき換えて考える方が理解に便宜である。然りとせば、単に土地の上に比較的固定した社会関係があるといえるばかりでなく、事実上、人の社会関係はすべて原則的には土地の上に固定化されているとさえいう事ができる。

社会関係の地上への投影が、一定の地域の上に累積して、一つの独立体の形態を現わすように考えられる場合には、そこに一つの社会的統一が予想される。それは、社会の地域的統一というべきものである。

およそ今日の国民社会の内部において形成されうると思われる定型的なる地域的社会的統一、または地域的前社会的統一には、次のごときものが考えられる。すなわち、近隣、村落、都市、行政的団体、都市依存圏、都市利用圏、通婚圏、伝承共同圏等々。

右のごときさまざまの地域的社会的統一及びそれに類するもののうち、特に村落と都市は、共に聚落の空間的統一の基礎の上に形成されている社会的統一であるが、本質的に他の社会的統一とは異なっているものと思われるから、それを特に他と区別して聚落社会と呼ぶ事にする。聚落社会がその他の地域的社会的統一と異なっているゆえんは、それが他のあらゆる地域的社会的統一の基本をなしている事と、人間生活文化の発展史の上でそれが常に最も基盤的な社会的統一であったと思われる事とによる。

聚落社会という概念は、厳格に村落と都市のみを指すものであるが、他のすべての地域的社会的統一はみなこの村落または都市を基本として構成されているのである。すなわち、近隣は村落または都市の部分または細胞をなすものであり、その他の地域的社会的統一は都市または村落を部分として構成されているものである。

また、生活文化の発展史上、聚落社会が常に基本的な社会的統一であったと思われるのは、人はいつの時代においても常に村落または都市の中に産み落され、そこで成長し、生活を終えてきたと思われ、何れの村落または都市にも所属しなかった人の生活は考えられないからである。しかも、人が産み落された村落または都市は、みな原則として密居聚落の上に形成されたものであったように思われる。少数の例外として、散居聚落の場合もあるであろうが、それについては今ここで触れる必要はない。

人は聚落社会の生活を始めてから、その中での長い経験のうちに文化のあらゆるものを創りだし、それを育成してきたと思われる。おそらく密居聚落の中での生活こそ、文化育成の温床であったと思われる。定住以前の生活では、人の文化は充分に発展しえなかったであろうし、定住しても密居するまでは、人の文化は充分に発展しえなかったであろう。密居聚落の中の人間生活が漸次整備され統一されて、村落がつくられ都市がつくられるに及び、いろいろの文化がにわかに発展してきたのであろう。

古代都市の成立においては、都市となる場所は一挙にして建設され全部が一日にして完成されたが、団体としての都市が形成されたのは容易でなかった、と考えている歴史家の推論は根拠なきものではない。そこではまず社会の統一が形成され次に人間の活動の場所ができたというのであるが、それはとにかく都市の成立についての一つの史論である。古代村落の成立についての史実は、勿論、明らかにされていないようである。しかし、密居聚落すなわち場所がさきであったか、村落構造すなわち社会がさきであったか、それはここでも問題になる事である。また、なぜに人は密居の生活を始めたであろうか、という事も問題である。

僅少の例外の地域を除き、ほとんど世界各地に近代に入るまでみられた都市の城壁は、明らかに共同災害に対する共同防衛の備えであった。都市ばかりではなく、村落にも城壁の存しているところがある。城壁の起源は古く、考古学の研究は、古代ギリシャやローマや中国の都市は勿論、それよりさらに古いバビロンの都市にも、シュメールの都市にも、城壁があった事を明らかにしている。シリアの近代都市アレッポの城壁は、紀元前千二百年以前に栄えていたヒッタイト人の造ったものが、そのまま三千年以上も城壁として今日まで残っているものである、と考古学者は教えている。城壁は明らかに住民の共同防衛の備えである。散居聚落に城壁の存する僅少の例もないではないが、城壁は密居聚落に対してめぐらされるのが技術的に考えても当然であろう。

人はなぜに密居するに至ったかの答えとしても、おそらく共同防衛の必要のためであったといいうるのではなかろうか。密居は生命財産を共同で守備する構えである。密居の内と外とは、敵と味方の世界である。密居する仲間は、生死を共にする仲間である。はなはだ長い間の社会不安の時代に、人はそんな聚落内の生活を続けてきたのであろう。聚落社会の本来の意義は、まさにそこにあるのではないのか。聚落社会が聚落の空間的統一の基盤の上に形成されるのも、まさにそこに根拠があるのではないのか。人が密居して村落を形成した理由も、さらに強大な密居聚落社会としての都市を形成した理由も、共に共同防衛のためであったと推定する事は根拠なき事ではない。

城壁内の社会は我等の社会であり、城壁の外の社会は彼等の社会である。大なる城壁の中には都市があり、小なる城壁の中には村落がある。文字通りそんな時代もはなはだ長く続いたであろう。おそろしく長い間、人はいずれかの城壁の中に居住し、天涯に孤立して居住する者は亡びた。人はいずれかの城壁内に宿らなければならなかったのである。城壁内の社会が聚落社会である。それは、強いそして基本的な人間の生活の枠であった。

この生活形式は、人が密居の生活を始めてからずっと今日に至るまで、未だなお続いている基本的な人間の生活形式ではないのか。

第二節　（略）

第三節　共同防衛の機能

日本の都市にこそ城壁はみられないけれども、城壁都市の分布はほとんど全世界的である。世界の四つの古代文明発生地域を含む広大な地域が、古代からの城壁の伝統を残してきたところである（木内信蔵「都市地理学研究」二一二頁。以下城壁に関する事実は主として木内氏同書による）。村落が単独にみな土塁を繞《めぐ》らした時代があったか否かは明らかでないが、都市国家の時代の前に村落国家の時代もあったであろうとは推測し得ない事ではない。大きな堅牢な城壁に囲まれたところは安全な生活場所であるという点において、それが防壁なき村落と異なる特異な聚落と思われていた時代は随分長く続いたであろう。いわば吹きざらしの荒野にあった一般の村落の人々には、大きな防壁の中の安全地域の生活は羨望の的であったであろう。都市はそんなところであったと思われる。

都市をして都市たらしめたものは、ある時代には城壁そのものではなかったのかという疑問もありうる。事実、ゲルマンの都市が発生した頃には、村落と都市を区別したものは城壁があるかないかの別だけであったと述べている史家もある。城壁が都市に重要な関係をもっていた事は確かである。日本における場合のごとく、城壁なき都市は何か特殊の例外的事情によるものと考うべきもののようである（木内信蔵、前掲書参照）。

けれども、例外的事情があるにしろ、城壁なくしても都市が存在してきた場合もある事は、都市の存在に城壁そのものが不可欠の要素ではなかった事を意味している。インダス河の河谷にあった紀元前三千年の都市には、城壁がなく煉瓦の住宅があった事が知られている。また、城壁は都市にのみ存したものでない事も注意さるべきである。中国山西省やアルペン山地やイベリヤには、今も囲郭した村落がみられるという。

土塀城壁の聚落、環柵環濠の聚落は、みな社会不安の時代に共同防衛するための構えであった。人が集村を営むに至った理由も、協力して防衛するためであったとは充分に考えうる。

都市の起源は都市国家の都市であった事、国家の起源も都市国家であったと思われる事、都市国家の都市には城壁が存していたと思われる事、城壁をもつ都市の外にも防壁をもつ村落が存していたと思われる事、これらの事実は何を意味するのであろうか。

村落も都市も、共同の災害に対する共同防衛の構えを切実に必要としていたばかりでなく、村落や都市自体も、実は共同防衛のためにこそ成立したのでないかと考えられない事はない。しかし、都市は共同防衛の態勢を躍進的に整備した点において、しこうしてその点においてのみ、村落と異なった聚落と思われた時代もあったのであろう。土塁や城壁はそのための物質的設備であり、政治はそのための社会的設備であったのではあるまいか。

土塁や城壁の内に立てこもって共同の災害の前に戦っていた人々の集団生活は、その遺跡からだけでも数千年続いている事が知られる。その長い間に、人々が最も大きな不安としていたものは、明らかに外敵の来寇であったであろう。外敵は大軍をなして来寇した場合もあったであろうが、もっと切実な場合が多かったであろう。天災に打ちのめされて、例えば旱魃や虫害や水害によって瀕死の窮乏の状態に陥った凶作地帯の狂乱した人々の群が、食を求めて大陸の一方より他方へ雪崩をなしてさ迷い歩いた場合もしばしばあったであろう。パール・バックの「大地」にあるような悲惨な饑饉による流民の群来は、大陸ではしばしば起ったであろう。大陸のどこかの地方に凶作が起る事は、決して少なくなかったからである。掠奪というより救助を求めてきたというべきであるが、民族を異にし地方を異にした流民の来襲の前には、村落はみな共同防衛してその闖《ちん》入を防いだであろう。映画「七人の侍」に見るような群盗の来襲は、日本でも室町時代末期あたりまでみられた事であろう。

社会不安の時代には、城壁内においてのみ平安な生活が保障されていたであろう。城壁が平和の温床となったため、人類の文化はこの城壁ができた時からにわかに成長し始めたと思われる。はなはだ大きな城壁ができた時、それがすなわち都市のできた時である。都市の起源も国家の起源も政治の起源も、その他あらゆる文化の起源も、みなこの城壁の起源に無関係である筈はない。しかし、注意すべき事は、大きな城壁が都市に現われると共に、その庇護を受けるようになった附近の人々の住む村落の防壁がにわかに消滅し始めたであろうと思われる事である。都市の城壁外の人々の運命は、都市に大きな城壁が建設された時から、著しく異なってきたであろうと思われる。

城壁の歴史は数千年に及んでいるが、産業革命以後、城壁は意識的に撤去され始めた。工場や住宅の増大のためというのが直接の理由であるが、国家の中央集権の確立によって、個々の都市が単独に自己防衛する必要がなくなった事が基本的な理由である。城壁は都市の不可欠な要件ではない。けれども、城壁は都市の特性を最もよく表現しているものである。共同防衛体としての都市の性格が、そこによく表現されているからである。また、かつて一朝事ある時、村落の人々がそこに逃げ込み庇護を受けた場所としても、しこうしてこれによって城壁外の村民を庇護する代償に常時彼等を支配し統治し得るに至った設備としても、それは都市の性格をよく現わしている。

防衛協力体としての都市の機能は、今日の大都市においてすら、それを見出す事ができる。都市の共同防衛は、外敵に対するものばかりではない。

外敵に対する防衛の必要がまだ消滅していなかった頃から、すなわちまだ城壁の必要が存していた頃から、都市は次第に成長してきたその巨大なる物質的構造のために、新たなる共同防衛を必要とするに至った。

ロンドンの歴史では、一〇七八年、一二一二年に大火災があり、一六六六年には三日間焼け続いた大火災があった。一六六五年には、約十万近くの人々が死亡したという大流行病があった。

江戸時代の江戸においては、明暦の大火(一六五七年)、天明の大火(一七八一年)、安政の大震大火(一八五五年)等、最も大規模の大火があった。明暦の大火のごときは、先のロンドンの大火より遙かに大きく、全く世界最大の大火であった。京都では一六九二年、一七〇八年、一七八八年に、いずれもはなはだ大規模の火災があった事が知られている。

江戸時代における地方都市の一つ津軽藩内青森町の町史は、風害、震災、饑饉、疫病、火災、水害、雪害等の記録の連続である。特に、天明三年七月十日の大火と、同年十一月十一日の大火によって、全町の約四分の三が失われた。

数十万の人口が一小地域に密居して生活し、しかも充分の防衛の備えもない場合に、災害が少なくてすんだ事がむしろ不思議なのである。ダビッド・ヒュームが、都市はこれ以上大規模になる事は不可能であろうと書いたのは、十八世紀の中頃ロンドンの人口が精々六七十万であった頃である(今井登志喜「都市発達史研究」一一四頁)。

けれども、ロンドンはその後急速に増大し、一世紀半のうちに十倍以上の巨体となった。新しい科学的技術と政治の力がそれを可能としたのである。驚くべき事には、今日ではむしろ大都市ほど、大火災、大流行病の危険から守られている。今日の日本では、人口三十万以上の都市には大火災はありえないようである。大都市ほど火災の発生は勿論多いけれども、拡大して大火災になる危険率は少ない。かつて古代に城壁の高い都市における安全な生活が羨望されたと同様に、現代の大都市は、その巨大なる体軀にもかかわらず、最も安全な生活の保障を得ているのである。古代都市は外敵に対する安全な堡塁であったが、現代の大都市も災害に対する安全な堡塁である。今日の都市は、この機能を、その政治体における科学的技術によって果たしている。そして、古代都市において城壁を建設したものも、発芽したばかりの政治体であった。古代都市においても現代の都市においても、大きな都市ほどより安全な堡塁であるという事は、都市が防衛協力体である事の何よりの証拠である。その機能が、政治体の活動によって果たされている事は注意すべきである。

第四節　（略）

第五節　生活協力の機能

私が村落及び都市に認めている第二の基本的機能は、第一の基本的機能である共同防衛の機能から系論として当然にでてくる事のようにも考えられる。ゆえに、これは第二の機能というよりも、第一の機能に随伴して起る現象と見る事もできる。

密居的な聚落生活は、その密居の居住形式によって防衛の構えを一応整えてはいたとしても、またそれが土塁を構え、さらに強大なる城壁を構えるに至り、一段と進んだ防衛態勢を整えたとしても、それは要するに危急の時に応ずる構えであった。しかし、平安な日常生活における密居聚落内の社会的秩序もまたかくのごとき防衛態勢に即応して周到に整備されてゆく事が当然に必要となったであろう。この事は、むしろさらに困難なさらに長い忍耐のいる事業であったに相違ない。それがどんな発展過程を経てきたかについては、我々は永久にほとんど知りえないであろう。それは、ちょうど、我々が自分の出生直後の頃を少しも知りえないのと同様である。長い長い間の経験の蓄積が、少しずつ聚落内の人々の関係を周到に組織し、整序してきたのであろうといいうるのみである。そして、まず村落という形式の社会が漸次固定するに至ったのであろうし、またそれをさらに発展せしめたものとしての都市社会もやがて成立したのであろう。

聚落生活のうちに村落や都市の社会形式が発生して、成長してきた事に前後して、いろいろの文化が発生し成長してきたであろうが、防衛の協力が適切に営まれうるようにいつも心がけられたと同時に、日常における生活維持についてもできるだけ聚落内の人々だけの協力でできるようにいつも心がけられた事は当然であったと思われる。

共同防衛の機能が、聚落社会において古代から現代まで存続してきたと思われる事については、すでに述べたところであるが、生活協力の機能については、聚落社会が成立した時からずっと存続し発展してきたであろうと認むべき根拠は充分には認められない。けれども、私等の現前に存するあらゆる種類の聚落社会に、この第二の機能は存しているのである。それは進歩した近代文化を最も多く取入れている現代大都市の生活のうちにも、また古い時代の生活態度を多分に残している地方中小都市の生活の中にもさらに鮮やかに、また最も文化の遅れている村落の生活のうちには最も鮮やかにそれを認める事ができる。またそれを否定するような史実は、村落についても都市についても存しないのではないかと思われる。けれども、この第二の機能は、いずれの聚落社会にも同様の程度に存しているのではなく、都市よりも村落に多く存し、また文化の未発達に応じてそれだけ多く、かつ古い時代ほど多いと思われる事は注目さるべきである。

思うに、これらの二つの機能は、村落がまず身につけてきた基本的な機能であって、都市は村落が育成してきた組織をそのままに存続させ、おそるおそるそれに少しずつ修正を加えてきたものと思われる。特に第二の機能は、村落から都市に発展した時から大きな修正を必要とした。

第二の機能すなわち生活協力の機能は、共同防衛力を不断に維持し強化するためにも、また交通の不便であった時代の当然の必要としても成長してきたものである。それは、一つの地域的封鎖的協力的生活体制といいうるものである。しかし、村落をなし農耕に従事していた人々は、みな生活を自給自足しえたのであるから、生活のために協力しなければならぬ事はそれほどしばしばではなかったであろう。けれども、都市ができて、自給自足力のない人々の聚落社会ができた時から、生活の協力は一日も欠く事のできない必要事項となった。都市住民が自給自足性を失ってくる事ははなはだ危険な事であったから、この変化ははなはだしく遅々として現われてきたに相違ない。都市内のほんの少数の人のほんの僅少の生活必要を他に仰ぎえた時代から、都市内の大部分の人々の大部分の生活必要品を他の聚落社会に仰ぎうるに至るまでの変化は、今日までの人間の歴史のほとんど大部分を占めているであろう。

盗賊の巣を思わしめる古代の王城都市、治安維持の代償としての貢租の上にできていた封建都市、社会的交流の結節としての機能の代償の上にできている近代都市等、都市はその住民の生活必需物資を他の聚落社会から導入する仕方に基づいてそのようないろいろの形式をとった。暴力か信仰か政治か交易かが、都市が他の聚落社会から物資や労役を導入する機会を与えた。都市は、生活の持続的な源泉を他の聚落社会に依存する人がそのうちに現われた時から発生したのだともいえるであろうが、そのうちの大部分の人々がそのような生活ができるまでには、都市はその内部の人々の間に、それを反覆し永続しうる分配の形式を整備しなければならなかった。さまざまの形の分業と交易の制度がかくして生まれたものであって、それを貫くものは合理性であった。かくのごとき合理的ないろいろの秩序なくしては、都市は到底ある限度以上に成長する事はできなかったであろう(註)。

村落の社会では、必要な物資に不足した場合は借りるか貰うかによって充たし、愛情がそれを補塡するに至ったであろうが、都市では同様の場合は買うか借りるかによって充たし、合理性がそれを補塡するに至ったであろう。そのいずれの場合も、他の聚落社会に依存する事なしに欲求を充足する秩序として成長してきたものと思われる。前者は既知の人々の世界に発達した愛情の関係であり、後者は未知の人々の世界に発達した合理の関係であると思われる。その別はあるとしても、いずれも生活の協力の関係であるといえる。

聚落社会に都市性ともいうべきものが加わった時から、都市の生産活動は他の聚落社会と関係をもつようになり、今日では、都市の生産生活はほとんど地域的制約を無視するに至っている。消費生活も、高い生活欲求によるものはやはり地域性を無視しているが、基本的な生活欲求は、今日の大都市においてすら、その聚落社会内で充足している。生活協力における聚落社会の機能は、今日の都市では僅かに基本的生活欲求の充足の点にのみ残っていると思われる。

合理と平和に慣れきった近代人の感覚には、売買が生活の協力だという事は意外に感ぜられるであろう。けれども、餓えた旅人には、小銭の代償として一杯の温いウドンを提供してくれる飲食店は生活の協力者ではないか。鬼畜のような守銭奴の質屋も、窮乏している人にはありがたい生活助力者ではないか。

都市に住む人は、みなその都市内の誰かとの取引を通じて、少なくとも最基本的な生活欲求はみな充たしている。都市の住民は、一人残らずみなその都市での生活者であり、その都市での消費者である。売買も貸借も生活協力の社会過程だとみるならば、都市の住民は一つの生活協力体を構成しているといいえない事はない。

村落と都市は、以上述べたような共同防衛の機能と生活協力の機能とを保有しているものと思われる。村落と都布が、他の一切の地域的社会的統一と異なって、右の二つの大きな機能をもっている事は、この二つの社会を他の社会から区別して考うべき充分の根拠であると思う。この二つの社会は、共に聚落の基盤の上に形成されているものであるから、私はこの二つの社会を特に聚落社会と呼ぶ。多くの社会学者は、基礎的社会としては村落と都市の外に、家族とか行政的地域とか民族とかをも含めているが、私の考えでは、いわゆる基礎的社会と呼ぶべきものは、厳格には村落と都市と二つのみであって、この二つの社会は他の社会とは根本的に異なるものであると思っている。一切の他の社会集団や社会関係はみなことごとくこの二つの聚落社会から派生したものである。ゆえに、基礎社会というべきものは村落と都市の二つの聚落社会あるのみである。

（註）以上のごとき推論は、都市一般について豊田武氏が、「日本の封建都市」（二頁―三頁）において立てられた定義及びその最少の条件として考えられた事を少しく敷衍《ふえん》して考えたものである。

第六節　都市と村落の区別の具体的基準

都市という語は明らかに通俗の語である。社会科学における多くの語がそうであるように、通俗語をもととして、それに科学的な概念規定を試みる事は、常にはなはだ困難である。何となれば、一般に解されている通俗的見解にも、一応の根拠があり一致した見方も存していないわけでもないと共に、通俗語の通俗的意味は、仔細に分析してみれば、矛盾したり一定しなかったり不明確なものであったりしていて、厳格には正確なものではないからである。都市という語についても、然りである。しからば科学的に規定する都市は、何か別に新しい語を用いてもよいであろうが、それは、はなはだしく研究を不便にせしめ、研究の発展をはなはだしく困難ならしむる事になる。我々は、通俗語を生かして、常識的見解のうちに存する矛盾や不一致、不明確を是正し、その語が究極に意味している事象の事実を正確に見究め、その事実に存する基本的特性によって、その語の科学的概念を規定する事ができれば、それが最も望ましいと考えられる。

北海道民が現に用いている「市街地」という通俗語は、都市的存在の最小の規模を表わす用語であるから、この語で語られているものの中にも、都市の基本的なあらゆるものが含まれている筈である。渡辺茂著「北海道方言集」（八九頁）には、市街地について次のように書いてある。「北海道に来るとどんな村にも何々市街とか何々市街地とかいわれるところが至るところにある。連簷《れんえん》戸数三四十戸で町にはならず、商店や役場、農業協同組合などがあって、原野に入殖している人々などが必需物資を買うにはどうしてもここまで出て来なければならない。村の中にある町という意味でもあろうか、新開地の特性とでもいうべきである」北海道では現に我々の眼前に大小の都市が新しく発生し、発展しつつある。都市の発生発達を観察するには、よい実験室である。その北海道で最小規模の都市的存在に名づけているものの内容が、事実どんなものであるかをよく分析してみる事は比較的容易であり、都市という語の意味を整理するのにはなはだ都合よきものである。けれども、私が、都市を村落より区別する根本的な特性として考えている都市の機能を見定めたのは、他の機会においてであった。それは単独の機会ではなく、大小さまざまの都市に関してモノグラフ的調査を試みていくうちに、いつとはなしに到達した考えである。

しかし、その考え方ははなはだ抽象的であったので、できればもっと具体的にこの考え方を限定したいと思った。市街地に関する調査が、そんな目的に役立ったのは当然である。私は、およそ都市の機能については、要約すれば次のように考えている。

国民社会における都市の空間的配列とその間の社会的文化的交流との関係は、そのまま国民社会における都市の機能を表現している。国民社会の中心的存在としての首都を中央に、大中小の多数の都市が全国土のうちに万遍なくばらまかれている。社会的文化的交流は、末梢の極小の都市から順次上級都市に向い、最後に国の中央の首都に及んでいる。そんな流れがあるとともに、首都より中小の都市を経て末梢の田舎町に及ぶ流れもある。

中央より末梢に至る流れは、命令の流れ、統治の流れ、暴力の流れであり、文化の流れでもあり、保護の流れである場合もある。そして国民の体内に万遍なく流れわたるために、流れの分岐点ごとに結節的機関ができている。

地方より中央に至る流れは、中央より地方に至る流れに比して幾分小さいと思われる。けれども、全国の隅々のどの一軒の家からも中央に至る流れがある。地方より中央に至る流れは、次々に合流して、最後に中央に集まっている。全国民のどの一軒の家庭からも、納税の流れは吸いあげられている。この場合、全国のどんな小さな一軒の家からの流れをもことごとく収納するために、整備された組織が出きており、大中小の結節が全国にもれなく行きわたっている。中央から出る流れの結節のあるところと中央に至る流れの結節のあるところは、大抵の場合同一のところである。中央から末梢に至る流れは、保護指導のための愛護の流れであると共に、鎮圧搾取のための暴力の流れでもある。これらの流れを混乱より防ぐためには、多くの地点に結節が必要であり、その機関が必要となる。

右のような流れは、個々の聚落社会を単位として、全国のすべての聚落社会の間にみられる関係であるが、そのうち右にいう結節の機関の存している聚落社会が都市であり、結節の機関の存しない聚落社会が村落である。都市と村落との別は、かくのごとき社会的交流の結節機関の存する聚落であるかないかの別である。

しかし、社会的交流の結節といっても、統治のためのもの、教育のためのもの、経済のためのもの等さまざまに考えられる。商店は、物資が国民社会内に流通し、国民社会内の物資が全国民の間に過不足なく交流し、国民社会内の生活に常に平衡が保たれるための機能をもっている。つまり一軒の孤立した店も、国民生活内における経済交流の結節的機関をなしているものである。けれども、かくのごとき経済的交流結節の機関として、例えば一軒の商屋があるだけでは、その聚落社会を都市と呼ぶ事は、一般にないようである。商店が十軒となり五十軒となった場合は如何。商店のみが仮に五十軒集まった場合、それを都市と認めるか、また事実そんな場合がありうるか。

政治的結節機関として官庁や役場が考えられるのは勿論であるが、かくのごとき機関のみが存している聚落を都市と呼ぶ事には異存あるのは勿論であろう。同様の事は教育の結節機関としての学校についても、交通・通信の結節機関としての駅や郵便局についても、いえる事である。

社会的交流の結節機関の種類のうち、一定数以上の種類を包含すると共に、それらの機関が一定の基準以上の規模を具備するものである事が、今日都市と考えられるものには必要とされているように考えられる。学校は中学校以上又は高等学校以上、商店は十軒以上、役場と警察がある事、駅があり郵便局があり宿屋がある事、などという具合に、結節的機関の種類及び規模については一定以上の規格を具える事が、都市と呼ばれているものには考えられているようである。かくのごとき規格は、その民族の文化水準によって一定しないのであろうし、又時代によっても異なるであろう。しかし、ともかく、かくのごとき都市的要素が少しずつ加わり、それが一定の規格以上になった場合に、その聚落社会を、かくのごとき要素の全然存しない聚落社会すなわち村落と区別する事を必要とした事情が現われた時、その場合用いられた名称が都市を意味するものであったと思われる。都市的要素が、都市たる規格以下にしか存していない聚落社会は、前都市的存在すなわち準都市と呼ばれるべきものである。村役場と学校があるだけの聚落とか、商店が一戸か二戸あるだけの聚落とかは、都市的要素を有してはいるが、それが充分でないものである。それが準都市である。都市というものが、量的な基準において考えられる面をもつゆえんである。

我々が最も知りたいのは、今日、日本においては、幾種類の結節機関が揃い、又それがどの程度以上の規模において一組として揃った場合に、その聚落社会を都市と呼んでいるのかという事であり、その限界を決定する事である。

北海道では、都市の最小規模のものに市街地という語が用いられ、市街地以上に大なるものは固有名詞の都市名で呼ばれ、市街地以下は部落と呼ばれている。前に述べたごとく、市街地の下の極限を調べてみる事により、私はここで都市と認められるものの具体的規格を知る手がかりが得られるのでないかと思ったので、そんなところに、どんな規模のどんな種類の機関が存するかを調べてみた。しかし、市街地という語も、厳密に調べてみると、北海道全域にわたり同一の意味において理解されているものではない事がわかった。それが、この調査における最も大きな失望であった。けれども、北海道の市街地の研究は、都市の機能に関する私の理論を鮮やかに実証する機会の一つとなったばかりでなく、都市の萌芽ともいうべきものにおける結節的機関の種類や規模に対して私の理解を深くしてくれた事は事実である。北海道美深町内の最小規模の市街地恩根内には、次節に示すような機関が存している。また、それらの機関は次のように他の聚落社会と関係している（佐治為雄君調査による）。

第七節　恩根内市街地

北海道の旭川から稚内に向う鉄道の駅の一つに美深という駅があり、その次に紋穂内、次に恩根内という駅がある。これらの三つの駅はみな美深町のうちにあるが、この行政町内では、美深と恩根内だけが市街地（ここでは単に市街と呼んでいる）と呼ばれている。美深町の中には、この二つの市街地のほかに二十一の農村部落がある。美深と恩根内の両市街地のうちでは、美深が人口規模においてもそこにある結節機関の支配関係からみても上位にある聚落社会である。北海道の社会地区の設定のために、北海道内の全鉄道駅について、その乗降客の出発駅と行先駅を調査する事により、各駅間の依存関係を明らかにした事がある。そ

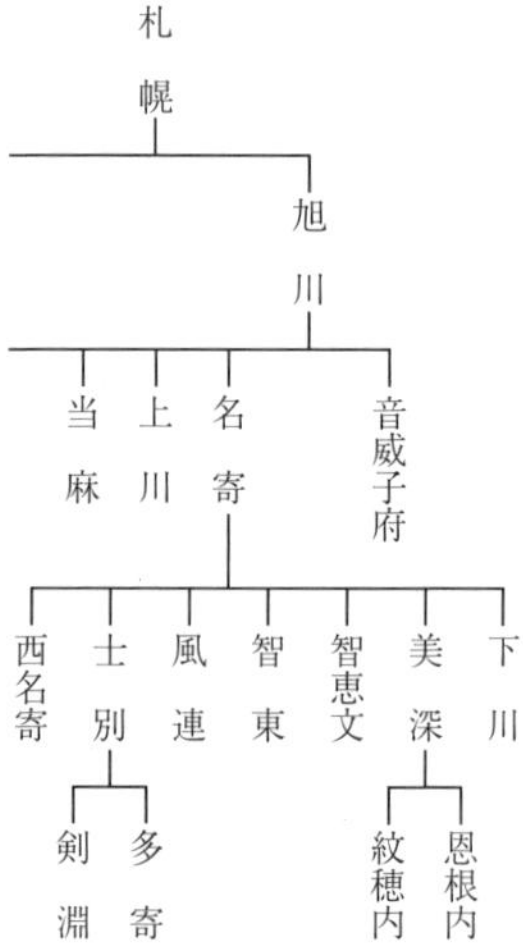

れによると、恩根内と美深の関係、及びその上級依存都市に関する関係は、次頁の表のごとくである（北海道開発事務局「北海道に於ける社会構造の研究」参照）。

また、いろいろの機関が美深及び恩根内の両市街地に集まっている事はもちろんであるが、その他の二十一の部落にも、次頁に示す表のようにいろいろの機関が存している。しかし、市街地と呼ばれているのは、美深と恩根内だけである。

この表でわかるように、仁宇木という部落には小学校、中学校、神社、商店四軒、郵便局、林務署駐在所があり、紋穂内にも五種の機関とそのほかに駅もある。けれども、それらの部落を市街地とは呼んでいない。然りとせば、市街地と呼ばれている最も小規模の恩根内が、ここでは都市的存在と認められうるに必要な一組の要素を具えているものという事ができる。恩根内にはどんな機関が存しているであろうか。

恩根内市街地には、百六十六の非農的世帯があって、そのうちの就業者は次のようないろいろの機関に分れてその職場をもっている。

一、販売機関――商店（雑貨商五、魚屋、呉服商、新聞店各二、飲食店、雑品屋、馬具商、下駄屋、米屋各一）一六、農協支所、牛乳集配所各一。

二、技術機関――職人（大工七、仕立屋、ブリキ屋、鍛冶屋、蹄鉄業、土建下請業、理髪屋、鍼屋、人工受精師、建具屋、桶屋各一）一七、木工場、鉄工場、電業所、町立病院分院、家畜病院各一。

三、交通機関――駅、バス停留所、日通営業所、旅館各一。

四、通信機関――郵便局一。

五、行政機関――役場支所、食糧検査所、開発局出張所、林務署駐在所各一。

六、治安機関――巡査派出所、消防所各一。

七、教育機関――小学校、中学校各一。

部落別＼機関別	小学校	中学校	神社	商店	郵便局	発電所	林務署駐在所	寺院	日通営業所	製材場
仁宇木	1	1	1	4	1		1			
辺渓	1		1			1	1			
東			1							
玉川	1	1	1							
六郷			1							
川西			1					1		1
敷島			1							
雄檎			1							
吉野			1							
班渓	1		1	1						
富岡			1							
西里	1	1	1	1	1					1
報徳	1	1	1							
大手			1	1				1		
小車	1		1							
島呂布			1							
東北			1							
楠	1		1							
清水	1		1	1					1	
紋穂内	1		1	1			1		1	
南			1	2						

八、信仰機関――仏寺二、天理教会、神社各一。
九、娯楽機関――劇場一。

以上の諸機関は、恩根内百六十六世帯がそれによって生活を維持している機関であるが、これらの機関のうちには、国民生活の社会的交流の結節としての機能を著しく果たしている機関もあれば、結節的機関として顕著な機能を演じていないかにみえる機関もある。都市には、それが都市たるために必要な機関のみが集まっているのではあるまい。乞食も犯罪者も有閑階級の人々も都市に集まっているが、それらは決して都市に必要な人達ではない。都市は、社会的交流の結節の機能を果たす機関が、大きな規模となり数多く集まる事によって、その都市たる性格を発揮すると思われる。この恩根内にある機関は、みなことごとく結節としての機能を果たしているものである。

右の機関のうち、木工場も鉄工場も電業所も、みなこの市街地及びそのヒンターランドの需要に応じているだけの機関である。行政機関のうち、食糧検査所及び林務署は、市街地及びその周辺に関与している機関である。開発局出張所だけは関与地域が定

機関別＼関与部落	小車	島呂布	東北	楠	清水	大手	報徳	紋穂内	西里
小学校	○	○	○			○			
中学校	○	○	○	○	○	○			
役場支所	○	○	○	○	○	○	○		
郵便局	○	○	○	○	○	○	○	○	○
林務署	○	○	○	○	○	○	○		
食糧検査所	○	○	○	○	○	○	○		
巡査駐在所	○	○	○	○	○	○	○		
集乳所	○	○	○	○	○	○	○	○	○
電業所	○	○	○	○	○	○	○		
新聞店	○	○	○	○	○	○	○	○	○
劇場	○	○	○	○	○	○	○		
駅	○	○	○			○	○		
日通営業所	○	○	○			○	○		
病院	○	○	○	○	○	○	○		
家畜医院	○	○	○	○	○	○	○		
農協	○	○	○	○	○	○	○		

まっている。都市の現場的機関の中には、その都市に直接には無関係の業務を行うものがある事を知るべきである。けれども、かくのごときその土地に無関係の機関といえども、そこに職場がある以上、その都市の飯場的機関には貢献しているものである。都市はそれが増大してゆくにつれて、かくのごとき寄生的機関を増大してゆくものと思われる。しかし、寄生的機関も結節の機関である事には変りない。恩根内にはいわゆる寄生的機関は一つも存しない。すなわち、そこにある機関は、その聚落社会またはそのヒンターランドに利用されない機関は一つもない。

いずれの機関が社会的交流の結節としての機能を多く果たしているかは、その機関が関与または管理または支配している範囲の大小からも観取されうる。

上に示す表は、恩根内に存する各機関の関与または管理または支配の範囲を示しているものである。

さきに挙げた恩根内の機関のうちに、木工場と鉄工場があった。いずれもその地域内の需要に応ずるもので、製品を遠い地方に商品として売り出すのではない。

およそ技術業は、技術を売る事によって収入を得る生業で、商業が商品を売る事によって収入を得ている生業であるのと同様である。商品を売る事が、国民生活における物の交流となるように、技術を売る事は、国民社会における

機関別＼依存都市	美深	名寄	旭川	札幌	京都	音威子府
小学校	○					
中学校	○					
役場支所	○					
郵便局				○		
開発局駐在所	○					
林務署	○					
食糧検査所	○					
巡査駐在所	○					
集乳所		○				
電業所		○				○
駅			○			
日通営業所		○				
病院	○					
寺				○	○	
農協	○					

技術文化の交流となる。北海道の田舎町の駄菓子屋が使う砂糖が、おそらくキューバから運ばれ、東京の大会社の手を経て多くの地方都市を通ってきたものであろうように、人工受精師の技術も、おそらく東京のどこかの試験場で充分に確かめられた末、多くの地方都市の学校や試験場を通ってこの田舎町に住む人工受精師に伝わったものであろう。しかし、前近代的な技術文化、たとえば建具屋や桶屋の技術は、古い時代の文化交流の流路を通って長い間に全国的に行きわたっていたものであろう。

関与圏がそこにない機関は、恩根内には一つもない事が明らかにされた。上属機関の明らかでないものは、技術業の中に、特に前近代的な技術業の中にみられる。鍼屋、ブリキ屋等みな然りである。しかし、技術修業や用具材料の上属関係はあるはずである。

恩根内の販売業や技術業のトレードエリヤまたはサービスエリヤが、恩根内の聚落社会とその周辺の部落に及んでいる事は当然であるが、これは業者ごとと異なるものである。

次に、恩根内に存する機関の直属の上級機関との関係については、上の表のように示される。

ここに示したのは、直属の上級機関所在地の明確なものである。けれども、商店における仕入先の都市との関係や、職人における徒弟的修業をした親方の土地との関係は、国民社会内に物や技術を交流せしめている結節的機関の間の関係として観取しうるものである。

以上、恩根内市街地に存する各種の機関について調査した結果を述べたのであるが、恩根内はその周囲の地域内において最小の規模の都市と一般に思われているところである。そこには、右に述べたごとき種類および規模の機関の一組が存している。この一組以上をもっている聚落社会を、都市と考えているのである。

他の地方においては、もっと多くのあるいはもっと少ない機関の一組が揃ったならば、それを都市と呼んでいるかも知れぬ。日本の各地におけるかくのごとき最小の都市にある一組の機関が何々であるかを一般的に決定する事ができたならば、その時こそ、現在の日本では、都市と呼ぶ具体的基準を何においているかを、明らかにしうるものと思う。

第八節　聚落社会の概念及び都市の概念

北海道の市街地の意味が、北海道内でも、地方によって完全に同一の意味をもっていないように、常識語の内容は、厳格に詮議すれば、地域的にも時代的にも、その妥当する範域ははなはだ狭少であるように考えられる。

一般に都市を意味するさまざまの用語も、時代によりまたは民族によって内容が異なるものであって、明確に同一の概念をもつものではないのであろう。けれども、この語が、他の一般の村落に区別されるものを表わす意味で用いられ、何かの特色のある聚落社会を意味するものとして用いられた事は、いずれの時代においてもいずれの民族においても、同様であったのではないかと思う。そして、かくのごとき特色としては、おそらく常に何等かの社会的交流の結節機関の存在をあげる事ができるであろう。

今はもう名もなき村の田圃になっているところが多いという古代の国府の所在地も、当時においてはそこが都市であったのであろう。けれども、今日では、行政官庁が一つ存在しているだけの聚落を誰も都市と呼ぶ者はない。都市の概念は、具体的には民族と時代によってさまざまに異なっていると思われる。

我々は、今、日本において一般に都市と考えられているものにすべて共通な事実の中から、我々が現に経験しつつある都市の概念を決定しなければならぬ。そして、その概念の妥当する限りにおいて、他民族における都市的存在や、日本における遡りうる限界までの都市的存在を、都市として取扱うのである。その限界の外にある都市的存在は、いろいろの段階における準都市であろう。けれども、都市が、聚落社会間の結節的機関の所在する聚落社会であるという抽象的表現は、いずれの民族にもいずれの時代にも妥当するのではないかと考えられる。

我々は、都市をして都市たらしむる結節的機能の存在が、村落に少しずつ加わる事により、村落から次第に都市が出現するに至る事を認める。然りとせば、かくのごとき結節的機関は、いわば都市性ともいうべきものをそのうちに蔵しているものであるから、都市にも都市性の多少が考えられ、準都市にも都市性の多少が考えられうる。

都市の概念が、民族及び時代を異にする事により異なると主張する人のあるのは当然である。現に我々が日本で都市と考えているそのままのものを、一千年の昔に求めるとしたら、それは困難であろうが、都市性を蔵する結節機関の幾らかをそのうちに蔵していた聚落社会なら、確かにあったであろう。それは、今からいうなら準都市である。今日における完全な都市を古代に求むる事は困難であろうが、ある段階における準都市は発見されえない事はない。同様に、我々は現在一軒の小さな雑貨屋があるだけの部落を知っている。それは、それだけ都市性を含んでいる聚落社会ではあるが、都市ではない。

今日、日本ではどんな種類のどんな規模の結節機関の一組が揃った時、その聚落社会を都市と呼ぶのかについては、未だ不幸にして一般的には決定する事ができない。しかし、都市という呼称は一定の規模の結節機関の一組が揃っている聚落社会に名づけられているとは、明らかに主張する事ができる。

そうすれば、私の考えている都市の定義は、次のようにいう事ができる。「都市とは、国民社会における社会的交流の結節機関をそのうちに蔵している事により、村落と異っているところの聚落社会である」そして、聚落社会の定義は、「共同防衛の機能と生活協力の機能を有するために、あらゆる社会文化の母体となってきたところの地域的社会的統一であって、村落と都市の二種が含まれている」

既述の如く、基礎的社会としては、厳格にはこの二種の聚落社会以外は存しないという事ができる。

村落と都市を分つ特性として従来考えられていたいろいろの考えは、みな随伴的な表面的な現象を捉えているものであるが、それらの随伴的特性の根柢には、結節的機関の有無及び多少という基本的特性が存しているのである。従来の社会学者や地理学者のいろいろの考えは、誤りではないとしても、基本的特性によるものとはいえない。

それらの考え方に対する批判を、今ここで試みる余裕はないが、私はかつてそれらの考えよりもっと基本的なものに接近しているものとして、社会関係における特性を考えた事もあった。社会構造における相違を問題にした事もあった。村落は相互によく知り合った人々の形成している社会であり、都市は未知の人々の間に形成されている社会である事に、深い意義を認めた事もある。しかし、それらの村落と都市との相異は、そのまま少しも誤ってはいないけれども、かくのごときは、聚落社会間の社会的交流結節の機関がそこに存すると存せざるとの別に随伴して起るところの相異にすぎない。都市が打算の世界に、村落が愛情の世界にみえるのも、そのためである。人口が稠密《ちゅうみつ》であったり、連簷《れんえん》戸数が多かったり、地価が高かったり、社会分化や社会流動が多かったり、住民の異質性や職業の種目が多かったりするのも、みな都市に社会的交流の結節機関が存する事から起っている随伴的特性にすぎないのである。農漁村の青年が都市に集まってくるのも、学校と職場がそこにあるからではないか。

第九節　（略）

附　記　（略）

第三章　都市の機能

一　聚落社会間の関係形式

農家が center（中心地）に依存する関係は、アメリカにおいて rurban community（都鄙共同社会）決定の基礎と考えられた。この関係の中に、およそ農家が都市に対する関係の主要なるものが一通りみられるのではないのか。また、およそ都市が農村に働きかけている関係も、一通りみられるのではないのか。

センターすなわち都市的聚落には、農村相手のどんな職業があるか。

（後略）

二　大秋より弘前までの社会的流れ

青森県中津軽郡西目屋村大秋《たいあき》部落の人々が、国民社会の社会的交流の中にどんな形で参加しているかをみてみよう。岩木川の上流にあるこの部落は、聚落の形態から四つに区分されている。すなわち、上大秋、中大秋、下大秋、振廻、の四部落である。けれども、この四区分は社会的にはほとんどみるべき区分にはなっていない（以下、本項は笹森秀雄、戸田清両君の調査に基づく）。

大秋部落を訪れるには、弘前市からバスで西目屋村の役場所在地の田代という部落まで行って、そこから徒歩で百四五十米の高度の峠を越したところにある。

大秋部落七十三戸の人達は、大部分農業を主とし、副業として薪炭業を営んでいる。農業及び農業兼薪炭業以外の職業の家は、次の通りである。

1	役場職員	三戸	いずれも農業薪炭業兼業
2	運送業	一戸	駄菓子醤油販売業兼業
3	薪炭運搬業	数戸	農業薪炭業兼業

4	宿屋	二戸	いずれも農業薪炭業兼業、一戸は煙草菓子販売業兼業、他の一戸は酒醤油販売業兼業
5	文房具駄菓子販売	一戸	農業薪炭業兼業
6	精米業	二戸	農業薪炭業兼業
7	精米労務者	一戸	農業薪炭業兼業
8	小学校小使	一戸	農業薪炭業兼業
9	大工	三戸	農業薪炭業兼業

右のうち、上大秋にあるのが1・2・6の家、中大秋にあるのが4・6で、他はみな下大秋にある。

なお、大秋部落には、小学校と農業協同組合とがある。

右のような生業や公共機関をもって生活しているこの僻《へき》陋《ろう》の部落の人々は、部落外の世界とどんな形で社会的交流をなしているであろうか。

まず第一に、部落の人達が信頼し情愛の感情をもって互に交わっている相手の人々の中には、部落外の人もまじっている。部落外のそれらの人達との交わりは、部落の人達が部落外の世界と社会的に交流する第一の機会である。そこでは打算とか合理とかは支配せずして、人情と伝統とが強く支配している。それは、吉凶禍福における往き来に現われているが、通婚圏はその原因になるものまたは結果に起るものの圏である。

大秋部落の中の一戸の農家に不幸があった時、その案内を発した家の地域的分布は、次頁に示す地図によって知る事ができる。その不幸のときに、香典をもってきた家は、自部落内に二十三戸、村内他部落に三戸、郡内他村に五戸、県内他郡に一戸あった。また、結婚式のあった時の招客は、自部落から十七戸、村内他部落から二戸、郡内他村から二戸、不明二戸である。

同様な調査が、大秋部落内の五戸について、七つの場合にわたり試みられた。その五戸の七例を総括して、部落外の親交者の地域性を調べてみた結果は、以下の通りである（市町村名は調査時のもの）。

一、村内他部落
田代七戸　村市五戸　白沢一戸　計一三戸

二、郡内他市町村
弘前三戸　相馬三戸　藤代三戸　岩木四戸　駒越二戸　和焼一戸　大浦一戸　不明八戸　計二五戸

三、県内他郡市町村
青森一戸　黒石一戸　町居一戸　計三戸

四、他都道府県
東京都一戸

次に、大秋部落の通婚圏は、二八八頁の表の通りである。

青森県中津軽郡西目屋村大秋部落

29番の家で葬儀があった時に案内をした家を×で示す。この外，村内他部落に4戸，郡内他村に5戸，県内他郡に1戸，県外に1戸あり。

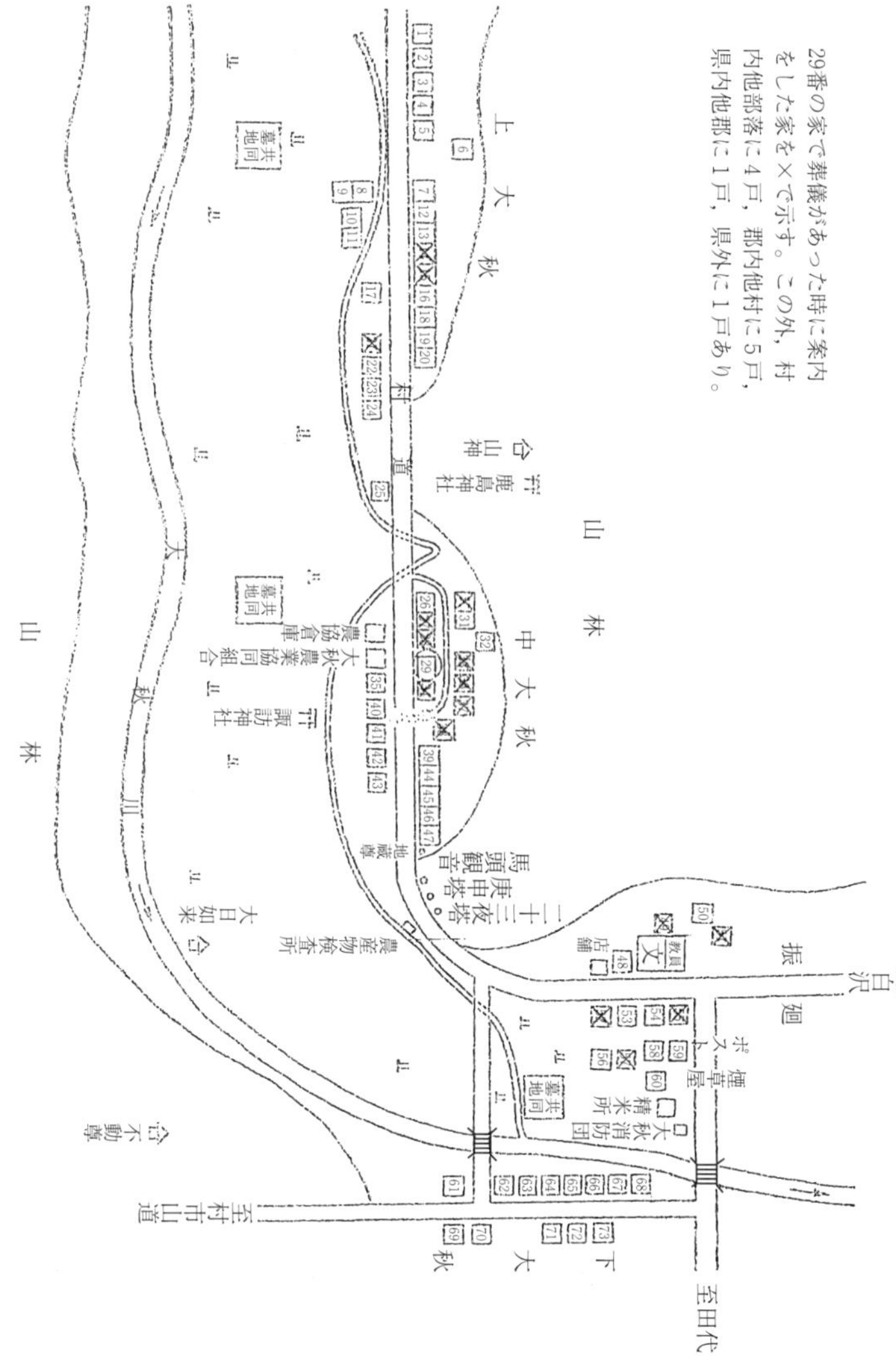

自部落内	
	二七

村内他部落	入	出
村市	七	二
砂子瀬	一	〇
川原平	四	〇
田代	〇	一
白沢	一	二
杉ヶ沢	一	〇
計	一四	五

郡内他市町村	入	出
相馬	九	一
岩木	二	四
東目屋	七	三
大浦	一	三
弘前	三	六
清水	二	一
千年	一	一
船沢	一	〇
和徳	一	一
藤代	一	〇
高杉	〇	一
計	二八	二一

県内他郡市町村	入	出
南津軽郡中郷	〇	二
南津軽郡田舎館	〇	二
北津軽郡五所川原	〇	二
北津軽郡板柳	一	〇
北津軽郡市町村名不明	一	一
下北郡大畑	一	〇
下北郡川内	〇	一
上北郡十和田	一	〇
八戸	一	〇
計	五	八

県外他都道府県	入	出
兵庫	〇	一
秋田	一	〇
香川	一	〇
不明	一	〇
計	三	一

合計 {
自部落内　計二七
自部落外　入　五〇　出　三五　計八五

この表は、昭和十二年八月より同三十年八月までの大秋部落への入婚と大秋部落よりの出婚を、その対象地名ごとに区別して総数を明らかにしたものである（市町村名は調査時のもの）。

以上、信頼と情愛によって結びつく第一次的な関係の圏の次に、生活欲求の必要に応じて物資やサービスを求めるために結ぶ第二次的な関係の圏を調べて見よう。この場合、物資やサービスを与えてくれる相手は、与える事によって自ら利得を得る事を目的としている者で、打算と合理がこの関係を強く支配している。この場合の対手方には、人間的な信頼や情愛は期待すべきではなく、打算と合理による物資やサービスの単なる供与機関と思うべきである。人ではなく、機械がこの機関の運営に従事している場合がありうるのは当然である。部落の人達は、かくのごとき供与機関を求めてしばしば部落を出て行く必要を感ずる。供与機関は、最も多く都市に集まっている。部落内にも供与機関のほんの小さなものが見られないわけではないが、そこでは満足し得る程度のものは与えられない。

大秋部落の人々が、物資やサービスを求めて出かけるところは、どこで、いかなるものがそこで与えられているか。

大秋部落全戸の人々が、平均して、何をどこで購入しているかを知る為には、すなわち各戸の生活内容の相異の平均を得るためには、村税、家族員数、地区、親族関係、職業等における類別が考慮に入れられなければならぬ。次頁に示した表は、そのような配慮によって選ばれた三十九戸について得られたものである。

各種目の商品についての購入場所は次掲の表の通りであるが、それらの商品を販売する機関がどんなものであるかについて、以下に簡単に述べる。

鮮魚類——田代に魚屋は二軒あるが、そのうちの一軒は毎日大秋まで売りにくる。魚類の缶詰は、部落内の農協から買うと答えた。祝事の時は青森まで行く。よいものが買えるからという理由である。

調味料——大部分は大秋である。弘前で買う人は、大秋のは不味であるという理由をあげた。

雑貨類——石鹼と電球を例にとったが、大部分は大秋である。鍋類も農協で売っている。その他、たいていの雑貨は農協で売っている。

菓子類——これも大部分は大秋で求めているが、客に出す場合かあるいは弘前に出たついでには、田代や弘前で買うと答えた者もある。祝事の場合のために弘前をあげた者もある。大秋には高級な菓子はないので、高級な菓子を必要とする時は弘前で求める。

文房具類——大体、大秋と田代と半々になっている。小

大秋部落民の商品種目別購入先調査（昭和30年8月）

居住地	購入先＼種目	鮮魚類	調味料	雑貨類	菓子類	文房具類	書籍類	衣類	家具類	野菜類	農機具類
上大秋	大秋	13	11	13	13	10	11	4		13	8
	田代	3			2	8	3	3			4
	弘前	1	3		1		2	8	13	1	6
中大秋	大秋	12	10	12	12	6	11	10		12	5
	田代		1			6		1	1		2
	弘前		3		2	1		3	10	1	8
下大秋	大秋	6	6	6	6	5	2	4		6	5
	田代				1	5	2	2	1		3
	弘前			1		1		4	2	1	4
振廻	大秋	6	5	6	5	3	3	4		5	3
	田代		1	1	2	1	1	3	1		2
	弘前				2	1	2	5	5		2
計	大秋	37	32	37	36	24	27	22		36	21
	田代	3	2	1	5	20	6	9	3		11
	弘前	1	6	1	5	3	4	20	30	3	20

学校が大秋にあり、中学校が田代にあるので、それが関係している。

書籍類――事実はほとんど「家の光」の購読である。

衣類――大秋では行商から買うのである。田代、国吉かららくる行商である。それを「木綿や」と呼んでいる。下着なら大秋、仕事着なら田代と答えた者もあった。洋服なら弘前と答えた者もあった。上掲表では、仕事着を代表にとってある。

家具類――ほとんどみな弘前である。田代では三件あるだけで、婚礼道具としての衣類や家具は、みな弘前である。

農薬――全部大秋の農協を利用している。

農機具類――大体、部落内の農協であるが、田代、弘前も少しある。大きな農具はみな弘前である。田代の鍛冶屋を利用している者もある。

以上、これを要するに、日常の購入品目の中で最基本的なものは部落内で購入し、やや高級なるものは田代から購入する。大秋には満足なものがないからである。最高級のものは、みな弘前から購入する。それは大秋には全然売っていない。

次に、通学通勤の関係で、大秋の人達が部落外と交流している事情を調べてみる。

大秋には小学校がある。大秋部落の児童と、もっと辺鄙な白沢部落の児童とが、そこに通っている。この白沢部落は二十九世帯よりなる小さな部落であるが、兼業に駄菓子を売る家すらない。何一つ公共機関があるわけでもない。ゆえに、大秋にある小学校に通うのみならず、小さな店屋などにも買物にくる。下には下があるという感じがする。けれども、白沢部落に用たしにくるような、それよりもっと奥の部落はもうない。このいわば最奥の部落白沢の職業は、次の通りである。

1　農業兼薪炭業　二五戸

右のうち二戸は、さらに大工兼業、一戸は役場に勤務。更に一戸は西目屋中学校に勤務。

2　薪炭を業とするもの　二戸

右のうち一戸は大工兼業。

3　農業のみを業とするもの　一戸

4　教職のみのもの　一戸

東目屋小学校に勤務。

5　生活被保護世帯（無業）　一戸

右のうち、役場や小学校や中学校に勤務しているこれらの三人は、毎日峠を越して田代にあるそれぞれの職場に通勤している事、勿論である。白沢から弘前に出ている者もあるとの事である。通勤ができないから、職場のあるところに居ついたのである。白沢から通勤できるのは、せいぜい田代までであろう。田代まで弘前からバスがきているといっても、長い冬の積雪期には運転を全く休止するので、通勤も通学も事実不可能である。白沢の児童が通学しうるのは、せいぜい大秋までである。中学校は村内では田代にあるだけである。

大秋には、とにかく店と名のつくものが四軒ある。その上、小学校もあり農協もある。何もない白沢からここに出てくれば、町にきた感じがするであろう。

大秋の小学校には白沢の児童もやってくるが、中学校は右に述べたごとく全村内にただ一つ田代にあるだけであるから、大秋からも白沢からも田代に通ってくる。田代に中学校ができる前までは、弘前にあった東奥義塾という私塾を大秋の人も利用していた。その卒業生が今も四、五名いる。現在、高校では弘前の工業高校に一名、大学では東京の私大に一名在籍している。冬期間は、田代から弘前へ行くバスが運転を休止するため、村外との往復は麻痺状態になる。

次に、通勤者は、白沢部落に村役場職員として一名、西目屋中学校教員一名、東目屋小学校教員一名である。他部落や他町村に職をもつ者もなくはないが、いずれもみな住み込みである。大工の二名は、他村にも出ている。

大秋には、村役場職員が三名いる。大秋小学校の職員は田代からくる人一名、その他一名で、小使は大秋部落内の人である。

これを要するに、村民が通勤している職場としては、村外の東目屋小学校と村内の村役場と大秋小学校だけである。村役場の職員は全部で二十名以上で、その住宅は村内の各部落にわたっている。大秋小学校では、職員一同が学校で寝食する事が多い。前に示した大秋の精米業を営んでいる家で、近所の人を使用人としていた事も、想起しなければならぬ。

次に、大秋部落に存する商店や精米所や小学校や農協は、すべて人がそこに集まってくる機関として考える事ができる。これらの機関がどんな人によって構成されているかという事も、そこに集まってくる人々がどんな人々であるかという事も、大体知ることができたが、さらにこれらの機関が活動するために部落外のどんな機関または人とつながっているかをみよう。

一、大秋小学校は昭和二十六年独立。それまでは、明治の中頃から田代小学校の分校であった。上属機関は、一部は田代に、一部は弘前にある。学区は、大秋と白沢の両部落。

二、大秋農業協同組合は、上属機関は弘前と青森にあるが、主として弘前にある。販売部の商品仕入れは、主として弘前。農会時代には、田代の農会に接続していた。雑貨類のみは、大鰐町から仕入れる。

三、トラック運送業、薪炭運搬業は、上属機関はないが、生産用具及びその部品の購入と修繕は弘前。運送は大秋―弘前間。トラック運送は、冬期は休止。

大秋にある各商店における各商品仕入先及び販売圏は、左のごとくである。

A商店は、商品仕入先は主として弘前、一部は田代。冬期中、菓子は中畑。商品販売圏は白沢、大秋の両部落。

B商店は、文房具仕入先は弘前、醬油及び菓子も弘前。販売圏は白沢、大秋。

C商店は、トラック運送業者の兼業で、仕入先は弘前。販売圏は上大秋一円。

D商店は、酒と醬油の仕入先はともに弘前で、酒は一部東目屋。販売圏は大秋。

精米所Aは、生産用具及びその部分品の購入修繕先は弘前。利用者範域は白沢、大秋。

精米所Bも、生産用具及びその部分品の購入修繕先は弘前。利用者範域は白沢、大秋。

以上の説明によって知られるように、これらの機関を支配したり、これらの機関に活動する材料を供給したりするいわば親分格の機関は、ほとんどみな弘前にある。これらの活動の及ぶ範域、すなわちこれらの機関を利用するために集まってくる人々の範域は、大秋と白沢の二つの部落である。

白沢の人が大秋にくるのは、大秋にある店屋か精米所か学校か運送屋かに用事があるからくるのであって、ぶらぶら大秋までくる人は一人もあるまい。大秋の人が田代に行くのも、ただ漫然と出かけるのではなくして、田代にある店屋か学校か役場か職人か医者か、そんなところに用事があって行くのである。そんなものの一つもない白沢には、出かけて行く者はほとんどない。強いて考えれば、白沢にいる被保護者の生活調査に村役場の係りの人が行くであろうし、休学児童の家庭訪問に小学校の先生が行く。保険会社の勧誘員や何かの商品のセールスマンも行くであろうし、そこの婦人会へ何かのすすめに田代の本部から行く人があるかも知れぬ。

大秋の人々が利用している機関の最も多く集まっている部落外の土地は、弘前のようである。その次に、田代である。大秋の人が生活上のいろいろの必要を充たすために最も多く利用するのは、大秋のうちにある諸機関である。そこで満足しえない場合は田代にある機関に行き、そこでも満足できない場合は弘前にある機関に行く、という順序になる。では、大秋にない機関、または大秋にある機関より高級な機関のある田代には、どんな機関があるであろうか。

田代にある機関は、次の通りである。ここに機関というのは、大秋や白沢の人が生活の必要上、商品やサービスをそこで求めたり、あるいはそこで何か手続をする事が必要であるために訪ねて行くところである。商店や何かの作業場、または技術者や事務所やさまざまの官設的機関がそれである。

1　西目屋村役場
2　青森地方法務局西目屋出張所
3　弘前地区警察署西目屋駐在所
4　目屋郵便局
5　西目屋村農業委員会
6　西目屋村共済組合
7　西目屋村公民館
8　西目屋連合青年団
9　西目屋連合婦人会
10　西目屋村消防署
11　西目屋小学校
12　西目屋中学校
13　西目屋農業協同組合
14　弘前営林署田代担当区官舎
15　西目屋村直営診療所

これらの公共機関は、いずれも弘前にある上司機関の管理支配下に属しているものである。また、田代にある商店や各種サービス機関は次の通りで、その商品仕入先、資材購入先、または関係上属機関の所在地としては、下段の土地に関係している。

1	魚介・野菜・雑貨・食料品	弘前
2	豆腐・リンゴ販売	田代
3	酒・調味料・煙草	弘前
4	旅館	弘前
5	雑貨・食料品	弘前
6	桶屋	弘前
7	鍛冶屋	弘前
8	小間物雑貨・文房具・衣料品	弘前
9	魚・牛乳・酒・菓子・調味料	弘前
10	床屋	弘前
11	衣料・雑貨	弘前
12	蹄鉄・獣医	弘前
13	菓子	弘前、中畑
14	履物	弘前、青森
15	菓子及び雑貨卸売兼電力工事申込店	弘前、大牟田
16	菓子	弘前、中畑
17	衣料品	弘前
18	床屋	弘前
19	薬屋	弘前
20	生命保険代理店	弘前

右に示したごとく、これらの商品またはサービス供与機関は、ことごとく弘前にあるもっと規模の大きな機関から仕入れたり資材の供給や修理をして貰っている。しかし、田代にあるこれらの機関がその上属機関に対する関係は、むしろ受動的である。両者の間の日々の社会的交流は、商品の場合では弘前の大商店から田代の小商店に運んでくるのであって、田代から弘前に取りに行くのは魚と牛乳だけである。ここでは上級の機関が能動的であって、下級の機関が受動的である。これは、機関と機関との交流の型の一つの現われとして注意すべき点のように思われる。

また、田代から弘前に向って発車するバスの中には、白沢や大秋や田代の人が乗車しているとともに、弘前やもっと遠くにある大きな都市の人が乗っている事もあろう。何かの機関の用事で、田代か大秋か白沢などの西目屋村のどこかを訪れた帰路にある場合も考えられる。二九六頁の表は、昭和三十年八月のある朝の八時十分に田代発弘前行きのバスを待っていた人々について調査したものである。

このバスには、大秋の人も白沢の人も乗っていなかった。しかし、乗客十六名のうち、一名は弘前の人だったが、他はことごとく村内の人達であった。これらの人々は、村内の各部落から田代に集まり、ここから弘前へ行くのである。田代は村の中心であるから、いろいろの機関もそこに集まっているのだと考えられるが、その逆に、いろいろの機関がそこに集まっているからこそ、そこが村の中心となったのだとも考えられる。弘前にしても、そこにいろいろの機関があるから、それらの機関を利用するために、周辺の各町村の人がそこに集まるのである。それらの機関を除去すれば、誰も弘前に行く者はないし、人もそこには住みえなくなる。弘前に人が集まり、人がそれを都市と呼ぶのは、そこに多数の機関があるからである。機関こそ、都市をして都市たらしめている根本的な要素である。この要素を求めて、白沢の人は大秋を訪れ、大秋の人は田代に集まり、さらに田代の人は弘前に行くのである。この要素がほんの少しばかり存する大秋には、ほんの少しの人々が集まり、それよりやや多くの機関の存する田代には、村内各部落の人が集まる。そして、それよりさらに多くの機関の集まっている弘前には、県内の数郡の各町村から日々多くの人が集まってくるのである。そのような場所としての弘前にある機関は、もはや列挙するに耐えないほど多種多様である。

三　村落と都市の関係及び都市と都市の関係

前述のごとく、都市は機関の集まっているところである。都市が大きいか小さいかは、そこにある機関が多いか少ないかである。村落の人々が都市に集まるのは、都市にあるいずれかの機関に所用があるからである。小都市の人が中都市に赴くのは、小都市の人々が中都市にあるより高級な機関に所用があるからである。同様な関係は、中都市と大都市の間にもみられる。しかし、弘前にある菓子の卸屋が、田代にある何軒かの菓子小売店に菓子を運んでいるように、中都市内の機関は小都市内の機関に働きかけてくる。同様に、大都市の機関は中都市の機関に働きかけている。このように、都市の人々の働きかけが、自分達の住んでいる都市よりも下級の都市に向うのは、消費生活における必要からではないようである。なぜなら、下級の都市において求めうる物やサービスは、上級の都市にはみな備わっているからである。人は、消費生活の必要からは、上へ上へとより大なる都市に向う。大なる都市から小なる都市に向うのは、上級の機関から下級の機関に向う場合が主であるといいうるのであろう。大都市の機関は中都市の機関に、中都市の機関は小都市の機関に働きかけてゆく。もっとも、大

田代発弘前行きバス乗客調査

調査番号	推定年齢	性別	行く先	用件	居住地
1	三〇	男	弘前	遊び	村内　村市
2	五〇	男	弘前	営林署	村内　川原平
3	三〇	男	弘前	営林暑	村内　村市
4	三〇	男	弘前	営林署	村内　村市
5	四〇	男	弘前	職業安定所	村内　砂子瀬
6	二〇	男	弘前	病院	村内　村市
7	二〇	男	弘前	映画	村内　村市
8	四〇	男	弘前	社会学講師としてきていたもの	弘前
9	二〇	男	弘前	買い物	村内　居森平
10	三〇	男	弘前	？	村内　田代
11	五〇	女	国吉	診療所	村内　村市
12	五〇	女	国吉	診療所	村内　名坪平
13	一五	女	弘前	病院	村内　村市
14	二〇	女	弘前	病院	村内　田代
15	二〇	女	青森	兄弟訪問	村内　砂子瀬
16	二〇	女	弘前	遊び	村内　村市

（須田直之君の調査報告による）

体には確かにそういえるのであるが、実際にはいろいろの条件がそれを制約している。

およそ村落と村落との関係、村落と都市の関係、及び都市と都市の間の関係、すなわち広く聚落社会間の社会的交流は、次のような形式に分類する事ができる。

一、人が人に対する関係

二、人が機関に対する関係

三、機関が人に対する関係

四、機関が機関に対する関係

笹森秀雄君の弘前市来訪者の来訪目的調査（註）（昭和三十年四月調査）は次表の通りである。

（註）昭和三十年度日本社会学大会において発表。

この表における「関係の社会的諸形態」の項は、来訪目的の種別である。⑴の公用より⒆の帰省まで、さまざまの目的が類別されている。これらの十九の目的を、右にあげた四つの社会的交流の形式の類別によって整理してみると、⑴公用、⑵社用、⑶商用、⑷自由業用務、⑸その他の団体用務、の五項目はいずれも「機関が機関に対する関係」か「機関が人に対する関係」である。すなわち、私の聚落社会間交流の第四または第三形式である。⑹通勤、⑺通学、⑻買い物、⑼映画その他の娯楽、⑽病院その他保健、⑾神仏詣、⒅漠然と遊びにきたもの、も実質的にはみな「人が機関に対する関係」すなわち交流の第二形式に分類されうるものである。⑿親戚訪問、⒀友人訪問、⒁知人訪問、⒂病人見舞、⒃法要・墓参・冠婚葬祭は、交流の第一形式「人が人に対する関係」の項目に入れうるものである。⒄海水浴・登山その他の慰安は、都市または広く聚落社会に求めるべきものではない。もし求めうるなら、それは「人が機関に対する関係」として存しうる場合である。

他市町村住民の弘前市来訪目的別調査

弘前来訪者居住地＼諸関係の社会的形態		impersonal な関係（制度や機関）					personal な関係（家族や個人の基礎的な欲求充足）														計
		(1)公用	(2)社用	(3)商用	(4)自由業用務	(5)その他	(6)通勤	(7)通学	(8)買い物	(9)映画その他の娯楽	(10)病院その他保健	(11)神仏詣	(12)親戚訪問	(13)友人訪問	(14)知人訪問	(15)病人見舞	(16)法要・墓参・婚葬	(17)海水浴・登山・慰安	(18)漠然と遊びに	(19)帰省	
都市	青森	3		8										1		2	6	3			23
	黒石	2		1				1	4	6	1		3				1				19
	五所川原		2	1					1			2		1				1			8
	東京	1	2	3									7	1	2			1		1	18
小計		6	4	13				1	5	6	1	2	10	3	2	2	7	5		1	68
		23（33.82％）					45（66.18％）														
町村	板柳	1						1	2				1		1						6
	碇ヶ関			1				1	2	2											6
	鰺ヶ沢	1									1	1	1	1					1		6
小計		2		1				2	4	2	1	1	2	1	1				1		18
		3（16.67％）					15（83.33％）														
総計		8	4	14				3	9	8	2	3	12	4	3	2	7	5	1	1	86
		26（30.23％）					60（69.77％）														

右の調査によると、弘前市に来訪した人のうち、弘前市よりも上級都市であると思われる青森市と東京都からの来訪者達は、「機関が機関に対する関係」によって来訪した人と、「人が人に対する関係」によって来訪した少数の人達である。これらの上級都市からは、弘前にある機関を、個人的な欲望充足のための利用すなわち「人が機関に対する関係」によって訪れた人は一人もいない。しかし、下級都市の黒石市と五所川原市からは、弘前市内の機関を個人的に利用するためにきた人と、機関と機関との関係できた人が多い。

これに対して、町村から弘前市にきた人は、大部分弘前にある機関を個人的に利用するためにきた人達である。機関と機関との間の関係や人と人との関係で弘前市にくる人は、町村からははなはだ少ない事がわかる。

東京市政調査会「豊中市」は、豊中市民の同市外に外出して行く目的として、

⑴買い物、⑵映画・演劇、⑶レクリエーション、⑷訪問、⑸見学その他、⑹教育関係の用事、⑺神詣その他、⑻医療、⑼商用その他業務上の用事、⑽社用・公用、⑾官公庁への用事、⑿その他の用事、の種目について調査した結果を示している。この十二種目の分類も、⑴⑵⑶⑸⑹⑺⑻⑾は、「人が機関に向う関係」すなわち交流の第二形式に属するものであり、⑷は「人が人に向う関係」で、交流の第一形式に分類さるべきものである。⑼⑽は「機関が人に向う関係」か「機関が機関に向う関係」である。もし、レクリエーションが郊外散歩を意味するような場合は、それはむしろ聚落社会からの解放を意味し、聚落社会間の往来関係としては考えられないものである。

聚落社会間の社会的交流の四つの形式は、聚落社会間の社会的交流のあらゆる場合を網羅していると思う。

第一の「人が人に対する関係」の交流形式は、さきの大秋の場合では、冠婚葬祭における招客の圏や通婚圏によってその地域を推定したものである。そこでは、この圏はかならずしも都市に多く及んでいるとはいえないようであるけれども、東京都や香川県にこの関係が大秋から及んでいる事も事実である。人と人との関係は、いろいろの偶然や必要で、さまざまの形を現わすのであろう。しかし、この種の関係が自部落内に最も多く、次に村内村外の近くの部落に多く、それより遠くは僅少であるというはなはだ概括的な傾向が認められるだけである。

この関係は、親戚・友人・知人の訪問、病人見舞、法要・墓参、冠婚葬祭というような形で現われているものである。東京に住む人が、東北の山村に住む病父の見舞に行く事があるのも当然である。

第二の「人が機関に対する関係」は、もっと規則的な傾向を示している。機関はどこにでもあるのではなく、またそれが集まっているところにしても、そのどこにも同程度の種類や量が集まっているのではない。そこに集まっている機関の量や種類が多くなればなるほど、より高級な欲求が充たされるという傾向もみられる。そこに都市の格位の段階が存する理由がある。少数の機関の存するところは小都市であり、やや多くあるのは中都市、はなはだ多数の機関の集まっているところが大都市である。人は、生活欲求充足のために、より下級の都市に向う事はない。

既述のごとく、店屋の一軒もない白沢部落の人々は、店屋の四、五軒ある大秋に出てくるが、大秋の人々は、店屋の二十軒もある田代に出てくる。田代の人々は、数え切れぬほど多数の店屋のある弘前に用たしに行く。上へ上へと向うこの傾向は、どこまでもずっと続くものであろうか。弘前の人々は、生活欲求充足のためだけなら、もうそれ以上の都市には出かけないようである。弘前駅から他の駅に出かけて行く人々に対する笹森秀雄君の調査（前頁の表）に現われている数字をみると、他の市や町村に行く旅行者のうち、都市から都市に向う旅行は、「機関が機関または人に対する関係」の旅行と「人が人に対する関係」のための旅行であり、「人が機関に対する関係」の旅行は一件も存していない。

この笹森秀雄君の表において、公用、社用、商用、自由業用務、その他の団体用務、というのは、主として第四の「機関が機関に対する関係」で、時に第三の「機関が人に対する関係」であり、通勤、通学、買い物、映画その他の娯楽、病院その他保健、神仏詣が、「人が機関に対する関係」である事は明らかである。海水浴、登山、その他の慰安、漠然と遊びには、事実上、主として「人が機関に対するもの」であり、文字通りの海水浴、文字通りの登山は、人にも機関にも関係なく、ゆえに社会的関係の考察の埒外《らちがい》にあるものである。

さて、弘前市との交通の量の最も多い都市は青森市である。その事は、交通量に関する調査から確かめえたところである。その青森市に対する交通量の内容は、「機関が機関または人に対する関係」のものと、「人が人に対する関係」のためのものとであって、「人が機関に対する関係」は全然含まれていない。この事は、弘前市及びその傘下の人々は、商品やサービスを求めて弘前市よりも上級の都市に行く事はないという事を意味するのではないかと思われる。本章の初めに、農民がその欲求の程度に応じて漸次大きな都市に向う傾向を、私は図式の形で示したが、農民は大都市まで赴かなくても、もっと小さな地方の中小都市で彼等の欲求を飽和させているのでないかと思われる。これははなはだ注目すべき傾向である。

また、弘前市から町村に向う旅行者のうち、「人が機関に対する関係」と認むべきものとして、神仏詣のために金木という町に行くものが四件と、板柳という町に行くものが二件みられるが、これは神社や仏閣はかならずしも都市にのみあるものではない事を意味している。その他には、町村に向う「人が機関に対する関係」の旅行は一件もみられない。町村に対しては、「機関が機関または人に対する関係」のための旅行が多く、また「人が人に対する関係」の旅行もみられる。

しかし、ここに考うべき事は、「機関が機関に対する関係」の旅行といっても、弘前市よりも上級都市の青森市に弘前から向う関係と、弘前市より下級の都市または村落に向う関係との間には、自ら異なったものがある。支店から本店に向う関係と、本店から支店に向う関係との相異であ

乗車客の行先別目的調査を通じてみた弘前市と他聚落社会相互間の社会的形態

旅行先＼関係の社会的諸形態		impersonal な関係（制度や機関）					personal な 関 係（家族や個人の基礎的な欲求不足）															計
		公用	社用	商用	自由業用務	その他の団体用務	通勤	通学	買い物	映画その他の娯楽	病院その他の保健	神仏詣	訪問　親戚	訪問　友人	訪問　知人	訪問　病人見舞	法要・墓参・冠婚葬祭	海水浴・登山・その他の慰安	帰省	漠然と遊びにと答えたもの	その他	
都市	青森	4	4	10	1								8	3		1		3		1	1	36
都市	黒石	1	2	5									4	8	1		1			2		24
都市	五所川原			2									2									4
都市	八戸		1	1									3									5
都市	大館													1			1					2
都市	秋田												1									1
都市	仙台	1																				1
都市	酒田			1																		1
都市	富山																1					1
都市	東京	1		2									1									4
小計		7	7	21	1								19	12	1	1	3	3		3	1	79
		36（45.57%）					43（54.43%）															
町村	大釈迦	1	1															1		1		4
町村	浅虫	1																3		2		6
町村	陸奥飯詰												1									1
町村	陸奥森田												1									1
町村	陸奥赤石			1																		1
町村	北金ヶ沢												1									1
町村	金木											4	1									5
町村	木造												1							1		2
町村	鰺ヶ沢																			1		1
町村	北常盤	1		1									1						1			4
町村	浪岡	1	1	1									3				1					7
町村	藤崎													1								1
町村	板柳		1	3								2										6
町村	鶴田												1									1
町村	川部		1	1									1					1				4
町村	石川			1																		1
町村	早口													1								1
町村	大鰐	1		5										1			1			2		10
町村	鷹ノ巣		1																			1
町村	二ツ井																1					1
町村	前田屋敷												1									1
町村	新里			1									1					1				3
町村	館田														1							1
町村	尾上			1	1								1									3
町村	平賀	1	1										1									3
町村	種差															1						1
町村	十和田																	1				1
町村	湯ノ沢			2													2	1				5
町村	千畳敷			1																		1
町村	十文字																		1			1
小計		6	6	18	1							6	15	3	1	1	5	8	2	7		79
		31（39.24%）					48（60.76%）															
総計		13	13	39	2							6	34	15	2	2	8	11	2	10	1	158
		67（42.41%）					91（57.59%）															

事業体の本支関係からみた都市相互間の関係

調査地＼上級機関所在都市	大館	五所川原	八戸	弘前	青森	秋田	盛岡	仙台	新潟	和歌山	京都	名古屋	神戸	大阪	小樽	函館	札幌	塩釜	東京	その他	計
黒石市				10	29	1		3											1	3	47
五所川原		／		10	45	1		4											2	1	63
十和田市			5	1	42	3	1	7											3	11	73
八戸市			／	2	79	8	13	14										5	33		154
弘前市	1	1	1	／	80	13	1	15		1	1	1	1		1				27		144
青森市				1	／	5	1	32	1				2	2		3	3		52		102

る。下級都市に上級の機関が存する場合もみられない事はないと思われるが、機関の本支の関係は都市の大小の関係に平行しているのが常のように思われる。機関における本支の関係すなわち支配被支配の関係が、甲都市内のさまざまの機関と乙都市内のさまざまの機関の間に見られる時、甲都市自体が乙都市を支配しているかのように考えられるのは当然である。そして、甲都市は乙都市より人口規模においても大であるのが常のように思われている。

上の表「事業体の本支(すぐ上の上部機関とその下の機関)関係からみた都市相互間の関係」(笹森秀雄君調査)は、青森県内の六市にある事業体のうち、他の市に直属の上級支配機関すなわち支店に対する本店のごとき機関をもつ事業体を、支配機関所在地別に明らかにしたものである。これによれば、青森県内の各市は、青森市に本部または支配機関をもつ場合が最も多く、その青森市は東京に本部または支配機関を最も多くもっている事がわかる。というのは、青森県内の各都市は事業体の支配または帰属関係においてみな青森市に隷属し、青森市は東京に隷属しているという事である。

弘前市にある事業体のうち、青森市に上属機関のあるもの八十、東京都にあるもの二十七、仙台市にあるもの十五、秋田市にあるもの十三、他は京都市に一、和歌山市に一、五所川原市に一など、特殊の事情または偶然の結びつきと思えるものである。

さきの調査では、弘前市から青森市へは「人が機関に対する関係」による旅行者は一人も存しないにかかわらず、弘前市と他市町村との交通のうちでは青森市に対するものが最も多い事を、弘前駅の出札調査は明らかにしている。この事は、それらの交流の多くが「機関と機関との間の関係」によるものであるからだと思われる。同様の事は青森市と東京都との間の交流についてもいえるのではないか。一般に大都市と中都市との間の交流は、「機関と機関との間の関係」に基づくものが主となっているのではないのか。

四　(略)

五　都市関与圏の意味するもの

すでに述べたところにより認められうるように、大中小都市はいずれもその傘下に若干の下級聚落社会を収めている。それを一般には、漠然と都市のヒンターランドと呼んでいる。個々の都市のそのヒンターランドすなわちその傘下にある下級聚落社会に対する関係は、一つの社会的統一として一考する必要がある。

この関係は、従来、米国の都市社会学者の中にも影響圏(Sphere of influence)の問題として取上げている人がある。影響圏の中心となる都市は、その圏内の諸聚落社会に対し、具体的にはマス・コミュニケーションの中心として、ラジオや地方新聞等により、その圏内に指導的関係をもっているものと解される。そこはまた、トレードエリヤの中心をもなしているし、さまざまの集団の中心的機関をももっている。それらの関係が考慮されているところから考えれば、そこに意味されている影響圏は、やや大きな都市を中心としているものである。しかし、我々のみるところでは、そのいわゆる影響圏は大中小のいずれの規模の都市にも存している。おそらく、影響圏を全くもたない都市は、存しないであろう。炭鉱都市ですら、その影響圏をもっている。影響圏をもつ事は、都市の存立のための不可欠の条件であるとさえいいうるようである。そこに、都市の性格の重要な一面が現われていると思われる。

その意味での影響圏は、その範囲内に社会的接触の重積数の多い事によって、その独立が認められうる地域と解される。これは、さまざまの社会現象における社会的接触の重積的独立を意味するものである。

けれども、この影響圏の考え方は、都市の周辺にみられる種々の社会圏を充分に分析する事なく、漠然と一括して考えたものにすぎない。後(本書第七章)に詳論するように、都市の周辺には大きさを異にする社会圏の地区が五重の同心円をなしている。一、都市生活圏、二、都市依存圏、三、都市利用圏、四、都市支配圏、五、都市勢力圏、がそれである。これらの社会圏は、同一の大いさをなす場合も考えられうる事は勿論であるが、各々独立した存在である事は忘るべきでない。

右の諸社会圏のうちで、特に著しく多く交通量が堆積している圏は都市利用圏である。それは、商品やサービスを求めて周辺から都市に集まってくる人々が住んでいる地域である。都市にある放送局のラジオ聴取者や地方新聞の購読者の住んでいる地域は、私のいわゆる都市勢力圏であって、この都市勢力圏は少なくとも日本の現代では都市利用圏とは異なった大いさの円をなしている。

右の五つの社会圏は、周辺から都市に集まってくる社会的動きと都市から周辺に分散して行く社会的動きによってできている。周辺から都市に向ってくる動きは、周辺に住む人々が都市にあるさまざまの機関を生活のために利用せんとして集まってくる動きである。また、都市から周辺に分散して行く動きは、都市にある機関から周辺にある機関または周辺に住む人に向うのであって、機関の活動のための動きである。前者は人の生活のために機関を利用せんとするものであり、後者は機関の活動のために人または機関を利用せんとするものである。

人と人との個人的な関係は、都市や村落の区別なくあまねく存しうる関係である。人と人との個人的な関係にも、利用するための打算的な関係もあるが、情愛のための関係もある。けれども、機関は、人に対する関係においても、他の機関に対する関係においても、常に利用せんとするための関係にのみ立つものである。人が機関に対する関係もまた利用せんがための関係である。人の動きには合理と打算の外に情愛が存するが、機関の動きには合理と打算のみしか存しない。

人は、生活の必要に応じ、合理と打算に従って、さまざまのものを機関によって求める。機関も、合理と打算に従ってそれを授ける。人が機関に対してもつ合理と打算は、明らかに生活して行く上に必要な合理と打算である。しかし、機関がそれに従っていると考えられる合理と打算は、何のために必要な合理と打算であろうか。国民の統治と生活資料及び国民文化を過不足なく全国に行きわたらしめるに必要な合理と打算が、機関における運営の基本的な構造の中に認められる事は確かであるといえよう。

六　社会的交流の結節としての都市

国民はみなことごとく、社会的交流の網の目の中にあるといいうる。僻地というのは網の目のはなはだ粗大となっているところである。網の目から全然洩れて落ちている人の生活はない筈である。村落は、経済的にも文化的にも比較的に高い自給自足度をもってはいるが、完全に孤立無縁となると、経済的にも文化的にも枯死してしまうであろう。全く孤立し、他より全く絶縁した聚落社会は、存在しえないものであった。江戸時代までは、他地との関係のはなはだ乏しい状態にあった部落について、いろいろと興味ある報告が伝えられていたが、それも全然孤立無縁ではなかったのである。村落の人々が、他の社会と社会的に交流し、世界の中心的な地域ともつながるのは、みな附近の都市を通じてである。都市は網の結び目である。

都市は、国民をことごとくもれなく交流せしめ、有無相通ぜしめ、同じ型の文化を流布し、生活の秩序を保たしむるための地域的に組織的な社会的結節であるという事ができる。中心的な都市から全国各地に大中小の分枝的都市が万遍なく配置されているから、いかなる僻遠の地の農家もこの結節の組織からもれ落ちる事なく、常に中心的都市に確実に連結せしめられ、そこから経済的にも文化的にも常に協力を仰ぎ得ると共に、その支配や搾取にも安んじなければならぬようになっている。中心都市の支配下に大きな地方都市を八方に配置し、さらにその下に下級都市をくまなく分散配布している一国領土内の大小の聚落社会配置の組織は、国民生活の経済的な調整のための合理的な組織であると共に、政治的な鎮圧統治の巧妙な組織であり、また全国民の文化斉一化の機構となっている。

およそ都市を構成する必須の生業人口は何であろうか。江戸時代には、日本の大部分の都市には、主として武士と商人と職人が居住していた。当時の武士は、武人であると共に為政者でもあった。若干の社寺関係の人が住んでいた事も確かである。

朝鮮では、終戦の頃まで全土にわたり五日ごとの定期の市が、定められた場所において開かれていた。それらの市において露店を経営する商人は、古くは褓負商《ほふしょう》と呼ばれていた。褓負商は、古くから大正の頃まで、朝鮮全土にわたり暴力的な自治的団体を結成し、市の治安の維持をはかっていた。その結束の強き事、集団構成の整備せる事、秘密厳守の固き事、仲間同士の仁義の厚き事は、驚くべきものがあった。

売買の社会過程を保証するために、また財産の保安維持のために財貨を蓄えている商人は、特に治安の維持を必要とするものであろう。そして、富裕なる商人ほど、強く市場の治安の維持を必要とするであろう。特に、国家の治安維持の力が充分でなく、警察も軍隊も充分に整備されていなかった時代には、商人は強力な豪族や畏敬される社寺の庇護によるか、自ら治安維持の自警的暴力組織を結成するか、または暴力団を雇傭する事が必要であったであろう。国家の治安維持の力が相当に充実してきても、都市の富裕者等は、警察や軍隊のごときものの庇護を特に強く望んできたであろう。また、治安維持のために、進んで為政者に協力もしたであろう。(註一)

武士が自身の必要のために商工業者をその城下に集めた

場合も多いであろうが、富める商人や職人は自ら進んで武士の直接の庇護の下に安堵を望んだ場合も多いであろう。富裕な商工業者は、強力な武士の城下を望んだであろう。然りとせば、都市には、商人の定住と共に、治安維持の任にあたる軍隊か警察か、または自警団か雇用暴力団のごときものの存在は必須であったのであろう。

けれども、封建武士は武力者であったと共に統治者であった事も忘るべきでない。商人達が切望したものは、平和であり秩序であった。常住に秩序を維持してくれる者は、統治者であって武力者ではない。商人はその生業の型が固定し富が増加してくると共に、いよいよ強力な統治者を必要としたであろう。

封建都市におけるその次の人口群は職人達であった。封建都市における職人は、武士のために必要な用具製作の技術者として不可欠のものであったばかりではない。商人や武士が漸次専業化するにおよび、彼等の衣食住のために、また彼等の教養娯楽のために、多種多様の専門的技術者が必要であった。その大部分は、職人と呼ばれた。

封建都市における最も少数の人口群は、僧侶および神官であった。日本民族は、古くから武家も町人もみな一様に神道と仏教を深く信仰し、いろいろの民間行事にも神仏の信仰が深く根をはっていたため、人が多く集まり住むところには、当然にそれだけ多くの神社や寺院が存していた。都市の人口が増せば、当然に神社や寺院の数も増したわけであるが、当時における最高の文化人として僧侶や神官が教育的機能を果たしていた事も見逃すべきでない。城下町における寺院がしばしば城の防塞の役を果たしていた事や、娯楽休養の機会を人々に与えていた事は、寺院がこれまで存続してきた社会的な根拠であろうが、それが寺院の当時の社会に果たしていた主要な機能であったとはいえないであろう。

日本の都市は、定期市または商人の定着に端緒をもったと仮定したならば(註二)、商人は都市の発生時から存したという事になるであろう。そして、武士と統治者は商人のためにも必要であり、職人は武士のために必要であった。神官と僧侶は、信仰のためにも教育のためにも、武士といわず町人といわず町に住むすべての人に必要であった。商人と武士と職人と神官僧侶のこの四種の人々は、封建都市にはなくてはならぬ人々であったと考えられる。武士を武人と統治者に分けて考えれば、封建都市は五種の生業の人口に分れていたのである。

これらの五種の生業は、個々の封建都市の内部における住民の協力的生活に必要なものであったと考えられるけれども、これらの都市の周辺に存在する下級聚落社会の人が、その都市内の生業に依存する関係にあった事は、今も昔も同様である。ただ、封建社会における国民の社会的交流の流れには、今日におけるそれに比して流路と速度を少しく異にしている点が存する事は明らかである。各領邑《りょうゆう》がはなはだ封鎖的であった事と、交通がはなはだ困難であった事が、今日と異なる最も大きな点であろう。当時においても、交流の拠点はやはり都市であった。そして、それは都市にあった諸機関以外のものを通してではなかった筈である。

都市の商人は、商品を都市内の人々や附近の村々の人々に流布する結節的機関であったという事ができる。領邑内に、または大きくいえば国民の間に、商品を流布する結節的機関であったといえよう。同様に、武士がなしていた武力的鎮圧は国内治安の結節となっていたと思われるし、武士のおこなった統治は国内統治の結節となっていた。また、職人は生活技術や生産技術を国内に流布する結節的機関であり、神官や僧侶は信仰の結節的機関であった。

封建都市に存していた右の五種の大量の結節的機関は、今日の生活ではどんな形をとっているであろうか。

㈠　商品流布の結節的機関——卸小売商、組合販売部
㈡　国民治安の結節的機関——軍隊、警察
㈢　国民統治の結節的機関——官公庁、官設的諸機関
㈣　技術文化流布の結節的機関——工場、技術者、職人
㈤　国民信仰の結節的機関——神社、寺院、教会

右の五種類は、いずれも封建時代から今日に至るまでその機能が存続しているものである。以前大きくその姿を現わさずして、現在その存在を誇示するかにみえるものは、交通の機関、通信の機関、教育の機関、娯楽の機関、である。ゆえに、現在の都市には、次の四項が加わっている。

㈥　交通の結節的機関——駅、旅館、飛行場
㈦　通信の結節的機関——郵便局、電報電話局
㈧　教育の結節的機関——学校、その他各種教育機関
㈨　娯楽の結節的機関——映画館、パチンコ屋など

近代都市において大きく浮び上ってきたと思われる右の四種類の機関は、封建都市に全然存しなかったわけではなく、少数であったかまたは充分に独立していなかったかであると思われる。封建時代の都市には、現在の都市にみるように、娯楽の機関や教育の機関や交通通信の機関が、独立した多数の有力な機関としては存しなかったというだけの事である。今日では、都市の最小の規模のものにも、これらの機関は存している。

さきに示した大秋部落では、小学校一、農業協同組合一、運送業と精米所各二、商業四、が農業以外の職場である。これを右の分類にあてはめてみると、商業は㈠に、精米所

は㈣に、運送業は㈥に、農業協同組合は㈢と㈠に、小学校は㈧に属している。㈡の治安の機関がない事も注目される事であるが、そのほか、㈤の宗教、㈦の通信、及び㈨の娯楽の機関が大秋にはない。

同様にして、田代にある職場を分類すると、㈠が十三、㈡が一、㈢が九、㈣が七、㈤が三、㈥が二、㈦が一、㈧が二、というふうに存しているが、㈨は存していない。人が都市と認める基準の中には、それらの機関の各組が全部揃っているという事も考慮されるであろうが、それらの機関の一種類中に属する機関の数や規模も直接に考料されているのではないかと思われる。

以上を要するに、国民社会は、中央の巨大都市から中小都市を経て農村の一軒家に至るまで、みなもれなく連結する組織をもっている。大中小の都市は、国の中央から僻地の一軒家の農家に至るまで、全国民に文化の雛型を示し、行動の方向を教えている伝達の結節である。また、国民の求める種々の物資を、過不足なからしめるように、万遍なく配給する大小の出張所でもある。しかし、それと共に、国民がその生産物を貢納したり、治安を求めたりするための通路であり、中央からいえば調達命令の通路である。あらゆる意味において、中央の意志に反し平安を乱した者に対しては、直ちに中央の威力が暴力の形において鎮定にでかけてくる通路でもある。

およそ社会結合の根底には、意味や態度の一様性が必須であるが、かくのごとき一様性を具体的に生みだすための国民社会の組織として、大中小の都市は、その結節として巧妙に配列されていると思われる。

しかし、右のごとき連結は国民の範域内にはもれなく充分にゆきわたっているが、外部に対してははなはだしく封鎖的である。国民社会が、文化的にも社会的にも独立した統一をなしているのはそのためである。国民社会の社会的自給自足性は、国民社会を連ねる右の連結組織によって充分に合理的に整序されているように考えられる。

（註一）「……この連雀町には領主から公認されて、連雀商人（行商人）を取締る頭があった。この頭は地方に実勢力を占める土豪であり、この連雀町に住み、市場に出入する連雀商人より役銭を徴収すると共に、市場内の警察的な業務を処理した。……

このような連雀商人の頭を商人司乃至商人頭、商人のおやかたと云う。……

斯様に地方の都市特に城下町には、領主の御用をつとめる土豪的商人があって商人の統制に当り、行商人も市場もみなこうした商人の支配下に立って居た。彼等は半ばは領主の家臣として、土地を分封され、事あるときは一族を率いて領主の戦いにも参加した。市民はまだ何の発言権も市の行政に対してもち得なかったわけである。……」（豊田武「日本の封建都市」四〇―四三頁）。

（註二）「都市は……はじめの頃は市場を中心とする散在的な聚落に過ぎなかった。しかし都市の人口が増加し、商品に対する需要が多くなるにつれ、人々は配給の中絶を来す定期市の存在では満足しなくなった。常設小売店舗の存在は、配給の中絶を来す市場の欠陥を補い、都市をして農村と区別せしむる有力な標識である。ゾンバルトやピレンヌが指摘して居る如く、一地点に市場が開かれ、売買する人々が周期的に集まるという単なる事実だけでは、未だ何人にも市場が開かれる地に移住する機会をあたえるものではない。市場の仮店がしまわれ、市場訪問者が立ちさるとたんにその地はふたたび寂寞となる。都市なるものは、定期市が定設の小売店舗になったところに真の意味の成立を見たともいい得る。」（豊田武、前掲書、四三頁）。

「現代都市は寧ろ開放的位置を好む。その起源は村の中央にある広場に開かれたイチであった。」（木内信蔵「都市地理学研究」八七頁）。

歴史家や地理学者のこれらの主張は無理ではない。けれども私は、売買の機関の発生が都市の発生の端緒になり得ると共に、政治的機関の発生も巫術者の定住も、都市の発生の端緒になり得ると思っている。すべて社会的交流の結節的な機能をもつ機関がその聚落社会に加わった時に、その聚落社会は都市性を具えてくると考えるのである。それを現実に都市と認めるか否かは、時代と民族により標準は異っている。

附記　職場としての結節的機関
――都市に必然的に人が多く住み多く往来する理由

結節的機関のために人が都市に集まるという事と、その結節的機関を職場として人々が集まるという事とは、別の問題として考えねばならない。資本主義の発展と共に、多くの機関が、家族経営から超家族経営に移行し、一つの機関に何千人も集まる大きな職場になる場合がはなはだ多くなった。ゆえに、職を求めて都市のいろいろの結節的機関に人々が集まるという現象がみられる。また、結節的機関の活動は、多くの人々に関与する事であるから、そのためにも多くの人が集まってくる。例えば、デパートという機関には、その都市の周辺の村の人々が買物のために集まってくる。しかし、それは、デパートの売り子として、すなわちデパートに職場を得るために各地から人が集まってくる場合とは別である。学校の先生が職場としての学校に集まってくるのと、学生が学校の活動の本来の目的に添うてそこで教育されるために集まってくるのとでは、それぞれの学校に対する関係は異なるのである。

都市にある学校や官庁や、販売やサービスのためのいろいろの機関などは、みなその活動に関与する人々をもっているが、また同時に多くの場合、それらのものはそこを職場とする人々との関係をもっている。産業革命前にも、都市は結節的機関の集まっていた点において村落と異っていたが、それらの機関のほとんど大部分は、家族協同体が経営していたものである。勿論、当時においても、超家族的機関が存していた事は事実である。販売業者、サービス業者等に、超家族的機関があった事は勿論である。しかし、この時代は、一般に家中心の時代であった。

今日では、純家族内産業ははなはだ少ない。たとえ小さな小売店にも、家族のほかに被雇人がいる。一つの機関に何千人もの人々が集まる職場もざらにある。今日は、職場中心の時代である。

都市にある結節的機関は、本来、その活動において多数の人々に関与するものであるが、同時に、それらの機関は、前述のごとく、職場としても多数の人々をそこに集めている。都市に人が多く集まり住む事も、人が都市に向って往来する事の激しいのも、そのためである。

第四章　都市の社会構造

一　都市の社会学的処理における予備的操作

一般に都市の社会生活は、錯雑混乱をきわめているように考えられている。それを都市の一つの特性のように考えるとともに、この錯雑混乱の中に何か秩序や傾向を見出さんとするために科学的分析を試みる事はほとんど不可能である、というような表現もみられる。私は、かつて都市の社会構造を把握するために、都市の幼児としての田舎町の分析を試みた事がある。けれども、その試みは成功するに至らなかった。都市はその幼児においてすらも、錯雑混乱しているものであるからであろう。

都市の生活が錯雑混乱しているというのは、いかなる事を指すのであるか。葬式のある隣家では尺八の会をしている。課長と小使が隣席でパチンコをしている。殺人犯の細君が慈善運動に参加している。軍国主義者と平和主義者が一つの電車に乗り合せている。対立するどんな二つの極端も、平気で相隣して並存している。喜びと悲しみ、慈悲と残虐、暴力と知性。朝、業に行く人があり、朝、業より帰る人もある。来り住む一家があり、出て行く一家もある。

右のごときさまざまの対立が、当然の事として並立している事に混乱を感ずるのである。悲しみの渦中においては喜ぶ人は異常にみえ、喜びの渦中では悲しむ人は異常である。悲しみの渦中にある人々と喜びの渦中にある人々と相隣して生活している場合には、そのいずれも正常とも異常ともみる事はできない。異常を平気で相互に認めあって生活しているこの都市の姿を、人々は都市の社会生活の錯雑混乱と解釈しているのではないかと思われる。

何百万もの人口、それも生活内容の著しく異なった人口が、狭い土地の上に密居して生活しているのが都市生活のもっとも都市的な姿であるから、千態万様の生活が相隣して存在するのは当然である。そこには統一した何の秩序もみられず、規則的な何の傾向も考えられないと思うのも、当然である。

この混乱している現象を、そのままの形で分析するならば、その混乱は常に存し続けるであろう。とすれば、分析に入る前に、この混乱に対して何か処理しておく手順が必要なのではないのか。

多くの塵埃《じんあい》が混入しているある食品の成分を分析する場合には、まず塵埃を除去する事が必要である。そこで得たいのは、その食品の成分であって、塵埃を含んだままのその容器の内容ではない。知りたいのは、その特定の容器内容ではなく、その種の食品の成分であるという場合が多いであろう。

私は化学分析の操作はよく知らないが、食品に混入した塵埃の成分を食品の成分と同列に分析する事は、はなはだ特殊の場合であろう。食品の分析の場合には、そこに混入している異物は異物として取りだしはするが、それを改めて分析する事はないであろう。小さな砂の破片が混入している事がわかれば、それは砂の破片として認めるだけで、その砂の破片をそこで改めて分析する必要はないであろう。

都市の生活の中には、おびただしい塵埃が混入しているのではないであろうか。都市の現象の中にも、規律性や秩序が存しているのかも知れぬが、それは塵埃にかくれているのではないであろうか。私は、かつて都市の最小規模と思われる田舎町を分析してみて、そこにも混乱があるばかりであると知った時に、都市の生活における塵埃について考え始めたのである。

しかし、いわゆる都市の塵埃は、都市を構成する不可欠の一要素であって、塵埃をはなれた都市生活は考えられないのではないのかという疑問はありうる。もしそうであれば、塵埃を伴った都市生活をそのままに分析するよりほかに、方法はないといえる。

都市の塵埃は、都市の本質的な一要素であるか。少くとも、都市生活の社会的な枠の構造は、この塵埃の存在によって本質的に規制されているのかどうか。私は次のような経験と理論によって、都市のいわゆる塵埃は都市に本質的なものではないという事、またかくのごとき塵埃を一応除去しておく事なしには、都市の正しい認識の把握は到底不可能であるという事を認めるに至った。

私は、都市の中に現に生活している私自身と私の家族、友人、知人、隣人等の生活について仔細に観察してみた。私はそれらの人々の日々の生活について観察し、彼等の生活がいかに一様に単調なものであるか、単調を破っている人の存在がいかに稀にみられる異例であるか、どこに都市生活の混乱を思わせるものがあるか、という事を確かめ、最後に結論として得たものが、正常人口と正常生活の理論である。そして、そこで当然の事として考えだされた異常人口と異常生活が、いわゆる都市の塵埃である。私等はまず、都市の全人口の生活の中から異常人口と異常生活を除去し、そのあとに残ると思われるものについて分析したならば、正常人口の正常生活、及びその正常生活がそれに基づいて営まれるところの社会的機構を闡明する事ができると考えた。

けれども、先に述べたように、異常人口や異常生活は、都市を構成する不可欠の一要素であって、それを離れて都市は理解され得ないかも知れぬという疑問がある。すなわち、異常人口を除去して考えられる都市は、歪曲された都市であって、ありのままの都市ではないのではないかという疑問がある。しかし、少なくとも都市の社会構造は、正常人口の生活に即応して形成されているに相違ないと考える考え方には、充分の理由があるように思われる。

私は、正常と異常という語については次のように考えている。すなわち、健康者は正常生活者であって、病人は異常生活者であるというのである。しかし、一般に健康者が病人より数量的に大量であるから正常と認めるというのではない。たとえ一つの町の全人口の七十%以上が病気になったとしても、その場合でも健康者が正常で病人が異常であるとみるべき理由がある。そのままの状態において生活の再生産が順調に行われうる状態が正常であって、その状態を仮りに大多数または全人口が持続すれば社会生活の存続はありえないと思われるような状態は異常といいうるであろう。また、社会生活をそれに基づいて存続せしめている社会機構は、正常な人口の生活に即して構成されていると考える事も当然であると思われる。社会構造が正常人口の正常生活に即応して構成されているとすれば、かくのごとき社会構造を理解するためには、しばらく異常人口と異常生活をそこから除去して考察する時、それが最も鮮明に理解され得るという事もできるであろう。異常人口と異常生活がもっとも印象的である都市の社会構造の理解には、特にそうであるといえる。都市の社会構造の闡明《せんめい》には、そうする事が効果的であるというよりも、むしろそうする事によってのみ可能であるといいうるのでないかと思われる。

二　正常人口の正常生活

およそ正常人口の正常生活及び異常人口の異常生活について、私は次のように理解している。

すなわち、ここにいう正常と異常とは、単に数量の上で大多数である一方と少数の異例的存在である他方とを意味するのではない。例えば、直系家族型が大部分である村落の中に少数の夫婦家族型がある場合に、前者を正常型、後者を異常型というふうに分けるのではない。そのような区分は、単なる文化類型の相違に基づくものにほかならないからである。私が意味している正常と異常の概念は、もっと人間の社会生活に関して本質的な意味をもったものである。それだけに、ここで私がいうところの正常型と異常型の意味しているものは、きわめて単純なものである。

前述のごとく、正常な生活とは、その生活の型を続けて行く事によって、少くとも社会の生活が存続しうるものであり、異常な生活とは、その生活の型を続けては社会の生活が存続しえないものである。

今日の日本人の社会では、学齢に達すれば学校に入学する人が正常人口であり、学齢に達しても学校に入学せぬ白痴や不具者や不良少年や病人はみな異常人口である。学校を卒業して職を求め、そして何かの職についている者は正常人口である。学校を卒業しても職を求めず職につかず遊惰放浪の生活をしている者、または近親の財力によって気儘に生活している者、病人、白痴、不具者等、すべて生業によって生活の資を得ていない者はみな異常人口である。

要するに、人は、学齢に達すれば学校で習学生活をするのが正常であり、学校を卒えてからは生業について生活の資を得ているのが正常であるとみるのである。そして、このような正常の生活からはずれた生活をしている人が、異常人口という事になるのである。この考えは、人の一生について、次のようなものが正常であると予想している。

人の一代は、例えば現在の日本では、(1)学齢までの幼児期と、(2)入学から卒業までの習学期と、(3)その後の就職から職に耐えなくなるまでの期間すなわち職業期と、(4)その後の職を去った後の老衰期とに分けて考えられる。また、これらの四つの時期における生活の正常型も存している。それらの時期における日々の生活の正常型も存している。

幼児期と老衰期にも、事実、定まった日々の生活がないわけではないのであるが、そこでは生活の型を他から強要される事少なく、そのために生活の型の個人差が多い。けれども、習学期と職業期の生活は、他から強要されている部分が多く、個人差が少ない。他から生活の型を強要されるのは、所属している集団がそれを強要するからである。幼児や老人は、所属している集団が、家族以外にはほとんどないから、気ままな生活ができるのである。

日々の生活の型は、幼児や老人にも存しないわけではないが、強く集団の拘束を受けている習学期の生活と職業期の生活は多くは一定している。およそ勤め人の日々の生活の型は大体きまっている。職業や職務の相違により時間に多少のずれはあっても、一日の生活の様式は大体に同様である。同じような事は、家庭と職場が同一である中小商工業者の場合についてもいいうる。また、習学期の人の一日の生活の型がいかにその所属する集団によって決定されているかは、学校の一週間の授業時間表が端的にそれを物語っている。

我々は、都市で生活している各家庭につき、そこで日々主人はいかに生活しているか、その妻はいかに生活しているか、小学校に通学しているその子供はいかに生活しているか、また老人はいかに生活しているか等を、かなりの程度まで察知する事ができる。会社に通勤している主人の出勤の時間も帰宅の時間も、日々大体に同じであり、子供等の通学の時間も帰宅の時間もほぼ一定している。

ある一軒の家族につき、主人はどこに勤めているか、長男はどこに勤めているか、次男はどこの学校に通学しているかという事を聞けば、その家庭における一日の生活がどんな形のものであるかをほぼ察知する事ができる。どこに勤めているか、どこの学校に通っているかを聞けば、すなわちその所属している集団の名を聞けば、その生活の型が推察できる。否、主人がどこに勤めているかを聞くまでもなく、勤め人であるという事を聞いただけで、その生活の型を察する事ができる。学校の名を聞かずとも、学生であるか勤めているか遊んでいるかを聞いただけで、その生活を察する事ができる。つまり、所属している集団があるかないか、あればどんな種類の集団であるかを知るだけで、その生活の大体の型を知りうるという事は、複雑な都市生活の理解の上に大きな暗示を与えている。

三　正常生活と集団（その一）

都市の習学期にある正常人口の所属している学校には、さまざまの程度のものがあり、さまざまの種類のものがある。けれども、そのいずれの学校に所属している人にも、共通な生活の型はみられる。それは一日のうちの主要なる生活の時間を学校で過し、一日のうちの主要なる休養の時間を家庭で過している事である。また、都市の職業期にある正常人口の所属している職業は千差万別であるが、すべての職業期の人々に共通な生活の型がある。一日のうちの主要な生活の時間を職場で過し、一日のうちの主要なる休養の時間を家庭で過している事である。

然りとせば、都市における正常人口のうち、習学期にある者は家庭と学校を主要なる生活の場所としているし、職業期にある者は家庭と職場を主要なる生活の場所としているという事ができる。都市の総人口のうち、この二つの時期にある人口を除けば、あとは七歳未満の幼児と、職に耐えられなくなった老衰期の人々と、それからいわゆる異常人口である。家庭の生活を維持し、都市の総人口の生活を維持している力は、明らかに職業期の人口である。習学期にある人口は、いわば職業予備軍である。

都市の社会の構成が、職業期の人々の生活活動に順応し、その生活活動を基礎として構成されているであろう事は、当然に考えられる事である。

村落とか国民社会とかいうような、さまざまの社会的統一が複合して構成されている歴史的社会的統一体について、その社会的組成を理解するためには、それを構成している社会的要素にそれを分解してみる事が望ましい。そこには、さまざまの、しかし一定の種類の集団の累積的統一がみられるとともに、一定の種類の社会関係の型が存し、一定の種類の前社会的統一が存している。それが、いわゆる社会構造である。

都市の社会構造における主要なる集団が、職業期の人々の所属している集団であろう事は、当然に考えられる。然らば、都市の職業期の人々の所属しているもっとも基本的な集団は何であろうか。

すでに述べたように、職業期の人々が共通に日々の主要なる生活時間を過しているところは職場と家庭である。単に主要なる生活時間がそこで過されているだけではなく、彼等の生活活動の主要なる部分は明らかにそこで果たされるのであって、彼等の利害も関心もこの二つの場所にもっとも多く集まっている。それは二つの場所というべきではなく、それは明らかに二つの集団である。職場に形成されている集団と、休養の場所に形成されている集団とである。職場における集団はさまざまの集団の複合体であるから、集団という語は適切ではないが、それを仮りに職域集団と呼ぶ。休養の場所に形成されている集団は多くの場合家族であるが、それは今日の日本の都市ではさまざまの崩壊の段階を示していると共に、家族から独立しているものもみられるので、世帯という語で示すのが適当である。

都市の職業期の人々は、世帯と職域集団にその生活のほとんど全部を集中しているとすれば、彼等の生活によってのみその存在が持続されている都市全体の社会構造もまた世帯と職域集団を中軸として構成されているといえるであろう。この職域集団の予備軍としての習学期の人々の所属する学校集団が、これに準じた重要な構成的地位にある事は当然である。そこでは、学校と世帯が日々の生活の主要なる舞台である。

然りとせば、都市の社会生活の骨組は、職域集団と学校集団及び世帯を中軸としているに相違ないと思われる。特に世帯は、職業期の人々にも習学期の人々にも、共に主要なる生活の舞台をなしている。さらに老衰期の人々にも幼児期の人々にも、その他都市に住むあらゆる人々にとっても、世帯は常に主要なる生活の舞台である。都市に住むいかなる人も、その都市での消費者である。都市に住む人は、必ずしもその都市で生産に従事している人ではないが、彼は必ずその都市で消費している人である。消費の社会的単位は、世帯である。都市の社会生活の骨組が、世帯を中軸にしているであろうとは、当然に考えられる。世帯に次ぐ重要な支柱が、職域集団と学校集団である事は、正常人口の正常生活から考えて当然である。

都市における生活能力のある正常人口の日々の生活は、世帯と職場の間を、又は世帯と学校の間を往復している生活である。商店経営者においては、世帯と職場が重複しているものが大部分である。そのほかにも、世帯と職場が完全に重複しているものから、両者が漸次分離してゆくさまざまの段階を示す職業が都市には存しているが、道理はみな同様である。要は、いずれの職業においても、職業に従事する人の生活は、その職業の生活と世帯の生活を主要な部分としているという事である。

四　正常生活と集団（その二）

都市の住民は、みな一応は世帯に属するが、正常人口はそのほかにも職場か学校に属している。という事は、正常人口の日々の生活は、世帯での生活と職場または学校での生活に大体つくされているという事である。しかし、彼等には、正規の生活のほかに余暇の生活があり、そこに形成されている集団もある。余暇といっても、文字通り時間的な余暇ばかりではなく、正規の職場活動に支障を与えている余暇的生活もあり、そこに形成されている集団もある。それは、余暇集団と名づけうるものであるが、生活拡充集団といえばより正確にこの集団の性格を表わしうるように思う。一般に都市における私設の団体といわれているものは、みなこの生活拡充集団であって、市役所の市勢要覧には多くの場合これを文化団体とスポーツ団体の二種に分けてある。そのほかに、宗教団体を別に一括しているものもある。アメリカの都市社会学者は、この種の集団を都市における代表的な集団と認め、都市生活における最も大きな基礎的な力となっている世帯と職場と学校を見落している。この余暇集団——彼等もそう呼んでいる——すなわち我々のいわゆる生活拡充集団を、いかに丹念に分類し分析しようとも、ただそれだけでは、そこから都市の社会構造の理解がでてくる筈はない。私をしていわしむれば、生活拡充集団は、現代都市において、それがいかに大げさで豪華な集団であろうとも、所詮、それは都市の社会構造におけるアクセサリー的な皮層構造にすぎない。

私はこのほかに、特に日本の都市における一類の集団として、地区集団と私が呼んでいるものを認めている。戦争中の隣組や町内会のごときものがそれである。これは生活拡充集団の一種のように考えられうるものであるが、私がこの地区集団を、それとは別の一類の集団と認めているのには若干の理由がある。私は次の章（第五章）において、その点も詳述すると共に、すでに述べた都市を形成している五種の集団、即ち世帯、職域集団、学校集団、生活拡充集団及び地区集団の各々についてやや詳細に述べる機会をもっているから、ここでは地区集団が一般の生活拡充集団と異なった性質をもっていると思われるもっとも主要な点だけについて述べる。

都市における集団は、一般に個人を単位とするものであるが、この集団は、世帯を単位としている事、自然近隣に対して行政近隣ともいうべきものである事、形態的には民主的にみえるが、時に独裁者のもっともすぐれた用具となりうるものである事など、独特の性格をもつものである。

五　異常生活

都市の社会生活を構成している主要なる集団が何であるか、それらの集団を形成しているいわゆる正常人口がいかなるものであるかは理解できたとしても、現実にみる都市住民の生活はいかに右のごとき単調なる生活のリズムを乱している事であるか。

劇場には朝から人が溢れ、病院や火葬場は満員で、停車場には客が絶える時がない。球場や競輪場に集まっている人々は、幼児期の人とも老衰期の人ともみえない。世帯と職場とを毎日リズミカルに往復しているいわゆる正常人口の生活とは、およそかけ離れた生活である。正常人口理論は、このような現象をいかに解釈すべきであるか。

今まで私は、正常人口という語のほかに、しばしば正常生活という語を用いてきた。正常人口の生活は、必ずしも正常生活ばかりではない。正常人口にもしばしば異常生活がある。前に異常人口について述べたと同様の事は、異常生活についてもいう事ができる。すなわち、異常生活とは、そのままの状態のみを持続する時は正常人口である事ができなくなるような型の生活である。それは、その生活の型の人ばかりでは社会の生活が存続しえないという人口が異

都市内一地区の人口構成表（長岡市）

性別	男子							女子									総計
種別	無業		在学	有業		不明	計	無業		在学	家事		有業		不明	計	
年齢	乳幼無業	病弱		居宅就業	自家外就業			乳幼老無業	病弱		勤め人	自営業者	居宅就業	自家外就業			
0～4	46	—	—	—	—	—	46	60	—	—	—	—	—	—	—	60	106
5～9	11	—	33	—	—	—	44	6	—	32	—	—	—	—	—	38	82
10～14	—	—	33	—	—	—	33	—	—	40	—	—	—	—	—	40	73
15～19	—	—	35	13	2	—	50	3	—	25	1	4	5	4	—	42	92
20～24	1	1	5	12	22	3	44	5	—	2	8	10	8	15	—	48	92
25～29	—	2	—	12	25	—	39	2	2	—	22	13	3	9	—	51	90
30～34	1	—	—	9	18	—	28	1	—	—	10	9	—	2	—	22	50
35～39	—	—	—	15	21	—	36	—	—	—	13	17	1	4	—	35	71
40～44	—	—	—	12	4	—	16	—	—	—	7	10	3	2	1	23	39
45～49	—	1	—	7	10	1	19	—	—	—	14	10	—	1	—	25	44
50～54	2	—	—	14	7	—	23	1	—	—	10	7	5	—	—	23	46
55～59	4	—	—	11	6	—	21	1	1	—	2	3	1	4	—	12	33
60～64	3	—	—	8	1	—	12	3	—	—	4	8	—	—	—	15	27
65～69	2	1	—	3	1	—	7	—	—	—	7	3	—	—	—	10	17
70～74	3	1	—	1	—	—	5	2	—	—	1	2	—	—	—	5	10
75～79	—	—	—	1	—	—	1	3	1	—	—	1	—	—	—	5	6
80～84	—	—	—	—	—	—	—	1	—	—	—	—	—	—	—	1	1
85～89	—	1	—	—	—	—	1	2	—	—	—	—	—	—	—	2	3
計	73	7	106	118	117	4	425	90	4	99	99	97	26	41	1	457	882

常人口であるのと同様である。

　久しぶりに郷里の父が訪ねてきたので、会社を休んで朝から市内見物の案内をしているような場合、恋に浮れている四十男が朝から官庁を休んで公園をぶらついているような場合、友人の家の不幸で昨夜お通夜をしたために今日は朝から工場を休んで寝ているというような場合、妻が重態であるため一週間近くも勤めを休んでいるような場合、このような例は、めずらしいものではなく、無理な生活でもない。みな正常人口の異常生活である。

　けれども、それはあくまで異常生活であって、かくのごとき生活をそのまま長期にわたたって持続した場合には、その所属する職場は彼を除外するであろうし、遂には彼は正常人口である事すらできなくなるであろう。それが、異常生活たるゆえんである。

　都市の社会構造を見出すためには、異常人口と共に、正常人口の異常生活をもあらかじめ除去する事が必要である。

都市には、さまざまの巨大なまた華麗な異常生活の場所がある。巨大なる都市には、無理でない異常生活を営む人が多くみられ、そういう人が劇場にもパチンコ屋にも朝から溢れている。

六　正常異常別人口構成

都市における正常人口と異常人口の正確な比率を知る事は、今の私にはほとんど不可能である。

従来試みられた官庁の調査による統計では、右の比率を知りうるものは、異常児童の場合以外には存しない。国勢調査の原票を用いて、一都市の全人口につき改めてこの目的のために集計するならば、男子だけについては一応この比率に近いものを知る事ができる。

私は、若干の小さな都市について、それもその中の一区画を見本として選び出し、その総人口について試みた生活調査の結果に基づき右の比率を見出そうとした事がある。前掲の表及び次頁の図は、その結果として得られたものである。これは昭和二十七年、江沢繁君と中島虎雄君を煩わして新潟県長岡市について試みた調査である（この調査がはなはだ不完全なものである事は明らかである。けれども、かつて私が都市の社会構造の理論をはじめて考えだし、この考えに実証的な裏づけを得ようとしてもがいていた頃の一つの試みとして、そのままに残しておく）。

前掲の表のうち、男子欄「無業」の部の「乳幼無業」に属する二十歳以上六十歳以下のもの八名と、その同年齢階層中の「病弱」のもの四名との合計十二名は、職業期における異常人口とみるべきものであろう。それは、調査した男子総人口四百二十五人中の二・八％である。同様にして、女子においては、「乳幼老無業」の欄に十人、「病弱者」の欄に三人で、「無業」の計十三人の異常人口があり、女子総人口四百五十七人中これも二・八％である。

当時長岡市の総人口数は約十二万五千人であるから、見本にとった区域の人口八百八十二人は全市人口の〇・七％である。ゆえに、この見本で得た異常人口の調査総人口に対する比率二・八％を、全市の総人口の対比として計算してみると三千五百人になる。それが、長岡市における職業期の異常人口数となるという事になる。このような異常人口の比率がいずれの都市にもみられるなどとは思わないが、仮りにこの比率を東京都に適用すれば、東京都の全人口八百万人の二・八％は二十二万四千人になる。東京都には二十二万余の職業期異常人口があるといえば、多くの人はそれを一笑に附するであろう。この算定の基礎になった長岡市の調査がはなはだ不備である事は、我々も充分にそれを

正常異常別都市人口構成図の事例（長岡市内一地区192世帯882人）

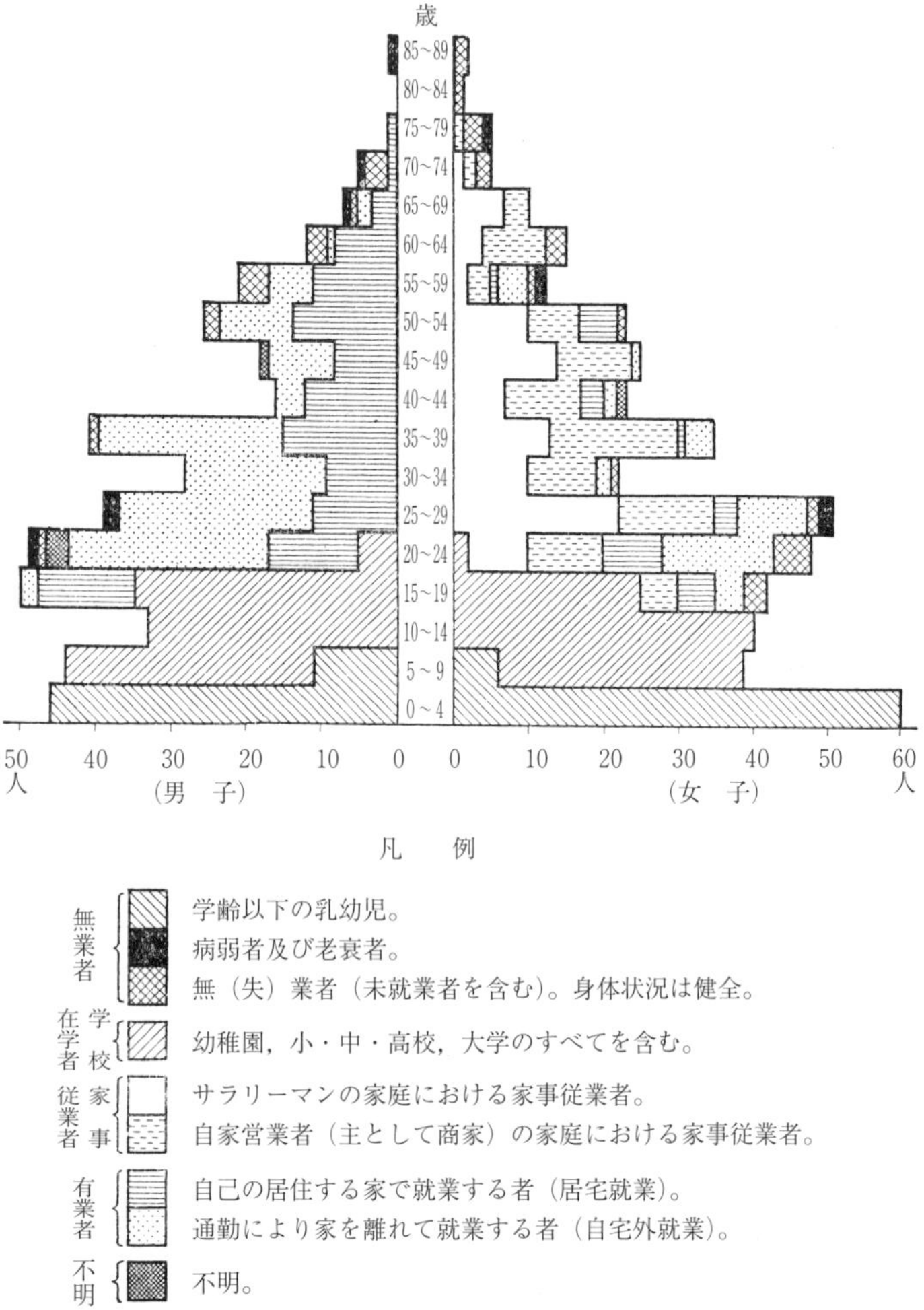

認めている。

　しかし、少なくとも都市にはなはだ多数の異常人口が存していという事の一つの暗示にはなるであろう。その多数の異常人口が、狭い地域内に密居して生活しているとすれば、都市の街頭にはさまざまの異常な現象が溢れでるわけである。正常人口の異常生活もまた都市を混乱せしめて

類　　型	総　　数	男　　子	女　　子
1．学齢前幼児	123（14.0%）	57（13.5%）	66（14.5%）
2．病弱及び老衰者	30（3.4）	15（3.6）	15（3.3）
3．無職者（失業者を含む）	21（2.4）	8（1.9）	13（2.9）
4．在学児童・生徒・学生	205（23.3）	106（25.1）	99（21.7）
5．家事（勤め人の家庭）	99（11.3）	—（—）	99（21.7）
6．家事（自営業者の家庭）	97（11.2）	—（—）	97（21.3）
7．就業者（居宅就業者）	144（16.4）	118（28.0）	26（5.7）
8．就業者（自家外就業者）	158（18.0）	117（27.9）	41（8.9）
9．不　　詳	（5）	（4）	（1）
計	877（100.0） （5）	421（100.0） （4）	456（100.0） （1）

類　　型	総　　数	男　　子	女　　子
1．家庭（前掲表の1.2.3.4.5.6.7を含む）	514（58.6%）	198（47.3%）	316（69.3%）
2．学校	205（23.4）	106（25.2）	99（21.7）
3．職場（家庭外）	158（18.0）	117（27.5）	41（9.0）
計	877　（100）	421　（100）	456　（100）

いる大きな一要素である。むしろ正常人口の異常生活こそ、もっとも多く都市生活をして混乱無秩序の世界のごとき外観を呈せしめている原因となっている。都市の生活の組織も基礎も、そんな混乱の下にかくれているに違いないとは、当然にいいうるであろう。ここに、正常人口の理論が必要となる理由がある。

一般に国勢調査などにおける有業・無業の取扱では、無業が有業よりはるかに多い。例えば一九五〇年の国勢調査の結果から算定された数字は、全国の市部有業者が三十七・四%、無業者が六十二・六%となっている。大部分は、在学中か未就学の青少年または幼児と多数の女子である。その中に、はなはだ少数のいわゆる異常人口も含まれているわけである。けれども、赤ん坊の無業と四十男の無業とは意味が違っている。その意味の異なるところを明らかにするものも、正常人口という概念である。また一般に無業についての概念も不鮮明であるし、調査におけるその取扱もはなはだ不統一のようである。特に女子の有業・無業については、根本的に考えなおす必要があるように思う。

既述の長岡市の一地区における調査の対象となった全人口を、生活様式の特性により八種の類型に分類して、次のごとき比率を見出した。

本頁の上の表のうち、1は幼児期人口、2は異常人口と

第一表　彦根市五番町における有業無業別人口構成

有業無業別＼男女別	男	女	計
有業人口	114	37	151
無業人口	99	184	283
総人口	213	221	434

第二表　彦根市五番町における無業人口の生活内容の分析

内容＼男女別	実数			比率			摘要
	男	女	計	男	女	計	
				%	%	%	
未就学児	29	31	60	29.293	16.848	21.201	
学籍にある者	61	54	115	61.616	29.348	40.636	盲学校在学中の女子学生1名を含む
家事		48	48		26.088	16.961	保育，炊事，洗濯，掃除，買物，縫物等
家事と内職		2	2		1.087	0.707	洋和裁等の手内職
家事と家業		31	31		16.848	10.954	家族経営の事業を分担
妾		1	1		0.543	0.353	
精神異常者	2		2	2.020		0.707	
長期療養者	1	1	2	1.010	0.543	0.707	
満50歳以上の稼働力なき者	6	14	20	6.061	7.608	7.067	
被生活保護者		2	2		1.087	0.707	
計	99	184	283	100.000	100.000	100.000	

老衰期人口を示しているが、その相違は年齢によって見分ける事ができる。3は異常人口である。4は習学期人口、5・6・7・8は何れも職業期の正常人口である。

次に、右の総人口を、その日々の生活におけるもっとも主要なる場所または属する集団によって分類すれば、前頁の下の表の通りになる。

家庭（または世帯）と学校と職場、この三つが、都市に生活する人々のもっとも重要な生活の場所または集団である。

我々の長岡市における調査ははなはだ不完全なものであったが、これと同様な企図の下に試みられるもっと完全な調査が何人かによってなされるであろうと思う。けれども、この調査におけるもっとも困難な点は、常に困難な点として残るであろう。それは一般に、異常人口である事を不名誉な事として、その事実を卒直正確に答えない場合が多いという事である。ゆえに、異常人口の数は、調査された数より、実際には常に若干多いのではないかと思えるのである。

第三表　市川市・帯広市・札幌市における各年次別不就学学齢児童数一覧表

	年次	昭和9	10	11	12	13	14	15	16	17	18	25	29
市川市	A	6,273	6,328	5,855	6,025	6,424	6,122	—	7,166	7,647	9,800		14,314
	B	12 0.19	13 0.20	9 0.15	7 0.12	7 0.11	17 0.28	—	13 0.18	15 0.20	36 0.37		24 0.17%
帯広市	A											7,896	9,498
	B											17 0.22	22 0.26%
札幌市	A											43,635	46,764
	B											116 0.27	161 0.34%

註　Aは学齢児童（6歳～11歳）の総数，Bは不就学児童数，％は学齢児童総数に対する不就学児童の割合を示す。

第四表　市川市における学齢児童の就学免除者と就学猶予者の年齢別一覧表（第三表内訳）

		学齢児童の年齢	6歳	7歳	8歳	9歳	10歳	11歳	計
昭和29年		学齢児童の総数	3,103	2,381	1,860	2,104	2,597	2,263	14,308
	不就学者の区分	就学免除者	1 0.03	2 0.08	1 0.05				4 0.03%
		就学猶予者	9 0.29	8 0.34	2 0.11		1 0.04		20 0.14%
		計	10 0.32	10 0.42	3 0.16		1 0.04		24 0.17%

第五表　帯広市における学齢児童の就学免除者と就学猶予者の年齢別一覧表（第三表内訳）

		学齢児童の年齢	6歳	7歳	8歳	9歳	10歳	11歳	計
昭和25年		学齢児童の総数	1,570	1,158	1,213	1,430	1,233	1,292	7,896
	不就学者の区分	就学免除者	1 0.06						1 0.01%
		就学猶予者	12 0.76	3 0.26	1 0.08				16 0.20%
		計	13 0.83	3 0.26	1 0.08				17 0.22%
昭和29年		学齢児童の総数	1,721	1,613	1,176	1,262	1,468	1,258	8,498
	不就学者の区分	就学免除者							
		就学猶予者	17 0.99	2 0.12		1 0.08		2 0.16	22 0.26%
		計	17 0.99	2 0.12		1 0.08		2 0.16	22 0.26%

七　異常人口の内容

異常人口が、総人口のうちどれ位の％に存するかを正確に知る事は、はなはだ困難である。幼児期の異常人口もあり、習学期の異常人口もある。また、職業期にも老衰期にも異常人口はある。そのうち、習学期特に小学校就学期における異常人口だけは明確に知る事ができる。他の期における異常人口は、それを明らかにする事がはなはだ困難であるから、この小学校就学期における異常人口によって、異常人口一般を察知する一つの根拠としたい。前頁以下の第三表～七表は、市川市、帯広市、札幌市における就学免除者と就学猶予者に関する調査の結果である。

前掲の調査表の示すところによれば、学齢児童総数に対する不就学児童の割合は、調査されたどの都市においても〇・四％に達していない事がわかる。けれども、この数は、都市における異常人口数を知る一つの参考になりうるにすぎない。

前掲の第一表は、彦根市五番町総世帯につき、その有業無業別人口構成を示し、第二表は、そのうちの無業人口につき、その生活内容を明らかにしたものである。この表は、官庁統計において一般に無業として取扱われている者につ

第六表　札幌市における学齢児童の就学免除者と就学猶予者の年齢別一覧表（第三表内訳）

	学齢児童の年齢		6歳	7歳	8歳	9歳	10歳	11歳	計
昭和25年	学齢児童の総数		8,154	6,272	6,911	7,790	7,140	7,368	43,635
	不就学者の区分	就学免除者	2 0.03	1 0.02	1 0.01				4 0.01%
		就学猶予者	88 1.08	10 0.16	6 0.09	4 0.05	3 0.04	1 0.01	112 0.26%
		計	90 1.11	11 0.18	7 0.10	4 0.05	3 0.04	1 0.01	116 0.27%
昭和29年	学齢児童の総数		9,798	8,358	6,365	6,962	7,931	7,350	46,764
	不就学者の区分	就学免除者	5 0.05	2 0.02	5 0.08	4 0.06	7 0.09	6 0.08	29 0.06%
		就学猶予者	117 0.12	8 0.10	3 0.05	2 0.03	2 0.03	1 0.01	133 0.28%
		計	122 0.14	10 0.12	8 0.13	6 0.09	9 0.11	7 0.09	162 0.34%

第七表　帯広・札幌両市における不就学児童の不就学理由別一覧表

市名	帯広市				札幌市			
年次	昭25		昭29		昭25		昭29	
不就学区分 / 不就学の理由	就学免除	就学猶予	就学免除	就学猶予	就学免除	就学猶予	就学免除	就学猶予
盲及び弱視								
難聴及び聾								
肢体不自由		2			1	7	7	21
虚弱（病弱）		11		21		41		72
精神薄弱	1	3		2	1	19	22	39
教護院・少年院に在院								
その他					2	45		
計	1	16		22	4	112	29	132
	17		22		116		161	

註　その他というのは，家計を助けている者，学齢簿にあるが住所不明の者。

いての資料の一つによって明らかにしたものである。無業の意味については、全国における最下部の統計資料提出者の間に相当に大きな異同があるようである。という事は、彦根市におけると同様の調査を、その後（この彦根市における無業に関する調査は、昭和二十七年内におこなったものである）他の数カ所で試みる事によって知る事ができたのである。以上により、無業という事と異常人口とは関係するところははなはだ多いけれども、また異なるところもなはだ多い事を知りうる。

八　都市住民の生活時間

都市における個々の家庭内の生活時間は、その家庭に属する一人一人の家族によっても多少異なっているが、総体的な家庭の生活時間というべきものはある。就寝や食事の時間は、その家庭内ではみな大抵同じようである。かくのごとく家庭の生活時間は大体定まっているから、家庭内の者はみななるべくこの生活時間に応ずるように生活しようとする。例外はあるかも知れぬが、都市内の多くの家庭は大体そうであると思われる。

このような都市の一家庭内の総合的または基本的生活時間は、何に基づいて定められているのであろうか。家庭に

札幌市民の生活時間調査（朝何時に起きるかの答）

A　平日の場合

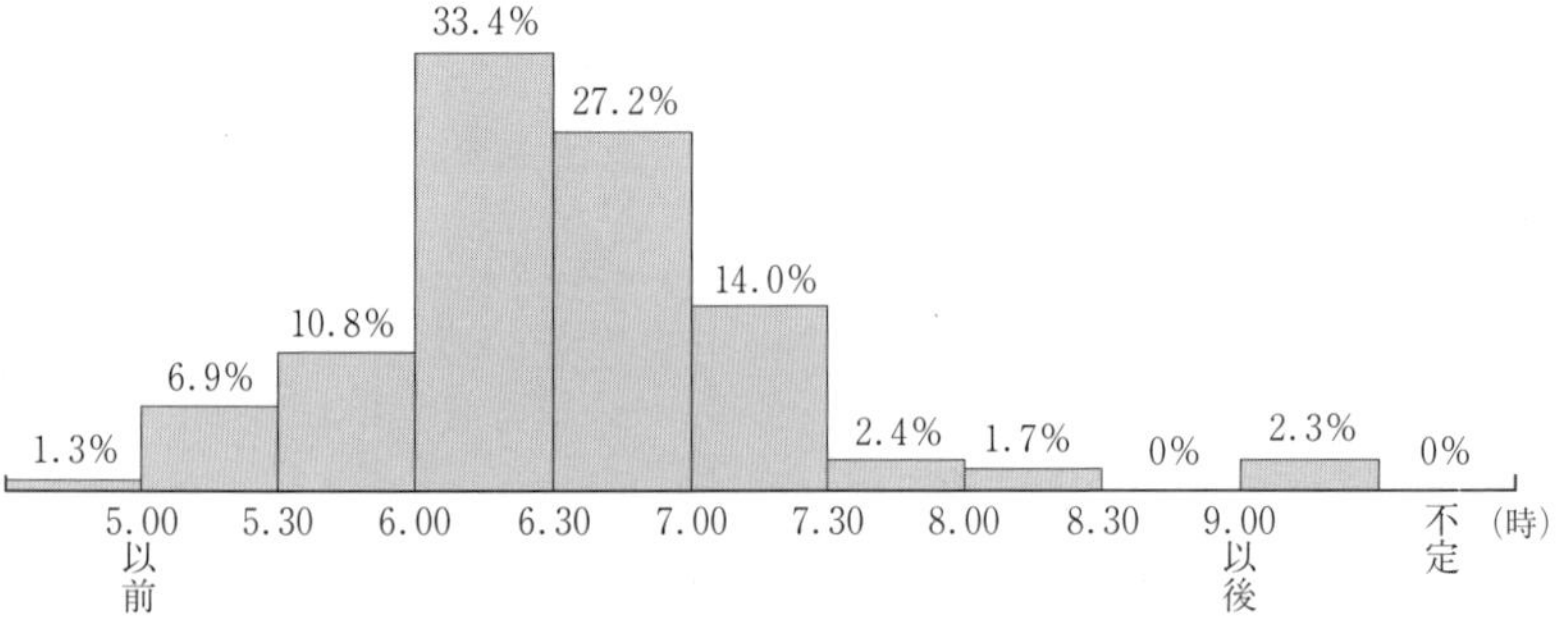

分類＼時間		5.00以前	5.00以後	5.30以後	6.00以後	6.30以後	7.00以後	7.30以後	8.00以後	8.30以後	9.00以後	不定
全体		1.3%	6.9%	10.8%	33.4%	27.2%	14.0%	2.4%	1.7%	—	2.3%	—
年齢別	～ 29	（1）	6.9	8.9	27.7	31.0	16.2	（3）	（2）	—	（3）	—
	30 ～ 39	（1）	6.2	6.2	34.3	32.0	17.1	（2）	（1）	—	（3）	—
	40 ～ 49	（2）	6.6	14.0	33.9	22.1	13.2	（4）	（3）	—	（1）	—
	50 ～	（2）	8.4	15.8	38.0	21.1	7.4	（2）	（2）	—	（3）	—
学歴別（世帯主）	小卒	（1）	（2）	22.0	41.0	13.6	8.5	（1）	（2）	—	（3）	—
	高小・新中卒	（5）	12.3	13.5	32.2	21.0	14.6	（1）	（3）	—	（3）	—
	旧中・新高卒	—	3.7	4.8	33.9	34.4	16.3	（6）	（2）	—	2.4	—
	大学・高専卒	—	（3）	9.0	30.0	38.8	12.0	（3）	（1）	—	—	—
職業別	俸給生活者	（3）	4.3	11.0	35.0	32.5	13.7	（3）	（2）	—	（1）	—
	自由・商工業	（1）	7.3	5.5	33.9	22.9	19.3	（6）	（2）	—	（4）	—
	労務・農業	（2）	17.2	18.8	32.8	22.4	（3）	—	—	—	—	—
	無職その他	—	6.5	13.0	29.0	19.4	14.5	（2）	（4）	—	（5）	—
収入別	A	—	—	6.9	27.6	41.4	17.2	（1）	（1）	—	—	—
	B	（3）	6.6	11.0	34.0	27.7	13.7	2.2	1.7	—	2.2	（2）
	C	（3）	（5）	（5）	28.6	（1）	14.3	（1）	—	—	（1）	—

よっていろいろ異なる事情もあると思われるが、多くは職場または学校に行っている人の生活時間に即応して定められるのであると思われる。家庭内での生活時間は多少の変更があっても融通がきくであろうが、職場と学校の時間は動かせないものと考えられているからである。職場と学校の生活の型が、そこに通っている人の生活の型を決定し、それがさらにその家庭の生活の型を決定している。しこうして、家庭の生活の型は、家庭内のすべての個人の生活の型を決定している。ここに

B　休日の場合

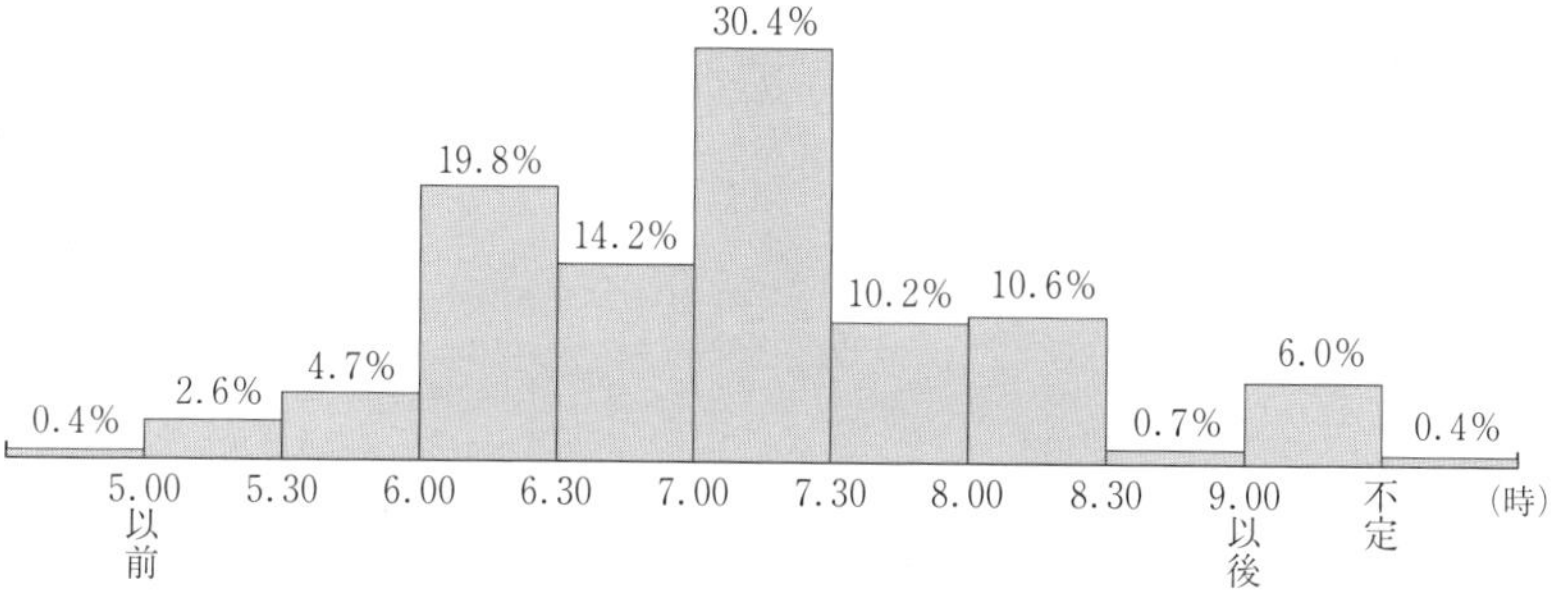

分類＼時間		5.00以前	5.00以後	5.30以後	6.00以後	6.30以後	7.00以後	7.30以後	8.00以後	8.30以後	9.00以後	不定
全体		0.4%	2.6%	4.7%	19.8%	14.2%	30.4%	10.2%	10.6%	0.7%	6.0%	0.4%
年齢別	～29	—	(3)	(2)	18.6	13.7	24.1	13.7	13.7	(1)	8.8	(1)
	30～39	—	(2)	4.1	14.0	13.0	37.8	13.0	11.0	(2)	4.1	(1)
	40～49	(1)	(3)	4.1	22.3	11.6	34.7	9.1	9.1	—	4.1	—
	50～	(1)	4.2	9.5	24.2	20.0	20.0	4.2	8.4	—	8.4	—
学歴別(世帯主)	小卒	—	—	8.5	29.2	20.3	15.3	5.1	5.1	—	6.8	—
	高小・新中卒	(2)	5.8	8.1	18.6	14.0	27.9	8.7	8.7	(2)	5.2	(1)
	旧中・新高卒	—	—	(3)	16.9	12.2	34.3	11.0	13.9	(1)	7.8	(1)
	大学・高専卒	—	(2)	—	13.4	12.2	40.0	16.2	12.2	—	(2)	—
職業別	俸給生活者	(1)	2.6	(2)	18.8	11.8	36.6	29.0	24.0	(1)	4.4	(1)
	自由・商工業	—	(4)	(4)	21.8	18.2	27.3	11.0	8.2	—	6.4	—
	労務・農業	—	(2)	10.0	26.7	21.7	16.7	11.7	(1)	(2)	(2)	(1)
	無職その他	(1)	—	14.1	14.1	9.4	28.8	7.8	11.0	—	14.0	—
収入別	A	—	—	(1)	10.3	13.7	51.7	13.7	(1)	—	(1)	—
	B	—	2.9	4.4	19.6	14.5	29.2	10.0	11.8	(3)	6.4	(2)
	C	(2)	—	(3)	33.3	(3)	26.0	(2)	—	—	(1)	—

いう家庭とは世帯の意味であるが、都市に住む人はことごとくいずれかの世帯に所属している。然りとせば、結局、家庭内のすべての人の生活の型を決定している職場と学校の生活の型が、都市の住民の生活の型を決定しているといいうるわけである。

以上は、生活時間に関する生活の型についての考え方であるが、生活時間以外の面での生活の型についても、同様の事がいいえよう。職場と学校とが、都市の社会構造を形成しているもっとも基本的な集団であるとする考え

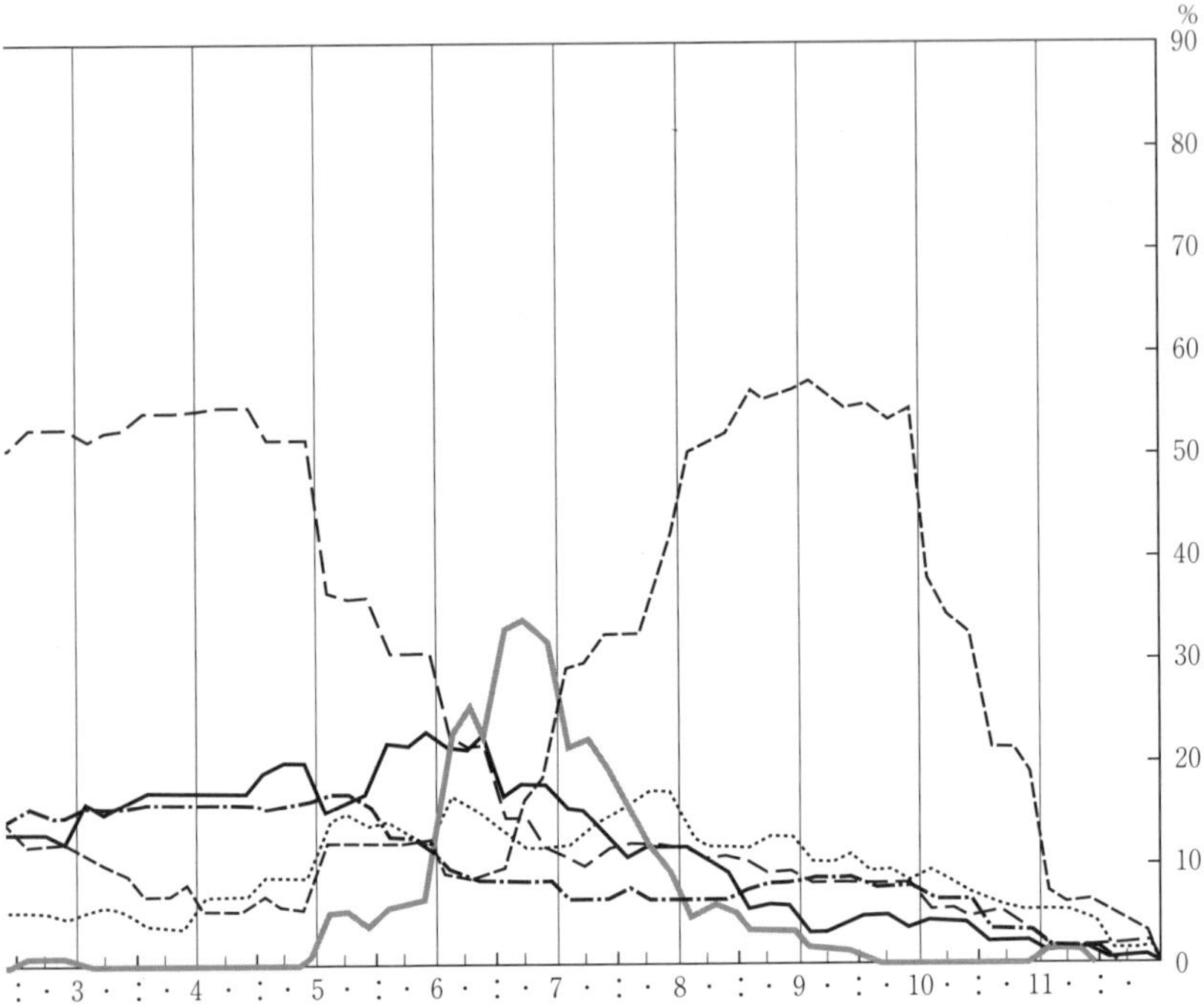

方は、右のごとき生活時間についての考察とも矛盾していない。

三二六〜三二七頁の図及び表は、「朝何時に起きるか」の問に対する答を整理したものである（電通調査部「札幌市内に於ける放送聴取慣習並びに生活時間調査」昭和二十九年二月、九頁による）。

この表の平日の場合における職業別分類では、俸給生活者、自由・商工業、労務・農業、無職その他、の四種となっている。これらの四つの業種の間には、朝起きる時間の差異はそれほどない。そのいずれもが、六時以後六時半までに最も多く起床している。すなわち、業種別にみた場合、起床における生活時間はあまり異なっていない。むしろ、収入の程度別や学歴別によって起床時間が異なっている。収入別においては、A級では六時半以後七時までに起床する人がもっとも多く、B級、C級では六時以後六時半までの人がもっとも多い。また、学歴別においては、旧中・新高卒の階層と大学・高専卒の階層に六時半以後七時までの起床者がもっとも多く、小卒の階層と高小・新中卒の階層では六時以後六時半までの起床者がもっとも多い。生活時間の型の相違が、職業別にではなく社会階層別に現われているのは興

京都市民の生活時間（8月11日）

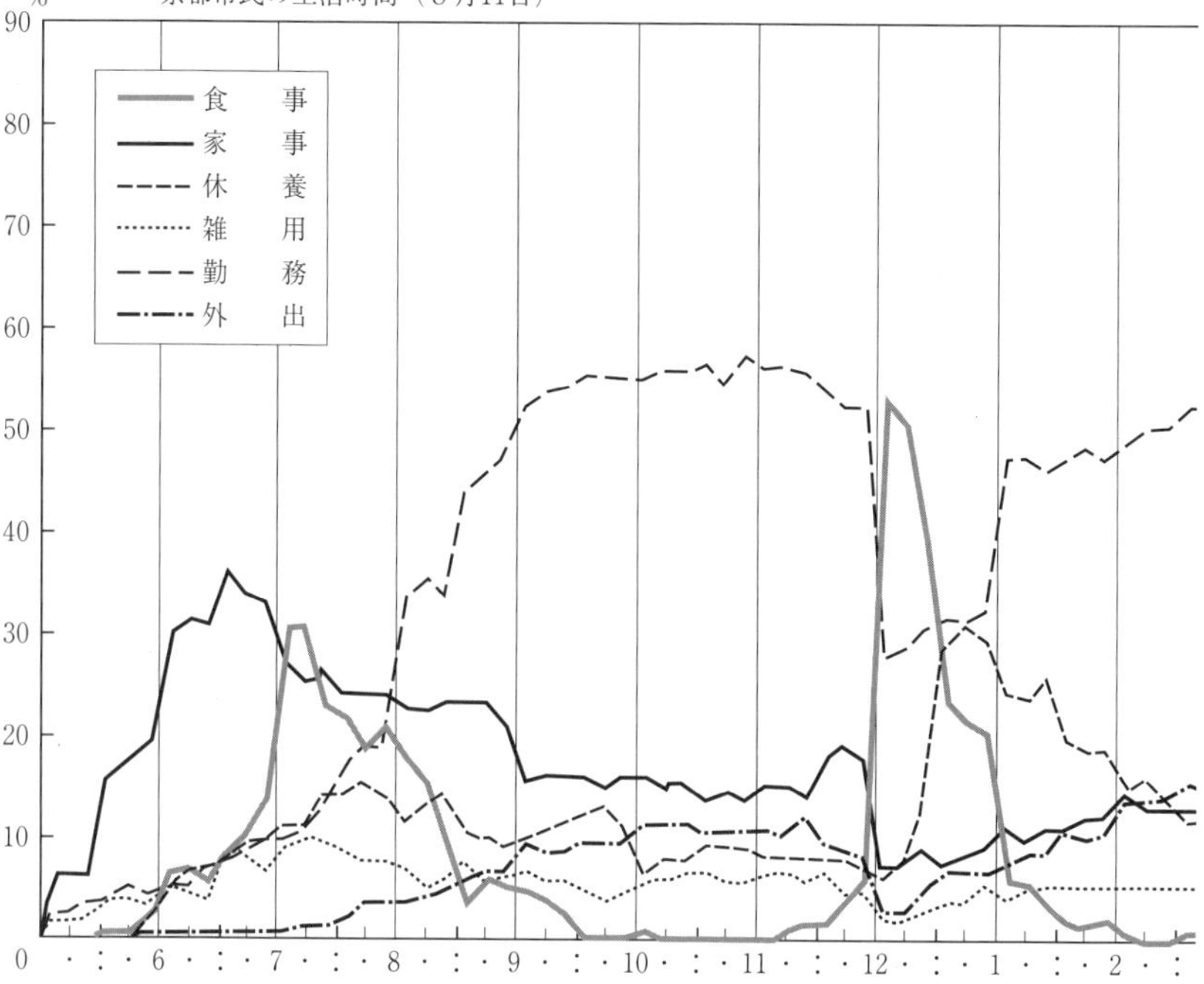

味ある事である。生活時間の型だけではなく、生活のあらゆる方面における型も、職業の相違よりもより多く社会階層の相異に影響されているのかも知れぬ。けれども、人々の生活時間の型に、職業別よりも階層別の方が強く影響するという事が確かめられたとしても、現にみる我々の社会の中での階層の構造は、主として職場または職場間において形成されていると思われる事と、およそ職場をもっている人々の生活時間の型と職場をもたない人々の生活時間の型は、階層間の相違よりも遙かに大きいと思われる事も忘れるべきでない。しかし、それらの点も、ここでは明らかにされてはいない。

右は平日における事情であるが、休日の場合をみると、ここでも収入の低い者、学歴の低い者だけが朝早く起きていると共に、職業別では労務・農業のみが早く起きている事がわかる。

ここで我々が知りたいのは、職場と学校の生活がいかに一般の人々の生活時間に影響しているかという事である。その事は、この調査では直接明らかにされていない。ここに示されている無職その他には、いわゆる異常人口ももちろん含まれているが、そればかりではなく、はなはだ多くの習学期人口、幼児

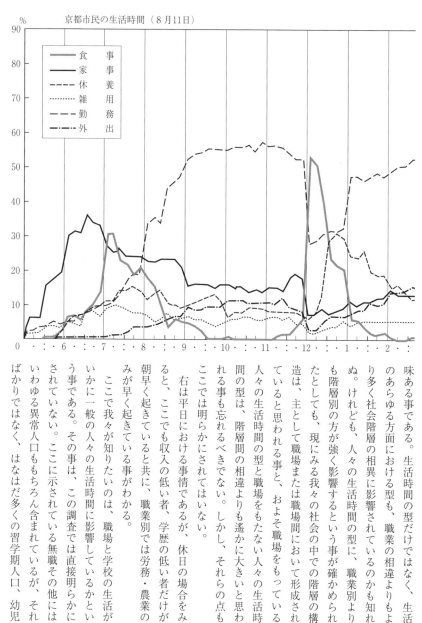

期人口が含まれていると思われる。結局、我々がもっとも知りたい正常人口の正常生活における生活時間が、ここでみられないことはもちろんである。

右の調査で知りうる事は、職場の影響はここにもみられるが、職場の職種よりも職場の階層がより多く生活時間に影響しているという事である。習学期及び職業期の社会的年齢階層の生活が、各世帯内における生活の型を制約している事、ゆえに都市生活一般の生活の型を制約していると思われる事を明らかにするためには、他の調査によらなければならぬ。

三二八～三二九頁に挿入した図（京都市民の生活時間）は、都市住民の一日の生活時間を生活内容別に示したものの一例である。これは、京都市在住のラジオ所有世帯に属する満十八歳以上の個人に対する調査であって、推計約六十二万人を母集団としているものである。その標本構成は、三三一頁に掲げた表の通りである（電通調査部「京都市に於ける放送聴取状況及び番組嗜好調査（第二回）」による）。

この調査は、昭和二十九年八月十一日現在のものである。

この京都市民の生活時間の図表によれば、その日の生活時間は、いずれの人についても午前五時過ぎに始まり午後十二時前に終っている。午後十二時から午前五時までは、睡眠の時間であろう。

午前五時から午後十二時までの間に起きて何かしているわけであるが、この間における生活内容すなわち項目別生活は異なっている。朝の五時半になれば朝食を始める人が少しずつ現われ、その頃からもう休養している者、外出する人もある。同一の時刻に同一項目の生活をしている人が六十％以上ある事は、この調査ではただの一件もない。一日三回の食事は、比較的大多数の人がほとんど同じ時刻になすものと思われるが、これとても同一時刻に六十％以上の人々が集中している例はみられない。昼食を十二時ちょっと過ぎにとる人々が五十五％近くあるのが最高である。朝食は七時ちょっと過ぎにとる者が最も多いが、それでも三十％をほんの少しでた位の人である。夕食は七時少し前がもっとも多く、約三十五％近くである。少数の人々は、夜の十一時過ぎに夕食をとっている。

食事の外に、人々が同一時刻に同一項目の生活をおこなっているものは、職業上の勤務である。勤務においては、午前九時より十二時までの間に五十％以上が従事している。また、午後においては、二時頃から五時頃までに五十％以上の者が従事している。夜の十一時を過ぎてもなお勤務している者もみられる。

休養の時間も、比較的一致した人が多い。正午より午後一時までの時刻に、多くの人が休養している。けれども、

性別	男	49.5%	年齢別	29歳まで	35.7%
	女	50.5		39歳まで	19.1
職業別	俸給生活者	29.9		49歳まで	21.7
	労務・農業	6.9		50歳以上	22.5
	自由・商工業者	15.6	収入別	上	12.3
	主婦	24.8		中	74.2
	無職	22.8		下	13.5

それは精々三十%の人々である。休養する人々のもっとも多いのは夜の八時から十時までの間で、そこでは五十%以上の人々が休養している。

右の食事と勤務と休養の三つの項目には、このように一致した時刻が比較的多くみられる。すなわち、食事の時刻の山は、朝七時過ぎの朝食時、十二時過ぎの昼食時、夜七時前の夕食時にみられる。勤務には、午前中の勤務時の山と午後の勤務時の山とがある。そして休養は、昼食後の休養時間の山と夕食後の休養時間の山とがある。けれども、この三項目以外の生活においては、多くの人々の間に生活時間の一致はあまりみられない。家事だけは、午前六時から七時までの間に三十%以上の人が従事しているが、雑用や外出という事項では、二十%以上の人が一致している時間はない。

この調査は、ラジオのある世帯の人だけについて調査されたものであるが、ラジオのない世帯をも含めた調査では、結果はさらに混乱しているであろう。また、この調査は十八歳以上の人々に対する調査であるが、それ以下の人々をも加えた調査であれば、結果はさらに混乱しているであろう。しかし、かくのごとき混乱した都市住民の生活時間の中にも、食事と勤務と休養の三点においてはおぼろげなが

第一表（A）　誰がラジオのダイヤルを廻すか（世帯内身分別）

祖父母	0人	0 %
世帯主	10	21.7
主婦	6	13.2
長男	5	10.5
その他の子	14	30.5
使用人	2	4.4
決まっていない	5	10.5
無記入	4	8.9

第一表（B）　誰がラジオのダイヤルを廻すか（社会的年齢階層別）

幼児期	0人	0 %
習学期	13	28.4
職業期	14	30.5
同上（特に家事従事者）	10	21.7
老衰期	0	0
決まっていない	5	10.5
無記入	4	8.9

第二表（A）　聞きたい番組について意見が分れた時はどうするか（世帯内身分別）

多数決で決める	9人	28.3%
世帯主の意見を尊重する	5	15.6
主婦の意見を尊重する	6	18.7
長男の意見を尊重する	5	15.6
その他の者の意見を尊重する	4	12.5
その他（交代制乃至適宜に）	3	9.3

第二表（B）　聞きたい番組について意見が分れた時（社会的年齢階層別）

幼児期の者の意見を重んずる	0人	0%
習学期の者の意見を重んずる	6	18.7
職業期の者の意見を重んずる	8	25.0
老衰期の者の意見を重んずる	6	18.7
同上（特に主婦の意見を重んずる）	0	0
多数決できめる	9	28.3
その他	3	9.3

ら規律性がみられる。この三種の生活時間は、生きて行く上に誰にも好都合な生活時間なのであろう。右の生活時間の調査を、正常生活の考えによってあらかじめ整理して調査したならば、すなわち正常人口と異常人口別に、また正常人口の社会的年齢階層別に集計する事ができるならば、都市における正常人口の正常生活が鮮やかに浮かび出る事と思う。

さらに、前頁の表は、家庭内における日々の生活をリードしているのは誰かという事についての調査を、ラジオ聴取の実態に基づいて明らかにしたものである。これを社会的年齢階層別に集計してみると、習学期の者と職業期の者とが世帯ごとに指導的な立場にある事を示している。

この調査は、北海道大学社会学教室の一人の学生（新妻四郎君）が、札幌市内の商業者世帯および俸給生活者世帯における生活の傾向差を明らかにするために調査したものである。この表は、その平均に関するものである。

私は、この調査がそのまま事実における傾向を正しく現わしているとは思わない。けれども、習学期の者と職業期の者が、個々の世帯における生活をリードしているという一般的な傾向は、間違いなくここにも現われているように思う。

九　都市生活の二つの支柱

もし人の一生の社会的年齢階層の中にも、正常型と異常型を設ける事ができるとすれば、習学期と職業期の二階層だけが正常型であって、幼児期と老衰期は、異常型とみられるかも知れない。もちろん、そんな提言は人道の上からも人権の上からも許さるべきでない事を、我々は知っている。けれども、習学期の者の属する学校と職業期の者の属する職場とが、個々の世帯の生活の型を支配しているという事は事実である。日常生活において、社会的な拘束を強く感じつつ生活しているのも、また世帯内において支配的な力を多くもっているのも、この二つの階層にほかならない。習学期と職業期の二つの中では、習学期は職業期の予備的段階とみるべき多くの理由がある。個人的な体験や理想はどうであろうとも、習学期はやがて職業期を迎えるための生業習練期なのである。

然りとせば、職業期の生活こそ、人生におけるもっとも正常な型の生活であるという事ができる。それは、食うために働いている生活である。そこに、人生のもっとも赤裸々な姿がある。そして、そこにこそ社会生活の基本的な構造の原則もひそんでいるに相違ない。都市の生活がいかに複雑混乱をきわめていようとも、世帯と職場が都市生活を支えている二つの支柱であるという私の考えは無理ではないように思うのである。

第九章　都市の生活構造

序　説　生活構造の概念

近時、生活構造という語がしきりに用いられている。けれども、その意味するところは明確なものでなく、一致した見解とされているものもないようである。この概念の設定の必要を認めている理論は、さしたる根拠もないように思われる。特にその中では、生活構造と社会構造の意味を混用している場合が多いようである。

私が、社会構造の概念の外に、生活構造の概念を設定する事の必要を認めるのは、社会構造の概念のみによっては理解されえない社会的統一の動的側面を、生活構造の理解によって明らかにする必要があるからである。社会構造は静態的構造に関するものであり、生活構造は動態的現象に関するものであるという事が出来る。

本来、社会構造の概念は、村落及び都市すなわち私のいわゆる聚落社会の理解には不可欠の概念であるが、その他の複合的社会的統一の理解にも不充分ながら適用されうるものである。生活構造の概念も、聚落社会の理解にもっとも有用なる概念であるが、他の複雑な社会的統一の理解にも適用されうるものである。すなわち、これらの二つの概念は、聚落社会の分析には必須の要具であるが、その他の複合的社会の分析に適用しても有用でありうるものである。

新たにここに設定する生活構造の概念を充分に明確ならしむるために、私はまずそれと社会構造との差別を明らかにする必要がある。

私は、社会構造を次のように理解している。すなわち、それは諸種の社会集団や定形化している諸種の社会関係や諸種の前社会的統一が、現実にさまざまの形で相集まって一つの複合的社会的統一体を形成している場合、それを以上のごとき社会的要素に一応解体して理解し、その結果に得られた一組の社会的要素の組み合せを社会構造というのである。諸種の社会集団や社会関係や前社会的統一が複合して一個の社会的統一体を形成するのは、聚落社会においてもっとも顕著である。かくのごとき複雑なる社会的統一体は、右のごとき要素的部分に分解して分析するにあらざれば、到底その全体の社会的特性を闡明する事はできない。社会構造の概念の設定を必要とする理由であり、特に聚落社会の分析にこれが必要なる理由でもある。

一般に機能社会または派生社会と名づけられているものも、その実態を社会構造について分析してみれば、単一の機能の社会ではなく、多くの集団や社会関係や前社会的統一がその全体の統一を構成している場合が多い。ゆえに、複合的社会的統一は勿論、単一の機能の社会と思われるものすらも、その正確な理解のためには、その統一的全体を構成している部分的要素に一応解体して、各要素を周到に分析し理解する事が望ましい。かくのごとき複合的な社会的統一体を構成している部分的要素を、その社会的組織化の順序に従って、社会集団、社会関係、前社会的統一の三種とみなし、これら三種の社会的要素の組み合せの全体が具体的な社会的統一を形成しているとみなす事は、明らかに具体的社会の分析にははなはだ有用な操作である。この概念が聚落社会にもっともよく適用されるという理由は、他の複合的社会はその複合の程度が聚落社会に比すれば比較にならぬほど単純であるから、必ずしも社会構造の概念によらずとも分析する事ができるが、はなはだしく複雑である聚落社会に対しては、これなくしてはほとんど分析を進める事ができないからである。

然るに、社会構造の概念について、今日、右のごとくには理解せずに、はなはだ不明確な見解が存しているのは遺憾である。

次に、生活構造については、私は次のように理解している。

生活構造とは、個々の聚落社会における生活現象の中に見られるさまざまの時間的秩序の組と空間的秩序の一組の組み合せを意味するものである。都市の住民の生活現象を、一つの全体として巨視的に観察した場合に、そこに認められる時間的周期性と地域的整序とが、ここには意味されている。ここでは、生活現象は必ずしも個人間の社会過程の集積として理解されているのではないが、見出された周期性や整序は社会的な現象としての理解が可能なるものである。

東京の銀座の深夜の人口は二千であるが、昼の人口は二十万であるという。それは、東京の生活構造の現われが、そんな形をとっているのである。一定の地域内の居住者達が、一定の目的のために、一定の時刻に、周期的にこの地点に集まるものと解される。また、一夜にして銀座がなくなったとしたならば、例えば大火によって消え失せたとしたならば、東京の人口の中にはその生活構造の急変するものが多い。しかし、社会構造はそのために寸毫《すんごう》も変るところはないであろう。世帯と職域集団が都市の社会構造の基盤であるとみる私の考えは、空襲下の東京についても同じ事がいいえたであろう。東京の社会構造は常に変らないが、その生活構造はしかく不動のものではない。けれども、それは猫の目が変るように絶えず変るものでもない。そこに生活の秩序が保たれている。我々は都市の理解のためには、まずその社会構造を明らかにしなければならぬ。しかし、都市の生きた呼吸に接するのは、その生活構造を明らかにする事により、初めて可能となるのである。社会構造の理解は、聚落社会の社会的要素の組成を明らかにするものであるが、生活構造の理解は、聚落社会の生命存続の中にみられる周期的に反覆する脈動の周期的時間と振幅とを明らかにするものである。

固定した周期的律動が安定した生命の現象や安定した物理現象の中にみられるように、安定した都市の生活現象にもほとんど固定した反覆の現象がみられる。時間的にも空間的にも然りである。生活構造と社会変化ははなはだ近縁の概念であるが、一方は動に存する静に着眼し、他方は静に存する動に着眼している。

生活の地域的構造に関しては、従来からそれに関連した研究が存しているが、生活の時間的構造に関しては、それを問題とした研究は全く存しない。ゆえに、生活の時間的秩序という事が何を意味するかについては、やや立ち入って述べておく必要がある。

私はかつて農村の研究を試みたころ、時間的秩序がいかに東洋における農村生活を支配しているかを認めていたのであるが、当時、私はそれを充分に社会学的に処理する力をもっていなかった。今、都市の生活を考察するにおよび、そこにも見逃す事のできぬ時間的秩序に関する問題を見出したので、ついに看過出来ない社会学上の問題としてこれを処理するに至ったのである。私は、時間的秩序の問題は、特に東洋的社会に関する研究だけに重要な研究領域の一つではないと今では思っている。時間的現在における平面的な横の関係の秩序のみが、従来の社会学における問題であったが、時間的な縦の過程におけるさまざまの秩序の理解も、それと全く同様に重要であるといえる。従来の社会学者も、時間的な縦の現象における変化の過程は問題としたのであるが、そこに見られる固定反覆する秩序の世界は見逃してきた。私がいう時間的秩序とは、時間的過程に存する変化発展を意味しているのではなく、時間的過程に存する周期的反覆の秩序を問題としているのである。

節を改めて、時間的秩序の意味及び都市における時間的秩序について考えてみる。

第一節　都市の時間的秩序

従来の社会学的調査研究にも、時間的秩序を予想しているものがある。たとえば、社会成層に関する調査研究に、学歴の調査を試みている。学歴の高い者には、それに相当する地位が予想されるからである。そして、その予想は、調査結果の上にもその通りに現われている。

同様に、就業年数が地位に影響している事も、当然のように考えられている。これらの当然は、時間の経過のうちに構成されてゆくものである。そして、それは時間の経過のうちに形成されている何等かの秩序を、当然と考えているがゆえに認めているところの当然である。時間の経過のうちに出来ているいろいろの秩序は、一般にそれの存する事を当然とし、むしろそれを期待し信仰してさえいるのが常のように思われる。

因果応報の理は、それがいかに事実において裏切られようとも、それを信ずるところに我々の道徳性の根源もあるように考えられる。因果応報の理は善悪の因果関係であるが、そのような善悪という見地によらずして、時間的経過の中に継起する社会現象をさまざまの形の社会的因果の形式で読みとるとするならそこにどんな秩序が存するか、という事が我々の問題なのである。

社会的因果の形式とは、さきに述べたように、学歴の高いものには高い社会的地位があり、勤続年数の長いものには高い職業上の地位があるというがごときものである。日本の古来の家族制度の中にあった家族では、親は子の養育のために没我献身の労苦をつくすが、老衰期に入れば子が親のために孝養をつくすという過程がみられた。かくのごとく、親が子のためにつくした時期と次に親が子によってつくされる時期との関係は、一定不変の関係と考えられ期待され、誰も疑う事がなかった。親と子が疑わぬのみならず、第三者もそれを疑わなかった。そこに、一つの秩序が形成されていたといえる。

老後の親を子が顧みない事が当然である社会においても、親は子に対して無条件に没我献身でありうるか。また、没我献身でない親に対して、その親が老衰した時、無条件に孝養の誠をつくす事が自然でありうるか。

長い間、家族本位制度をとってきた日本では、親は自らの老後を護るためにではなくして、無条件に子のために愛の限りをつくしてきた。かくのごとき親の愛育の中に育った子は、老後の親に対しては無条件に孝養の誠をつくした。かくのごとき制度が長い間存してきたところには、親の側にも子の側にも自ら不動の生活態度が生じ、相互に根深い期待と信頼ともをもっていた。この時間的秩序を信ずる事の上に出来ていた相互信頼の世界は、家長権に基づく支配と服従の関係のみでは理解されえないものであった。

日本の在来の家族型すなわち私のいわゆる直系家族を家長的家族とする考え方は、個人の権利の一点のみからみた場合の特性に名づけたものであるが、同様に義務の一点からみた特性も明らかに存している。

日本の家族を私は三つの型に分類したが、それは時間的発展の中にみられる特性に基づく分類である。しかし、この時間的発展形式による分類は、現在における家族生活の横の関係にみられる特性をもっともよく区別しているものであると信じている。

時間的秩序という事は、甲の社会的現象の後には乙の社会的現象が必ず起るという信仰の存する事によって保たれている秩序である。すなわち、社会的因果法則の信仰の上にできている秩序である。かくのごとき時間的秩序は、人間が直接に切実に経験しうるものである筈であるから、長くとも一代で終局するものである。しかし、一代を越すものも全くないわけではない。

勤勉で身を労する事多い青壮年時代をすごした人の老後には、幸福と栄誉に充ちた生活がある事を人は期待する。けれども、現実には、勤勉者必ずしも栄えず、怠惰者必ずしも亡びない事を人はよく知っている。そして、これらの実際の体験が多数存するにもかかわらず、因果応報の理を捨てえない人の焦躁は、輪廻の思想となり、それを通じてあの世への期待となるのである。

時間的秩序の多くは、一代のうちの短い時間を一周期としている。年中行事は一年を周期とする時間的社会的秩序であるが、月給制度は一カ月を周期とする時間的秩序である。一般にわが国でみられる時間的秩序の周期は、一日、一週間、一カ月、一年間、及び一代である。さらにまた、人の生活にはもっと長い周期もしばしば考えられている。(註一)

時間的秩序の周期的反覆は、それを平面の上に描けば波である。物理現象においては、同じ大きさの波が固定して反覆する場合に、最も安定した運動がみられるという。社会生活の場合も、その動きが同一の振幅を以て反覆する場合に、もっともそれが安定しているとみるべきであろう。(註二)

一日を周期とする社会的秩序は、日給制、日歩制などもとより然りであるが、時間の単位の存する事それ自体が一つの時間的秩序である。時間的単位は、その時間を一周期とする反覆の存する事を意味するものであるが、すべての時間的秩序もまた、ある時間を一周期とする一定の順序の現象が反覆する事を意味する。年中行事とは、いろいろの行事が次々に一定の順序で現われ、それが一年を一組とする時間的序列として意味づけられたものである。これを個々の年中行事についていえば、みな一年ごとに同時期に反覆して現われるものである。

一週間を一単位とする学校の時間割が、一週間の課業の時間的配列を示している時間的秩序であると同様に、すべての時間的秩序は、一組の行動の型や現象の型が一周期中に一定の順序を以て進行するという事の約束である。

一定の時間的秩序を認め、それに従っている人々は、一つの独立した約束の世界を形成している。しかし、その時間的秩序に従っている人々には、それは行動の大きな原則となるが、他の人々には全く無意味な存在である。学校の一週間の課業の時間表は、その所属の学級には生活を支配する大きな規律であるが、同じ学校でも学級が異なればそれはもう無意味な存在となる。

国朔を奉ずるという事は、その国王の定めた暦に従うという事であって、国王の治下に属するという意味であった。かつて暦は、国王がそれを制定し、それに従って一年間の生活の時間的秩序を国民に与えた国家的年中行事の基本であった。終戦までの日本国民は、伊勢神宮で出来た暦を、伊勢の大麻と共に、毎年の年の暮に大抵家ごとに授けられていた。それには中国の古い時代の暦の性格がそのまま残っていたのである。国民は、国王の定めた一年間の生活表に従って生活していたのである。

右の国定の暦の場合に、それを認めていたのはその国民全体であった。国民は国定の暦に従う前に、国に所属していたので、国の暦に従う事は国民たる事の結果である。一般に、人は時間的秩序に従う以前に、その時間的秩序をその内部にもっている集団に所属しているといえるのである。特定の集団に属するという事は、当然にそれがもつ時間的な秩序に従う事を意味するのであろう。けれども、時間的秩序への参加が、その集団への所属を現わす事のはなはだ明確なる場合と、然らざる場合とはあるようである。いずれの集団にも明確な時間的秩序が存するとは限らないからである。例えば、一家族ごとにまたは一世帯ごとにみた場合、そこに時間的秩序がある程度存しているといえばいえない事はないが、それは決して厳格なものでない。

今日、都市の生活において時間的秩序が明確であるのは、職域集団と学校集団であると思われる。職域と学校における時間的秩序は、都市における他の一切の生活時間の基本となっていると思われる。職域と学校において、時間的秩序が厳格でありうるのはなぜであろうか。職域と学校の生活が正常人口の正常生活であって、そこでの生活は他の方面の生活に支配される事なく、自由に合理的にそして厳格にその時間的秩序を制定する事ができるからである。他の集団の生活時間は、職域と学校の生活時間の余暇にのみ設けられるので、多くは不定である。ここにも、職域と学校が都市生活の支柱である事が理解される。

職域と学校における生活時間が都市の生活時間の根幹であると述べた場合の職域及び学校での生活時間は、もっぱら労務に関する生活時間を意味しているものである。しかし、時間的秩序は労務についてのみ存しているのではない。休養についても、決算についても、娯楽についても、それぞれの時間的秩序がある。また、周期の単位もさまざまである。今日の日本の都市の生活の中にみられる時間的秩序は、次のように分類して理解しうると思う。

都市に存する時間的秩序の周期別分類

周期の単位	反覆される行動の種類
一　日	休養(個)栄養(世)睡眠(個)日給制労務(職)
一　週	週間作業計画(職、学)日曜日の休業(職、学)休養(個)娯楽(個)
一　月	月給制労務(職)月勘定—家賃、月謝等(職)
一　年	年末年始の休業(職、学)決算(職)贈答(個、世、職)年中行事の娯楽(家)休養(家)栄養(家)進級(学)休暇(学)
一生涯	因果応報の信仰—童話、小説、民間説話、実践道徳、宗教的教義、民間信仰(個、家)
無　限	封建時代の主従の家と家との関係は無期限の労働契約及び現代におけるその残存(家)

備考　(個)＝個人　(世)＝世帯　(職)＝職域
(学)＝学校　(家)＝家族

右の表における一日より一年にわたるまでの周期は、主として職場と学校に関係した周期であり、一生の周期は家族生活における周期である。また、右の表における反覆される行動は次の諸種である。睡眠、栄養、休養、賃銀、作業、課業、休業、娯楽、決算、贈答。

賃銀は一つの決算とみる事ができるが、これは作業を前提としている。睡眠、娯楽は、休業を前提としている。これを要するに、休業と決算とが、反覆されるところの時間的秩序の根幹をなしているといえるのである。それは、不断に存する作業を予想しているものである。

盆と正月とが時間的秩序の最大の谷をなしているのは、そこに休業と決算が集まっているからである。日本の今日の都市においては、休業と決算とが生活の時間的秩序の根幹であるといえるが、休業は主として家族の中で、決算は主として職域においておこなわれている。社会構造におけるこの二つの基本的集団すなわち職域と世帯とは、時間に現われた生活構造においても基本的周期の場となっている。

時間的秩序の構造によれば、不断に持続する作業が予想され、その作業の間に休業と決算が存し、それが生活の時間的秩序の根幹をなしているように思われる。我々は日常生活において、作業がいかに時間的制約をもつものであるかをよく知っている。職域における勤務時間や学校における習学時間は、いずれもここにいう作業である。作業における時間的秩序が、都市生活における一切の時間的秩序の根幹である事は、すでに学んだところである。けれども、時間的秩序が時間的秩序として我々の生活に現われるのは、むしろ休業と決算の周期的到来という点においてである。ゆえに、生活の時間的秩序としては、むしろ休業と決算の時間的秩序が直ちに考えられる。然りとせば、この二つが、現に我々の生活の中にいかなる姿で現われているかを次にみることとしよう。

(1)　決算の周期

日給制度は、一日を周期とした労働契約の制度であって、所定の一日中におこなわれた所定の労務に対し、その労務が完了されたあと、所定の労賃が支払われるという事を規定している制度であるが、この場合、この制度に従っているものは、労務に従事する者と賃金を支払う者との二者である。一方は所定の労務を遂行する義務があり、一方は所定の賃金を支払う義務がある。この関係においては、両者は対等である。そして、この対等の関係は、一日にして終止する。然し、この対等の関係を再び結ぶ事を、いずれの側がより強く必要としているであろうか。もしその必要の程度が、両者において対等であるならば、この関係は常に対等の関係を持続しうるであろう。そこには、一方が他方を支配したり搾取したりする関係の生ずる余地はない。

けれども、一般に我々の日常経験するところによれば、日給制による労務者は、その他の多くの労務者に比して、朝もより早く、夕もよりおそくまで、労務に従事している。早出・残業は、むしろ彼等の欲するところである。下級の労務者の雇傭には、この制度を用《もち》うる事が多い。近代的な特殊な産業における技能者にも、この日給制が用いられているのは、労役が長期にならない性質のものであったり、単に旧慣に従っているものであったりするものであるが、近代的大工場においてもこの制度による労務者の一群が存する事は見逃すべきでない。

室蘭市のある鉄工場の従業員は、七千七百余名（昭和二十八年一月現在）であるが、このうちには雇傭期間の定めのない労働契約を締結したものと、日々労働契約をする者とがある。日々労働契約をなしているのは、日給制による会社直属の臨時工千二百余名である。彼等はいつ馘首《かくしゅ》されるか分らない不安定な事情の下にあるもので、正式の労働者になる事をはなはだしく憬れている人々である。

しかし、右の臨時工のさらに下層に、もっと不安定な最低賃金で働いている労働者の一群がある。彼等は多数の請負業者を通じてこの工場で働くもので、その数は四千三百名にのぼっている。この請負業者は、その配下に属する労働者等に対してはボスとして君臨しているとともに、この大工場に対しては子分として従属している。

封建時代の主従の関係は、家と家との間に、子々孫々に至るまで無限に伝わると思われていた関係である。それははなはだ長期に及ぶ労働契約で、それだけに生活の安定が充分にその関係によって保障されていたといえよう。家臣の忠誠や主君の専横がそのままに是認されていた事の一因が、そこにあったといえない事もない。このような無限ともいえる長期の契約ではなく、僅か一日のうちに完了する契約である日給制の場合でさえ、ボスの力は無視出来ない。しかし、忠誠の大小の相違は、雇傭契約の期間即ち決算の周期の長短によるところが多いと思われる。

小樽市の某家具工場は徒弟二人職人四人を使用しているが、弟子すなわち徒弟の年期は四年で、その間は無給であり、僅かに月々の小遣銭が与えられるとともに、道具と仕事服が給される。この四年を過ぎて職人となるが、職人となっても直ちに有給とはならず、六カ月は礼奉公といって無給で働くのが定めである。その期を過ぐれば職人として有給となり、主人の家に留まって働く者もあり、他の家で働く者もある。徒弟職人に対する給与は一定している事勿論であるが、給付される物も時も一定している。徒弟にとっても職人にとっても、親方は恐るべきボス的存在である。親方に対する徒弟の恩義は、終生存すべきものと考えられているようである。これらは、古い時代のテンポのおそい決算の周期の一つの現われである。商家の年期奉公を勤めあげて暖簾を分けて貰えば、恐らく死に至るまで主家に対して忠順の義務を果たすのが常であった。

昭和三十一年五月二十日の北海道新聞に、次のような記事を見た。「戦前は『親方・徒弟』の封建的な関係で職人を仕上げたが、この弊害をなくするためにできたのが技能養成工制度。本道では二十六年末から実施、現在約千九百カ所の事業場で、約三千五百名の技能養成工が早く一人前になろうと働いている。道労働基準局では、このうち道内各地の中小企業場三十四カ所を選び技能養成工四百三十三名について『どんなふうに働かされているか』を中心に調べてみた。……休日は労働法に定めるとおり週休をとっているのはわずか全体の四分の一、半数は月二―三日、全くとれぬものが一割近くいた。……月給制が六割、日給制が一割だが、小遣銭だけ支払われるというのが二割以上もいる。……『貧弱な中小企業の経営内容からいっても、年少労働者を「保護育成」するにはまだまだというのが現状だ』と同局はいっている」すなわち、古い封建的な人間関係では、決算の周期は不明確なのである。

決算の周期の問題には、給与に関する周期のほかにも問題にすべき事がいろいろあるが、ここでは省略する。

(2)　休業の周期

休業に関する時間的秩序は、毎日、毎週、毎月、毎年を周期としたものがある。

放送協会などで調査した各地の生活時間を見ると、中食後一時間余、夕食後就寝まで数時間は、日ごとに反覆する休養時間として一般に認められているもののようである。

欧米諸国と同様に、日本でも、今日では日曜日を休業とする制度が、一般の職場でも学校でも用いられている。しかし、そうでない職場も、まだ相当にあるようである。

日本では、古くから中国のふうをまねて年中行事を営んできたので、日本特有の節日ははなはだ僅少であった。しかし、現在では国家が制定した祝祭日があり、それが一般には休業の日となっている。古くからわが国の都鄙を通じてみられた年中行事としての節日における行事の内容はさまざまであったが、当時それらは休業の日となっていたものが多かった。休業して栄養をとり、娯楽の機会も与えられるのが常であった。それが今日、特に都市においては次第に無視されるようになり、古来の節日に職場や学校で業を休むのは年末年始の場合だけになっている。盆と正月には、休業の日が連続している上に、それが決算の時期とされていた事にもっとも大きな意味があったようである。しかし、決算の時期としては漸次用いられなくなり、現在では休業、娯楽、贈答の時期として用いられるようになっているのは、一般生活内容の変化を現わしているもののように思う。もっとも、贈答は決算に全く無関係とはいえない。

初春の野外に歓楽に出る事の心地よさを、いろいろの民族がいろいろの形の宗教的行事として年中行事にとり入れてきたのは興味深く思われる。寺院や教会を中心に営まれた春の郊外行楽の行事が、今日では職場や学校を中心とする新しい意味と形式をもっておこなわれるようになっている。

年中行事の時期と方法を心得ておりかつそれを実行している人々の一群、それは大きくは民族であったり、または一地方や町や村などであったり、さらには職場や家などの単位である場合もある。その各々は、その限りにおいて一つの世界の人々であり、同一体験を共同に担う人々である。それは、それぞれみな、その限りにおいて前社会的統一をなしている人々である。空間的な横の同類の意識にもまして、時間的な縦の同類の意識は、人の心を結びつけるもっと深い関係をつくっているものであるに相違ないと思われる。

(3)　都市における平均人の一代絵巻

私は日本における時間的秩序のうち、もっとも国民生活を支配してきたものは、日本従来の家の制度に伴って存していたいろいろの時間的秩序であると思っている。それは、日本国民の社会観・人生観の基盤に深く滲透していると思われるからである。

日本における家の制度は、主として直系家族の擁護のためにできているものであるが、直系家族は家族構成が一代を周期として同一の順序で無限に反覆してゆくものである。この場合の一代は、ある仮定の上につくった私の計算では二十五年となっている。この二十五年を一周期として、家族構成の年次的変化過程は無限に反覆することになっている。

強固な家族共同体の中に、二十五年ごとに外部から二十歳の新妻が単身来り加わる事のみによって、この共同体はその生命を更新している。新妻がきた時のこの家の家族構成は、彼女の良人となるこの家の長男が二十五歳で、その下に二人の弟がいる。また、五十歳の父と四十五歳の母と共に、七十歳の祖母もまだ生きている。二十五年間水入らずの生活をしていたそれらの人々の一団の中に、二十歳の小娘が単身外部から来り加わった時の彼女の無力は想像に余りある。この家族型においては、女性は必然的に冷遇される立場にあった。

また、この家族型における家族構成の年次的変化は、家族内における生産力と消費力の比率の変移を伴い、それが一家の貧富または苦楽の周期的到来という事を意味している。

家は無限に存続しえたのであり、その存続を中絶せしめた理由は、この家族制度の時間的発展の原則の中にではなく、生理的理由により子なき場合、早生の場合、病弱の場合、災害などのごときさまざまの場合があったと思われる。

かくのごとき場合には、一家の協力という事が何よりも大切であったので、世の道徳律はあげてその点を力説していた。ゆえに、家の存続と発展のために力をつくす事を、庶民も貴族も共に人生の最大責務と信じ、そのために努力する事を人生最高の生き甲斐として疑わなかった。世のあらゆる制度は、家の存続と発展のために、個人としての我とその現在を犠牲にして家に貢献する事を迫ったのである。

個々の家は、一つ一つの生活協力体としての尊厳を保ち、一旦それが家として成立するや、本家・分家の間にも越え難き障壁が直ちに成立し、情愛にも節度がもうけられ、打算にも権威が認められた。そして、富や栄誉を蓄積している家の家族であれば、いかなる能力の低いものにも社会は高い位座を与え、逆にいかに非凡の能力があっても、貧しき庶民の子は顧みられなかった。ゆえに、人は何よりもまず、家の強力のために専心しなければならぬ理由をもっていた。いわゆる家族本位制度は、かくのごとき家の発展と存続を、社会生活の中心的課題と認めている制度である。そこでは、人は現在における自らの幸福を思う前に、将来における家の発展について考えた。少しでも多く子孫のために、富と栄誉を残す事が輝かしい生活であると考えた。

この制度のもとにおいては、社会関係は完全に独立した個人と個人の関係ではなかった。親が子のために愛情の限りをつくすのも、父個人が子個人に対するものではなかった。親は家の存続と発展のために子を愛育し、自らを犠牲にする事に満足を感じた。若くして親は子を愛し、年老いて親は子に愛されるのは、父個人と子個人との間の個人的なやり取りではなく、家の発展における父の位座と子の位座との間の関係である。それはまさに、家の時間的発展における一つの秩序として存していたのである。

自己の現在と自己の個としての存在とを甘んじて犠牲にしている親に対して、子は従順でなければならなかった。子としての従順の徳を教えた東洋の道徳は、親の善意や犠牲についてはほとんど語らない。ゆえに、子に従順を強要する制度とも考えられるが、子の従順の前提としての親の善意や献身が存していた事も事実である。東洋では、はなはだ長い間、このような親と子の関係が反覆されてきたのであろう。完全にこんな制度の中に生活していた頃の日本人は、独立した個人の意志はもっていなかったといえる。妻や子が独立した意志をもっていなかったばかりでなく、家長である父も独立した意志をもっていなかったといえる。

明治以後、ヨーロッパ文明における個人主義・自由主義・合理主義が輝かしいいろいろの文化と共に導入されるに及び、家の制度に対する批判的態度が国民の一部に現われ始めた事は事実である。しこうして、都市がその動きの中心であった。けれども、その批判は直接家族制度に向けられたというより、いろいろの新しい文化が結果において家の制度の修正を必要としたという方が正しいいい方であろう。資本主義における合理主義的な要素が、家よりも個人の力を重視した事や、学校や軍隊における実力本位の見方なども、家の城壁の中から個人を解放する事に役立った。それは都市のみにみられた事ではないが、思想的には勿論、生活の実践においても、都市が新時代の社会的風化の前面に立っていた事は当然である。

終戦後、法律上、家の制度が認められなくなった。それが廃毀されるようになった民法の改正は、国民生活史上稀にみる大変化であったといえる。この法律上の改革はまだ国民に充分に理解されず、ゆえに改革の影響が未だ充分に現われていないから、国民生活の動揺も未だ余り大きくはないが、それがはっきりと現われてくるにつれて、国民の社会的倫理的思想の基礎が大きく動いてくるのは当然であると思われる。

養老院の制度も漸次整備してくるであろうが、そこに老後の安住を与えられる事に我々が余り無理を感じなくなるまでには、並々ならぬ心境の変化がなくてはならぬ。今までその中に生活してきた時間的秩序の世界では、そのような老後の生活は約束されていなかったからである。そこでは、人の老後はそんな孤独なわびしいものではなかった。

旧民法下の家の制度の存した頃の日本では、日本人は一生を通じて家族の集団から離脱する時はなかった。家族の中に生れ、家族の中に老いて死ぬ。女子は結婚して生家を去っても、他の家の一員となる。ゆえに、一生を通じて、常に誰もが年齢に応じた家族集団内における一定の位座をもっていた。人の一生の過程は、家族集団の中におけるその年齢的位座によって現わされえた。このように、家族における年齢的位座について充分知る事ができたので、およそ人の一生はどんな経過を辿るものであるかを、古くからの日本人はみなよく理解する事ができた。そこでは、年老いて家族から単身離脱し、養老院に行って生活するというような老後は、約束されていなかった。

かつての飛騨の白川村のいわゆる大家族における二男以下の男子の老後の生活は、わびしいものであったであろう。彼等は公式には結婚する事が許されず、そのため、実質上の彼等の妻や子達は妻の生家に留まっているほかはなかったのである。そして、彼等は自分の妻子と離れて自分の生家に起居し、時には自分より年若い家長につかえていた。従って、いかに自己の生家である大家族が富んでいたとしても、彼等の生活はわびしいものであったであろう。それは、妻や子の善意が身辺にない老後であるからである。

パール・バックの「大地」に見られる中国の貧農の家族では、貧困が老人の生活をみじめにしてはいたが、彼をいたわる息子の善意は充ち足りた満足をこの老人に与えていたようである。

人の一生の型は、その中に生活している社会文化の型が異なるにつれて異なっている。ここにいう一生の生活の型とは、一生を一周期とする生活の型の時間的秩序である。運不運による個人差はあっても、基本的な時間的秩序の型は存している。人はこの基本的な一生の型に基づいて、計画したり行動したりするに相違ない。それが人生観・社会観の基礎と考えられるゆえんである。庶民の生活における人生観・社会観というべきものは、その文化の中で、およそ人の一生がどんな順序を踏んでどんな終末に終るのが普通であると考えられているか、という事に基づいてつくられているように思われるからである。現にみられる人の一生の型が、素朴な道徳心や信仰心の基礎に影響しない筈はないと思われるからである。人の一生の型とは、人が一代の間に年齢の成長につれて誰もが経過すると思われる生活の型であり、人ごとにそれを反覆していると思われる型である。一人の生涯に、時間的順序に応じて現われると思われる生活の型である。その順序が、人ごとに変る事のない一定のもので、何人においても反覆されると認められているところに秩序がある。かくのごとき一生の型に照らして、人は自己を顧み、それによって希望をもち、苦難にも堪えるのだと思われる。時間的秩序が著しく固定していた過去の家の制度の完備していた時代の日本では、人の一生の型も固定していたと考えられる。けれども、明治以後、日本人の一生の型は少しずつ変ってきたと思われるのである。戦後、特にその変り方は激しくなってきたように思われる。ことに、都市において然りである。

昭和二十八年八月、国立世論調査所の調べた「老後の生活についての世論調査」によれば、六十歳以上の老人達で現在幸福であると答えているものは、子や孫をもつもので は七割から八割、子がなかったり死んだりしたものでは三—四割である。これは、直系家族の世界では当然と思われる事である。しかし、この調査で親を養う義務ありと答えたのが十七%、ないと答えたのが十九%、わからないと答えたのが六十四%である。夫婦家族の世界での考え方が、直系家族の世界での考え方よりも多い事を意味しており、混迷している世相が現われている。

然りとせば、現に日本の都市では、人はどんな一生の型を反覆しているであろうか。それは、そのままに現在の日本の都市の人々の物の考え方にも影響しているに相違ない。私のいわゆる都市における平均人の一代絵巻は、この問題に答えるために考え出されたものである。これは文字通り、都市の平均人の一生涯の時間的経過を示しているものである。彼はその成長の各時代において、どんな家族内の位座にあるか。または家族から離脱した時代をもっているか。どんな家族外の集団に所属するか。どんな文化を経験してゆくか。彼と同年齢の者は、次々にどんな程度に死んでゆくか。いつ、どんな妻と結婚し、どんな程度に子を生んでゆくか。その他、彼が一生涯の中に経過してゆく重要なあらゆる生活の型について答えるものである。それは、各年齢層の平均型を見出し、それを一人の人の一代記として時間的順序に従って一本に連絡しているものであって、正に平均人の一代記である。これは、統計としてはモノグラフに近く、モノグラフとしては統計に近い。そこには、現在の日本の都市人のパーソナリティが成長してゆく過程がみられるであろう。社会科学における伝記の利用は有効であるが、無意味な個人差に煩わされているところが多いので、その欠点を補うために、事例法に統計法を加味して試みるものである。

日本の個々の都市における一代絵巻は、どこの都市にもそれぞれ幾分小さな相異はあるとは思うが、世界のどの民族の都市とも異なった日本の都市だけに共通な一代絵巻は厳存しているに違いないと思うのである。この日本の都市に共通な平均人の一代絵巻こそ、日本の都市に他の民族の都市とは異なる基礎的な特性を与えているものであると思うのである。

(4)　要決済的関係

多くの時間的秩序は、一定の時間を周期として反覆しながら永続し、何か新しい事情がそれを拒むまで続いてゆくものであるが、時間的に発展してゆく関係の秩序が一回だけで終結し、反覆する事をしないというようなものもある。たとえば、借りるという関係が返すという関係で終結するがごとき場合である。けれども、借りるという関係は、そのままでは未完了の状態にあるもので、返すという関係によって初めて完結する社会関係である。恩を受けただけでは未完了の状態であって、返恩する事によって完了するものである。仇を受けた場合に、報復する事によってそれを完了するのも、同様の関係である。かくのごとく、そのままの状態では未完了であって、その後に起る反作用の関係を当然に予想しているような社会関係を、私は仮りに要決済関係と名づける。要決済関係が未決済の状態のままにある間の社会関係は、当事者のいずれの側をも制約する。しかし、その制約の仕方は、はなはだしく異なっている。決済の内容が恩であるか仇であるかによっても事情が異なると共に、返す者と返される者とが受けている制約も同様ではない。少なくとも、両者が対等の立場にない事だけは確かである。

前述のごとく、要決済関係が未決済の状態にある場合には、決済すべき者はこの関係によって拘束されるが、日本人の社会において義理と呼ばれているものは、この拘束を指すのであろうと思う。子分は親分より多くの恩を受けているとされ、未だ返恩するに至らぬ未決済の状態にあるとされている。未決済のままにある子分は、この状態の制約のために、犬のように親分に忠誠をつくす事が必要とされているのである。

東洋における実践道徳の構造原理は、やはりこの未決済の制約を適用しているものである。お前は深大なる恩を受けている、ゆえにその何分の一かでも返すべきである、というのである。子分が親分に対する道も、家臣が殿様に対する道も、子が親に対する道も、同様にみなこの未決済の原理の適用であった。

私は、本書第六章で都市における社会関係を論じた際、農村の社会には要決済関係が未決済のままの状態にあるものが多いという事を述べた。家と家の間に、また人と人との間に、かくのごとき未決済の関係が、村の中の社会では張りまわされているのである。中には、親の代に受けた恩義や怨恨も未決済のままに残っているので、村の社会はカラリとしない事が多い。

これに比すれば、都市の社会では、要決済関係はあるにはあっても、割切った合理性によって次々にそれらを処理し、無用の感情を残さない事が多い。恩も感ぜず、恨みも感ぜず、人と人とは対等の立場で、常に新しく、その時々の関係を結んでいるという点が、都市的な社会関係の特性であるという事ができる。それは、時間的流れの中で、現在の時点のみで接している関係といえる。農村の社会関係が、常に長い過去からの尾を引き続けて関係し合っているのとよい対照である。都市には合理的関係が存分に発展しうる素地があるともいえるが、またそこでは合理のみが可能なのであるともいいうる。売買の関係は要決済関係を極度に合理化した関係であるとみる事ができる。合理の関係の極としての売買は、その時その場の対等の立場で完了してしまう関係である。その反対に、愛情の関係の極としての与える貰うの関係は、与えれば恩を残し、与えなければ恨みを残す関係である。金と商品が合理的に簡単に人と人との関係を調整してきた都市では、何事にも合理が支配し、金と商品の乏しかった農村では、事ごとに愛憎の感情が支配してきたのは当然である。

要決済関係は、社会生活における一つの時間的秩序として、今も我々の社会に生きているが、今日の都市にみるような周期的な反覆的な時間的な秩序が発生発達するずっと前から存してきた、古い古い時代からの時間的秩序のように考えられる。

第二節　都市の空間的秩序

第一項　社会的規模別都市分類の理論

都市の分類の一つに、人口規模による分類法がある。大都市（人口百万以上）、中都市（人口十万以上）、小都市（人口三万以上）等の別がそれである。社会学者の分類にも、村落（二万以下）、地方都会（一万以上）、小都会（二万以上）、中都会（五万以上）、大都会（十万以上）というのがある。かつて私は、農村からはるかに都市を観察していた頃、都市に対する組織的な理解がなかったため、この人口規模による分類法をそのままに用い、農村に近接している都市的存在については、大中小都市の下位に田舎町と商店群落と孤立商店の三つの型を措定し、孤立商店から大都市に至る六つの型の系列の中に、都市性ともいうべきものが漸次増大してゆく傾向を理解せんとした事がある。

私は、そこでは、都市性の増大はその聚落に存する商店の数または比率の増大である事を認め、小都市以上の都市については、慣用に従って人口規模のみによる分類法によっていた（拙著「日本農村社会学原理」四八〇頁）。田舎町以下の聚落社会における都市性を、商店の数または比率の多少によって認めた事は、今にして考えても全く誤りであったとは思わない。けれども、都市性を決定するものは商店だけではない事を今では認めている。

現在の私の考えでは、都市を村落より区別するものは、文化的社会的交流の結節機関の存在の有無であり、都市の大小を決定するものもまたかくのごとき結節機関の存在の量と規模であると思っている。商店は、物資交流のための結節機関である。政治現象の交流の結節機関としては役場やその他の官設的機関があり、教育や娯楽または文化の交流の結節としては学校や映画館があり、技術文化の結節機関としてはさまざまのサービス機関があり工業がある。

結節というのは、その下に自分が関与する人または機関があるとともに、その上に自分を関与する人または機関があるというような社会的交流の節において見られるもので、そこには常に樹枝状に流れる社会的交流の分岐点が形成されるという事を意味する。

都市はさまざまの結節機関の集まっているところであるが、結節機関の関与関係における上位のものの存するところほど、それだけ上級都市と考える事ができる。上級都市とは、より大きな結節点をなす支配の立場にある都市であり、より高い地位、より大なる富の集まっている、より高い文化の都市である。

村役場の所在地よりも、それに対して関与する県庁所在地は、政治的社会的交流の関係においては上位の都市とみる事ができる。本店と支店の関係でも、卸売と小売の関係でも、経済的社会的交流の関係において然りである。しかし、ここでは、関与という語ははなはだ広義に解されている。関与の区域とは、行政官庁においては所管区域であり、学校では通学区域、商店では購買者の地域、買入業者では買入先の地域、映画館では観客の居住地域、床屋では来客の地域等みな然りで、その労務の及ぶ地域である。それらの労務を提供する機関は、みなそれらが関与する範域内の人々に結びつく中心の位置にあるが、かくのごとき中心地を、さらにそれらの機関に関与する上級の機関のある中心地からみれば、それはその機関の関与範域内にある社会的交流の結節機関の所在地という事ができる。

資本主義社会においても社会主義社会においても、結節機関の集まるところとしての都市の機能は同一であるようである。国家の中央集権の存する限り都市は存し、都市の存する限り中央集権は避け難きもののようである。然り、もし政治の存する限り中央集権が避け難いものであるなら、政治の存する限り都市は存するのであろう。国民社会における結節機関の合理的配列の型としては、都市ほどよくできた型は他に考えられないからである。何千年か前に都市国家が発生して以来、都市と国家は常に相提携し、支配と搾取の上に成長してきた事は確かである。

結節機関の関与関係から、私は都市的存在を次の五段階に分類している。

一、そこにある機関で取扱う商品や労務が、その聚落社会内にのみ関与するもの。農山漁村の部落の中に孤立商店や床屋などが存する場合であり、一般に都市とは考えられていない前都市的存在である。

二、そこにある結節機関で取扱う商品や労務が、その聚落社会の外部の一定地域内の住民にも関与するもの。農村市街地がこれにあたる。いわゆるヒンターランドの存するもので、ここには商店群落、技術機関、役場、警察、学校、駅、郵便局、組合事務所、お寺等が存する。一般には、この程度の都市的存在以上を都市と考えているようである。

三、その関与地域内に前記の農村市街地二カ所以上を含む各種結節機関の集合せるもの。明らかに小都市と考えうるもの。

四、商品または労務がその聚落社会及びヒンターランドに全然またはほとんど関与しない結節機関が二種以上

A　札幌市内の孤立商店店員が来客を見覚えている割合（昭和30年6月）

孤立商店の場所	平日の来客のうち見覚えている顔の割合（%）	その日買い物をした客のうち今までも買った事のある客の割合（%）
北1条東11丁目	90	90
北2条東7丁目	95	80
菊水西町	70	80
南14条西13丁目	90	70
南22条西11丁目	90	75
南1条西20丁目	80	70
南21条西8丁目	90	80
南16条西6丁目	80	70
南4条西15丁目	90	90
北10条東1丁目	80	70
北12条東1丁目	90	80

B　札幌市内の市場内商店店員が来客を見覚えている割合（昭和30年6月）

所属市場	平日の来客のうち見覚えている顔の割合（%）	その日買い物をした客のうち今までも買った事のある客の割合（%）
一条市場a店	80	90
豊平市場b店	90	70
南4条西11丁目市場c店	80	70
南3条西6丁目市場d店	70	60
南8条西15丁目市場e店	90	70
円山市場f店	80	50
円山市場g店	70	80
二条市場h店	50	70
二条市場i店	60	50

存するもの。全国または世界市場に販路を得ている商品の製造工場や販売機関の存すところ。

中都市といいうるもの。

五、その都市を中心として、その周辺に多数の中小都市が連合して地域的社会的統一を形成しているもの。その統一の中には、各都市の間に分業的な特殊機能が生じている場合もあり、この中心都市が大都市である。中心の大都市とその周辺の中小都市とが連合して形成する地域的社会的統一は、全く新しい型の地域的社会的統一で、それを直ちに都市と呼ぶ事には問題がある。

結節機関の関与圏の構成様式に基づいて試みられた右の五種の都市的存在の分類は、人口量の規模別を結果として伴っている。けれども、人口量に基づく分類は人口学上の分類というべく、右の五種の分類は社会

第一表　第一生活地区の人々の群（昭和30年6月26日）

来客の種別 / 来客の市場からの距離	その日の来客数		この市場に毎日くる人	この市場に週に数回くる人	このような買い物で他の店に全く行かぬ人	このような買い物で他の店に殆んど行かぬ人	このような買い物で他の店にも行く人
	人	%					
2　丁　以　内	231	59	203	23	91	58	74
3 ～ 4 丁以内	106	27	71	25	34	29	33
5　丁　以　内	31	8	16	10	7	9	17
それ以上の遠隔者	22	6	7	2	1	2	13
計	390	100	297	60	133	98	137

註　5丁以上の遠隔者は，何れも通勤の帰途にある者か病院の見舞の帰りの者。

関係の空間的構造に基づく社会学的分類という事ができる。社会的空間における現象形態が、ここではそのまま地上に投影しているとみる事ができる。

結節機関は、いずれの種類のものも都市性を有する事には変りはないが、行政的結節機関と経済的結節機関は特に関与関係が明確である。その意味から、商店の数または比率と都市の格位との関係、及び行政官庁の関与地域の広狭別とその機関所在都市の格位との間には平行の関係が考えられぬ事はない。

第二項　都市の周辺に見られるさまざまの社会圏の地域的構造

この問題はすでに第七章において論述したものであるから、ここではかくのごとき社会圏の種類を列挙するに止め、その地域性について考えてみる。

(1)　都市生活圏――速達郵便取扱地区などの制度によって知る事ができる範域。都市と同一の生活様式ありとの認定の下にできている制度の適用されている地域。都市第一生活地区連続範域。

(2)　都市依存圏――通勤圏、通学圏によって認めうる圏。その都市に直接に依存する生活を営んでいる人々の居住している範域。

(3)　都市利用圏――その都市を中心とする交通量の所謂傾度によって認める事のできる圏である。購買頻度のあまり多くない高級な商品やサービスを求めてその都市の都心や副都心に集まってくる人々の居住する範域。

(4)　都市支配圏――本庁と支庁、本社と支社などの上下関係が各種機関にみられる圏。機関ごとにその範域は異なっている。

(5)　都市勢力圏――その都市に媒体機関のあるマス・コミュニケーションの受け手となる人々の居

住圏。ラジオ聴取者圏、新聞購読者圏等然り。

これらの圏は、みな人々の生活の必要に応じて自ら形成されている圏であるが、人はそれらの圏を自ら意識しているのではない。けれども銀座の商店は、そこに集まる人々が毎日どこから集まるのかは知らなくとも、毎日一定量の人の群が規則的に集まる事の予想の下に多額の資本を投じて店の経営をなし、またかくのごとき予想の下にそこの坪何百万円の地価も維持されている。人々の購買欲求や購買力が日ごとに変ってゆくものでなければ、毎日同一の地域内の人々が集まるところには毎日同様の売り上げが予想されうるであろう。生活の必要により自ら形成される人々の社会的な動きにみられる右のごとき固定的な地域性を、人は「人の波の量」として読んでいるにすぎなくとも、およそかくのごとき地域性の存する事の予想の下に相互にその生活の秩序を維持しているのである。

人々の群

調査員　8名
調査時　昭和30年6月23日
調査地点　札幌市南14条西7丁目（行啓通り商店街）

内			市内計	札幌市外			不明	総計
北部	東部	小計		通学	通勤及び一般通行者	小計		
8	14	35	139	20	7	27	1	167
			171	30	5	35		206
3	10	42	157	15	1	16	1	174
10	5	37	130	15	4	19		149
14	25	64	170	20	2	22		192
15	8	57	190	13	3	16		206
50	62	235	786	83	17	100	2	888
			957	113	22	135	2	1,094
4.79	8.38	20.96	83.23	11.98	4.19	16.17	0.60	100.00
			83.06	14.56	2.43	16.99		100.00
1.72	5.75	23.14	90.23	8.62	0.57	9.20	0.57	100.00
6.71	3.36	24.83	87.25	10.07	2.68	12.75		100.00
7.29	13.02	33.33	88.54	10.42	1.04	11.46		100.00
7.28	3.88	27.67	92.23	6.32	1.45	7.77		100.00
5.63	6.98	26.46	88.51	9.35	1.91	11.26	0.23	100.00
			87.48	10.33	2.01	12.34	0.18	100.00

「札幌創成商業高校」「札幌高校文化服装学院」「山鼻小学校」の生徒などがあるが，札幌市外からの通学

第三項　三種の都市生活地区の意味するもの

三種の都市生活地区については、第八章においてすでに一応明らかにしたのであるが、今、都市における地域的生活秩序を問題にするにあたり、再びこの生活地区に関連して考察すべき点が残されている。

第一生活地区は、都市住民の一人一人について考えた場合、住居を中心として、彼が日々の生活の維持のために必需物資を購入したりサービスを受けたりするために往来している範域である。かかる範域は、都市住民の一人一人について異なっているから、かくのごとき第一生活地域は地図の上に一般に区画されうるような性質のものではない。

けれども、ある一人の都市住民がほとんど固定的に購入している店や行きつけの風呂屋はあるし（前掲「浴場利用者圏の調査」参照）、またそれが一番普通とも考えられる。かくのごとき店を中心として考えれば、その店の顧客のやや固定した範域が存しているわけである。ある一軒の八百屋のト

第二表　第二生活地区の

調査時 ＼ 距離 ＼ 通行人居住地			札幌市					
			3丁以内	6丁以内	10丁以内	小計	南部	西部
実数	第1回	3.00～3.15	52	32	20	104	7	6
	第2回	3.30～3.45						
	第3回	4.00～4.15	75	31	9	115	21	8
	第4回	4.30～4.45	69	9	15	93	13	9
	第5回	5.00～5.15	74	14	18	106	12	13
	第6回	5.30～5.45	80	33	20	133	20	14
	第2回目を除いた計		350	119	82	551	73	50
	総計							
同上百分比	第1回		31.14	19.16	11.98	62.28	4.19	3.59
	第2回							
	第3回		43.10	17.82	5.17	66.09	12.07	4.60
	第4回		46.31	6.04	10.07	62.42	8.72	6.04
	第5回		38.54	7.29	9.37	55.20	6.25	6.77
	第6回		38.83	16.02	9.71	64.56	9.71	6.80
	第2回目を除いた計の％		39.41	13.40	9.23	62.05	8.22	5.63
	総計における％							

註　行啓通りを通る通学生は，全道を通学区としている「札幌工業高校」の生徒が主で，その他にも
生は，主に「札幌工業高校」の生徒である。なお，調査対象は中学以上の者とした。

地区の人々の群

総　計	市　内 (%)	市　外 (%)				総　計 (%)
		通　学	通　勤	一　般	小　計	
131	64.89	1.53	5.34	28.24	35.11	100.00
163	68.10	1.23	0.61	30.06	31.90	100.00
136	79.41	2.21	2.94	15.44	20.59	100.00
160	62.50	1.88	5.00	30.63	37.50	100.00
209	73.68	1.44	3.83	21.05	26.32	100.00
166	69.28	3.01	1.20	26.51	30.72	100.00
174	64.37	1.72	1.72	32.18	35.63	100.00
157	71.97	0.64	1.91	25.48	28.03	100.00
189	65.61	2.65	1.06	30.69	34.39	100.00
167	68.86	7.19	3.00	20.96	31.14	100.00
173	67.05	4.62	2.31	26.01	32.95	100.00
216	69.91	6.02	2.31	21.76	30.09	100.00
194	70.62	3.90	4.64	21.65	29.38	100.00
235	68.94	4.68	4.68	21.70	31.06	100.00
2,470	68.95	3.12	2.91	25.02	31.05	100.00

レードエリヤがあるし、魚屋についても雑貨屋についてもそれぞれのトレードエリヤが存する。本来、第一生活地域は購買者を中心として考えられたものであるが、それを売る側のトレードエリヤと置き換えても、はなはだしく歪曲される事はない。この場合には、商品ごとに商店が異なるものとすれば、商店ごとにトレードエリヤが存するといえる。

いずれにしても、第一生活地区を構成している程度の商店の格位というべきものは存している。都市の一般庶民がその生活維持のために日々更新する必要のある物資を購入すべく出かけて行く近所の八百屋や魚屋が、その都市の中心街や大きな商店街にある高層な専門店より、規模においても質においてもはるかに下の格位にあるものである事は当然である。第一生活地区を構成している商店は、みなかくのごとき格位のものであって、顧客の立場から考えれば、そこの店頭には、他所行きでない仰々しくない安易な落着いた自分達だけの気楽な世界があるのである。そこは、都市住民が自分達の世界を構成している一画である。しかし、かくのごとき一画は、その都市の片隅の住宅街にのみみられるものではない。驚くべき事には、都市の中心街においてすら、そこの第一生活地区はあり、そこの住民達だけの他所行きでない自分達の世界がある。中心街に居住してい

第三表　第三生活

時間 ＼ 調査順次 ＼ 住居		市　内	市　　外			
			通　学	通　勤	一　般	小　計
10.35～10.45	第１回	85	2	7	37	46
11.05～11.15	第２回	111	2	1	49	52
11.35～11.45	第３回	108	3	4	21	28
12.05～12.15	第４回	100	3	8	49	60
12.35～12.45	第５回	154	3	8	44	55
1.05～ 1.15	第６回	115	5	2	44	51
1.35～ 1.45	第７回	112	3	3	56	62
2.05～ 2.15	第８回	113	1	3	40	44
2.35～ 2.45	第９回	124	5	2	58	65
3.05～ 3.15	第10回	115	12	5	35	52
3.35～ 3.45	第11回	116	8	4	45	57
4.05～ 4.15	第12回	151	13	5	47	65
4.35～ 4.45	第13回	137	6	9	42	57
5.05～ 5.15	第14回	162	11	11	51	73
	計	1,703	77	72	618	767

註　調査地点は札幌市南２条西４丁目，調査時は昭和30年７月１日，調査員16名。

る人々も、日々、消費の生活をしている人々であるからである。

この第一生活地区の人々は、相互に面識のある人々もあるが、そうでない人々も多い。しかし、第一生活地区の八百屋や魚屋の販売者達にとっては、そこに日々買い物にくる顧客の八―九割以上が面識ある人々である（三五二頁A表参照）。この調査は、私の教室の一人の学生が、札幌市内から十軒の孤立商店を無作為に抽出した上、店員に面接して聴き取ったもので、はなはだ信拠性の乏しいものである。けれども、大きな傾向だけは見られうると思う。同じく三五二頁のB表も同様のものであるが、これは数軒または十数軒の小売商店が一棟の中にまたは軒を並べて商売をしている市場（またはマーケット）内の商店について調べたものである。ここでは、面識の程度が孤立商店の場合より幾分少なくなっている。

また、それらの小売店の店頭に集まる人々は、その八―九割までが精々三丁以内に居住している人々である。そこへくる人々は、互いに面識のある人々である。固定的に、ほとんど毎日くる人々である。前掲三五三頁の第一表は、これらの関係を明らかにしているものである。

第二生活地区は、いわば副都心にある商店やサービス機関のトレードエリヤまたはサービスエリヤとして表現しう

にきた遠方の人々

7	8	9	10	11	12	13	14	計
48	35	45	43	38	53	45	62	608
13	5	4	3	13	6	11	10	104
61	40	49	46	51	59	56	72	712
	3	13	4	6	3	1		46
1				1		3		9
1	3	13	4	7	3	4		55
62	43	62	50	58	62	60	72	767
				1	1			2
77.42	81.39	72.58	86.00	65.52	85.48	75.00	86.11	79.27
20.97	11.63	6.45	6.00	22.41	9.68	18.33	13.89	13.56
98.39	93.02	79.03	92.00	87.93	95.16	93.33	100.00	92.83
	6.98	20.97	8.00	10.35	4.84	1.67		6.00
1.61				1.72		5.00		1.17
1.61	6.98	20.97	8.00	12.07	4.84	6.67		7.17
100.00	100.00	100.00	100.00	100.00	100.00	100.00	100.00	100.00

るものである。都市の規模により多少の事情は異なると思うが、ここでいう副都心とは、その都市の中心街に次ぐ大きな商店街であって、多くは同一都市内に二つ以上存し、その都市をその数だけの地域に分けた関与範域をつくっているものである。この第二生活地区は、第一生活地区よりもその範域が著しく大きいだけに、そこには日々多くの人が集まって雑踏する。しかし、そこを訪れる一人一人について考えれば、第一生活地区よりもそこを訪れる度数は少なく、また顔見知りの人も少なく、それだけ他所行きの場所であり自分達だけの世界ではないといえるのである。三五四―三五五頁の第二表は、札幌市の副都心と見るべき行啓通り繁華街に集まってきている通行人について、その住居所在地を明らかにしたものである。

行啓通り繁華街通行人の中には、この都市外の人が若干現われている。それは、第一生活地区の商店の店頭にはみられなかったものである。

第三生活地区は、都心にある商店やサービス機関のトレードエリヤ、サービスエリヤであり、このエリヤは、その都市範域をはるかに超出している。ここに集まる人々の中には、その都市の住民以外に、その都市の利用圏内の人々や全国各地の人々が現われている（三五六―三五七頁の第三表参照）。

第四表　第三生活地区

居住地 ＼ 調査順次			1	2	3	4	5	6
実数	道内	札幌・小樽地区	39	46	24	48	42	40
		その他の地区	9	6		9	7	8
		小計	48	52	24	57	49	48
	道外	関東(関東,北陸,東北,中部)	2		3	3	7	1
		関西(近畿,四国,中国,九州)		1		1		2
		小計	2	1	3	4	7	3
	総計		50	53	27	61	56	51
	不明							
百分比	道内	札幌・小樽地区	78.00	86.79	88.89	78.69	75.00	78.43
		その他の地区	18.00	11.32		14.75	12.50	15.69
		小計	96.00	98.11	88.89	93.44	87.50	94.12
	道外	関東(関東,北陸,東北,中部)	4.00		11.11	4.92	12.50	1.96
		関西(近畿,四国,中国,九州)		1.89		1.64		3.92
		小計	4.00	1.89	11.11	6.56	12.50	5.88
	総計		100.00	100.00	100.00	100.00	100.00	100.00

この表を得た調査は、札幌市の中心街の中心部と思われる同市南二条西四丁目の商店街の街上通行人につき、昭和三十年七月一日、北海道大学の社会学専攻学生十六名によって試みられたものである。そこには、通行人のうちに含まれているこの都市以外の土地に住む多くの人々が見出される（上掲の第四表参照）。

小都市における第一生活地区は村落に近く、その第三生活地区の中心は中都市における第二生活地区に近いように思われる。また中都市における第三生活地区の中心は、大都市における第二生活地区の中心に近いように思われる。この推定はおそらく誤っていないであろう。村落から大都市に向って漸次増大してゆくものは、結節機関の種類の数、およびその質的分化の量である事はすでに学んだが、それとともに人々の生活形式の中にも何か加わってゆくものがあるようである。その何かの量の増加に伴って、聚落社会の生活は、村落的性格から田舎町的性格へ、田舎町的性格から小都市的性格へ、というふうに進んでゆくように思われる。この何かの量の漸増は、第一生活地区の世界から第二生活地区の世界を経て第三生活地区に進む場合にみられるものと同一のもののようである。つまり、一方の極と思われる村落の中で見受けられるところの人と人との関係から、他の一方の極と思われる大都市の中心街で見受けられるところの人と人との関係に至る過程に存している何かの量の増大である。その何かとは、何であろうか。それは、既知の人々の世界に未知の人々の関係が加わって行く変化ではないのか（前掲第一表、第二表、第三表参照）。つまり、村の中は顕著な既知の人々の世界であり、大都市の中心街の街頭は顕著な未知の人々の世界である（前掲第四表参照）。その中間に、さまざまの段階がある。これと同一の傾向は、同一の都市における第一生活地区から、第二生活地区、第三生活地区へと進む傾向の中にもみられる。

　大都市の片隅にも、共同水栓のまわりで井戸端会議を開いている主婦達の和やかな涙もろい世界がある。この小さな涙もろい世界は、大都市の中にできている小さな既知の人々の世界である。それは、第一生活地区にみられる世界である。政治にも富貴にも歪曲されていない昔からの近隣がそこにある。

　既知の人々の世界の典型的な例は、孤立した山村の場合である。そこでは、村の中の一人の老婆がいつ頃から病気になったかという事も、またいつ頃から彼女の熱が降り始めたかという事も、村中のみんなが知っているという世界である。

　大都市の中心街の街頭には、全国各地から集まった千種万様の生活内容をもった人々がひしめいている。そこでは、人々は自分の所属するいずれの集団からも、いずれの人の記憶からも解放されている。傍に何万人の人がいようとも、もっぱら荒野を一人で歩いているさびしさと気楽さとを感ずる。それは、完全に未知の人々の世界であるからである。そこに、もっとも都市らしい都市の旋律が感ぜられるようである。

　今日も明日も、都市の中心街には、同じような時刻に、同じような地域から、同じような大いさの人の波が押し寄せるに違いない。そしてまた、副都心の街上にも、場末の八百屋の店頭にも、それと同様に、昨日と同じような光景が今日もみられる事であろう。それは、空間に現われている都市の生命の律動ではないか。

（註一）　バーゼスの動き

　バーゼスが、動きの二つの型を見出しているのは面白い。

「動き自体は、変化または成長を立証するものではない。事実、動きは固定し変化しない運動の秩序である事もありうる。型にはまっている運動における場合のごとく、または不動の状態を保つように仕組まれている場合のごとくにである。成長に対して有意義な動きは、新しい刺戟或いは状態に対して対応する動きの変化を含んでいる。この種類の動きの変化は、モビリティーと呼ばれる。型にはまった動きは、その典型的な現われを労働に認める。動きの変化、すなわちモビリティーは冒険によく現われている。」(Park, Burgess, Mackenzie, *The city*, p. 58)。

そして、バーゼス等は、後の方の型の動きすなわち彼のいわゆるモビリティーに注意を向けたのであるが、私が主として問題にしているのは前の方の型の動きすなわち型にはまった生活の動きである。

バーゼスのモビリティーの考えは、アメリカ人らしい発展主義とアメリカ人らしい実用主義によって不幸な発展をたどった。

「我々の都市研究によれば、モビリティーの地域は、青少年犯罪、不良少年のギャング、犯罪、貧困、遺棄、離婚、棄て児、不道徳が見出される地域である。

これらの具体的事情は、何故にモビリティーが都市の新陳代謝の状態を示すおそらく最上の指標であるか、を物語るものである。単なる推測的な意味以上において、モビリティーは、『コミュニティーの脈搏である』と考える事ができる。人体の脈搏のように、それはコミュニティーの中に現に起りつつある一切の変化を反映し表示している。また、それは数量化され得る諸要素に分析される性質ももっている」(Park, Burgess, Mackenzie, *op. cit.*, p. 59)。

スラム街の研究や犯罪者の研究をこの派の学者達が好んでおこなった由来には、そんな理論もあったのであろうが、正常な都市生活についてのまとまった考えなくして、どうして異常な都市生活について正しく理解する事ができようか。

私は、かつて農村を研究していた頃、平凡な村の平凡な生活を調査してまわった。今、私は都市を研究する場合も、平凡な都市の平凡な生活を調査している。村落や都市のもっとも基本的なものは、そのような平凡なもののうちにこそもっとも鮮やかに看取されるであろうからである。

（註二）　都市の社会学的分類

都市の社会学的分類に関する私の考えを、マッケンジーが考えたものと比較してみたい。マッケンジーの所説は、次の通りである。

「エコロジーの立場から、コミュニティーは四つの類型に別ける事ができる。第一に、農業や漁業や鉱山や木材業のコミュニティーのごとく、売り出される基礎的商品の分散過程における第一歩として役立ち、また生産物が最後に消費される分散的過程における最後の段階として働く端緒的サービスのコミュニティー。……

第二の類型のコミュニティーは、商品の分散過程における第二次的機能を果たしているコミュニティーである。それは、原料的物資をその周辺の端緒的コミュニティーから集荷し、それを広い世間の市場に分散させるのである。また、一方、それは世間の他の方面からきた生産物を最後の消費に供するために、端緒的サービスのコミュニティーに再分散するのである。これは、一般に、商業コミュニティーと呼ばれている。それはしかし、他の機能とも結びついている。……

第三の類型のコミュニティーは、工業町である。それは商品製造の場所としての役を演じている。その上、それは、端緒的サービスのコミュニティーの機能と商品型のコミュニティーの機能とを併せもっている。それは、その地方的取引地域をもつ事もあるべく、また周辺のヒンターランドに対する分散の中心である事もありうる。

……

第四の類型のコミュニティーは、特有の経済的基礎を何ももっていないコミュニティーである。それは、その経済的支持を他の方面の世間から得ている。それで、商品の生産や分散には何の役も果たしていない事もありうる。かくのごときコミュニティーは、遊覧地、政治的中心地、教育的中心地、防衛基地、犯罪者植民地、擁護施設地等にその例をみる事ができる」(Park, Burgess, Mackenzie, *op. cit.*, pp. 66-68)。

このマッケンジーの都市分類論は、その分類の根拠において、私の都市分類論と何とよく類似している事であるか。その分類の根拠は、都市に集まっている機関と人との社会関係である。しかし、かかる分類方法をとるのに、エコロジーの理論がどこに必要なのであろうか。

〔増補篇〕第二篇　都市化の理論

一　都市計画と農村への郷愁

都市計画はその発展史の発端の頃から今日に至るまで農村生活への思慕をいろいろの形で忘れないできたように思う。かつての、そして今もその構想は生きている田園都市という考えは勿論、都市自体の整序のために高速道路や地下駐車場が建設されている現在においても、煤煙や騒音について考えたり人間性やコミュニティーの問題を論議したりしている時、農村生活への郷愁は常につきまとっているように考えられる。けれども文化の巨大なる構成物として、人間のあらゆる巧みさをあつめ、ほとんど思うがままに自然を制御しているかにみえる現代大都市においては、人間の大きな組織の大きな活動が多数集まってそれを運営しているると思われるので、そこでは個人の生活も権威も大きな混乱の渦の中に埋没しているかのようである。人の生命の尊さは瓦礫の一片、しぶきの一滴にも等しいものとなっているし、またますますそうなりつつあるようである。組織された人の力はどこまで大きな工作の力を自然と人生に与えうるものであるか、都市と現代はその限界を示さない。

その絶えまなき都市発展の整序工作に追われつつも、忘れえないのが農村でみた生活のイメージのようである。煤煙や騒音のない青い静かな空と緑地、時間的空間的秩序を忘れているかにみえる人の生活、合理打算のなさそうな関係、そして人間性ヒューマニティー豊かそうなコミュニティー。

都市計画の中に古い恋人のように思い出される農村生活への郷愁は何を意味するか。また彼女への思慕は果たして何を期待しうるものであるか、考えてみたい。社会学より追求してみる。

二　都市計画は誰のためか

「都市計画は誰のためか」という設問の前には「都市計画は何のためか」という設問がある筈である。それは「人のためにである」という当然の答えであろうが、それには何の疑問も存しえないとして省略されているのであろう。人のためであるとしても、具体的にいかなる人のためであるかは簡単には答えられない。その答えとしては一応次のように考えられる。

都市計画はその都市に居住する正常人口のためにおこなわるべきものである。この答えはその都市に存する機関のためにではないという事、またそんな機関の所有者や経営者達のためでもないという事、および異常人口のためでもないという事を意味している。またその都市に生活が依存している人々やその都市を生活に利用している人々のためでもない事を含意している。要約すれば、都市計画は第一に人のためにおこなわれるという事、第二に人のうちその都市に居住する人々のためにおこなわれるという事、第三にその都市に居住する人々のうち正常人口のためにおこなわれるという事、を認めているものである。

都市に住む正常人口といってもその都市への親近性は一様でないので、その差等を問題にする事もできる。都市を聚落社会として考え、結節的機関の特に加わっている聚落社会として考えるなら、その成長に道を拓いてゆく文化工作としての都市計画に一応右のごとき事がいえるのは当然である。

けれども今日都市計画は都市のうちに急激に増加し拡大してゆく機関の発展のために道を拓いてゆく事に精一杯のようである。そして機関の発展という事は、所詮は人のためであり、特に文化発展のために望むべき事であるという考え方が無条件に認められているように考えられる。機関の発展と今のようにそれが多数集まっている事が文化発展のために必要であるか否かは別としても、人間性の豊かな生活や愛情に恵まれた社会が機関の発展と平行して発展するのではないという事だけはたしかのようである。そこに大きな問題がある。

けれども都市は生存競争の烈しい修羅場としてその時々の勝った者本位に成長して来たのが、その近代史である。絶えず伝統を勇敢に振り切って成長してきた近代都市の発展を見落してならぬ事も当然である。

けれども本来都市計画は、生存競争の烈しい修羅場としての都市の発展をそのままに眺めつつその発展をただ円滑ならしむるためだけにあるいはむしろその弱肉強食の闘争の場を整備するために生れた一つの文化的工作ではなくして、この修羅場に幾分でも意識的な作意ある工作をほどこす事によって人間的な愛の蘇生または成長を期待すればこそ生れた人間的社会設計ではなかったか。資本主義社会の大車輪の下にみすみすつぶされてゆくか弱い生命に対する愛情から出発した計画ともいえるのではなかったか。農村への郷愁もそのためにこそ生れたのではなかったか。

けれども近代都市がまだ幼少であった頃までは、人は都市計画に人間性やヒューマニズムを期待する事ができた。

けれどもこんな悠暢な考え方は、烈しい勢いで成長しはじめた現代大都市の実態やその成長のために、場所を整えていく事に精一杯のようにみえる都市計画の実情をあまりに無視した考え方である。現代都市の烈しい成長というのは具体的には私のいわゆる機関の烈しい成長と増大にほかならぬ。機関の各々がますます成長し、また機関の数がますます増加し、その間の協力や競争や闘争こそが現代都市をいよいよ混乱させ複雑にしている。都市をうごかしているものは、個人の単独の力ではどうにもならぬそんな大きないろいろの組織体である。機関は年ごとに増加し年毎に増大している。年ごとに増加増大する機関の発展に備えてその健全な発展の道を造成するという事だけで都市計画は懸命のように思われる。そして機関のためというも、要は人のためであると考えるのが常のようである。問題はそこにある。機関のためは無条件に人のためであるといえるか。都市計画は何のためかの設問の第一の答として、それは人のためであるという答は、やはりそれほど当然の事ではなく吟味する必要があったのである。

機関と人とは別の性格のものである。機関のためという事と人のためという事とは別の事である。それを混同すればいろいろの誤解が大きくなる。機関のためはどうして人のためでないか、都市化という現象の理解は何程かそれに答えているであろう。

三　都市化の理論

都市化という現象は本来農村社会が都市社会の性格を加えてゆく過程に名づけて理解されたのであるが、今日では都市に都市性ともいうべき性格が増加してゆく過程をも都市化として理解されている。都市性の増加してゆく現象が都市化にほかならぬ。都市性をその上に加えてゆくところが村落であろうと都市であろうと都市化の現象には変りない。村落の上に少しの都市性が加わってそれが小さな都市的存在となり、さらにその上に都市性が増してゆくにつれて中都市大都市に発展していく過程は具体的にも観察する事ができる。村落の理念型と都市の理念型との間に様々の段階が考えられうるとともにそれを具体的に看取する事もできる。かくて今日では都市は村落と連続した系列の上に理解され、都市と村落を別の世界としては考えない。

都市と村落の別は都市性の存否という事であり、都市の大小は都市性の量の大小であるから都市について重要な要素はその都市性である。けれども、その都市性を多く宿したり少し宿したり全然宿さなかったりする母体をなしているものはさらに基礎的な存在であると考えられうる。聚落社会がそれである。都市と村落を一つの線上に考える場合、どうしても措定しなければならぬ概念として生まれたのがこの聚落社会の概念である。

都市性の全然みられない聚落社会が純村落でその聚落社会に都市性が加わってゆくにつれて高度の都市となる。ほんの僅かだけ都市性が加わってはいるが、都市とは一般に認められない段階の聚落社会が存しうるのは当然であり、また事実そんな聚落社会を現にみる事もできる。準都市がそれである。準都市にもいろいろの段階がある。準都市が都市と呼ばれる段階に達する基準は民族と時代によって異なっているであろう。都市がその都市性によって様々の段階を有する事は当然である。都市性は聚落社会の上に限りなく重積され、それによって都市は限りなく高度の都市となりうるものである。

しかしどんなに多くの都市性が加わっても、聚落社会がそのために圧死する事はあり得ないのであろう。歴史はまだその段階を示してはいない。けれども都市性の激増によってこのままでは聚落社会が圧死するに至るかにあやぶまれ始めた頃から都市計画は考えられ始めたもののように思われる。

聚落社会は近接して居住する人々の間に成長した生活協力のための地域的社会的統一である。歴史の長い長い間、人類は一人残らずいずれかの聚落社会に所属する事によって生活を保って来たのであり、今日我々人間がもっているあらゆる文化はみなそうした生活の中に育成されてきたものと考えられる。その長い長い時間に比すればこの聚落社会の内に都市性と我々が認めているものが急増しはじめた時から今日までの時間はまさに一瞬にも等しい。けれども、だからといって、それだけ都市性は都市には附加的のものだから、聚落社会は本源的のものと解するというのではけっしてない。

聚落社会に都市性が加わってゆく現象を一般に都市化と呼んでいる。

都市化という事を私は次のように解している。

一、聚落社会の上に社会的交流の結節的機関が加わって

ゆく過程
二、互いに面識している人々の社会に未知の人との社会関係が加わってゆく過程
三、人と人との間の社会関係に合理性と自主性の増してゆく過程
およそ都市化は右の三つの過程を含むものであると考えている。

右の三つの過程のうち、第一の過程は具体的には住居の集合している中に結節的機関の営造物が割込んでくる過程である。結節的機関とは、国民生活における社会的文化的交流の結節となっているような生業であり、一般的に非農的産業または都市的産業と呼ばれているもので、今日の都市では多くの場合大きな生業協力体を形成しているものである。それは人の大きな組織体であり、その組織体は人の側からみれば職場である。この組織体はますます激増しその各々はますます強大となり、他の組織体との競争はいよいよ激甚を加えている。それが現在の都市でありこの傾向は停止する時がないようにみえる。人は住居と住居での生活をかえりみる暇が少なくなり、その日その日を職場のための奉仕に没頭する事が多くなってゆく過程である。

第二の過程は非面識者との社会的接触の増加してゆく過程である。人が皆住居の中にまたは居住を中心に生業を営んでいた頃は、住居が土地に定着していたから、人が日々の生活の中で接触する他の人々はほとんど面識の人ばかりであった。交通機関の発展していなかった頃の人の行動半径は当然にはなはだ狭かったからである。産業革命が日本に波うってくる前でも、都市である以上日本の町にも結節的機関はあったのだし、店屋の店頭には見知らぬ人も買いに来たのであり、交易の文化も相当に進歩していたのではあるが、都市化の躍進とともに、店頭に立つのは見知らぬ人が原則となり、大都市では職場も街頭もほとんど完全に見知らぬ人の世界となった。交易の文化も躍進しなければならなくなった。

第三の過程は第二の過程の当然の発展であった。面識なき人々の間の、しかも自給自足力を失った都市人口の生きていく唯一つの道は交易の原則に貫かれた生活協力の方法以外には存しない事を、人は都市生活の始めから学びとり、その後ずっとそれを発達せしめてきたが、近代における機関の激増と見知らぬ人との関係の激増とともに、いよいよその峻厳さは増してきた。そこでは、およそ生業の座は交易の座であり、交易は冷厳なる合理によってのみ秩序が保たれ、そこでは一切の人間的な感情は放棄されなければならぬ事を原則とした。愛情のしのびよる間隙はいよいよ少なくなった。社会的接触の激増とともに職場においては人

は完全な計算器となる事に甘んじなければならなかった。職場は多数の計算器の組織的活動体となった。

四　第一の過程

右の三つの過程は、発生論的には右に述べるような連関が認められるのであるが、これらの三つの過程は同時に我々の眼前で平行して進行しつつあるという事ができる。これらの三つの過程について、都市計画技術者の諮問に答える意図ももちながら少し立ち入って考えてみたい。順序上まず第一の過程について考える。

ここではまず聚落社会と結節的機関が問題であり、具体的には住居と職場の問題であり、生活の本拠という事がもっとも重要な問題になる。

都市計画において人間性の尊重という事を問題にする場合、人の生活の本拠がどこにあるかを明確にしておく事は重要なことであるに相違ない。人の生活の本拠は住居にあるとみる点においては、私はかつてこの問題に論及した時も今も異なってはいない。また聚落社会への帰属は人の生活の本拠によるものとみるべきであるとの見解も誤りではないと今も考えている。

私が理解している生活の本拠とは人が命のある限り最後まで死守しようとするものである。「彼は卑劣な男であった」といわれたくないために一つの約束を死守せんとする場合のような、消極的な名誉心が命をもって守り抜く最後までの対象である人も多い事であろう。漱石の「心」では金と恋とがそのようなものと思われている。けれども人が命の限り守り抜こうとしているものは、自分自身の命、及び自分が一番身近い人間または自分の分身と考えている自分の妻や子の命である。それがごく一般の人の生活では、命の限り死守しようとするものであり、この世の中で一番大事な一番愛しているものである、と想定するのは無理であろうか。住居はそれらの大切なものの集まっているところ、ゆえに一番大切なところと考える事ができる。こんな考え方は、私は別に調査してそれを確認したわけではないのであるから、この考え方に無理があれば私の住居観は根本的に誤っている。

妻子もなく財産もほとんど無いに等しい世帯主について考えるなら、彼の生活の本拠は彼自身以外には考え難い。この種の人口が有業人口の最低年齢階層に現在増加しつつある傾向も見のがし難い事実ではあると思うが、そんな存しうる様々の特殊な事情に関しては私は次のように理解している。

生活の本拠の存在は本来主観における問題である。死守するほどの価値を自分の妻子の生命に見出せばこそ住居に生活の本拠も認めるのであるが、それほどの価値を妻子の生命に限らず何ものにも認めない人には生活の本拠などと大げさにいう事がむしろ滑稽であろう。しかし妻や子やその他の家族と一軒の家屋に住み、その家族たちとその家屋を堡塞《ほうさい》とし協力して互いに生命を守り合ってきたのが、古くからの一般の人間の生き方であったとみる事には無理はありえないと思う。そこでは住居は命がけで守ってきたまさに生活の本拠であった。人がみな誰も疑いなくそんな生き方で生活していた時、近接して居住していた近隣の人に対しておのずから育成しなければならなかった依頼と善意と協力の心が、隣保性の基礎となり聚落社会形成の基盤ともなったものと思われるのである。そんな社会的発展過程は文化の黎明に想像しうるとともに、いま現に私等の身辺にも進行している。

今日、生活の様々の事情や考え方の様々の傾向があるために、死守する価値を認める対象も様々のものがありうるし、ゆえに生活の本拠も様々のものに考えうるであろう。また、生活の本拠そのものの存在も無視されたり無関心になっている場合が多い事も事実であろう。けれども、生活にどのようないろいろの新しい型のものが生まれようとも、人の考え方に新しい型がどんなに多く現われようとも、聚落社会への帰属の関係の原則を一変させるほどにそれらの新しい傾向が多くかつ強く現われてきているとは考えられない。人の多数が死守するほどの価値を認めている対象も、またそれが存在している場所に対する本拠としての意識も未だ消え去ってもいなければ大きな変質をおこしているとも思えない。

聚落社会への帰属は生活の本拠の存するところによって認むべきであるという抽象的命題は間違ってはいないと思う。今日の都市聚落社会への帰属の事実については私は実証的研究を試みた事もある。けれどもおよそ聚落社会への帰属の意識そのものは、今日の都市住民においては明らかに鮮明なものではない。にもかかわらず聚落社会への帰属を我々が問題にするのは、何人が事実上その聚落社会に深く関心を持ち、その聚落社会に何人がもっとも高い価値を認め、ゆえに何人がもっとも強くその聚落社会を愛しているかを明らかにする事は、聚落社会の正しい理解のためにもまた聚落社会の指導のためにも必要であると思われるからである。

職場を生活の本拠と見なすという考え方もありうる。職場も住居のように人が大事に思うものであるからである。しかし住居を大事に思うのは愛情のためであり職場を大事に思うのは打算のためである。何か混同してならぬものがそこに存しているように思われる。次の第二及び第三の都市化過程の考察はこの点に対する理解を深めてくれるものと思う。

五　第二の過程

次に第二の都市化過程について考えてみる。面識者の社会に未知の人との社会関係が加わってゆく過程である。

近代化の進行とともに面識者の社会に未知の人の社会関係の増大が激しくなっている事は容易に認められる事である。農村の聚落社会内においても都市の聚落社会内においても一様にこの傾向は現われている。村落にも都市にも一様に襲来している都市化の現象である。直接には生活の自由の拡大と交通の発達が促進しているものと思われる。

今日の都市では人はいずれかの機関に所属する事によってのみ都市における生活の座席をもっとも容易に与えられる。この傾向は年とともに顕著になりつつある。大きな機関にはみな大群の従業員が一糸乱れぬ統制のもとに活動している。都市には多数のそんな大きな機関が集まり、みな互いに冷たい戦争をしている。都市を動かしているものはそんな多数の大きな機関であって個人ではない。都市は人が動かしているというよりも大きな機関が動かしているというべきである。

機関は明らかに生業の協力体といいうるものであるから、人の組織体といえない事はない。けれども、この組織体の中に職場をもっている人達は機械として働いているのである。ほんとの機械がもっと安価になればそれに置き換えられる働きである。およそ職場における人の働きはみなそんな性質のものである。

大きな機関に所属する何千人の従業員はほとんど皆互いに見知らぬ人である。しかし機関は一団として活動しているので従業員の一人一人の行動も運命もこの一団の活動に依存している。機関との雇傭契約の事情の偶然の一致のみが彼等を一団としたのであり、全く未知の人々の間に無理に成立させられた協力体である。けれども彼等に求められる協力は機械でもなしうる協力以上ではない。それが人間の協力と異なった協力である事はたしかである。

都市の街上には間断なく流れる人の波がみられる。その波は一つの流れとして動き、一つの流れとして整理されている。都市に生活する者は日々この街の流れに加わらなければならぬ。

この大きな人の流れの中では、互いに自分を知っている人は一人もいない。自分に対して個人的な関心をよせる者は一人もいない。周囲の人がみな自分の過去を知り、自分の体臭や自分の夢までも知っている村落とは全く別の世界である。

人の流れの内では、流れがその方向や動不動を決定し、自分はその流れに従っているだけである。流れの中で自分の存在は水の一滴に等しい。

村落では人はそれぞれ自分に何かの意味で関心を持ち、少なくとも自分に理由なくして善意のない者はいない。都市の街頭では人はそれぞれ互いに全く無関心であって、少なくとも理由なくして善意のある者はいない。面識者の世界と非面識者の世界との別である。

人が互いに面識者であった村落での倫理では、義務は積極的におこない、権利は消極的におこなう事である。そこでは社会的接触はあと味をのこすのが常である。これらの事は互いに関心をもち合い、それを持続している人の世界においてのみ可能である。

見知らぬ人の集まりの都市生活では、義務は消極的におこない権利は積極的に主張する。互いに他に迷惑をかけぬ事を倫理と心得、求める事も好まず、求められる事も好まない。協力はその場で清算され、あと味を残さない。

都市には自主性が成長してゆかなければならぬ根拠がある。大きな機関の内でも街上でも、自分の存在は自分が主張しなければ顧る人はいない。主張したり願ったりしない事は、都市では自滅を意味する場合が多い。

都市に住む者は、日々街頭の大群に加わり日々職場という大きな機関の中で働いている。互いに見知らぬ中で人はそれぞれ自分の生活は自分で処理しなければならぬ。自主的が打算的にむかうのは紙一重の発展でしかない。

都市は都市化の発展と共に、愛情の枯れた打算の世界になっていかなければならぬ事情が存している。

六　第三の過程

合理主義自由主義の生活態度にむかう傾向が都市化の第三の過程に現われているが、結節的機関の導入という事が端緒的現象である。見知らぬ人との関係の増加というのが、その次に現われる現象であり、第三の過程はさらにその次に現われる過程である。

都市とともに成長すると思われる合理性自主性は打算や自利の基礎となり感情や利他に対立している。都市人の眼にうつる農村人の態度が非打算的、非自利的であるため、過分の美徳が農村人に期待され易い。ゆえに社会哲学者の中には農村は神がつくったところ、都市は悪魔がつくったところと考える人もあった。その根拠には人の性善説がひそんでいる。都市は人の善の性質を堕落させるところという考え方である。ゲマインシャフトは本質意志による結合、ゲゼルシャフトは恣意による結合とみる考え方にも同じような人性観がひそんでいる。我々のもっと具体的な観察では、生業の座における人の心は合理的自主的にならざるをえないし、その他の生活における人の心は情義的愛憎的でもありうる。都市における生業は結節的機関となるもの多く、機関の座から人に接する機会が多い。都市生活がゲゼルシャフト的にみえる理由はそこにあるに相違ない。生業の座からまたは生業の座に関係する事なしには都市での生活はほとんど不可能である。

都市に合理性自主性が発展しているのは、都市生活のアクセサリーでもなく人間性の堕落でもない。あの大密居集落内で複雑な人間欲求を一人一人に充たさしむるためにできあがっている複雑にして巧妙精緻な人間生活協力の組織は、実に冷厳な合理性自主性の原則の上に構築されているものである。人間がかつてこの地上につくりだした人間生活協力の一組のメカニズムとして、もっとも優れていると考えられる今日の大都市にみられる時間的空間的秩序の精密にして巨大な組織を考えてみるがよい。各部局における運営が正常におこなわれているからこそ維持されている秩序の組織であるが、この巨大なメカニズムにおけるほんの一部局における操作が一秒の時間的誤差があっても一センチメートルの空間的誤差があっても直ちに何千人何万人の生活に大きな衝撃を与えるような装備の存するところは都市内の方々にある。

社会関係における合理性自主性はこの都市メカニズムの重要なる底面をなすものであって、都市の成長とともに成長してゆく人間関係の型と思われる。都市のこの基盤にある原理は都市メカニズムに必須の原理である以上、都市文化がかつてそこに芽生えた農村的郷土への郷愁がいかに忘れ難いものであろうとも、非合理的非自主的な古い村落での生活の型をそのままの形で留めておくことは全く不可能である。

都市に集まっている様々の機関はほとんどみな生産協力の組織体であり、冷厳なる交易の原則の上に成立しているものである。機関が大規模であればあるほど、機関における活動はより合理的となりより自主的となる。合理的打算的であればあるほど機関はいよいよ成長を早め、いよいよ強大となるからであろう。

合理打算が徹底してゆくという事は、それだけ多く感情より離れ人間性より遠ざかり愛情の世界を放棄してゆくという事である。いかに残忍な事でも機関の名において平然とおこなえる機械となることである。

今日都市に集まっている多数の大きな機関はそれぞれ特

殊の目的のために活動している合理の組織体である。多数の人の手と頭脳がそれを動かしているのではあるが、そこに働く従業員は正確で精巧な計算器にすぎない。機関は多数の人の協力体というよりも、多数の精巧な計算機の組織体というべきである。ここで注意すべきことは、機関のためという事と人のためという事とは同義ではないということである。

都市の中に乱立している大小の組織体を動かしている原理も都市の街上の人の波を動かしている原理も、ともに都市メカニズムの一環として、それなくしては都市の秩序は一日も存しえない原理である。それは峻厳な合理の原則である。

けれども人がつくった都市でありながら、人の心は都市の合理に窒息するかにあやぶまれる。都市はもう最後の壁に近づいているようである。

七　一つの期待

都市は、その成長につれて、人の生活がますます合理的打算的とならざるをえず、人間性は枯渇し、それだけ愛の豊かな世界から遠ざかってゆく必然の運命にあるようである。特に現代における都市の急激な成長は病的な社会現象さえも産んでいる。

都市計画は、都市の群雄割拠の現状をそのままに放置すべきではないように思う。都市計画は各都市別におこなうべきではないのではないのか。都市計画は、全国的見地より、都市の成長の速度や過大化を調節する計画としての使命をも持っているべきであり、それが都市計画のもっとも重要な使命のように思う。

すでに述べたように都市の発生や成長の根幹はそこに集まる機関である。機関の増大が都市化の端緒的事実である。機関の数を制限したり、機関の何種かを他の都市に移動せしめたりする事は、必ずしも不可能ではない。そうする事によって都市の成長の急激さを緩和したり、過大となるのを抑止する事は明らかに可能である。

八　結び

私の答申は以上をもって終る。論述の筋をできるだけ明白にするために条件を抜きにして対象はみな彫りの深い浮き彫にした。都市計画技術者への社会学よりの答申として進言しうる重要な考え方をできるだけ組織的に拾い集めてみたのであるが、できあがった右の答申の何と粗雑な理論の羅列であることか。私はそれをなさけなくは思う。しかし、都市計画が、近代化の修羅場としての都市のための闘争進展の道を整頓してゆくだけの技術ではなくして、闘争の激化によって亡び去るかに見える人間性の消滅を少しでも喰い止めんとする配慮をも右の整備作業の中に加味せんとするものであるならば、その配慮に対してはおよばずながらの声援となり、また不充分な一つの意見書にはなりうるかと思っている。私はそれで満足である。

あとがき

本書は、私がこれまでに出版してきた本の中で、最も長く時間がかかり、最も多くの紆余曲折を経て完成した本であると私は考えている。そこで、この本がどのような経緯を経て、出版までこぎつけることができたのかについて、あとがきに記しておきたいと思う。以下は、この本に関する主要な経緯を年表的にまとめたものである。

二〇〇一年七月八〜九日　恩根内市街地聞き取り調査、日本都市社会学会大会（於 北海道大学）終了後
二〇〇三年　関西学院大学・二一世紀ＣＯＥプログラム指定研究「古典的調査研究の追跡研究」
・八月二六日　山下祐介弘前大准教授研究会で招待講演（於 弘前大学）
・八月二九〜三〇日　関西学院大学・社会調査実習　札幌市内生活行動再調査
・八月三〇日　笹森秀雄旭川医科大学教授講演（於 札幌コンベンションセンター）
二〇〇六年　関西学院大学・社会調査実習　青森県大秋聚落再調査
・八月二三日　笹森秀雄名誉教授講演（於 弘前大学）
・八月二四日　バス乗客再調査・大秋聚落再調査
二〇〇九年三月九日　出版企画会議（於 札幌駅前ホテル）
二〇〇九年　関西学院大学・社会調査実習　北海道恩根内再調査
・九月一五日　恩根内市街地再調査

・九月一六日　美深町町長講演（於 美深町役場）
二〇一〇年三月一二日　第3章原稿完成（於 札幌市内笹森先生宅）
二〇一一年三月一一日　東日本大震災
二〇一二年一月一〇日　山下祐介『限界集落の真実』（筑摩書房）刊行
二〇一二年四月一〇日　大谷信介編著『マンションの社会学』（ミネルヴァ書房）刊行
二〇一二年四月～二〇一三年三月　大谷信介、ベルギー・ルーヴェン・カトリック大学在外研究
二〇一四年六月一三日　笹森秀雄先生死去
二〇一四年一二月一〇日　山下祐介『地方消滅の罠』（筑摩書房）刊行
二〇一五年一二月　本書刊行

鈴木栄太郎の調査研究については古くから興味を持っていたが、私が本格的に鈴木栄太郎を研究テーマとして設定したのは、二〇〇三年に関西学院大学社会学部が二一世紀COEプログラムを受給し、その指定研究の一環として「関西ニュータウン調査」と並行して企画した「古典的調査研究の追跡研究」が発端であった。その年の大学院ゼミでは、全八巻の『鈴木栄太郎著作集』（未來社）を輪読し、院生と鈴木理論についてさまざまな観点から議論を展開した。学部の社会調査実習では、ゼミ合宿を兼ねて『都市社会学原理』の中で展開されていた札幌市の生活行動調査の再調査を実施した。その調査の最終日に学生を対象として「鈴木栄太郎都市研究」というテーマで、笹森先生に講演していただいた。その講演後に、笹森先生と「鈴木栄太郎を再発掘する本を出版しましょう」というお約束をしたのが、まさに本書の発端である。

その後笹森先生には、二〇〇六年八月の青森県大秋聚落再調査、二〇〇九年九月の北海道恩根内再調査と関西学院大学の社会調査実習のたびに、ご同行いただき再調査に参加していただいてきた。

特に二〇〇六年の青森県再調査の時には、初日に弘前大学で、笹森先生に「結節機関説と五〇年前の大秋調査」というテーマで、弘前大学と関西学院大学の学生を対象として講演していただき、次の日に大秋聚落の再調査にも参加していただいた。本書の執筆者三人で実際に聞き取り調査を実施したという経験は、大変貴重だっただけでなく、本書の内容にも大きな影響を与えた出来事といえるだろう。その時の様子については、地元紙も関心を持ったようで、「生活どのように変化　関西学院大　大秋地区で調査　五〇年前の結果と比較」という見出しで報道された（『東奥日報』二〇〇六年八月二六日二一面）。

本書の出版企画については、二〇〇九年三月九日に札幌のホテルでミネルヴァ書房杉田啓三社長を交えて出版計画を話し合ったのが最初であった。そこでは、執筆者がそれぞれの立場から鈴木栄太郎の『都市社会学原理』を再解読する論文を執筆すること、巻末に笹森先生編集によるリーディングスを載せること等の、本書の基本方針が確定されたのである。

しかし、実際に本書が出版されるまでには、笹森先生との最初のお約束から一二年、出版企画会議からでも六年半という膨大な月日が経ってしまった。このように出版が遅れてしまったのは、二〇一一年三月一一日に発生した東日本大震災で山下氏がその研究にかかりきりにならざるをえなかったこと、その後『限界集落の真実』『地方消滅の罠』等の新書執筆があったこと等もあったが、最大の原因は、私がこの本を出版する意義についての序章が書けなかったことであった。

笹森先生のご病気のこともあって先生の原稿分については、二〇一〇年三月一二日に札幌の先生のお宅を訪問して完成稿として仕上げていただいていた。その時点では、笹森先生の貴重な原稿とともに五〇年後の再調査の結果をまとめれば、本として仕上がるのではないかと安易に考えていた。しかし原稿を執筆していくにしたがって、「現代において半世紀近く以前の鈴木栄太郎を再発掘する本を出版する」ということ自体が、きわめて難しい課題であるということにだんだん気づくようになっていった。

まず直面したのが、「グローバル化時代において鈴木栄太郎の都市理論は、世界の都市現実に適用できるのだろうか」という課題であった。私の二〇一二年四月から二〇一三年三月のベルギー・カトリック・ルーヴェン大学での一年間の在外研究は、「鈴木栄太郎の都市理論をそのままヨーロッパ都市には適用できないのでは？」という、根本的な疑問を私に生じさせてしまうこととなった。詳細については第7章で論述しているが、その疑問によって、本書の原稿を仕上げるという作業ではなく、数多くのヨーロッパ都市の歴史に関する書物等を読む作業をせざるをえなくなってしまったのである。

帰国後も、その疑問とともに序章で書くべき「今なぜ鈴木栄太郎『都市社会学原理』なのか」という本書の意義についての部分がなかなか書けず、日々悩んでしまったのが実情である。「笹森先生のお体のことを考えると早く出版しなければ」という焦りと、「納得いく論文がなかなか書けない」という焦りを、帰国後の二年半ずっと味わってきたのである。

結果的には笹森先生の生前に本書を出版することができず、本書の出版を心待ちにしておられた笹森先生のお気持ちをふみにじってしまうことになってしまったのである。

結局二〇一四年六月一三日に先生が亡くなられてからも、出版するまでに一年半の月日を経過してしまった。ただ、私なりには長く悩んできた課題を自分なりに解決し本書としてまとめ上げたことは確かな事実であり、そのことについては笹森先生も理解していただけると思っている。論文の評価や本書の全体の評価については、読者の判断にゆだねたいと思っている。

故笹森秀雄先生への思いについては、『日本都市社会学会ニュース No. 98（2014.7.31）』で追悼文としてまとめている。ここではその一文を引用したいと思う。

「笹森先生を偲んで」

笹森先生と初めてお会いしたのは、三〇年前の一九八三年、兵庫教育大学で開催された第一回日本都市社会学会大会の時であった。笹森先生は、学会発足記念シンポジウム「アーバニゼイションの国際比較」の司会を務められるなど中心メンバーとして学会発足に多大な貢献をなされた。当時大学院生であった私は、今は亡き越智昇先生と「都市化とボランタリーアソシエーション」というテーマで共同報告させていただいた。鈴木栄太郎の「生活拡充集団」の位置づけに関する報告だったため、笹森先生から温かいコメントをいただいたことを今でも鮮明に記憶している。学会発足当初は、重鎮・若手を問わず研究者の横のつながりを広げる努力を中心メンバーの先生方が積極的に図っていたこともあり、笹森先生には毎年の学会の際に、いろいろご指導いただくだけでなく、とても親しくしていただいた。旭川医科大を定年退職されてからは、ほとんど学会に来られなくなってしまったのがとても残念であった。

その後先生と再会したのは、二〇〇三年八月、関西学院大学の社会調査実習で『都市社会学原理』札幌市民の生活行動調査の再検証を行った時に、札幌コンベンションセンターで、笹森先生に学生向けに講演をお願いした時であった。その講演では「香典帳調査は、とてもつらい調査で、できればしたくなかった」といった、今まで語られてこなかった古典的社会調査の裏側の話をしていただいた。その時の講演会がとてもすばらしかったこともあって、その後の調査実習でも「鈴木栄太郎社会調査の再検証というテーマ」を継続して実施していくことになった。二〇〇六年八月には、五〇年前に実施された青森県大秋聚落調査を笹森先生にも同行していただき、学部学生・当時弘前大にいた山下祐介氏とともに再調査を実施した。五〇年前のお話しを聞きながら大秋聚落を歩いて廻った調査経験は、社会学者だけでなく学生にとっても大変貴重な体験であった。二〇〇九年九月には、北海道恩根内聚落の再調査を笹森先生と学部学生で実施した。こうした笹森先生との再調査の結果も踏まえて、鈴木栄太郎を再検討する本を笹森先生と山下氏と私の三人でミネルヴァ書房より出版することをお約束していたのである。その後東日本大震災や私のベルギーへの在外研究もあって、出版が延び延びとなってしまったのが実情である。笹森先生の遺稿となってしまった「鈴木栄太郎都市社会学の理論的支柱と二元的実証性について」は、最終節が完成していない状態であったが、私が笹森先生のお宅へ伺い、先生への聞き取りを実施して最終稿として完成していただいたものである。先生がご存命中に上梓できなかったことが悔やまれて仕方がないが、何とか完成させて先生のご霊前にささげたいと考えている。

六〇歳近く年の離れた大学生たちにとても慕われながら一緒に調査旅行をしていただいた笹森先生のお姿は今でも印象深く私の記憶に残っています。笹森先生には、都市社会学者、聞き取り調査のインタビュアー、大学教師のあり方を、実際の現場で教えていただいたと感謝しております。私も、そうした経験を微力ながら後進に伝えていきたいと考えております。笹森先生、本当にありがとうございました。

（関西学院大学　大谷信介）

最後に、二〇〇六年に札幌コンベンションセンターでの講演後、本書の出版のお約束をした時に、笹森先生からいただいた記念の色紙についてふれてみたいと思う。それは、鈴木栄太郎先生の自筆の短歌が書かれた色紙であり、そこに書かれていた短歌は次のようなものであった。

枯れ枝のほさきにならぶ　赤トンボ
みなそれぞれの　ゆめのあるらん
昭和三十五年著　栄太郎

この色紙は、笹森先生が学生たちに話をするということを念頭におかれて、ご自宅にいくつかあった鈴木栄太郎先生の色紙の中から選んで、私にくださった一枚であったと推察している。その短歌は、鈴木先生のお人柄が読み取れるだけでなく、笹森先生の学生へのあたたかいお気持ちが偲ばれる色紙であり、現在でも我が家で大切に保存させていただいている。この色紙を見るたびに学生への教育を頑張らねばと励まされる、私にとっての貴重な色紙となっている。

本書の出版までには、数多くの人たちに協力と支援をいただいた。再調査を実際に実施してくれた関西学院大学や弘前大学の学生たち、研究会等で有益なコメントをしてくれた社会学者たちがいなかったならば本書は成り立たなかったといえるだろう。また本書の出版は、二〇〇九年の札幌での編集企画会議以来、ミネルヴァ書房杉田啓三社長のさまざまな助言と支援のおかげで成し遂げられたといっても過言ではない。丹念な編集作業をしていただいた下村麻優子氏とともに、この場を借りて感謝を申し上げたい。

二〇一五年一一月一六日

大谷信介

た　行

な　行

索　引

（＊は人名）

《編著者紹介》

大谷　信介（おおたに・しんすけ）**序章，第Ⅱ部，**あとがき

1955年　生まれ。

　　　　筑波大学大学院社会科学研究科博士課程単位取得退学。社会学博士。

現　在　関西学院大学社会学部教授。

主　著　『現代都市住民のパーソナル・ネットワーク』ミネルヴァ書房，1995年。

　　　　『〈都市的なるもの〉の社会学』ミネルヴァ書房，2007年。

　　　　『マンションの社会学』（編著）ミネルヴァ書房，2012年。

　　　　『新・社会調査へのアプローチ』（共編著）ミネルヴァ書房，2013年。

山下　祐介（やました・ゆうすけ）**第Ⅲ部**

1969年　生まれ。

　　　　九州大学大学院文学研究科社会学専攻博士課程中退。

現　在　首都大学東京大学院人文科学研究科准教授。

主　著　『リスク・コミュニティ論』弘文堂，2008年。

　　　　『限界集落の真実』筑摩書房，2012年。

　　　　『東北発の震災論』筑摩書房，2013年。

　　　　『地方消滅の罠』筑摩書房，2014年。

笹森　秀雄（ささもり・ひでお）**第Ⅰ部**

1925年　生まれ。

　　　　北海道大学大学院文学研究科社会学専攻修士課程修了。

　　　　旭川医科大学名誉教授。

2014年　歿。

主　著　『基礎社会学――家族・人口・地域生活の諸相』（共著）川島書店，1976年。

　　　　『地域社会と地域問題』（共編）梓出版社，1981年。

　　　　『リージョナリズムと地域社会学』梓出版社，2005年。

Minerva Library〈社会学〉①
グローバル化時代の日本都市理論
——鈴木栄太郎『都市社会学原理』を読み直す——

2015年12月31日　初版第1刷発行　〈検印省略〉

定価はカバーに
表示しています

編著者　大谷信介
　　　　山下祐介
　　　　笹森秀雄
発行者　杉田啓三
印刷者　坂本喜杏

発行所　株式会社　ミネルヴァ書房
607-8494　京都市山科区日ノ岡堤谷町1
電話代表　(075)581-5191
振替口座　01020-0-8076

冨山房インターナショナル・新生製本

ISBN 978-4-623-07491-4
Printed in Japan